명나라 시대 여진인

∴『여진역어』에서 〈영영사기비〉까지

명나라 시대 여진인

: 『여진역어』에서 〈영영사기비〉까지

愛新覺羅 烏拉熙春(Aisin Gioro Ulhichun) 저

이상규·다키구치 게이코 역주

경진출판

역자 서문

동북아시아의 변경에 위치한 한반도 역시 오랜 역사 기간 동안 정주 농경사회로 찬란한 중화 문명과 함께 발달해 왔지만 두만강과 압록강 넘어 인접 거주하던 몽고-퉁구스 계열의 다민족 다문화 세력과는 끊임없는 투쟁과 화해의 역사로 이어져 왔다. 지형학적으로 여진족들이 거주하던 만주지역은 우리 역사에서 떼어낼 수 없는 밀접한 관계를 가졌지만 오랫동안 중화 중심의 모화사상에 젖어 있던 이 땅의 주류 선비들의 눈에는 한낱 문명이 뒤떨어진 야만의 오랑캐로만 치부해온 결과 거란의 침략, 원나라로부터의 130년간의 지배와 금나라와 후금의 연이은 침략과 화해를 통한 교섭의 역사로 이어왔다.

역사란 늘 고정되어 있는 것이 아니다. 주변이 중심이 되기도 하고 중심이 주변이 되는 역사적 노정을 동북아시아의 역사에서도 확인할 수 있다. 중화의 입장에서 문화적으로 열등하고 미개한 동이족으로만 치부했던 몽고족과 만주족들은 세계사를 새로 재편하는 기적과 같은 탄력성과 힘을 내재하고 있었다.

『고려사』나 『조선왕조실록』을 보면 여진 부족장이나 다수의 이주 여진족들이 우리나라에 투항하거나 조공을 받친 기록들이 매우 빈번하게 나타난다. 『용비어천가』와 『동국여지승람』에는 두만강과 압록강이 연해있는 함경북도 지역은 한 때 동여진(생여진)인들이 차지하여 살면서 여진어 지명의 흔적이 많이 남아 있다. 고려시대와 조선 초기에 여진을 정벌했던 우리나라와 중국 사이에 다양한 집단으로 흩어져 살면서 때로는 그들 집단이 결집하여 금나라와 대청 제국을 일으킨 파란의 주역이 되기도 했다. 세계의 역사를 보면 강력했던 제국이 하루아침에 무너져 내리고 보잘것없던 무리들이 대제국을 건설하기도 한 사례이다. 유동하는 역사 속에 여진무리들은 우리에게는 늘 타자적인 관점에서 미개한 오랑캐로, 그 이상의 역사적 의미를 부여하는데 매우 인색했다.

중국의 동북공정의 역사관에서는 발 빠르게 은나라 역사에서부터 요사, 원사, 금사를 비롯한 청사를 중화중심의 역사 속으로 끌어안으며 고조선사, 고구려사나 발해사를 중화의 역사 속으로 재편하고 있다. 동북공정은 이 시대의 산물이 결코 아니다. 이미 명나라 시대에 철령위 설치와 관련하여 조선-명나라 간에 생겨난 갈등은 공험진으로부터 공주, 길주, 단주, 영주, 웅주, 함주 등지에 잔류하던 10개 처 여진인을 강제로 요동성으로 환속시키는 조건으로 압록강과 두만강 지역의 국경권을 중국으로부터 인정받으며 조정되었다. 한편 왕가인(王可仁)이 명나라 황제의 칙지를 들고 10개 처 여진인들을 회유해보았지만 이미 조선에 뿌리를 내렸던 여진인들은 조선의 인민임을 주장했던 역사의 기록은 무엇을 말하고 있는 것일까?

중국을 통해 중앙아시아로 이어지는 문명의 길을 흔히 실크로드라고 예찬하고 있지만 만주를 통해 몽고 초원과 투르크로 이르는 유목민의 길은 피바람을 일으킨 침략과 약탈의 길이자 청동기와 철기 문화가 유래된 아이언로드(스텝로드)라고 할 수 있다. 이 두 갈래의 길 사이로 만리장성으로 굳게 방벽을 쌓았지만 침략과 약탈을 자행하던 다문화 유목민들은 은(상), 북위, 요, 금, 원, 청으로 이어지는 대제국을 건설하여 아시아와 세계를 지배하였다. 아시아의 역사는 황허와 양쯔 양강을 중심으로 발달된 중국 한족들의 농경 문화와 말과 무기로 무장한 투르크와 몽고 만주지역의 유목, 어로 민들과의 갈등과 지배를 통한 문명 통합의 역사로 점철되어 있다.

15세기 이후 유럽을 중심으로 한 제국국가들이 이민족이나 부족들을 지배하면서 소수 부족이나 국가의 언어는 거의 사라져 버렸다. 중국을 중심으로 몽고 문자나 원 제국의 파스파 문자, 거란족의 거란 대자와 소자, 여진국인 금나라의 여진 대자와 소자와 청제국의 만주문자를 비롯한 주변국가의 문자는 이미 이 땅에서 사라져 버렸다. 특히 중화의 지배자로 등극했던 만주족은 자신의 언어와 문자가 중화 문명의 원심력에 휩쓸려 사라져 버렸다. 언어와 문자의 힘이 얼마나 중요한 것인가?

여진족은 만주지역의 흑룡강, 숭허강, 눈강, 두만강, 압록강 주변의 흩어져 살았던 소주 부족들로서 그들의 연원은 요금 시대의 사서 기록에 등장한다. 아마도 수당시대에는 말갈, 북조 시대에는 물길로 소급되며 우리나라 북방에 거주하였던 생여진은 옥저로 연결되는 소수부족 집단체였다. 여진족은 1115년 흑룡강 주변 강성 부족의 지도자 아구다(阿骨打)가 금나라를 건국하여 1234년에는 몽고 세력이 주축이 되었던 요나라를 정벌하였으며 화북지역인 북송의 지역을 점령하면서 대제국의 꿈을 키웠다. 몽고 세력인 원나라가 흥기하자 금나라는 멸망하고 그 구성원들은 동북 각 지방으로 흩어져 살다가 16세기에 들어서면서 압록강 건너에 살던 건주여진의 세력이 다시 강성해지면서 지도자 누루하치는 다루가치를 중심으로 여진 부족을 통일하여 후금인 청 제국을 일으켰다. 청나라 천총 9(1635)년 태종은 여진(諸申, Jusin)이라는 이름 대신 만주(滿洲)라는 이름으로 신해혁명까지 중국 역사상 최고 넓은 영토로 확대하였다.

여진 부족이 국가적 채비를 차린 것은 요나라의 건국과 매우 밀접한 관계를 맺고 있다. 중국의 동북방 지역의 인적 구성이 단순한 단일 족속이 아니라 몽고, 만주, 한족, 고구려 유민 등 다민족 공동체였기 때문에 여진 인도 만주지역 국가 운영에 상당한 기여를 했을 것이다. 그 근거로 요나라가 만든 '거란소자'(요 도종 함옹 8(1072)년)와 '거란대자'(요 도종 대안 6(1090)년)를 본따서 금나라는 건국되자 거란 문자를 모방하여 '여진대자'(금 태조 천보 3(1119)년)와 '여진소자'(금 희종 천권 1(1138)년)를 만들었다는 사실로 미루어 짐작할 수 있다.

금나라가 건국된 이후 한어 문자를 사용하지 않고 자국의 문자를 제정한 것은 한족에 예속된 국가가 아니라 독자적인 동북방 세력으로 구성된 주체적 국가의 면모를 보이기 위한 것이었다. 그러나 발전된 중화 문화의 힘을 끝내 극복하지 못하고 도리어 하화 문명에 편입되는 길을 걷게 된다.

원나라가 다시 동북지역을 지배하면서 해체된 금나라의 유민들은 여기저기로 떠돌면서 후금의 건국이라는 역사적 파란을 일으키는 주역이 된다. 그 사이 자신들이 만든 여진 문자는 서서히 소멸되면서 몽고 문자를 학습하고 외교적 문서에 한어-여진어-몽고어가 함께 등장하는 시기를 거치게 된다. 명대 영락 11(1413)년에 건주여진의 길약 부족들이 설립한 '길략(吉列迷)'은 명나라에서 설치한 '노아간도사위서(奴兒干都司衛署)'로 재편되는 과정을 기념한 〈영영사기비(永寧寺記碑)〉에는 '한어-여진-몽고어' 3개의 언어로 세긴 비석이 세워진 증거를 찾아 볼 수 있다. '건주여진', '해서여진', '야인여진'의 세력을 재규합한 건주여진의 좌위의 추장 누루하치(努爾哈齊 nuruhači)는 후금, 곧 청나라를 개국한 뒤 그들의 선조들이 사용했던 여진 문자는 역사의 기록 속으로 사라지게 된다. 명나라 만력 27(1599)년에 위굴의 소그드 문자의 영향으로 만들어진 만주문자를 제정하여 공포하였으나 다시 한어의 위력에 만주문자까지도 사라지면서 그들의 정신문화는 거대한 중화 문명의 파고에 휩쓸려 파묻혀 버리게 된다.

여진어는 퉁구스 계통의 언어로 한반도에 인접한 지역에서 흑룡강 일대까지 넓게 퍼져서 살던 여진 부족들이 금나라와 청나라까지 사용되다가 소멸한 언어이다. 북방 퉁구스어는 어뱅키어, 라무트어와 남방 퉁구스어는 나나이어와 여진어가 포함되며 청대 이후에는 만주어로 통합되었다가 소멸하였다. 중국 사서에도 '여진(女眞)', '여직(女直)'이라는 이름이 10세기 이후에 등장하는데 여진을 'Jürčen'이라고 부르는데 이는 거란어의 'Lü-chen'의 한자 전사음으로 추정하고 있다.(Menges, K.H., 「Tungusen und Ljao」, Wiesbaden, p. 20, 1968.)

여진어는 금나라 시대의 여진어와 명나라 이후 만주 벌판에 해서, 건주, 야인 여진 3위 부족들이 사용하던 명대 여진어로 구분할 수 있다. 금나라 시대의 여진어를 고대 여진어라고 한다면 명나라 시대의 여진어를 중세 여진어라고 구분한다. 금나라 시대의 여진어 자료는 『금사』에 나타나는 인명, 지명, 관명과 몇 개의 금석문을 제외하고는 자료가 거의 남아 있지 않기 때문에 언어적 특질을 규명하기에 많은 어려움이 있다. 그러나 명대 여진어 연구는 『화이역어』에 실린 『여진역어』을 비롯한 금석문 자료 등이 남아 있어서 만주어와의 비교나 한자음 재구를 통해 음운체계의 윤곽은 밝혀져 있다. 만주를 가로지르는 동북쪽의 숭허강과 흑룡강 사이의 만주방언에 대한 연구를 통해 나나이어와 여진어와의 관계를 규명한 서구와 일본 그리고 중국과 한국학자들의 연구 성과들도 있다. 만주족의 선조 가운데 한 갈래인 여진족이 사용하던 문자가 여진문자이다. 12세기 초에 만들어진 여진 문자는 한어에 압도되어 17세기경 이 땅에서 사라진 문자이다.

이미 소멸한 여진어를 왜 연구해야 하는가? 여진어에 대한 관심은 앞에서 말한 국제간의 교류사 문제에만 있는 것은 아니다. 언어와 문자는 대단히 중요한 문화와 역사의 전승 시스템의 일부이다. 우리나라 국경에 인접해서 살았던 관계로 갖가지 외교적 갈등과 분쟁의 흔적들이 고려사나 조선사에 많은 사료의 자국을 남겨 두었듯이 그를 통한 만주어 연구에서도 유구한 전통을 갖고 있다. 13세기 중엽인 1225년 고려 고종 때 여진학이 본격적으로 시작되었다고 ≪고려사≫(고려사 권22, 고종 12년 6월 신묘조)에 전하고 있듯이 여진은 국경의 갈등과 헌공 등에 의한 교섭은 고려 성종 때(10세기말)부터 있어 왔다. 특히 아구다가 금나라를 개국(1115년)한 이후 사신 왕래를 통한 매우 밀접한 인접 국가로서 접촉하는 계기가 있었다. 금나라에서는 여진 문자가 제정되고 여진자로 된 경서 간행과 여진대학이 이루어진 12세기 후반에는 여진문 연구도 행해졌다. 이런 여진어 연구의 자취가 현재 한반도에 남아 전하는 〈경원여진자비〉와 〈북청여진자석각〉 등이라 할 수 있을 것이다.

조선조 인조 17(1639)년에 여진학 교과서 5종을 만주자로 바꾸고, 이어 현종 8(1667)년에는 여진학을 청학이라 개칭하면서 조선에서 만주학이 활발히 일어났다. 조선의 만주어연구는 1894년 갑오개혁으로 사역원이 폐쇄되면서 막을 내렸으나, 이 2백여 년간 10여종의 만주어 사서·교과서 편찬으로 대표되는 이 방면의 업적은 참으로 세계 최고의 만주어 연구국이라 할 수 있다. 더군다나 훈민정음이라는 우수한 표음문자로 만주어음을 사음하고 있는 점과, 만주어와 동일한 문법구조를 가진 조선어로 만주어를 정확히 번역한 자료들은 소중한 만주어 문헌이라 할만한 것이다. 불행하게도 훈민정음으로 표기된 여진어 교재가 산일되어 버렸지만, 〈용비어천가〉에는 상당수의 여진 어휘가 훈민정음으로 기록되어 있어 세계 유일의 양질의 여진어 전사 자료로 평가된다.

이러한 전통이 단절되고 오히려 중국이나 일본이 만주지역에 대한 연구와 만주어나 여진어 연구가 앞서나가고 있는 실정이다. 그 가운데 하나인 아이신기오로 울라희춘(愛新覺羅 烏拉熙春) 교수의 ≪명대의 여진인≫(교토대학 학술출판회, 2014)이라는 책은 여진어 연구와 여진 역사와 문화사를 소개한 가치 있는 가장 최근의 저서라고 할 수 있다. 일어로 된 이 원서를 읽으며 보다 정확한 번역을 위해 일본인 제자인 다키구치 게이코(瀧口惠子) 교수와 초벌 번역과 교열의 도움을 받아 한국어판으로 출간하게 이른 것이다. 특히 원저자의 호의로 2014년 수정판 원고를 받아 번역했음을 밝혀 둔다. 어려운 출판사 환경에도 불구하고 한국어판 출간 동의와 일본 쿄토대학의 출판 허가를 이끌어내고 또 본서 출판을 추진해 준 경진출판사 사장님께 진심으로 감사를 드린다.

2014년 10월

여수서제(如水書齊)에서 이상규

목 차

제3장 영영사기비永寧寺記碑

서언

　본서의 목적은 1413년에 여진 사람의 손으로 새긴 〈영영사기비〉 및 명나라 초기에 사이관(四夷館)에서 편찬된 『여진역어』의 '잡자(雜字)'에 대한 전면적인 해독을 바탕으로, 15세기에 비문을 쓴 요동 여진인이 사용한 언어, 그리고 그것과 약간 다른 『여진역어』에 반영된 언어를 문자·음운·문법의 각 방면에 걸쳐 분석하는 데에 있다. 문화사적 추이와 여진 부족의 발전·변천 등, 민족사 연구에 대한 고찰도 아울러 진행한다.

　종래의 명나라 시대 여진사에 관한 논저에서는 여진 문자 자료가 사용된 것은 오히려 드물었다. 그러나 명나라 시대 여진인의 역사를 연구하기 위해서는 여진인의 시야로부터 여진인의 세계를 관찰해야 한다. 그러한 취지하에서 본서는 명나라 시대 여진인을 진심으로 이해하기 위해 그들 자신이 문자로 남긴 자료를 연구한 것이다. 〈영영사기비〉는 명나라의 동북아시아 지배, 그리고 당시 극동 주변에 살던 만주 퉁구스인과 고아시아인(Paleo-Asiatic)의 역사를 여진대자로 기술한 제일급 사료라고 할 수 있는 가치를 지니는 것이다. 『여진역어』 '잡자'는 금나라 시대의 『여직자서』와 계승 관계가 있으며, 풍부한 어휘와 명확한 음운 변천은 명나라 시대 여진 문화사의 재건에 유일무이한 사료적 가치를 가진다. 그러한 의미로, 본서는 거란 문자 자료보다 거란인의 역사를 재검토함으로써 중후한 성과를 얻은 전서 『거란문묘지(契丹文墓誌)에서 본 요사(遼史)』와 마찬가지로 획기적인 의미를 지니며, 금후의 아시아 민족 연구사에서 기점이 될 것이다.

현존의 12개 여진대자 석각 가운데 11개는 12~13세기 금나라 시대에 집중되어 있고 3종의 종이 자료 가운데 2종은 또한 금나라 시대에 속하는 것들이다.[1] 금나라 시대 말엽의 『여진진사제명비(女眞進士題名碑)』에서 명나라 시대 초엽의 『여진역어』에 걸친 180여 년 동안에 대해서는 2012년까지 여진 문자 자료는 공백 상

---

1) 2개의 석각은 금대의 『경원여진대자비(慶源女眞大字碑)』(金熙宗 天眷 元年[1138] 또는 皇統 元年[1141] 7월 26일), 『해룡여진대자석각(海龍女眞大字石刻)』(今世宗 大定 7년[1167] 3월 모일), 『대금득승타송비(大金得勝陀頌碑)』(今世宗 大定 25년[1185] 7월 28일), 『소용·대장군동지웅주절도사묘비(昭勇大將軍同知雄州節度使墓碑)』(金世宗 大定 26년[1186] 4월 24일), 『금상경여진대자권학비(金上京女眞大字勸學碑)』(金世宗 시기), 『몽고구봉석벽여진대자석각(蒙古九峰石壁女眞大字石刻)』(金章宗 明昌 7년[1196] 6월 모일), 『오둔량필시석각(奧屯良弼詩石刻)』(金章宗 承安 5년[1200]), 『오둔량필전음비(奧屯良弼餞飮碑)』(金衛紹王 大安 2년[1210] 7월 20일), 『북청여진대자석각(北靑女眞大字石刻)』(金宣宗 興定 2년[1218] 7월 26일), 『여진진사제명비(女眞進士題名碑)』(金哀宗 正大元年[1224] 6월 15일), 『히리자라 모극패근여진대자석함명문(ヒリジヤう謀克孛董女眞大字石函銘文)』(금대 중만기) 및 명대의 〈영영사기비〉(明成祖 永樂 11년[1413] 9월 22일)이다. 3개 종이 자료는 금대의 『여진문자서잔혈(女眞文字書殘頁)』 12장(金太祖 天輔 3년[1119]~金海陵 王隆 5년[1160] 동안), 『흑수성여진대자잔혈(黑水城女眞大字殘頁)』 2장(金衛紹王 大安 3년[1211] 이후) 및 명대의 사이관 『여진역어』(明成祖 永樂 5년[1407])이다.

태에 있다. 따라서 15세기의 여진인 역사를 논하려면 〈영영사기비〉와 『여진역어』가 필수적인 연구 재료가 된다. 명나라 시대 한문 자료에 보이는 '야인여진'은 바로 비문에 기록된 '제종야인'을 가리키며, 대략 현재 퉁구스 남어파 여러 민족에 해당된다. 명나라 정부가 비문에 일부러 여진대자로 새긴 것은, 그들 제 민족 집단을, 문화적으로 요동 여진보다 개화가 늦어진 '야인'으로 취급하면서도 언어적으로 광의의 '여진어'에 귀속시킨 것, 그리고 당시 동북아시아에서의 여진 문자 사용의 융성을 나타내며 여진 사료 연구의 중요성을 드러내 보인 것이다.

15세기의 여진인에 대한 연구는 역사가 긴 만큼 동시에 성과가 굉장히 많다. 특히 최근에는 동북아시아 제 민족과 일본 열도의 역사적 관계에 주목한 학제적 연구가 활발하게 이루어지면서 15세기의 여진인을 새로운 시점에서 재검토할 필요성이 높아지고 있다. 여진인이 직접 남긴 문자 기록을 시작점으로 살펴보면 지금까지의 역사상과 또 다른 역사상을 그릴 수가 있다. 이런 식으로 하여 얻어진 여진인의 새로운 역사상을 동북아시아사·중국사로 짜 나가는 것은 원나라·명나라와 아이누 등을 대상으로 한 역사 연구에도 큰 도움이 될 것이다.

여진의 역사와 문화에 관한 연구는 일본·중국·한국 등 아시아에서 오랜 역사를 가지고 있다. 그것은 여진이 역사적으로 사할린·러시아 연해주·중원 지구에서 니브흐, 아이누, 한인 등 수많은 민족과 관계를 유지하고 있었기 때문이다. 본서에서 제시한 15세기 여진대자 자료의 이해는 국제적으로도 종래의 한문 사료에 의존하는 것을 극복할 계기가 된다. 러시아에서는 2005년에 『노아간(奴兒干) 영영사(永寧寺) 유적과 비문: 15세기의 동북아시아와 아이누민족』이 출판되었다. 러시아의 고고학자가 몇 차례에 걸쳐 유적 발굴을 해 낸 중대한 성과이지만, 연구 가치가 높은 여진대자 비문에 대해서는 아주 간단하게 소개됐을 뿐이다. 일본에서는 문부과학성 평성(平成) 15~19(2003~2007)년도 특정 영역 연구에서 홋카이도(北海道) 연구팀 『중세 동북아시아사와 고고학』 등의 연구 과제가 15세기의 여진에 대해 기술했을 때도 여진대자 자료의 내용까지 깊은 고찰이 이루어지지 않았다. 이처럼, 본서는 중세 동북아시아를 둘러싼 연구에 상당히 큰 의의를 가지는 자료를 제공하는 것이다.

본서의 구성은 아래와 같다.

'제1장 원나라와 명나라 시대의 여진'은 다음과 같은 내용을 중심으로 논술한다. 원나라와 명나라 시대의 여진은 몽골인·한인·조선인과 밀접한 접촉이 있었는데, 그 접촉은 여진 문화와 경제에 상당한 흔적을 남겼으며, 여진 제 부족의 분열과 통일을 비롯해 이동의 역사에 직접적, 그리고 간접적으로 영향을 끼쳤다. 금나라 시대 여진 문화는 100년에 걸쳐 원나라 시대 몽골 문화의 영향을 받았고 명나라 시대에는 몽골 색채가 짙은, 새로운 여진 문화를 서서히 형성하게 되었다. 그것은 청나라 시대 만주 문화의 기초였다. 원나라 시대에 만주에 머무르던 여진인은, 한인과 조선인의 영향을 받아 농업경제가 점차 남쪽에서 북쪽으로 확대되었다. 명나라나 조선으로 조공한 결과, 여진인의 무역은 현저하게 발전하여, 상품경제가 출현하게 되었다. 경제 발전은 여진 사회에 심각한 변화를 가져왔으며 부족 간의 통일전쟁은 명나라의 지배 체제를 점점 무력하게 만들었다. 명나라 말엽에 건주여진의 누르하치가 여진 제 부족을 통일하여 후금 왕조를 열었다.

'제2장 『여진역어』'는 다음과 같은 내용을 중심으로 논술한다. 15세기 초두에 명나라 사이관에서 편찬한 『여진역어』 '잡자'는 금나라 태조 천보(天輔) 3(1119)년에 편찬된, 금나라에서 유일한 여진

문자 교과서인 『여직자서』와의 직접적 계승관계를 지니는 여진대자 어휘집이다. 본 장에서는 『여직자서』의 사본 잔항(殘頁)과 여진문 석각을 대비하고 나서 『여진역어』에 수록된 여진대자를 전면적으로 연구하는 것을 목표로 삼았다. 첫째로, 원문을 수록하고 정확한 글자 수와 단어 수를 통계한 결과, 699자와 815조(條)의 단어라는 수치를 얻었다. 둘째로, 거란대자와 연원 관계를 지니는 여진대자의 표음 방식을 모두 정리하여 그것을 바탕으로 『자서』와 석각에 중출되는 여진대자를 실마리로 하여 표의자·불완전한 표의자·표음자로 나누어 문자와 낱말의 음운 복원 및 동사 활용 어미의 문법적 해석을 더하였다. 셋째로, '잡자'에 보이는 수많은 오기와 오식을 바로잡고 문류(門類)에 혼입된 수효가 상상을 크게 웃도는 '한풍 여진어'를 확인한 다음에 『여진역어』 '잡자'의 원형을 찾아보았다. 넷째로, '잡자'의 주음 한자에 존재하는 여러 문제들을 편의상의 주음, 한어 뜻에 부회한 주음 등 7종류로 정리하여 고찰하였다. 덧붙여서, 동시대의 〈영영사기비〉에서 기록된 요동 여진 방언과의 비교를 통해 『여진역어』가 기초한 것이 전자와 약간 다른 언어인 것을 확인하였다. 다섯째로, 『여진역어』의 각 문류에 수효가 일정하지 않음과 동시에 시대가 다른 증보 어휘가 존재하는 사실로 미루어 보아 현존하는 텍스트가 최초의 원본이 아니라는 점, 그리고 수많은 연어가 여진인 자신에서 유래한 것이 아니라 사이관 통사의 창작이라는 점을 확인하여, 그것을 근거로 그 연어들의 추가 연대가 대략 여진대자의 사용이 쇠퇴되기 시작한, 명나라 정통 연간이라는 점을 추정하였다.

'제3장 〈영영사기비〉'는, 1413년에 세워진 한문·몽골문·여진문의 3체로 새긴 비문에서 여진대자 부분에 대해 최신이면서 전면적인 석문(釋文)을 더한 것이며 해독한 단어 수는 지금까지 가장 많은 231개, 기록된 여진 문자 또한 지금까지 가장 많은 676개에 달한다. 〈영영사기비〉는 금나라 시대 이후에 발견된 유일한 여진 대자 석각인데 금나라 시대 석각과 비교하면 자체와 철자에서부터 음운 표기에 이르기까지 여러 가지 면에서 상이한 점이 두드러진다. 비문에 기록된 여진어는 여진대자의 서사자인 "요동여진 사람 강안(康安)" 자신이 사용하던 일종의 여진 방언이며, 시기적으로는 사이관『여진역어』보다 후대이고, 방언적으로는 사이관『여진역어』와 회동관『여진역어』의 어느 쪽과도 다른 모습이 보이며, 특히 후자가 대표하는 해서여진 방언과의 거리가 크다. 비문 여진어에서 나타나는 하나의 커다란 음운적인 특징은 어미(또는 어간 말)의 자음 내지 음절의 보편적 탈락이다. 그러한 변이가 문자에 반영된, '표의자로의 회귀'라 불리는 현상이 나타나며 그 수효는 사이관『여진역어』를 웃돈다. 또 다른 하나의 특징은 모음조화의 느슨함으로 인한 문법 어미 감소이다. 고찰한 결과로는 부동사 어미, 여위격 어미, 대격 어미 모두에 합병되는 경향을 찾을 수 있다. 비문의 몽골문과 여진문은 한문보다 간략하지만, 동일한 텍스트에서 나온 것이며 몽골 문자와 여진 문자의 대비에 의거하여 양자의 문맥이 기본적으로 일치되면서도 여진대자가 원본이었다는 결론을 얻었다. 비문에 여진대자가 보여 주는 요동 여진어는 단어 해독에 의해 퉁구스 남어과 제어와의 친근관계가 깊다는 것이 다시 확인된다. 1433년에 세워진 한문으로 된 〈중건 영영사기비〉에는 여진문이 새겨지지 않았지만 강안이 통역에 종사한데다가 백호라는 직위에 있었다는 것으로 보면, 여진 문자 사용이 현지에서는 쇠퇴하고 있었다는 것을 미루어 추측할 수 있다.

여진학은 빈약한 자료 및 난해한 여진 문자에서 제약을 받아 만주학만큼 일반적이지 못하다. 본서는 대량의 여진 문자를 복원하고 어휘 독해를 달성함으로써 향후의 관련 연구에 새로운 전망을 여는 것으로서 상당한 의의를 가지며, 또한 국제적으로도 큰 효과를 가질 수 있다. 본서의 간행을 계기로 여진학에 대한 관심이 더욱 높아질 것을 기대해 본다.

제1장

원나라와 명나라 시대의 여진

제1절 역사상의 '여진女眞'과 '여직女直'

'여진(女眞)'이라는 민족 명칭이 한문 사료가 아닌 데서 처음 보이는 것은 요나라 도종(道宗) 함옹(咸雍) 8(1072)년으로 거슬러 올라간다.1) 거란소자의 철자에 따르면 그 음운은 [ʤulʤĭə]이지만, 시대를 조금 내려가 요나라 도종 대안(大安) 6(1090)년의 거란대자 철자에 따르면 그 음운은 [ʤulʃĭə]가 된다. 거란소자를 보면, 3가

---

1) (역주) 김육불, 『김육불의 동북 통사』(하), 동북아역사재단, 2007, 697쪽 참조. '여진'이라는 명칭이 사서에 최초로 등장한 시기를 愛新覺羅는 "요나라 도종 함 옹 8(1072)년"으로 설정하고 있으나 김육불은 당나라 소종(昭宗) 천복(天福) 3(903)년으로 소급하고 있다. '여진'이라는 종족 명칭이 사료에 처음 보이는 것은 당나라 소종 천복 3(903)년으로 소급된다.

지 표음자로 표기한 음가가 거란대자의 그것과 완전히 일치하지는 않으나, 금나라 세종(世宗) 대정(大定) 11(1171)년의 거란소자 철자 [ʤulʤiə]를 감안해 보면 요·금 시대에는 제2음절의 두음자를 [ʤ]로 한 것이 주류를 이루며 [ʤ]에서 [ʃ]로의 이행한 것을 확인할 수 있는 것은 결국 14세기 이후가 되어야 한다.

지금까지 출토된 요나라의 한문 석각비에는 한 곳이긴 하지만 '여진(女眞)'이 나타나며, 그것은 요나라 성종(聖宗) 태평(太平) 9(1029)년에 새겨진 한문 묘지(墓誌)에 보이는 것이다. 같은 시대의 『고려사』까지 시야를 넓히면, 오직 '여진'만 보이며, 정종(定宗) 3(948)년 가을 9월조에 보이는 것이 최고 이른 것이다. 이러한 사례에 따르면 거란대소자로 표시된 음운이 요나라에서 유일한 형식이었던 것이 아니라고 생각하지 않을 수 없다.

15세기 초에 명나라 사이관에서 편찬한 『여진역어』에서는 여진대자로 표기된 '여직(女直)'의 음운이 [ʤuʃən]이며, 영락(永樂) 11(1413)년에 새겨진 〈영영사기비(永寧寺記碑)〉에 여진대자로 표기된 요동 여진어의 형식에서는 어미 [-n] 자음이 붙지 않은 [ʤuʃə]이지만, 동 한자 비문(중창한 한문으로 쓴 〈영영사기비〉)에는 '여진(女眞)'으로 표기하고 있다. 이어서 17세기 초에 쓰인 『구만주당(舊滿洲檔)』의 만주 문자에서는 [ʤuʃən] 또는 [ʤusən]이다. 여기에서 어미 [-n] 자음의 유무에 따른, 표기가 다른 형식은 통시적으로나 공시적으로도 공존했다고 생각된다.

덧붙여, 정사(正史)의 기술에 기초한 고찰에 의해서도 방증을 얻을 수 있다. 한문 사료에는 '여진', '여직' 2가지 표기가 다 보이지만, "(황제의) 이름자 휘(諱)를 피한다."라는 일반적인 통설은 사실 모두 서몽신(徐夢莘)의 『삼조북맹회편(三朝北盟會編)』 권3의 〈전선상질(政宣上帙) 3〉에 나오는 "至老(遼)主道宗避宗眞廟諱, 改曰女直."을 무비판적으로 답습한 것임에 틀림없다. 먼저, 정사의 기술에 따라

'여진'과 '여직'의 출전 및 각각의 출현 횟수를 통계를 내어 보면, [표 1]('여진'과 '여직'이 정사에 보이는 출전과 출현 횟수)과 같다.

[표 1] '여진'과 '여직'이 정사에 나타나는 출전과 출현 횟수

구분	여진(女眞)	여직(女直)
구오대사(旧五代史)	4	0
신오대사(新五代史)	4	0
송사(宋史)	64	13
요사(遼史)	0	198
금사(金史)	0	290
원사(元史)	12	91
명사(明史)	0	9

[표 1]에서 아래의 결과가 분명해진다.[2]

1. 『구오대사』와 『신오대사』에는 동일하게 '여진'으로 되어 있다.
2. 『송사』(지정至正 5[1345]년 성책)에는 절대 다수가 '여진'이며 13례만이 '여직'이 나타난다. 그 13례의 출현 환경을 보면, ① 태조 본기 7례, ② 우문허중전(宇文虛中傳) 1례(단순히 '여진'과 혼용), ③ 왕서전(王庶傳) 1례, ④ 유광조전(劉光祖傳) 1례, ⑤ 충의(忠義) 1례, ⑥ 외국에 2례(하국夏國의 1례는 원조元朝 사신의 발언)
3. 『요사』(지정 4[1344]년 성책)에는 전부 '여직'으로 되어 있다.

---

2) (역주) 여진(女眞): 주선(朱先), 주이진(朱爾眞), 주리진(朱理眞), 제신(諸申) 등의 서로 다른 표기가 나타나는데(孫進已, 1987:1), 조선 사료에는 여진(女眞)이 압도적으로 많이 나타난다. 『조선왕조실록』에는 여진(女眞)이 381건, 여직(女直)이 33건으로 나타난다. 김주원의 『조선왕조실록의 여진족』(서울대학교출판부, 2007), 24쪽에서 『조선왕조실록』의 어휘 검색을 통해 살펴본 결과는 '여진'이 381건, '여직'이 33건이 출현한다. 우리나라에서는 '여직'보다 '여진'이 훨씬 더 보편적으로 사용되고 있다.

4. 『금사』(지정 4[1344]년 성책)에는 전부 '여직'으로 되어 있다.

5. 『원사』에는 대부분 '여직'으로 되어 있으나 12례만이 '여진'으로 되어 있다. 그 12례의 출현 환경을 보면 ① 〈지리지 1〉 '서'에 1례, ② 〈지리지 2〉 '요양등처행중서성(遼陽等處行中書省), 개원로(開元路)'에 1례, ③ 나머지 10례는 모두 '열전(列傳)' 안에 있다.

6. 『명사』에는 전부 '여직'으로 되어 있다.

이상의 결과에서 더 나아가 아래와 같은 추론을 도출할 수 있다.

1. 『원사』 〈지리지〉가 근거로 한 사료는 아마 『대원일통지(大元一統志)』(대덕 3[1299]년 성책)일 것이다. 〈지리지〉에서 보이는 '여직'이라는 호칭은 요나라 흥종(興宗)의 휘(야율종진耶律宗眞)를 피한다는 유래를 밝히면서도[1] 정문에는 여전히 약간의 '여진'이 나타나고 있다. 이들 각 열전(列傳)에 산견되는 '여진'은 원나라 시대에는 '여진', '여직'을 함께 사용했음을 짐작하게 한다.

2. '여직'의 호칭이 요나라 흥종(興宗)의 휘를 피한다는 사실에서 유래한다는 『원사』 〈지리지〉의 기술이 사실이라면, 『요사』를 편찬할 때 의거한 요나라의 제1차 자료 중에는 아예 '여진'이 존재하지 않고 전부 '여직'이었을 것이다. 『요사』에 '여직'밖에 보이지 않는 것은 언뜻 그것을 지지하는 것처럼 보인다.

---

1) 『元史』卷五十九〈地理志〉二「遼陽等處行中書省」開元路 "開元路, 古肅慎之地, 隋·唐日黑水靺鞨. 唐初, 渠長阿固郎始來朝, 後乃巨服, 以其地爲燕州, 置黑水府. 其後渤海盛, 靺鞨皆役屬之. 又其後渤海浸弱, 爲契丹所攻, 黑水復擅其地, 東瀕海, 南界高麗, 西北與契丹接壤, 卽金鼻祖之部落也. 初號女眞, 後避遼興宗諱, 改曰女直. 太祖烏古打旣滅遼, 卽上京設都, 海陵遷都於燕, 改爲會寧府. 金末, 其將蒲鮮方奴據遼東. 元初癸巳歲, 出師伐之, 生禽萬奴, 師至開元·恤品, 東土悉平. 開元之名, 始見於此. 乙未歲, 立開元·南京二萬戶府, 治黃龍府. 至元四年, 更遼東路總管府. 二十三年, 改爲開元路, 領咸平府, 後割咸平爲散府, 俱隸遼東道宣慰司. 至順錢糧戶數四千三百六十七."

3. 이와 같이 요나라 흥종의 피휘가 더 이상 필요하지 않았고, 따라서 '여진'이 사용되었을 터인 금나라 시대의 제1차 사료에 의거한 『금사』에는 단 한 군데도 '여진'이 사용되지 않은 것은 오히려 원나라 사신에 의한 금나라 제1차 사료에 대한 개찬(改竄)을 의심하게 한다.

4. 『송사』에 따르면 개찬 가능성은 점점 커진다. 『송사』에 나타나는 '여직'의 대부분은 『송사』의 머리 부분인 〈태조 본기〉에 집중되어 있다. 『송사』의 내용이 방대하기 때문에 원나라 사신이 개찬을 도중에 포기한 것으로 보인다.

5. 『명사』에서는 전부 '여직'으로 되어 있는데, 그 원인은 아마 전조의 역사 편수 용어의 전통을 답습한 것이 아니라 원본 사료가 당시 여진어의 어떤 방언을 기초로 음역한 것이기 때문일 것이다. 명나라 성조(成祖) 영락 연간(1403~24)에 편찬된 『여진역어』에는 '인물문'과 '내문'에 '여직'이 나타나는데, 대역된 여진대자는 [ʤuʃən](주음 한자는 '朱先')이다. 영락 11(1413)년에 노아간도사아문(奴兒干都司衙門)의 소재지에 세워진 〈영영사기비〉의 여진문에도 [ʤuʃə]라는 말이 나타나며(한자 비문의 대역어는 '女眞'), 기록된 여진대자는 『여진역어』의 그것과 다르지만 표현된 의미는 똑같이 '여진'을 가리킨다. 주의해야 할 것은 『여진역어』에 철자된 음운은 어미 [-n] 자음을 유지하는데 비문의 방식에서는 유지되지 않는 데에 있다. 『여진역어』의 편찬 시기는 비문이 설립된 시기와 크게 차이가 없지만 이런 차이가 생겨난 원인의 첫째로는 방언의 같고 다름을 추정할 수 있다. 〈영영사기비〉의 여진대자는 요동 여진 사람 강안(康安)이 지은 것으로 기록되어 있는데, 그가 남긴 여진어는 요동 방언에 속하는 것임에 틀림이 없다. 『여진역어』가 기초한 방언은 분명하지는 않지만 어미 [-n] 자음이 붙은 여진대자가 보이는 형식이 요동 방언과는 다르다. 두 번째 원인은 여진어에 있는 일부 명사 어미에서 [-n]의 실현 유무가 일정하지 않는 것인데, [-n]을 붙이지 않으면

모음으로 끝나는 형식으로 쓰게 된다.

『원사』중에도 소수이기는 하지만 일부 '여진'이 나타나는 것을 보면 '여직'의 명칭은 피휘와는 관계가 없다고 생각된다.

여기에서, '여진'과 '여직'이 사서에서 병존하는 것은 동일 현상이면서도 두 가지의 원인에 기반을 둔 것이라는 결론이 도출된다.

제2절 여진의 민족 문화

금나라의 여진문 석각에 따르면 금나라 시대 여진어에 방언 차이가 존재했음을 알 수 있는데, 그러한 차이는 명나라 시대에 이르러서도 여전히 존재하였다. 명나라 여진어 자료로는 첫 번째로 위에서 서술한 사이관에서 편찬한 『여진역어』와 두 번째로 회동관에서 편찬한 『여진역어』가 있다. 두 종류의 자료에 기록된 여진어는 음운·문법에서 제법 많은 차이가 인정된다. 영락 11(1413)년에 새겨진 〈영영사기비〉의 글을 쓴 사람은 '요동 여진인 강안(康安)'이라는 내용이 있는데, 그 비문의 여진어가 사이관『여진역어』에 가깝다는 점에서 사이관『여진역어』의 기술은 요동 여진어의 한 방언이라는 사실을 추정할 수 있다. 회동관2)에서 편찬한 『여진역어』는 시대적으로 전자보다 늦으며 편찬 목적도 전자와 다르

---

2) (역주) 회동관(會同館): 명나라 시대 외국 사신의 접대를 담당하던 관청. 한대 이후 외국 사신들의 업빈과 접대를 담당하던 아문으로 홍로사가 있었는데 원나라 시대에 들어와 회동관을 설치하면서 그 기능을 이관하였다. 명나라 시대에는 외국 사신의 접대와 숙소로도 이용했을 뿐만 아니라 외국어 교육기관의 기능도 하였다. 홍무 연간에는 남경에, 영락 중위 직후인 1430년에는 북경 회동관을 창설하여 남북 두 곳에 회동관이 있었는데, 오이라트, 조선, 일본, 베트남 등의 사신은 남쪽 회동관을 이용하도록 관리하였다.

다(사이관 『여진역어』의 편찬 목적은 여진 사람의 상주문, 즉 '내문'을 번역한 것, 한편, 회동관 『여진역어』는 주로 진공하는 여진 사람에게 조서를 내리기 위해 편찬되었다). 현존하는 79통의 '내문' 가운데 약 80%가 해서여진의 각 위소(衛所)에서 온 것이므로 회동관 『여진역어』가 기록한 요동 여진 방언과 달리 해서여진 방언이라는 것을 알 수 있다.

금나라 멸망 후에 동북 지역의 여진 사람이 대금의 부흥을 목적으로 창작한 〈삼선여(三仙女)의 전설〉은 구전되어 북으로는 흑룡강 연안에서 남으로는 요동에 이르는 여진 여러 부락으로 널리 전승되었으며, 17세기 초두에는 만주 문자를 이용하여 기록되었다. 이러한 사실은 명나라 여진어에는 방언 차이가 있기는 하지만 서로 의사소통이 되지 않을 정도는 아니었음을 말해 주고 있다. 『만문노당』에 따르면, 천명(天命) 4(1619)년에 후금국이 모든 여진어의 나라([ʤuʃən gisun i gurun])를 정복했다는 기술이 있어, 당시 여진어의 사용 범위는 "한인국가 동쪽에서 동해에 이르기까지 조선국 이북 및 몽골 이남"을 포괄하는 끝없이 넓은 지역을 차지하고 있었으며, 이 지역에 살고 있는 사람들이 사용하는 서로 약간의 차이가 있는 언어를, 명나라 여진인들은 동일한 여진어로 인정하고 있었음을 알 수 있다.

따라서 '여진'이라는 명칭은 당시 만주 지역에 생활하던 모든 만주·퉁구스 계통에 속하는 사람들에 대한 총칭으로, 그 가운데에는 오늘날의 만주족의 선조도 포함되거니와 퉁구스 여러 민족도 포함되는 것이다. 마찬가지로 여진어는 이들 종족이 사용한 언어와 방언, 즉 오늘날의 만주·퉁구스 제어를 가리키는 것이었다.

여진 사람은 거란 사람들과 마찬가지로 두 차례에 걸쳐 문자를 제작하였다. 금나라 건국 4년 후인 천보(天輔) 3(1119)년에 만들어진 것을 역사상 '여진대자'라고 하고 천권(天眷) 원(1138)년에 만들어진 것을 '여진소자'라고 한다. 현재 남아 있는 여진 문자 자료의 대다수는 여진대자로 베껴 쓴 것이지만, 1972년부터 2007년까지 중국 하북성, 흑룡강성, 길림성에서 출토된 6면의 금제, 은제, 목제의 부패(符牌)에 새겨진 문자만 여진소자이다.[3] 여진대자 자료는 풍부하고 다채로운 내용이 포함되어 있으며, 이들 자료로는 금나라의 유일한 여진대자 교재인 『여직자서(女直字書)』를 초록한 수습(手習), 사원의 출가자에 의한 금·몽 전사(戰事)에 관해 적은 사적 기록, 금나라 태조의 대요(對遼) 전승을 기념하는 비석, 불사 건립의 후원자를 새긴 비석, 대 타타르 전쟁을 기념한 석각, 문인끼리 시문(詩文)을 주고받은 석각, 상경(上京)에 개설된 여진자학교의 학생들을 격려한 비석, 모극(謀克) 패동(孛堇)의 가족 이름을 돌에 새긴 명문, 금말 과거의 제명비(題名碑), 더 나아가서 고려 승려가 금나라에 들어와 구법(求法)한 석각까지 있다.[4] 그러나 금나라 멸망으로 인해 명나라 초엽에 이르는 180여 년 동안은, 2012년까지 여진 문자 자료가 전하지 않는다.[5] 『함분루비급(涵芬樓秘笈)』제

---

3) 이들 부패에 새겨진 여진소자는 상하 2조로 나누어져 있으며 2개 단어를 구성한다. 5면의 문자는 똑같지만 어떤 한 면의 윗부분의 단어만 특이한 모양을 취하고 있다. 자세한 것은 『아이신기오로 울라히춘 여진거란학 연구 아이신기오로 울라희춘(愛親覚羅 烏拉熙春) 『女眞契丹學研究)』(松香堂, 2009)에 수록된 「여진소자 금패·은패·목패 고(女眞小字 金牌·銀牌·木牌考)」를 참조할 것.

4) 2가지 금나라 시대 여진대자 종이 자료와 12가지 여진대자 석각에 대한 전면적인 해독 성과는 진치총(金啓孮)의 『심수집(瀋水集)』(내몽골대학 출판사, 1992)에 수록된 「서안비림 발견한 여진문자서(西安碑林發現的女眞字文書)」, 아이신기오로 울라히춘(愛親覚羅 烏拉熙春)의 『여진문자서 연구(女眞文字書研究)』(風雅社, 2001), 진광평(金光平)·진치총(金啓孮)의 『여진어언문자 연구(女眞語言文字研究)』(文物出版社, 1980), 아이신기오로 울라히춘(愛親覚羅 烏拉熙春)의 『여진어 언문자 신연구(女眞語言文字新研究)』(明善堂, 2002) 및 『아이신기오로 울라히춘 여진거란학 연구(愛親覚羅烏拉熙春女真契丹学研究)』(松香堂, 2009) 참조. 2009년에 발견된 『히리자라 모극패근여진대자석함명문(ヒリジヤゥ謀克孛堇女眞大字石函銘文)』에 대한 고찰은 『동아문사논총(東亞文史論叢)』 2009년 제2호에 실려 있다.

4집에 수록된 『화이역어』의 발문(손육수孫毓修가 1918년 편찬)에 따르면 『지원역어(至元譯語)』 외에 원나라 시대에는 여진을 포함한 13국의 역어가 편찬되었다고 한다. 『지원역어』를 금나라 초에 편찬한 『여직자서』 잔항과 비교해 보면 양자의 목차에서 전승관계가 있음을 확실히 파악할 수 있다. 금나라의 제도는 요나라의 그것과 달리 금서(禁書)의 명령이 시행되지 않아, 금나라 선종(宣宗, 1213~23) 시기에 이미 여진 문자에 정통한 고려 승려가 있었고, 금나라 애종(哀宗, 1224~34) 시기에 고려로 망명한 동진인(東眞人)이 고려 조정에서 여진 문자를 가르쳤다는 사실로부터 추론해 보면, 원나라 시대에 금나라의 『여직자서』를 수본(手本)으로 『여진역어』를 편찬했을 가능성이 충분히 있다.

원나라 시대에 동북 지구에 머물렀던 여진 사람, 특히 동북 북부 제왕 테무게 오치긴(칭키즈 칸의 셋째 동생)의 분봉지(우루스) 내의 여진 사람(홍안령 동록, 만주 북부에 살고 있었다)은 여진 수달달로(水達達路)에 예속되어, 원나라의 "各仍旧俗, 隨俗而治(옛 습속에 따르고 그에 따라 다스렸다)."(『원사』〈지리지 2〉)라고 하는 통치하에서 여진 문자를 학습하는 전통을 시종 유지하고 있었다.

명나라에 들어서부터 70여 년간 여진 문자는 동북지구 여진 사람들 사이에서 지속적으로 사용되었다. 영락 5(1407)년, 명나라 조정이 주변 민족 언어의 통역을 담당할 통사(通事, 통역관)를 양성하기 위해 설치한 사이관 중에는 여진관을 손꼽을 수 있다. 이러한

---

5) 원나라 시대에 제작된 여진대자를 포함한 오체 문자 합벽의 동제 패자(牌子)는 2012년에 중국 동북부에서 현지 조사를 실시했을 때 필자가 발견했다. '야순패(夜巡牌)'와 철자가 연결되는 여진대자가 6개 있으며 금나라 말엽의 『여진진사제명패(女眞進士題名牌)』에서 명나라 초엽 『사이관 여진역어』까지의 180여 년 동안의 여진 문자 공백 시기를 보충해 주는 유일무이한 지보라고 할 수 있다. 그에 대한 연구 성과는 2003년 5월에 고려대학교가 주최한 국제회의에서 구두 발표되어 2014년 1월에 『리추메이간(立命館)언어문화연구』 25권 2호로 간행됐다.

사정으로 미루어 보면, 당시 동북지구의 여진 사람이 명나라 조정에 입공할 때에 제출하는 상주문(上奏文)에 여전히 여진 문자를 사용하였기 때문에 단독으로 1개의 관을 설치한 것은 분명하다. 영락 원(1403)년, 명나라 3대의 황제 명(明) 성조(成祖)는 조선을 통해 동북 여진, 오도리(吾都里), 우량하의 오랑캐 오량합(兀良哈), 우디거 올적합(兀狄哈) 등의 부락에 조서를 내릴 때 발포한 칙유에 여진자를 사용하였다. 그 때문에 조선조의 군신은 그것을 해석하지 못하여서 여진 사람의 통역으로 겨우 그 내용을 알았다고 한다(『조선왕조실록』 태종 3년 6월 신미조). 영락 11(1413)년에 흑룡강 하류 유역 및 고항도(庫頁島, 사할린)의 야인여진(㕚㞕 udigən)·吉列迷(길약 㕚化兵 giləmi)·苦夷(고이 舟甫 ku'i)를 초무하기 위해 명나라 조정이 특림(特林)에 세운 〈영영사기비〉는 한자·여진대자·몽골 문자 3종류의 문자로 새겨진 것이다. 영락 15(1417)년, 명나라 성조가 백두산에 있는 사원을 수리하기 위해 내관(內官) 장신(張信)을 파견하였는데, 명나라 사절이 군대를 거느리고 온 데다 백두산이 조선과의 국경에 인접해 있어서, 주변의 여진 사람이나 조선 사람이 놀라지 않도록 사전에 목패(木牌)를 발송하여 주변 주민에게 알렸다. 목패는 양면에 필사한 것으로, 한 면에는 한자로 다른 한 면에는 여진자로 동일한 내용이 쓰여 있었다(『조선왕조실록』 태종 17년 4월 신미조). 여진 사람이 대외 연락을 할 경우에도 여진자를 사용한 것은 조선 사료에서도 많이 보인다. 예를 들어, 선덕(宣德) 9(1434)년에 건주좌위(建州左衛) 지휘(指揮) 동범찰(童凡察)[6]의 관리

---

6) (역주) 범찰(凡察): 여진 오도리 추장. 맹가첩목아의 이부동모제로 1443년 맹가 첩목아의 사후에 동창(童倉) 혹은 동산(童山)과 건주좌위의 수령 자리를 두고 분쟁하다가 건주우위의 도독으로 임명되어 건주삼위가 성립되었다. 서병국, 「범찰의 건주좌위 연구」, 『백산학보』 13, 1972; 河內良弘, 「동범찰과 건주좌위(童凡察と建州左衛)」, 『조선학보』 66, 1973 참조.

아래에서 여진 문자로 헌서하였고(『조선왕조실록』 세종 16년 8월 기미조), 천순(天順, 1462)년에 건주위 지휘 이만주(李滿住)[7]가 조선에 보낸 편지에는 '야인문자'를 사용하였다(『조선왕조실록』 세조 8년 12월 정해조). 성화(成化) 18 (1482)년에 조선에 '野人書契一道'가 왔다(『조선왕조실록』 성종 13년 10월 임진조). 조선에서 이른바 '야인'이란 것은 바로 여진을 가리키는 것이다.

해서여진이 여진 문자를 사용한 전통은 대략 명나라 5대의 황제 영종(英宗) 시대까지 지속되었다. 정통(正統) 9(1444)년, 송화강 연안의 해서여진의 현성위(玄城衛) 지휘사(指揮使) 살승하(撒升哈) 타타무트루(脫脫木答魯)가 현지 40개소 위소의 여진 사람 가운데 여진 문자를 읽는 사람이 이미 없으므로 조정에서 칙서(勅書)를 내릴 때 몽골 문자로 고치도록 상주했다(『명실록』 정통 9년 2월 갑오조)는 사실은 현존하는 사이관 『여진역어』에 수록된 79통의 '내문'(여진 사람 진공 시 상주문)으로도 방증을 얻을 수 있다. 이들 내문이 상주된 시기는 명나라 영종(英宗) 천순(天順) 연간부터 명나라 세종(世宗) 가정(嘉靖) 연간(1457~1566)에 집중되어 있다. '내문'은 여진문과 한문의 대역이라고 하지만, 여진문 부분은 여진 사람이 쓴 것과 같지 않고 모두 한어 문법에 따라 여진 어휘를 늘어

---

7) (역주) 이만주(李滿住·李萬住): 여진 오랑캐의 추장. 명나라 영락제 제3왕후의 아버지인 아하추(阿哈出·於虛出)의 손자로 건주위 도독에 임명되었다. 세종 14(1432)년에 조선 변경을 대거로 침입하자 세종 15(1433)년에 건주위 토벌작전으로 그 세력이 위축되었다가 세조 13(1467)년, 명나라와 조선의 협공을 받아 그의 아들 이고납합(李古納哈)과 함께 죽었다. 박원호, 「선덕 연간 명과 조선 간의 건주여진」, 『아세아연구』 88, 1992 참조. 아하추(阿哈出)의 손자로 건주의 추장을 세습한 인물로 세종 15(1433)년에 여진 토벌을 했을 때 7군데 상처를 입고 목숨을 건졌으나 30여 년 뒤 세조 13년(1467)년에 명군과 협공하여 건주여진을 토벌할 때 그의 아들 이고납합과 함께 살육되면서 조선과의 관계가 적대 관계로 바뀌었다. 이고납합(李古納哈)·고납합(古納哈)·고라합(古羅哈)·고나(古那)·고랑거(古郎巨)·과라가(果剌哥) 등의 음차형이 조선 사서에 나타난다(김주원, 2007: 131~133).

놓았을 뿐인 사이관 통사의 작품이었다. 그 원인에 대해서는 아래와 같은 사정을 추측해 볼 수 있다. 즉, 명나라 시대에는『사이관칙례(四夷館則例)』에 의해 주변 종족이 진공할 때 상주문을 제출하지 않으면 그 공물을 올릴 수 없었다. 그러나 진공하는 여진 사람은 이미 여진 문자를 알지 못하였기 때문에 어쩔 수 없이 사이관 통사에게 대서(代書)를 시켰다. 그런데 이들 통사들 자신들도 여진문에 익숙하지 않아서 미리 쓴 한문의 원문을 한문 문법에 따라 여진 어휘를 나열하는 방식으로 '번역'하였다. 여기서 당시의 수많은 위소의 여진 사람 사이에서도 여진 문자는 사용되지 않고 있었다는 사실을 알 수 있다.

건주여진에는 대략 명나라 제6대 황제 헌종 성화(成化) 연간(1465~87)에 이르기까지, 소수이기는 하지만 여진 문자를 읽을 수 있는 사람이 있었다. 정통(正統) 7(1442)년에 건주위 지휘 이만주가 여진 문자에 밝은 요동 동령위(東寧衛) 군인 동옥(佟玉)을 자신의 서리(書吏)로 삼도록 명나라에 청구한 것으로 보아, 건주위 여진 사람 가운데 여진 문자를 읽을 수 있는 사람이 이미 사라지고 있었음을 확인할 수 있다.[8] 그러나 40년 후인 성화 18(1482)년에 이르러서도 여전히 여진 글자로 쓴 '서계(書契)'가 조선에 도착했다는 기사가 있는 것으로 보아, 여진 문자의 전통이 당시 여전히 중단되지 않았다는 것이 증명된다.

명나라 시대 여진 사람의 문화적 특징에 대해, 금나라 시대 여진 사람과 비교를 하여 관찰해 보자.

---

8)『요동지(遼東志)』권6 〈인물지〉, "按遼東例有朝鮮女直通事送四夷館以次銓補鴻臚官, 舊止用東寧衛人, 蓋取其族類同, 語言習也. 比來各衛亦或有爲之者矣."

1. 언어 문자

금나라 시대 여진어와 명나라 시대 여진어 간에는 통시적으로, 그리고 또 방언 차이가 존재할 뿐만 아니라 문화적 배경 차이까지 존재했다.

금나라 시대 여진어는 대량의 고대-퉁구스어의 요소를 보존하고 있는 한편, 거란 문화의 영향을 받아들였다. 요나라 초기에 제작된 거란 문자는 금나라 장종(章宗) 명창(明昌) 2(1191)년에 폐지될 때까지 사용되었다. 금나라 시대 여진어에 포함된 몽골어족의 동원어(同源語) 대부분은 거란어를 경유하여 차용된 것으로 보인다. 10자리 수사는 특히 이를 증명해 주는 좋은 예가 된다. 여기서는 필자가 거란대소자에 따라 복원한 거란어 10 이하 서수사(序數詞) 및 15에서 19까지 나이를 헤아리는 단어(11에서 14까지는 복합어로 '10'+'1~4'라는 형식), 그것과 여진어의 10단위 기수사(基數詞)를 비교해 보자. 참고로 『화이역어』의 몽골어도 부기해 두겠다.

거란어(남성형): mas-gu(제1), ʤur'-ər(제2), qɔr'-ər/qor'-ər(제3), tur'-ər(제4), taď-or/toď-or(제5), ʤir'-ər(제6), dal'-ər(제7), niamur- ər/niamd-ər(제8), iʃir-ər/iʃid-ər(제9), poď-ər(제10), dorgor-əl (15세), ʧarqar-əl(16세), talqar-əl(17세), niaqar-əl(18세), isʃibul- əl(19세).

거란어(여성형): mol-qu(제1), ʤur'-ən(제2), qur'-ən/qoď-ən(제3), tur'-ən(제4), taď-on/toď-on(제5), ʤir'-ən(제6), dal'-ən(제7), niam'-ən(제8), iʃir-ən(제9), poď-ən(제10), taugor-əd(15세), ʧarqar- əd(16세), talqar-əd(17세), niaqar-əd(18세), isʃibul-əd(19세).

여진어: amʃo(11), ʤirhon(12), gorhon(13), durhon(14), toböhon(15), niurhun(16), darhon(17), niuhun(18), oniohon(19)

몽골어: niken(1), qojar(2), qurban(3), dörben(4), tabun(5), ʤirwa'an(6), dolo'an(7), naiman(8), jisün(9)

비교 결과에 따라 여진어 10단위 수사의 어간이 몽골어와는 너무나 다르다는 것이 확인되므로, 분명히 거란어에서 유래한 것으로 이해된다.

그 외에 *[atʃi-], *[basa], *[bohor], *[dan], *[huru], *[nəkür], *[ordo], *[ödüigən], *[quriqan], *[tuli] 등도 그러한 수사이다. 한편, 명나라 여진어는 많은 고대-퉁구스어의 요소를 상실한 대신, 몽골어의 영향을 광범위하게 받아들이게 되었다. 명나라 시대 여진어에는 몽골어로부터 차용어가 대폭 증가했을 뿐만 아니라 문법 범주 내에서조차도 몽골어의 침투를 받았던 것 같다(예를 들면, 종비격(從比格) 어미 *[əsə]). 명나라 시대 여진어에서 몽골어로부터 차용한 많은 어휘는 금나라 시대 여진어 내지는 청나라 시대 만주어에는 나타나지 않는다. *[dauli-], *[dʒorigi], *[hufurun], *[ʃinia], *[tar], *[unə] 등이 그러한 예이다. 일부 명나라 시대 여진어는 형식적인 면에서 거란어보다 몽골어와 더 비슷한데, 그것들은 늦은 시기의 차용어에 속한 것임을 알 수 있다. 예를 들어, *[hirɣə], *[dʒatʃiri]와 같은 것이 있다. 그러한 움직임과 동시에, 몽골 문자가 여진 사람 사이에 보급되기 시작하여 영락 11(1413)년에 입석한 〈영영사기비〉의 비음(碑陰)에는 몽골 문자와 여진 문자가 나란히 새겨져 있지만 비액(碑額, 머리글)은 몽골 문자로 되어 있는 것으로 보아, 몽골 문자가 당시 여진 사람들의 서사(書寫)에서 주요한 위치를 차지하고 있었다고 생각된다. 30년 후 몽골 제부와 인접해 있던 해서 여진 사람은 가장 빨리 여진 문자의 전통을 잃고 몽골 문자를 사용하게 되었다. 명말 후금(청나라)이 일어났을 때, 여진 사람은 이미 "文移往來, 必須習蒙古書, 譯蒙古語通之(문서로 왕래할 때 몽골 문자를 습득하여 몽골어로 통역해야 한다)."(『만주실록滿洲實錄』 권3 기해년 정월)

와 같은 상황이었다. 만력(萬曆) 27(1599)년에 만주 문자의 제작 이후에도 제법 긴 기간 동안 여전히 몽골 문자와 함께 사용된다. 이것은 금나라의 여진 문자 제작 이후 70여 년간 거란 문자가 함께 사용된 상황과 유사하다.

금나라 시대 여진 사람과 명나라 시대 여진 사람은 이렇게 각각 다른 문화적 배경을 가지고 있었지만, 전자가 거란 문자 습득을 전제로 여진 문자를 제작한 과정과 후자가 몽골 문자 습득을 전제로 만주 문자를 제작한 과정은 매우 유사하다. 금나라 시대의 여진 문자는 한자와 거란 문자의 영향 아래 만들어졌는데 명나라 시대 여진 사람이 만력 27(1599)년에 만주 문자를 만든 것은 몽골 문자의 영향을 받은 결과라고 할 수 있다.

2. 문학

금나라 시대 여진의 서면문학은 '자민족 → 한화(漢化)' 과정을 거쳤다. 여진문으로 시를 새긴 유일한 석각 〈오둔량필시석각(奧屯良弼詩石刻)〉에 따라, 문인들이 여진어로 시를 지은 시기는 늦어도 승안(承安) 5(1200)년까지로, 이미 당초 자민족의 두운법에서부터 한시와 같이 압운을 하는 형식으로 이행되었음을 알 수 있다.

오둔량필(奧屯良弼)의 여진 시는 한문의 칠언율시를 흉내낸 것으로, 격률(格律)은 한시처럼 엄격하게 이루어지며 제1, 2, 4, 6, 8의 각 구의 마지막 글자도 각운을 밟는 형식으로, 제1구절 말에는 **甬***[da], 제2구절 말에는 **夻***[buɣa], 제4구절 말에는 **肩***[bira], 제6구절 말에는 **月***[biɣa], 제8구절 말에는 **更***[ʤuɣa]로, 운각을 일률적으로 [a] 모음으로 하고 있다. 또한 제3구절과 제4구절, 제5구절과 제6구절은 댓구를 이루며, 제3구의 **扎侢孒**(오마五馬)를 제4구절의 **一盂伶**(일기−旗)에, 제5구절의 **呆孒禾呆亥**(필구筆口)를 제6구

절의 **琴瑟**(금슬琴瑟)로 한, 각각의 대우(對偶)는 한시에 뒤떨어지지
않을 정도로 균형이 갖추어져 있다(압운된 곳의 국제 음성자모를 고
딕체로 표시했다).

halin dolin-do soqanʧa-hai mərgi dan jada-hai **da**

ulguma-o dədlə-[ ] [ ]-luba gən-[ ] puŋ-iŋ-ni **buɣa**

səʤələ tohurʧu sunʤa muri-r təktün-ni goji haldi

orgo əldən-bi əmü panar gərən [ ]-[ ]-[ ]-[ ]-həi **bira**

bir sübitə ər-[ ]-[ ] ojo-hu ələ [ ]-lu-[ ] sohi

ʧiŋ-sə ürən-məi [ ]-[ ]-hu mütə-hu onon-buman **biɣa**

oson həʧən-dö [ ]-i bögdilü-bə dərən-lu ʤala goro

nam-ja bai-fu ambala tühə-hu bolo goiji **ʤuɣa**

이러한 한화 과정은 일찍부터 요나라 시대 거란의 서면문학(묘
비의 문말에 부가된 운문의 명銘)에서 유사한 발전을 찾아볼 수 있다.
여기서 운각(韻脚)을 [u] 모음으로 한 거란 시와 대비해 보자.

puldo ʊ-n auˈui

pors mətə nior-n siæn ku

həsgəd sui-ən diam uru kə

usin ʧiŋkin piösin bu

turqas sʊŋʤi ʧan qarə məgəd

aululaq arsir baiʃi oˈol əms diorən ŋu

qutug ʤohir junən

ʊrən ʃiai sodən ʤur ku

jauˈon ʧiŋkin dær asar gəi

ʃidəgən niam tu

söllö( ) mas qadʒu qutug

əlö( ) dəlgən bol bu

( ) 안에는 n에 비슷한 글자가 들어감

명나라 시대 여진 사람은 어떠한 서면문학도 남기지 않았고, 현대 중국 흑룡강성의 만주인 촌락에 보존되어 있는 제사 노래 가운데 두운법의 흔적이 남아 있으며, 청나라 시대 초기의 만주 문 시에 두운·각운을 거듭 밟는 것에서 민간에서도 여진어로 시 를 쓸 때는 금나라 시대 중엽의 문인들의 시작에서 보이는 한화 적 변용은 여전히 일어나지 않았다고 여겨진다.

명나라 시대 여진 사람의 구두문학 작품은 현대 흑룡강성의 만 주인 촌락에 널리 전해 온 청나라 시조에 관한 여러 가지 전설에

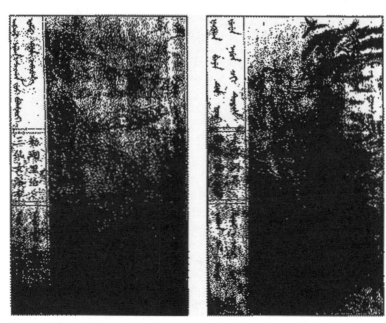

[그림 1] 『만주실록(滿洲實錄)』 권1 〈仙女浴布勒瑚里泊〉, 『만주실록』 권1 〈佛古倫成孕未得同昇〉

서 보아 그 뿌리를 원나라와 명나라 시대까지 거슬러 올라갈 수 있다. 이들 만주어로 전해진 민간전승 작품의 많은 구성(plot)은 정사의 기술과 서로 연계되어 있어 귀중한 가치를 지니고 있다. 그 가운데 제일 유명한 것으로 청나라의 개국 신화 '삼선녀(三仙 女)'를 들 수 있다. 삼선녀가 천지(天池)에서 목욕을 할 때 날아온 신령한 까치가 붉은 과일을 던졌는데, 셋째 선녀 불고륜(仏古倫)이 그것을 먹고 임신을 하였다. 태어난 자식은 청나라의 시조(始祖)인 부쿠리용손(布庫里雍順)이 되었다. '佛'은 여진어로 '오래되다'이며, '고륜(古倫)'은 여진어로 '나라(國)'이기 때문에, '佛古倫' 그 자체는 실제로는 '고국(故國)'이라는 뜻이다. 아마 청나라 시조가 태어난 '고국'은 다름 아닌 금나라이다. 금나라는 애종(哀宗) 천흥(天興) 3(1234)년, 몽골에 의해 멸망하였으므로 청 태조 누르하치(努爾哈 齊)9)가 태어난 건주좌위가 흥기할 때까지 이미 300여 년이 지났 지만, 그럼에도 불구하고 만주 여진 사람은 끝내 금나라를 잊지 않았고, '삼선녀'는 부락 간에 입으로 전승되었으며, 후금국은 이 것으로서 금나라 회복을 위해 종족 여론을 부추겼던 것이다.

---

9) (역주) 누르하치(1559~1626): 16세기 초 건주좌위 추장으로 주위 연진을 차례 로 정복하면서 세력을 확대하여 1616년에 후금을 세웠다. 건주위(오랑합), 건주 좌위(오돌리), 건주우위(오돌리), 건주삼위, 동량북의 모련위(올양합), 경흥지역 의 골간 우디거가 활약하고 있었는데, 16세기 초에 해서여진 세력이 대거로 남하 하여 송하강 일대에 호륜사부(扈倫四部)를 형성하였으나 건주좌위의 누르하치의 조부 각창안(覺昌安)과 그의 아버지 답극세(㗎克世)가 명군의 토벌에서 사망하자 명나라의 도독으로 임명되어 점차 건주의 세력을 통합하여 나갔다. 1593년에 건 주여진을 통일하고 1616년에 후금을 세운 이후 1619년에 해서여진계 호륜사부 를 통합하고 1636년에 그의 아들 홍타이지가 청 제국을 건설하였다.

3. 이름과 성씨

금나라 시대 여진 사람의 관성(冠姓)의 습속은 거란 사람들로부터 이어받은 것(거란 사람들은 원래 관성하지 않았는데, 건국 후에 처음 관성하게 되었다)이며 그와 동시에 한명(漢名)과 한성(漢姓)을 전용하게 되었다. 한편, 명나라 시대 여진 사람은 오히려 몽골어로 이름을 붙이는 경향이 있었다. 예를 들면, 청 태조 누르하치의 6세조 맹가첩목아(猛哥帖木兒)[10]는 몽골식 이름이다. 이러한 풍조는 원나라 시대 100여 년에 걸친 통치의 영향이며 명나라 시대에 이르는 과정에서는 한층 더 보급된 것이 확인된다. 현대 중국의 흑룡강성 만주 가족의 여러 가보(家譜)에 선조의 이름에 성씨를 붙이지 않고 몽골풍의 이름이 빈번히 보이는 역사적 특징이 현저하다. 명나라 시대 여진 사람의 이름 짓는 습속에는 또한 퉁구스 고

---

10) (역주) 맹가첩목아(猛哥帖木兒): 여진 오도리(吾都里)족의 대추장으로, 오도리 만호부의 만호(萬戶)직을 세습하였다. 명나라에 입조한 이후 동(童·佟)씨 성을 하사받아 맹가첩목아라고 했다. 고려 말, 이성계 세력과 긴밀한 관계를 맺고 왜구 토벌에 종군하기도 하였다. 조선 개국 이후, 두만강 중류 유역인 오음회(五音會, 지금의 회령) 지역에 거주하면서 태종 4(1404)년에 조선에도 입공하여 만호에 임명되었다. 명나라의 끈질긴 초유의 노력 끝에 명 영락 3(1405)년에 명나라에 입조하여 건주지휘사에 임명되었다. 조선에서는 이에 대한 보복 조치로 경원에 설치했던 무역소를 폐쇄하면서 여진과의 관계가 악화되었다. 태종 10년, 조선에서 모련위(毛憐衛) 정벌을 단행하자 맹가첩목아는 조선의 원정군을 피해 오도리족을 이끌고 아하추(於虛出)가 지휘하는 건주본위가 있는 압록강 북쪽 봉주(鳳州)로 이주하였다. 그 후 명나라에서는 건주좌위를 개설하여 맹가첩목아를 도지휘사로 임명하였다. 이후 두만강 유역 오음회 일대에 거주하던 맹가첩목아는 1433년 양목답올(楊木答兀)과 우디캐의 침략을 받아 사망하였다. 그의 사후, 건주좌위의 실권은 그의 이모제인 범찰(凡察)이 장악하였지만 맹가첩목아의 아들인 동창(童倉, 童·佟山)과 주도권 다툼이 생기자 1442년 명 조정에서는 양자의 갈등을 조정하여 동창을 건주좌위의 추장으로 임명하고 건주우위를 개설하여 범찰을 추장으로 임명하였다. 맹가첩목아는 후금의 청나라 태조 누르하치의 6대조이다. 구범진, 『이문역주』, 세창출판사, 2012 참조.

풍의 흔적도 보유되고 있었는데, 다름 아니라 청 태조의 이름 '누르하치nurhaʧi(努爾哈齊)'는 '멧돼지의 가죽'을 의미하고 누르하치의 동생 '수르가치ʃurgaʧi(舒爾哈齊)'와 '야르가치jargaʧi(雅爾哈齊)'라는 이름은 각각 '2살이 된 멧돼지의 가죽'과 '표범의 가죽'을 의미한다. 어린 시절에 입은 모피에 따라 아이들의 이름을 붙이던 관습은 19세기에 들어서도 시베리아의 바이칼호 동쪽에 있는 여러 부족에 보존되어 있었다.11)

명나라 시대 여진 사람들의 성씨의 대부분은 그 기원이 금나라 시대 때까지 거슬러 올라간다. 청 태조 누르하치는 성을 아이신 기오로(愛新覺羅)라고 하는데 기오로(覺羅)라는 성씨는 금나라 시대 〈여진진사제명비(女眞進士題名碑)〉에도 보이는 **呌竿***[gior]이다. 그것은 당시에는 그다지 눈길을 끌지 못한, 적은 씨족들 중 하나에 지나지 않았지만,12) 명나라 시대에는 족중(族衆)이 번창함에 따라 이르근기오로(伊爾根覺羅), 통얀기오로(通顔覺羅), 수수기오로(舒舒覺羅), 아하기오로(阿哈覺羅), 찰라기오로(察拉覺羅) 등과 같이 각종의 휘칭(徽稱)이 붙은 기오로(覺羅)로 분화되게 되었다. 명나라 시대 여진 사람의 성씨 중에 후에 여진 민족에 편입된 몽골인, 예를 들어서 서해여진 여허부(葉赫部)의 나라(那拉) 씨는 그 중에 한때 토묵특(土黙特)을 성으로 한 몽골인을 포함하며, 나라 씨는 다름 아닌 금나라 시대의 나란(納蘭) 씨이다. 그러나 명나라 시대에는 씨족 구성에 이미 변화가 생겨났다. 금나라 시대 여진 사람이 한성(漢姓)으로 이름 짓는 것도 원래 일정 규칙에 따랐는데, 대략 4종류로 구분된다.

---

11) Georg Nioradze, *Der Schamanismus bei den Sibirischen Volkern*, Strecker und schroder in stuttgart, 1925.

12) 진치총(金啓孮), 「애신각라 성씨의 의문(愛新覺羅姓氏之謎)」, 『三上次男博士喜壽記念論文集·歷史編』, 平凡社, 1985.

1. �爪*[ündihən](溫迪罕)을 '溫'으로 하는 것처럼 음역된 여진 성
   씨의 어두자를 취한다.
2. 雨�史米*[ongian](完顔)을 '王'으로 하는 것처럼 여진 성씨의 어두
   음절에 근사한 한자를 취한다.
3. 老米*[agdian](雷)를 '雷'로 하는 것처럼 여진 성씨의 의미를 취한다.
4. 冬米*[ulgian](猪)를 '猪'와 동음인 '朱'로 하는 것처럼 여진 성씨의
   의미를 동음인 다른 한자로 표기한다.13)

　이러한 전통은 명나라 시대까지 지속된다. 예를 들어, 금나라
시대 여진 성씨 血臾*[ʤühə] 또는 屳夲*[ʤühün](尤虎)에 대하여
『금사』 권135 〈금국어해〉에는 그것을 번역한 한성(漢姓)을 '董'으
로 하지만, 조선 사료에 기재된 여진 성씨 '주호(朱胡)'는 다름 아
닌 금나라 시대의 '출호(尤虎)'에 해당되며 이름을 지은 한성도
'董'으로 하였다. '朱胡'는 다시 '朱'로 이름을 지을 수 있는데, 그
것은 '朱胡'의 어두 음절의 음역 한자를 취한 것으로 명나라 시대
에만 볼 수 있다. 금나라 시대 여진 성씨의 朱亢*[giagu](夾谷)에
대해서『금사』 권135 〈금국어해〉는 그것을 번역한 한성을 '소'으
로 하는데, 명나라 시대에서는 사용하는 한자를 고쳐 '佟' 또는
'童'으로 하였다. 명나라 시대 여진 사람이 한성으로 지은 이름은
금나라 시대의 그것과 완전히 다른 것도 있다. 예를 들어, 금나라
시대 여진 사람의 성씨 止夿*[oton](奧屯)에 대해『금사』 권135
〈금국어해〉에는 그 한성을 '曹'로 하는데 그것은 여진어로 [oton]

---

13) 진치총(金啓孮), 「합라화관성(哈喇和冠姓)」, 『북경성 구역의 만족(北京城區的滿
族)』, 遼寧民族出版社, 1998. 여기서 어떤 에피소드가 떠오른다. 수 년 전에 일본
에 사는 어떤 중국인에게서 편지를 받았다. 그는 '完顔' 씨의 후예라고 하며, 귀
화할 때 '完顔'을 성씨로서 사용하기 싫은데 여진어 발음과 유사한 일본 성씨를
갖고 싶다고 하였다. 내가 '遠賀'는 어떠냐고 답신을 보냈더니 그는 대단히 좋아
하며 그것을 받아들였다.

의 본뜻이 '槽'이며 '曹'가 '槽'와 동음어이기 때문이다. 그런데 조선 사료에서는 '오둔(奧屯)'에 해당하는 한성을 '崔'로 하여 이미 금나라 시대의 한성 용자의 규칙에서 벗어났다. 요컨대 조선 사료에서 명나라 시대 여진 사람의 한성에는 특정한 규칙을 찾기 어려우며, 예를 들면, '古倫'에 해당하는 한성은 '金'이며 '括兒牙'에 해당하는 한성도 '金'이다.

여진 사람의 명명 습속의 특징 가운데 한 가지는 한족의 '피휘(避諱)'와 같은 습속이 없다는 것이다. 조손동명(祖孫同名)을 피하지 않기는커녕 부모 자식 동명조차도 피하지 않는다(이러한 습속은 요나라 시대의 거란인에서도 볼 수 있다). 예를 들면, [fanʧa]라는 이름은 여진어의 본뜻이 '깃발'인데 여진 사람들이 흔히 사용하는 이름이다. 『명조실록』에 "아로위 지휘첨사 범찰范察의 아들 범찰凡察(牙魯衛指揮僉事范察子凡察)"이라는 기술이 있는데, 부모 자식의 이름 한자는 각각 달라도 여진어로는 실은 동일한 말이다. 다시 누르하치(努爾哈齊) 가족의 예를 보면 누르하치(努爾哈齊)의 6세조 맹가첩목아(猛哥帖木兒)의 조부는 [fanʧa]라고 하고 맹가첩목아의 이복동생도 [fanʧa]이다. 맹가첩목아의 둘째 아들은 [ʧujan]이라고 하고 누르하치의 맏아들도 [ʧujan]이다. 맹가첩목아의 맏아들은 [ʧunʃan]이라고 하고 누르하치의 재종형 위준(威準)의 둘째 아들도 [ʧunʃan]이다. 여진사를 연구하고 있는 어떤 학자는 이것을 '청나라 시조 계보의 혼란'이라고 하며 그것에 따라 맹가첩목아와 누르하치 간의 친족 관계를 부정하려고 했는데, 실제로 그것은 여진 사람의 이러한 습속을 잘 알지 못해서 생긴 오해이다.

여진 사람의 명명 습속의 또 한 가지 특징은 실친 형제의 이름을 붙일 때 형제 순서를 덧붙이는 경우가 있다는 것이다. [×× ʤaʧin](×× 두 번째 아이), [×× ilaʧin](×× 세 번째 아이)과 같으며, 그런 식으로 서열을 표시하였다. 막내는 단순히 명명하지 않고

[fijaŋgu]만으로 칭하는 경우가 있다.

여진 사람의 명명 습속의 세 번째 특징은 형제 이름에 일반적으로 어떤 공통성이 있다는 것이다. 예를 들면, 청나라 태조 형제의 이름은 대부분 짐승 가죽에서 취했다. 또한 두운과 각운이 유사한 명명법이 있었다. 예를 들면, 충선(充善)[ʧunʃan], 저연(褚宴)[ʧujan], 파포태(巴布泰)[babutai], 파포해(巴布海)[babuhai], 다이곤(多爾袞)[dorgon], 다탁(多鐸)[dodo]과 저영(褚英)의 자손인 두이호(杜爾祜), 목이호(穆爾祜), 특이호(特爾祜) 등과 같다. 이러한 풍속 습관을 정확히 이해하는 것은 명나라 시대 여진사를 정확하게 이해하는 데 필수적이다.

4. 생활 습속

명나라 시대 여진 사람들의 생활 습속에 대해서는 조선 사료에 상세하게 기술되어 있다. 명나라 시대 여진 사람에게는 개를 존중하는 습속이 있어, 개의 도살, 식용, 모피를 만드는 일들을 모두 꺼려서 피하였다. 그래서 개 모피를 옆구리에 끼고 있는 조선인을 보면 그것을 대단히 혐오했다고 한다("有挾狗皮者, 大惡之云." 이민환李民寏,[14] 『건주견문록建州見聞錄』, 만력 47[1619]년). 다만, 사서에 따

---

14) (역주) 이민환(李民寏, 조선 선조 6[1573]~인조 27[1649]년): 본관은 영천(永川)이며 자는 이장(而壯)이고 호는 자암(紫巖)이다. 강원 감사 광준(光俊)의 아들. 선조 33(1600)년에 문과에 급제, 괴원(槐院)·한림(翰林)의 정언(正言)·병랑(兵郎)을 거쳐서 관서안렴사(關西按廉使)로 나가 관기 확립을 기했다. 광해군 10(1618)년, 명나라의 원군(援軍)으로 원수(元帥) 강홍립(姜弘立)이 압록강을 건너갈 때 종사관으로 수행하였다. 광해군 11(1619)년 4월에 부차(富車)에서 청군에게 패하여 홍립과 함께 청진(淸陣)에 투항하여 포로가 되었을 때, 그곳에서 경험한 일을 기록한 『건주견문록(建州見聞錄)』을 남겼다. 인조반정 이후 이괄(李适)의 난과 정묘호란(丁卯胡亂) 때에 두 차례나 왕을 행재(幸在)에서 모셨고 병자호란 때에 영남 호소사(號召使) 여헌 장현광(張顯光)의 종사관으로 활동하였고, 난이 평정된 뒤에 동래 부사가 되었으며, 특명으로 형조 참판에 이르렀다.

르면, 북위 시대의 물길(勿吉)인과 수·당 시대의 말갈(靺鞨)인 사이에는 아직 개를 존중하는 습속이 형성되지 않았다. 따라서 그것은 후대에 나타난 습속에 속하며, 현재도 만주족 사이에서 유지되고 있다.

명나라 시대 여진 사람에게는 수혼제(嫂婚制 / Levirate), 즉 아버지가 돌아가신 뒤 그 첩을 아내로 삼고 형이 죽은 뒤에 형의 처를 취하는("父死聚其妾, 兄亡聚其妻.")의 습속이 있었다(『조선왕조실록』 세종 21년 정월 기축조). 예를 들어, 범찰(凡察)의 어머니 오야거(吾也巨)는 먼저 휘후(揮厚: 猛哥帖木兒의 아버지)에게 시집을 갔는데, 이어서 휘후의 이복형제 포기(包奇)에게 시집을 갔다. 금나라 시대 여진 사람에 관하여도 "父死則妻其母"와 "兄死則妻其嫂, 叔伯死則侄亦如之."라는 기술을 볼 수 있다(『삼조북맹회록』〈정선상질 3〉). 요나라 시대의 한문과 거란 문자로 쓴 사료에도 거란인이 같은 습속을 가진 것을 볼 수 있는데, 『원조비사(元朝秘史)』에서도 몽골인이 이러한 습속을 가지고 있음을 볼 수 있다. 이것으로 보아, 고대 북방 여러 민족에 공통되는 습속의 하나로 생각된다.

조선사료에서는 여진 사람들의 약혼에서 성혼까지 전 과정을 기술하고 있는데, 그에 따르면 명나라 시대 여진 사람들의 혼인 습속의 특징은 다음과 같다.

1. 여성이 10세가 될 때까지 신랑에게서 청혼을 받아 약혼을 한다.
2. 약혼 연수에 따라 축하연을 세 번 연다.
3. 두 번의 납채(갑주甲冑, 화살, 소와 말, 옷가지, 노비)를 행한다.
4. 17~18세에 성혼한다(『조선왕조실록』 세종 21년 정월 기축조). 성혼할 때 신랑 측뿐만 아니라 신부 측도 피로연을 연다.

만력 43(1615)년, 누르하치는 축하연을 베풀 때에 이미 가축 도

살에 관한 조례와 신부 측에 의한 피로연 폐지를 규정하였다.

순장(殉葬)은 원래 샤머니즘의 유풍으로, 몽골에서는 티베트 불교의 전래 이후 즉시 금지되었지만 여진에서는 계속 유행하고 있었다. 누르하치의 장의에서는 한 명의 후와 두 명의 비를 순장하고, 누르하치의 효자황후(孝慈皇后)의 장의에서는 노비 네 명을 순장하였으며, 홍타이지(皇太極)의 장의에서는 장경(章京) 두 명을 순장하였는데, 이러한 예는 자주 찾아볼 수 있다. 청나라에 들어선 후, 명의포(冥衣鋪, 장의사)에서 종이로 만든 인형을 사용하는 것으로 대체하게 되었다.

명나라 시대 여진 사람은 연회 중에 일어나 춤을 추는 습속이 있었다. 『조선왕조실록』에 따르면 건주여진 사람이 조선 사신을 초대한 자리에서 노래하고 춤추며 잔치의 분위기를 돋우었다고 한다(『조선왕조실록』 연산군 권28, 선조 권71). 이러한 습속은 요·금 시대의 여진 사람에게도 보일 뿐만 아니라(『요사』 권27 〈천조제1〉, 『금사』 권8 〈세종하〉) 수당 시대의 말갈인까지 거슬러 올라간다(『수서隋書』 권81 〈말갈〉). 연회 자리에서 일어나 춤을 추는 습속은 여진 민족에만 속하는 것이 아니라, 사서에 따르면 북위(北魏)의 선비인(鮮卑人)들도 같은 습속을 갖고 있었다.

머리 모양과 장신구를 살펴보자. 조선군 종사관 이민환은 만력 47(1619)년, '사르후(薩爾滸)의 역'15)으로 포로가 되어 건주에서 1년

---

15) (역주) 사르후(薩爾滸)의 역: 누르하치가 여진 종족을 통합하여 만주 지방을 거의 다 차지한 뒤, 광해군 8(1616)년에 허투알라에 도읍을 정하고서 나라 이름을 후금이라고 하고 한(汗)의 위에 올랐다. 광해군 10(1618)년에 누르하치는 명나라에 대해 자기의 조부와 아버지를 죽인 원수라는 등 7가지 원수를 갚는다며 군사를 일으켜 명의 요동 지방을 공략했다. 이때 조선은 명의 요청에 의해 강홍립을 원수를 삼아 군사 2만을 보냈는데, 이듬해 사르후(薩爾滸)에서 명군과 합세하여 적과 싸우다가 패하여 강홍립 등은 후금에 항복했다. 이때 조선군 종사관 이민환도 포로로 잡혀 건주에서 1년 가까이 감금되었다.

정도 머물렀다. 그의 기술에서는 당시에 여진 남녀의 머리형을 "男胡皆拔須, 剪髮, 頂後存髮如小指許, 編而垂之左. 女人之髻如我國(朝鮮) 女之圍髻, 揷以金銀珠玉爲飾, 耳挂八九環, 鼻左旁亦挂一小環, 頸臂指脚皆帶重釧."(『자암집紫岩集』〈책중일록〉)라고 했다.

여진 사람이 귀고리를 여러 개 하는 습속은 청나라 건융(乾隆) 연간(1736~95)에 이르러서도 유지되었으며, 가경(嘉慶, 1796~1820) 이후에야 처음으로 한 짝으로 바뀌었다. 이러한 습관은 청나라 시대의 기술에서도 보이는데, 흑근인(黑斤人, 나나이)과 비아객인(費雅喀人, 길랴크)에 관해 "귀에는 큰 귀고리를, 코에는 작은 고리를 착용했다(耳垂大環, 鼻穿小環)."(오진신吳振臣, 『영고탑기략寧古塔記略』)라고 했으며, 흡객랍인(恰喀拉人, 우데헤와 오로치)에 관해서 "코에는 각진 고리를 끼고 은이나 동 철사로 만든 인형을 고리에 장식했다(於鼻傍穿環, 綴寸許銀銅人爲飾)."(『황청직공도皇淸職貢圖』 권3)라고 했다. 회동관(會同館) 『여진역어』의 이러한 장신구 명칭을 기술한 부분에는 [suihu](귀고리耳墜), [huru](환아環兒), [guifui](계지戒指), [səlhə] (항권項圈) 등이 보인다.

5. 종교

여진에서는 예부터 샤머니즘을 신앙하고 있었는데, 금나라 시대 여진 사람은 고려인과 거란인 및 한인의 영향 아래 불교와 도교를 받아들여 믿게 되었다. 인도 불교는 세계를 동서남북 4주로 구분하여 수미산의 남측 바다에 떠 있는 섬을 남담부주(南贍部州)라 부르고 중국은 그 일부라고 한다. 금나라 시대 여진대자 석각에 국호 '夆米斥土園土'(대금국) 앞에 '东氘厼芲叾'(南贍部州)를 붙인 것은 거란의 '남담부주대요국'을 계승한 것이며, 불교가 동북아시아에 걸쳐 넓게 유포되었음을 알 수 있다. 여진 사람 가운데

'보현노(普賢奴)'와 같은 불교에서 유래한 이름도 거란의 영향을 받은 것으로 볼 수 있다.16) 금나라 시대에 불교가 융성했음은 〈여진대자 석각〉에서도 보이며 금나라 희종(熙宗) 때에 갈뢰로(曷瀨路), 속빈로(速頻路)의 여진 사람이 불사 건립을 위해 자금을 냈다는 사실과 금나라 선종(宣宗) 때는 고려 승려가 "미륵불(彌勒佛)의 부다안거도(佛陀安居道)에 도달"하기 위해 금나라 영역의 과파맹안(果葩猛安)에 구법(求法)하러 출가했다는 사실 등을 통해 알 수 있다.

그러나 그와 동시에 불교에 대해 저항한 사실도 보인다. 명나라 시대 석각의 기술을 보면, 영락 11(1413)년에 노아간(奴兒干)에 건조된 관음보살을 모신 사원이 건립된 후 얼마 되지 않아 현지 원주민에 의해 파괴되었다. 선덕(善德) 8(1433)년에 재건된 사원은 유적의 문화층 분석에 따르면, 20년도 채 되지 않아 화재로 인해 소실되었던 듯하다. 화재 원인은 사서에서는 찾을 길 없지만 인위적인 요인이 없을 리가 없다. 그 사원 유적에서는 제사에 사용된 곡식알과 콩류와 같은 농작물 유물이 하나도 발견되지 않아, 불교가 별로 인기가 없었음을 엿볼 수 있다. 당시 동북아시아 제 민족 문화의 저류에 뿌리 깊게 샤머니즘의 영향이 남아 있었기 때문이라고 생각할 수 있다.

---

16) 거란 사람들에 있어서 '불교 명사'(일반적으로 한자 2글자로 나타냄)에 '奴' 혹은 '女'를 후속시키는 형식을 취하는 이름은 수많이 존재했다. 定光奴・藥師奴・仙丹奴・和尚奴・十神奴・華嚴奴・大悲奴・道士奴・金剛奴・光佛奴・善德奴・聖光奴・慈氏奴('慈氏'는 '彌勒'의 의역), 그리고 藥師女・仙丹女・弥勒女・菩薩女 등을 예로 들 수 있다. 불교문화가 침투된 후에는 그러한 유행은 거란 사람들의 이름을 짓는 옛 습속이었던 '맏아들의 이름을 아버지의 이름 글자와 일치시킨다'는, 소위 '친자연명제도(親子連名制度)'가 무너진 원인의 하나가 되었다. 자세한 내용은 『아이신기오로 울라히춘 여진 거란학 연구(愛親覺羅烏拉熙春女眞契丹學研究)』(松香堂, 2009)에 소록된 「거란 옛 습속 '처연부명'과 '자연부명'(契丹古俗"妻連夫名"與"子連父名" http://www.apu.ac.jp/~yoshim/B1.pdf)을 보라.

티베트 불교가 여진 지역으로 전래된 것은 원나라 시대 몽골인이 만주로 침입했을 때일 것이다. 명나라 시대에 들어서서 명나라는 티베트 불교의 4대 종파 가운데 하나인 기교파의 카르마파 흑모파(黑帽派) 5세 활불(活佛, 1384~1415)을 초대하여 남경에서 타계한 명 태조와 황후를 위해 천복의식(薦福儀式)을 행했다. 영락 5(1407)년에 카르마파가 상경하여 대보법왕(大寶法王)에 봉해졌다. 대보법왕이라는 봉호는 『원사』〈석노지(釋老志)〉에 처음 보이며, 원나라 1대에 티베트 대덕에 하사한 모든 봉호 가운데 지위가 가장 높은 것이다. 거기에서 명나라의 기교파에 대한 중시 정도를 엿볼 수 있다. 영락 15(1417)년, 명나라는 요동 건주위에 승 강사(綱司)를 설립하고 여진 사람을 승강(僧綱)에 임명하였다. 선덕 연간(1426~35)에서 건주위의 여진 승려가 여러 차례에 걸쳐 조공했다는 기록이 있는 것으로 보아(『명실록』선덕 3년 9월, 7년 4월, 12월), 당시의 여진 사람들 사이에서 불교가 유행하기 시작한 것과 동시에 여진 승려도 나타났음을 알 수가 있다. 후금에 이르러서는, 처음에는 겔루크파(黃敎)의 전파를 제한하다가 이후에는 "興黃敎, 卽所以安衆蒙古. 所系非小, 故不可不保護之."(옹화궁석각雍和宮石刻 『나마설喇嘛說』건융乾隆 57[1792]년)라고 해서, 몽골 나마(喇嘛)를 목적으로 하다가 사태가 바뀌어서 겔루크파를 숭경했다. 그러나 겔루크파가 융성기를 맞이함으로써 샤머니즘은 억압을 받게 되었다. 명나라 시대 여진 민중 사이에서 계승된 샤먼과 나마가 법력으로 싸우는 이야기가 담긴 여러 설화에서는 늘 샤먼이 정의의 상징으로 등장하여 억압된 민중의 울분을 풀어 주고 있다. 그 중에서도 가장 유명한 것은 흑룡강 유역에서 프리모레에 걸쳐 전파된 『니산살만(尼山薩満)』(『여단살만女丹薩満』)이다. 흥미로운 것은 퉁구스 지역의 설화가 '명나라 황제' 때에 생겨났다고 전해지고 있는 데 반해 만주족 촌락의 설화에서는 '만주 황제' 때에 생겨났다고 전해

져 오고 있어서, 다른 역사적 배경이 발견된다.[17]

여진 사람이 신앙한 샤머니즘은 여러 신들을 숭배하는 원시적 종교이며, 믿는 신령은 잡다하다. 현대 중국 흑룡강성의 만주족 촌락에 남아 있는 만주어의 제사신가(祭祀神歌)와 전설에서 그 일부 내용을 알 수가 있다. 제사 활동은 크게 옥외제(屋外祭)와 옥내제(屋內祭)로 나뉘며, 옥외제의 신지(神祇)는 [abka mafa](천신)를 비롯해 [boihon mafa](토지신), [alin mafa](산신), [ari mafa](통천신通天神) 등 여러 [mafa]와 또한 '사신(邪神)'이라 불리는 [gasha mafa](조신鳥神)도 있다고 전해진다. 제사는 [solon](짐대, 간자杆子) 아래에서 치른다. 간자솟대란, 지붕 꼭대기보다 높은 나무 장대인데, 여러 집의 뜰에는 꼭 한 개씩 새워져 있었다. 만주족의 집 뜰에는 옛날에는 담(영벽影壁)이 있고 [solon]은 담 뒤쪽에 세워져 있었다. 제사 때는 돼지를 죽이기만 하며 제사(祭詞, 제사 축문)는 외치지 않는다. 돼지를 죽이는 시간은 이른 아침(즉, 조상을 제사 지낸 다음날)의 해가 아직 뜨기 전이다. 뜰에서 죽이고 그 뒤에 뜨거운 물로 털을 뽑지 않고 껍질을 벗겨서 그 껍질을 장작불에 구워서, 익으면 먹어도 된다. 흰 살은 삶아서 여진 사람 전통 요리인 '백육(白肉)'을 만들고, 먹을 때에 소금을 묻힌다. 붉은 살은 다진 뒤에 밤과 함께 끓여서 '소육반(小肉飯)'을 만들고, 다 끓으면 소금과 파를 뿌린다. 돼지의 대장은 [solon] 간자 위에 걸고 돼지의 울대뼈는 [solon] 간자 끝에 꽂아 둔다. 그곳의 만주족 노인의 말에 따르면, 그것은 옛날에 노한왕(老汗王, 누르하치)을 도와준 까마귀를 받들

---

17) 이러한 설화들은 흑룡강 및 눈강(嫩江) 연안의 만주족 촌락에서 만주어로 널리 유전돼 있으며, 몇 가지의 다른 이야기가 있다. 이야기를 전하는 만주족 노인에 따르면, 그것은 조상 대대로 구전으로 내려온 것이라고 한다. 자세한 내용은 진치총(金啓綜), 『민족의 역사와 생활: 삼가자둔 조사 보고(滿族的歷史與生活: 三家子屯調査報告)』(흑룡강인민출판사, 1981) 및 아이신기오로 울라히춘(愛親覺羅 烏拉熙春), 『만족 고신화(滿族古神話)』(내몽골인민출판사, 1987)를 보라.

어 모시는 것이라 한다. 그러나 그것은 분명히 여진 사람의 제천이 고례(古禮)[18]에 후대 사건을 끼워 맞춘 해석이다. 명나라 말에 후금 역사를 기술한 『구만주당(舊滿州檔)』에는 그러한 제사 활동이 여러 번 나타난다.

옥내제의 신기(神祇)는 낮에는 조상이고 밤에는 [sombo oso]를 비롯해서 [nioromo], [doboro], [səŋkər], [ʃibaʃar] 등 복수의 신들이다. 야간제(夜間祭)는 [tuibun](배등제背燈祭)이라고 불렸으며 어둠 속에서 행해지는 제사라는 뜻이고, 그 제사 대상은 원래 어둠의 수호신이나 씨족의 보호신이었는데 이후에 '불심마마(佛心媽媽)'로 바뀌었다. 소위 '불심마마'는 명나라의 요동 총병 이성량(李成梁)[19)

---

18) 제천 의례는 샤머니즘 문화권 제 민족이 공유하는 종교 활동이며 그 연원은 아주 옛날이다. 『후한서』〈동이전〉에는 부여인이 "납월 때에 제사 지내며 연일 많은 사람들이 모여서 식음과 노래, 춤을 즐기고 그것을 이름 지어서 앙고(仰鼓)라고 한다."라고 되어 있고, 『신당서』〈동이전〉에는 고구려가 "속(俗) 음사(淫祠)가 많고 영성(靈星) 및 태양을 위해 제사 지낸다."라고 되어 있다. 『신오대사(新五代史)』〈사이 부록〉에는 "거란은 귀신을 좋아하고 태양을 공경한다."라고 되어 있고, 『금사(金史)』〈예지(禮志)〉에는 "금, 요의 옛 풍속에 따라 중오(重五)·중원(中元)·중구(重九) 날에 배천(拜天) 의례를 치른다."라고 되어 있다. 또 『원사(元史)』〈예락지(禮樂志)〉에는 "원, 삭막에 일어나고 대대 배천 의례가 있다."라고 되어 있는 등 기술 내용이 아주 자세하다.

19) (역주) 이성량(李成梁, 1526~1615): 중국 명나라 장수로서 요동총병(遼東総兵)으로 요동(遼東)에서 몽골과 여진족(女眞族)의 방위를 총괄하였다. 조선 출신인 이영(李英)의 후손으로, 요동 철령위(鐵嶺衛) 지휘첨사(指揮僉事)의 직위를 세습해 왔다. 그의 맏아들 이여송(李如松)도 명나라 장수로서 임진왜란 때 명군을 이끌고 조선으로 출병하였다.
이성량(李成梁)은 두 차례에 걸쳐 30년 동안 요동총병의 직위에 있으면서 건주여진 5부, 해서여진 4부, 야인여진 4부 등으로 나뉘어 있는 여진의 부족간 갈등을 이용하면서 요동 지역의 방위와 안정에 크게 기여하였다. 1574년에는 여진 건주우위의 수장인 왕고(王杲)가 요녕(遼陽)과 선양(瀋陽)을 침공해 오자, 이들의 근거지인 고륵채(古勒寨)를 공격해 물리쳤다. 그리고 건주좌위(建州左衛) 여진을 통제하기 위해 우두머리인 탁시(塔克世)의 아들인 누르하치(努爾哈赤)를 곁에 억류해 두었다. 이 전투에서 이미 명나라에 귀부했던 누르하치의 아버지와 할아버지인 탁시와 기오창가(覺昌安)도 아타이(阿台)를 설득하기 위해 고륵채에 들어갔의 둘째 부인이며, 누르하치가 어릴 때 이씨 집을 모시고 있었는데, 뒤에 이성량 총병이 그를 죽이려고 했을 때 둘째 부인이 도와준 덕분에 위기를 벗어나게 됐다. 이성량 총병은 그 사실을 알게 되고 나서 둘째 부인을 죽였다. 죽였을 때, 부인은 실오라기 하나도 걸치지 않는 모습이었다. 그래서 만주족 노인은 말했다. "만약 불을 켰다면 나체인 부인이 어찌 제품(祭品)을 가지러 들어오실 수 있겠는가?" 그러한 전설은 당연하게도 후세에 전하게 된 부회(附會)이며, 제사 방법이 알려주는 생활환경으로부터 추측하면 먼 옛날에 아직 등불이 없었던 원시 혈거 시대까지 거슬러 올라갈 것이다. 그때 여진 사람의 조상은 만물 모두가 신령을 지닌다고 생각했으며, 그 중에서도 특히 사람들과 밀접한 관계에 있는 번식과 비호를 관장하는 신은 아마도 여신이었을 것이다. 그렇게 풀이한다면, 배등제에서 제전하는 신지(神祇)는 역시 '불신마마'와 동일한 여성이었을 가능성이 있다. 그 전설이 명나라 사람들의 기술이나 『청사고(淸史稿)』〈태조 본기〉와 합쳐져, [tuibun]배등제의 제사 대상이 변용된 것은 후금 시대에 일어난 것으로 생각된다.

다가 명군에게 살해된 것에 대해 누르하치는 불만을 샀고, 1618년 그가 명나라에 전쟁을 선포하면서 발표한 이른바 '7가지 큰 원한(七大恨)'의 첫 번째 항목으로 꼽았다. 이성량은 누르하치를 달래기 위해 토지와 말 등을 주었으며, 그가 여진 부족들을 통일해 가는 것을 후원하였다. 누르하치는 1584년부터 다른 여진 부족들의 통합에 나서, 1587년에는 스스로를 칸(可汗, Khan)이라고 부르고 여진을 만주(滿洲)로 개칭하였다. 명나라에서는 1589년 누르하치에게 건주좌위 도독 첨사(都督僉事)의 직위를, 1595년에는 용호장군(龍虎將軍)의 직위를 주었다. 이성량은 요동의 방위를 책임지며 이 지역의 안정에 기여했지만 군비를 유용하는 등의 전횡을 저질렀다. 명 조정은 1591년에 이성량을 요동총병의 직위에서 파면했지만, 그는 영원백(寧遠伯)이라는 직위를 지니고 요동 지역에서 계속해 큰 영향력을 행사했다. 1615년에 베이징에서 죽었다. 그가 죽은 지 3년 뒤인 1618년 누르하치는 정식으로 명에 전쟁을 선포하고 무순(撫順)을 공격했다.

6. 문화사

원예 재배와 불교의 전래는 금나라 시대 여진이 고려에서, 명나라 시대 여진이 한인에서 영향을 받았다.

금나라 초기에 편찬된 『여직자서(女眞字書)』(12쪽의 종이에 초사된 습자인데 서안비림西安碑林에서 발견됐음)에는 '夹'이 있고, 명나라 사이관이 편찬한 『여진역어』에는 표음자를 후속시켜서 '夹苹'*[fundur]으로 만들었고, 그 뜻은 '동산(園)'인데, 만주·퉁구스 제 언어에는 대응되는 것이 없다. 『금사』(권1 세기에 헌조(獻祖, 960~1020 무렵?)) 때에 와서 여진이 처음으로 농사를 짓고 정주했다는 기술이 있는 것을 보면 경작과 원예 기술이 여진 사람에게 전해진 경로는 두 갈래뿐이다. 그 중 하나는 한인에게서이고, 또 다른 하나는 고려인에게서이다. 그러면 어느 쪽이 먼저인가? 사적에는 명확한 기술이 없다. 명나라 시대 여진어 [fundur]의 발음과 의미에 의하면, 그 단어가 고대 조선어 *[püdür]에서 차용됐다는 사실이 밝혀졌는데, 금나라 시대 여진어의 음운도 그와 큰 차이가 없었을 것이다. 어두에 선 [p-]가 [f-]으로 추이함과 동시에 첫 음절 마지막에 [-n]이 발생하는데, 그러한 음운 변화는 *[püriɣən](금나라 시대) → *[funrə](명나라 시대)라는 단어에서도 볼 수가 있다. 한편, 명나라 시대 해서 여진 방언을 기록한 회동관 『여진역어』의 '園'은 [jafa](만주어는 [jafan])이며 그 어원은 한자 '園'이다. 그 2가지 단어가 여진어에 차용된 시간적 선후관계에서 금나라 시대 여진 사람이 먼저 농사 기술을 받아들인 것은 고려의 영향에서 유래된다는 사실을 알 수 있으며, 그 역사를 반영하는 조선어로부터의 차용어 [püdür] → [fundur]는 후대의 명나라 시대 초기까지 계속 사용되었다. 그러나 서해여진 사람과 만주인의 농사 기술은 주로 한인의 영향에서 유래하기 때문에 한어에서의 차용어 [jafan](← [jawan] ← [juan])이 [fundur]를 대체한 사실은 여진·만주의 농사 발전에 있어서 조선·한인과의 다른 역사적 관계를 보여 주고 있다.

[fundur]와 관련이 있는 또 다른 단어는 『여직자서』에 보이는 戈이다. 사이관 『여진역어』는 역시 표음자를 후속시켜서 屯扎夭 *[guifala]로 만들고 그 뜻은 '살구'가 되며, 회동관 『여진역어』에서는 [*gui]로 하고 만주어에서는 [guiləhə]로 한다. 몽골어에서 '살구'는 [guilesun]인데, [-sun]은 몽골어에서 아주 흔히 사용되는 접미사로, 그것을 사용하여 단어의 구체적인 의미를 강조시켜서 가리키기 때문에, [guile-]가 '살구'의 어근 부분이 된다. 이것으로부터 명나라 시대 여진어 [guifala]는 음소 전도를 거쳤으며, 따라서 금나라 시대 여진어의 형식은 *[guilabun]인 가능성이 있다. 여진어 '살구'의 어근 *[guila-]는 몽골어의 [gule-]에 상당히 가까우며 후자는 한어 '橘'(감귤)의 차용음에서 유래한다. 그러나 그 차용의 경위는 우회와 곡절을 겪은 것이고 중간에 조선어라는 중개 과정을 거친다. 한어 '橘'의 중고음은 입성 운미 [-t]를 포함한 *[kǐuĕt]인데 조선어의 한어 차용어에만 입성 운미 [-t]가 [-l]로 추이하는 현상이 출현하여 조선어 한어 차용어 [gyul](귤)이 바로 몽골어 [gule]의 [-le]와 확실한 대응관계가 있기 때문이다. 맨 처음으로 조선인에게서 [gyul]이라는 단어를 빌려온 것이 몽골인이 아니라 여진 사람인 것과, 또한 차용했을 때 단어 의미가 전환되어 '귤'에서 '살구'가 된 것을 알 수가 있다. 이것은 여진 사람이 사는 동북부의 한대 지구에는 감귤류의 과일이 자라지 못하면서 '살구'가 내한성이 있는 교목으로 북방에 널리 자랐기 때문일 것이다. 모든 여진어 문헌에는 '귤'이라는 단어가 출현하지 않는데, 원·명 양시대에 편찬된 몽골어를 포함한 여러 가지 『역어』에도 '귤'이라는 단어가 출현하지 않는다. 몽골어 [dʒurdʒi](귤)와 만주어 [dʒofohori](귤)의 어두 자음이 [dʒ-]인 것으로 보아 그것이 한어에

서 차용된 시기는 대충 구개음화가 일어난 그 후대일 때이다.

금나라 초기 여진대자(女眞大字) 석각(石刻)에 **禿卓米***[tairan](절 寺)라는 낱말이 있는데 이것 역시 퉁구스 제 언어에 대응어가 없 다.『여진역어』는 어미 자음 탈락으로 인해 **禿卓**[*taira]와 같이 철자하게 됐다. 여진은 일찍부터 샤머니즘을 신앙했으며 샤머니 즘에는 이른바 사묘(寺廟)가 존재하지 않는다. 사묘의 건립 시기 는 금나라 성립 이후, 불교·도교가 여진 사회의 상위층으로 유입 되고 나서이다.『금사』의 기술에 의하면, 완안부의 전통적 시조인 함보(函普)가 고려에 들어갔는데 그 형인 아고내(阿古迺)가 '석가불 을 좋아했다'고 해서 고려에 머물렀다고 한다. 따라서 불교와 관 련이 있는 '사묘'라는 단어도 동일한 뿌리를 지닐 가능성이 있다. [tairan]은 고대 조선어 [ter]나 일본어 [tera](寺)와 음운적으로 상 당히 가깝지만 오히려 금나라 시대 여진어에 보존된 것은 그것보 다 더 옛날의 음운 형식이다. 그 단어는 아마도 불교와 함께 조선 을 중개로 여진어로 들어간 것이다. 그러나 회동관『여진역어』에 서는 [taira]의 흔적이 없어졌다. 만주어 [mioo]는 한어 '廟'에 유래 하는 차용어인데, [mioo]는 명말 여진어에 등장하며,『구만주당』 태종조의 기사에 따르면, 천총(天聰) 원(1627)년 2월, 후금이 조선 을 정복했을 때 부장(副將) 류흥조(劉興祚)의 명령에 따라서 강화도 로 쳐들어가서 조선 국왕을 만났는데 가만히 앉아 꼼짝도 하지 않는 국왕에게 "si ai boihon i araha mioo?(당신은 토제 불상인가?)" 라며 나무랐다. 이것으로부터 [mioo]가 변해서 '불상'을 가리키는 말이 되었음을 알 수 있다.

제3절 여진과 주변 민족의 관계

1. 여진과 조선의 관계

명나라 시대 여진 사람은 조선을 [solgo]라고 불렀다. 이 단어는 금나라 시대 여진대자 석각에 처음으로 나오며 **夯佟***[solgo]라고 하여 '고려(高麗)'를 가리킨다.

원말 명초 무렵, 고려는 여진 지역에 세력을 신장하기 시작하였다. 홍무 20(1387)년에 명나라는 요동을 할거한 북원의 잔재 세력을 소멸시켰으나, 광대한 여진 지역을 억누를 실력은 없었다. 그러면서도 이 시기의 고려는 자국 세력 범위를 이미 독로올(禿魯兀, 조선 단천端川) 일대까지 확장하였다. 원나라 멸망 후 여진 사람은 정치적·경제적인 이유로 고려의 초무(招撫)를 받기 시작했다. 고려 조정에서는 귀복(歸服)한 여진 사람에게 만호(萬戶)·천호(千戶) 등의 직위를 부여했고, 여진 사람은 조공과 호시(互市)를 통해서 물질적인 이익을 얻었다. 홍무 25(1392)년까지 원나라 시대 합란부(哈蘭府, 조선 함흥咸興) 치하의 여진 사람은 이미 차츰 조선에 귀순했다. 조선 태조는 중원 제왕의 예를 모방하여 삼산맹안(參散猛安)의 고륜두란첩목아(古倫豆蘭帖木兒)[20]에게 이씨 성을 하사한 데다가 '개국정사좌명공신(開國定社佐命功臣)'에 올려 그를 다른 여진 부락의 초안(招安)으로 파견하였다. 삼산(參散)이란 곧 지금의 조선 북청(北靑)을 말하며, 금나라에서는 갈뢰로(曷瀨路)에 예속했다. 원나라는 이미 여기에 천호를 설립하고 있었다. 영락 원(1403)년, 명나라 시대 성조는 여진 각 부락의 초무 강화책을 내세웠으며, 명나라의 여진 관리(동녕위東寧衛 천호) 왕가인(王可仁) 등은 명나

---

20) (역주) 古倫豆蘭帖木兒(korudurantermər): 고·론두란터물(용가)

라 성조에게 "함주의 북쪽은 옛 요·금의 땅이다(咸州迤北, 古爲遼金之地)."(『조선왕조실록』 태종 18년 5월 계축조)라고 제언을 했는데, 그것을 받아 명나라 성조는 왕가인 등을 조선을 경유하여 여진 지역에 부임시켜서 삼산(參散)·독로올(禿魯兀)을 비롯해서 11개의 여진 촌락(『조선왕조실록』 권7에 계관溪關 만호와 삼산參散·독로올禿魯兀·홍긍洪肯·합란哈蘭·대신大伸·실리失里·해동海童·아사阿沙·알합斡哈·아도가阿都歌의 10개 천호가 보인다)을 초무하게 했다. 조선은 곧 사신을 명나라에 파견하고 요·금의 두 사서 〈지리지〉의 기술에서 유루한 것을 구실로 그들 지역을 조선에 편입하도록 요구했다. 명나라의 군신은 요·금 왕조가 그들 지역을 가지게 된 증거를 들지 못하여 조선에 양도할 수밖에 없게 됐다. 그러나 금나라 시대 여진대자 석각에서 그들 지역이 이전에는 금나라의 차하에 예속되었다는 사실이 증명된다. 〈북청 여진대자 석각〉 제1~2행에

夯佟圉土佧犀佪荓犴氒昃叏仩肖戈五芉朱尨

高麗國에서 賢 良 一里□ 和尙은 gopa猛安에 도착했다.[21]

로 되어 있는 것으로, 명나라 시대의 삼산(參散)은 다름 아닌 금나라 치하의 [gopa]이며 그것은 갈뢰로(曷瀨路) 관할의 맹안이므로 고려 영내에 속한 것이 아니다. 〈경원여진대자비(慶源女眞大字碑)〉에 실린 금나라 갈뢰로 속하의 orqa맹안, holdon맹안, ədügən모극

---

21) '현량(賢良)'이란, 화상의 호이며, '一里□'는 화상의 이름이다. '현량'이라는 말은 조선어에서 오로지 '사술이 뛰어난 사람'을 가리킨다. 전근대 시기의 서울 및 전국 각지에는 '사정(射亭)'이 많이 있었으며, 3월에 들어가면 현량들이 모여서 경사를 즐겼다. 서울의 유명한 사정(射亭)으로 황학정(黃鶴亭)·백호정(白虎亭)·등과정(登科亭)·운용정(雲龍亭)·대송정(大松亭)·일가정(一可亭) 등이 있었다. 이것으로부터 미루어 보아, 석각의 작자는 일반적인 화상이 아니라 사술에 뛰어난 무승(武僧)이며, 따라서 '현량'이라는 호를 받았을 것이다.

에 의하면 orqu는 알합(斡哈), holdon은 해동(海童), ədügən은 아도가(阿都歌)임을 알 수 있다. 〈여진진사제명비〉에 실린 갈뢰로의 taiʃin맹안(『금사』 열전은 '泰申', '泰神'으로 음역)의 [taiʃin]은 곧 '大伸'이라는 뜻이다. 이러한 명칭은 gopa 외에는 명나라 시대에 이르기까지 아무 변화도 없었다. 명나라는 이들 11개의 맹안을 포기했지만 여전히 도문강 유역의 여진 각 부락의 영유권을 견지하는 입장을 내세웠다. 이 때문에 같은 도문강의 세력 확장을 노리는 조선과 올량합·알타리·올적합 등의 여진 각부의 귀속을 둘러싸서 장기간에 걸치는 분쟁이 발생했다.

누르하치의 6세조 맹가첩목아는 이러한 조선과 명나라의 여진 초무를 둘러싼 분쟁의 와중에 역사 무대에 등장했다. 원나라는 금나라 멸망 후 동북지방에 요양행성(遼陽行省)을 설치하고 그 아래에 개원로(開元路) 총관부(總管府)·합란부(合蘭府)·수달달(水達達) 등 노총관부(路總管府) 및 계관총관부(溪關總管府)를 설치하고 그 아래에는 다시 제로(諸路) 만호부를 설치했다. 맹가첩목아의 아버지 휘후(揮厚)는 알타리(斡朶里) 만호부의 만호였기 때문에 홍무 17(1384)년에 맹가첩목아는 아버지의 직위를 승계, 세습하여 만호가 되었다. 대략 그 전후 시기에 맹가첩목아는 고려의 초안을 받았다. 홍무 5(1372)년에 올적합의 수령인 달을마적(達乙麻赤)의 침략을 피하기 위해(『조선왕조실록』 세종 23년 정월 병오조) 남쪽의 도문강 오음회(吾音會, 조선 회령會寧) 일대로 이동했다. 맹가첩목아는 여진 각 부에서 제법 명망이 있는데다가 경성·경원·오음회(회령) 일대 지역을 통괄하는 중후한 세력을 가지고 있었기 때문에 조선·명나라 양자는 그들의 초무에 부심했다.

영락 원(1403)년 11월 화아아(火兒阿) 만호 아하추(阿哈出, ?~1411)[22]

---

22) (역주) 아하추(於虛出·阿合出·阿哈出·於許乙主): 여진 올량합(兀良哈)의 대추장.

은 명나라의 초무에 응하여 입공하였는데, 명나라는 건주위 군민지휘사사(指揮使司)를 설치하고 아하추를 지휘사로 삼았다. 명나라가 설치한 건주위를, 조선은 "扼我咽喉, 掣我右臂(우리 목을 졸리며 우리 오른팔을 잡아당긴다)."(『조선왕조실록』 태종 6년 8월 경술조)라 하여, 자국의 북방 강역 개척 계획을 방해한 것으로 생각했다. 그래서 필사적으로 대책을 강구하는 한편, 동북 방면에 경성·갑주 등지에 성을 쌓고(1403) 경원에 무역시장을 폐쇄함(1406)으로써 (『조선왕조실록』 태종 3년 7월 경자조) 여진에 대한 경제 봉쇄를 도모하려고 했는데, 이에 대해 불만을 가진 여진 사람의 침략에 압박당하여 어쩔 수 없이 경성과 경원의 2군에서 교역을 재개했다. 맹가첩목아를 대표로 하는 이 시기의 여진 만호들이 조선과 명나라 사이에서 동요한 원인은, 이들이 조선의 변경에 살고 있었기 때문에 일단 명나라의 초유를 받아들이면 그들의 처자와 인민이 조선에 억류되어 동행할 수 없게 될 우려가 있었으며, 더구나 그 여진 부락들이 당시 경제적으로 주로 조선에 의존하고 있었던 데에 있다.

그래서 영락 4(1406)년에 와서 맹가첩목아는 결국 명나라에 귀복할 것을 결심하고 건주위 도지휘사에 임명되었다. 그 전년에 올량합 만호 파아손(把兒遜)이 명나라에 입공해서 모린위(毛憐衛) 지휘에 임명되었다. 건주위·모린위 등의 위가 설치되어 많은 여진 부락이 차츰 명나라에 귀복한 것에 불안감을 안게 된 조선은

오도리(斡朶里) 동맹가첩목아(童猛哥帖木兒)와 같이 의란(依蘭, 三姓) 지방에서 남하하여 명나라에 귀복하였다. 영락 원(1403)년에 건주위가 설치되자, 명나라로부터 건주위 지휘사에 임명되었다. 이만주(李滿住)의 할아버지이다. 아하추(阿哈出·阿哈出)로도 표기한다. "火兒阿豆漫古論阿哈出고론어허츄"(『용가』 권7, 21-b), "古論 姓, 阿哈出 名也"(『용가』 권7, 22-a)로 한자 차음으로 '어허츄'이며 성 '古論'은 '金'에 해당하는데, 나중에 '李'씨 성을 하사받아 이성선(李誠善)으로 바꾸었다(김구진, 1973: 117).

여진에 대해 억압 정책으로 전환하였다.

영락 8(1410)년에 조선이 출병하여 올적합을 토벌하는 동시에 모린위 지휘 파아손을 유살(誘殺)한 사건23)이 발생하였는데, 이 일은 여진과 조선의 관계가 더욱 악화되는 계기가 되었다.

영락 9(1411)년 4월에 맹가첩목아는 부중(部衆)을 인솔하여 서쪽 요동 부근 봉주(鳳州, 호이파하輝發河 상류)로 이동하였고 먼저 그곳에 이동했던 올량합부 건주위와 합류하였다.

영락 10(1412)년 명나라는 건주좌위를 설치하고 맹가첩목아를 도지휘사로 임명하였다.

영락 20(1442)년 몽골인들의 침요를 피하기 위해 맹가첩목아는 다시 부중을 이끌고 아목하(阿木河)24)로 옮겼다. 그 시기 여진 사람의 노비가 끝없이 조선으로 도망한 일로 쌍방의 긴장 관계가 고조되었다. 여진의 노비는 주로 요동 한민과 조선 주변민들을 공급원으로 했는데, 그 도망 노비들에 대한 조선의 대책은, 요동 한민은 일률적으로 명나라에 송환하고 조선 주변민은 잔류시킨다는 것이었다. 이 때문에 여진 사람이 종종 조선 변경을 침입하여 소란을 일으키게 되었다.

조선은 마침내 선덕 8(1433)년 4월에 보복 행동을 취해 7로로 나누어 건주위를 습격하여 쌍방의 관계를 한층 악화시켰다. 그래서 맹가첩목아는 건주좌위를 통솔하여 파저강(婆猪江, 지금의 혼강)

---

23) (역주) 파아손(把兒遜) 유살 사건:『조선왕조실록』〈태종 19권〉, 태종 10(1410)년에 길주도 찰리사 조연 등이 모련위 지휘 파아손 등을 섬멸하였다는 승전 보고가 있었다. "길주도 찰리사 조연(趙涓) 등이 도문(豆門)에 이르러 모련위 지휘(毛憐衛指揮) 파아손(把兒遜)·아고거(阿古車)·착화(着和)·천호(千戸) 하을주(下乙主) 등 네 사람을 유인하여 죽이고, 군사를 놓아 그 부족 수백 인을 섬멸하고 가옥을 불사르고 돌아왔는데, 사로잡은 것이 남자 한 명, 여자 26명이고, 장사가 잡은 인구가 남녀 합하여 약간 명이었다. 이에 조연이 첩음(捷音)으로 의정부에 보고하였다."
24) (역주) 아목하(阿木河): 오음회(吾音會). 두만강 중 하류 회령 일대.

을 향해 건주위에 도움을 얻으려고 했는데, 출발 직전인 동년 10월에 칠성 야인(七姓野人, 양목답올楊木答兀)에게 살해되었다. 조선은 이 사건을 계기로 북방으로 확장하여 이민을 아목하(阿木河)로 이주시켰다. 건주좌위는 맹가첩목아의 동생인 범찰(fanca, 凡察)과 둘째 아들 동산(chung san, 董山)에게 인솔되어 정통 5(1440)년에 소자하(蘇子河)로 옮겼다가 2년 전에 그곳으로 옮겨온 건주위 지휘 아하추의 손자 이만주(李滿住)와 합류하였다. 건주여진의 실력은 이때부터 강대해지기 시작하였다.

정통 7(1442)년 명나라는 건주좌위를 분할하여 우위를 설치하고 건주위와 함께 '건주 3위'라 병칭하였다. '토목의 변'[25] 이후, 조선은 여진에 대해 '자소주의(字小主義)'의 방책을 실시하기 시작하여 조선 가까이의 여진 제 부락을 압박하려고 하였다. 그러한 기도가 명나라로부터 저지되자 다른 대책인, 무력으로 억압하는 토벌책을 취하고 잇달아 모린위(毛燐衛) 도독겸사랑 패아한(孛兒罕)의 살해와 조선 신숙주(申叔舟)의 '북정' 등의 사건을 일으켰다. 이에 대해 여진은 각 부락이 "結約整兵, 四面入寇(약속을 맺고 병사를 정비하고 사면에 입구)"를 하였다(『조선왕조실록』 세조 6년 11월 정사조). 이러한 적대 상태는 성화 3(1467)년, 성화 15(1479)년의 두 차례에 걸쳐 명나라와 조선이 연합하여 건주여진을 침공함으로써 정점에 이르렀다. 변경 지역에서 늘 발생하는 여진의 습격과 침략을 방어하기 위해 조선은 성화 22(1486)년부터 평안도 의주에 장성을 쌓기 시작하였다.

누르하치는 후금을 건국한 후, 천명 3(1618)년에 거병하여 명을

---

25) (역주) 토목의 변(土木之變) 또는 토목보의 변(土木堡之變)이라고 한다. 명나라 정통제 14(1449)년에 발생한, 명나라와 몽골 부족을 통일한 오이라트와의 사이에서 벌어진 전쟁이다. 이 전쟁에서 영종은 친정을 하다가 오이라트의 포로로 잡혀, 중국 역사상 야전에서 포로로 잡힌 유일한 황제로 기록되었다.

토벌하였다. 이 무렵, 조선은 강대한 인접국 사이에 끼어든 상태가 되어 명나라를 배신할 수는 없으면서도 후금의 기분을 상하게하는 것을 두려워했다. 사르후(薩爾滸) 역(役)에서 조선은 명나라의명을 따라 출병 종사했음에도 불구하고 싸우기 전에 후금에 항복하였다. 전쟁 후, 누르하치는 빈번히 조선에 사자(使者)를 파견하여 조선이 명나라의 번속에서 이탈할 것을 재촉하였다. 명과 후금의 전쟁이 급속도로 진행됨에 따라 명군의 패국이 서서히 명백해졌다. 그간에 명나라는 수차례 조선에 원군을 요청했으나 조선은 늘 여러 가지 구실을 들어 완곡하게 거절하였다. 그러나 얼마지나지 않아 친명파가 정권을 장악하게 되어 다시 명나라 일변도로 되었다. 후금의 제2대 황제인 홍타이지는 즉위 후 정유·병자년 2차례에 걸쳐 조선을 정벌하여, 숭정 10(1637)년에 조선 국왕은 결국 명나라로부터 받은 칙서와 인신을 헌상하고 완전히 청나라에 예속하였다.

2. 여진과 명나라의 관계

명나라 시대 여진 사람이 명나라 또는 한인을 [nikan]으로 불렀던 것은 금나라 시대 여진 사람이 송인을 '남가(南家)'라고 부른 데서 유래한다. 13세기 몽골인도 한인을 [nankias](복수어미 –s가 붙은형식)이라 불렀다.

지정(至正) 28(1368)년, 원나라 순제(順帝)는 대도 연경(燕京)을 포기하고 몽골인 6만호를 이끌고 북으로 철퇴했다. 순제와 그 자손이 건립한 북원은 명나라와 남북으로 대치했다. 이와 동시에 원의 요양행성 좌승상(左丞相) 나하추(納哈出)는 중병을 거느리고 요동을 할거하여 대원 통치의 회복을 기도했다. 당시 요동 여진 사람 대다수가 그의 휘하에 따랐다. 이러한 정세를 기반으로 하여 명나라는 요동 경략을 시작했다. 원의 요양행성 평장 유익(劉益)이 명에게 항복한 것을 계기로(『명실록』홍무 4년 2월) 우선 홍무 4(1371)년 7월에 요동으로 정요도위 지휘사사를 설치하고 요동 제위의 군마를 통괄하게 했다. 홍무 7년(1374)년 9월에 고려 공민왕(恭愍王)이 시살되어 신우(辛禑)가 즉위했다. 그는 공민왕의 친명적 정책을 일축하고 홍무 연호를 폐지하며 북원의 선광(宣光)이라는 연호와 정삭(正朔, 월력)을 받들게 되었다. 『고려사』에 의하면, 나하추(納哈出)는 이전에 고려와 연합하여 공동으로 정요도위를 침공하려고 했다. 북원과 고려가 연합한 결과, 요동 명군은 남북으로부터 협공을 받는 위기적 국면에 빠지게 되었다. 이러한 국면을 타개하기 위해 홍무 8(1375)년 10월에 명나라는 정요도위를 요동 도지휘사사로 바꾸고 요동 지구의 군사력 강화를 도모하면서 요동 여진 각 부락을 초무하며 여진을 이용하여 북원과 고려의 연합을 차단하려는 책략을 취했다. 여진은 그러한 역사적 배경 아래서 명나라와 300년 가까이에 걸치는 관계를 가지게 된 것이다. 다만, 초기 단계의 여진과 명나라의 접촉은 여전히 명의 변경을 따른 지역에 한해져 있었으며, 명나라는 만주 오지에 침투할 힘을 아직 보유하지 못하였다. 이러한 정세는 홍무 20(1387)년에 나하추가 명군에 항복한 후, 명나라가 압록강과 두만강 방면에 철령위를, 송화강과 흑룡강 방면에 삼만위를 설치하려고 했으나 고려로부터 거부를 당하여 어쩔 수 없이 철령위를 요동 북부 일대로 옮겼으며, 삼만위도 '양식과 보급품을 지속적으로 지원하는 어려움(糧餉 難繼)' 때문에 요동 개원(開原)까지 돌아온 사실이 뒷받침한다. 이 시기에 명나라는 흑룡강 하류 유역의 여진 각 부의 초무를 시도했는데, 결국 "遣使至其國而未通(사신을 그 나라에 파견했으나 통하지 않았다)."(〈중건영영사기비〉)이 되어 있었다. 그래서 사서에 나타나는, 명나라의 초무에 응한 여진 사람 수는 그 시기 극

소수였고, 더구나 귀복한 후에 그 대부분을 명나라 변경에 가까운 각 위소에 배치했지만 일시적으로 귀복한 사람들이라도 종종 반란을 반복하여 요동에 재액을 초래했다. 홍무 28(1395)년 7월의, 요동위 진무장능(張能)의 상주문에는 요동 삼만위 소속인 여진 귀복자가 "常假出獵爲患(항상 출렵에 나가서 병들었다)."라고 있다. 특히 이 시기의 명나라 측 기술에는 여진을 소탕한 기록이 가끔씩 보이는데, 홍무 28(1395)년 정월, 명나라는 삼만위에 출병하여 여진을 소탕하고, 동년 3월에 여전히 여진을 소탕하고, 5월에 여진을 붙잡도록 죄를 용서받은 군인들은 모두 요동에 파견하는 조칙을 반포하였다. 이는 당시 다수의 여진 사람이 명나라에 귀복하지 않았을뿐더러 명나라에 적대적 태도를 취하고 있었다는 사실을 뒷받침해 준다.

명나라와 여진과의 관계가 장족의 발전을 한 것은 명 성조 즉위 이후였다. 영락 원(1403)년 11월, 하얼아(火兒阿)의 여진 수령 아하추(阿哈出)의 조공을 계기로 먼저 현재의 길림 부근에서 건주위를 설치했다. 12월 홀라온(忽剌溫) 등의 여진 수령의 조공을 계기로 오늘의 하얼빈 지방에 올자등위(兀者等衛)를 설치했다. 영락 원년부터 7(1409)년에 걸쳐 명나라가 동북 지구에 설치한 위소는 이미 115개소에 달했다. 이들 위소의 분포는 상당히 넓으며 남으로는 도문강(圖們江), 북으로는 외흥안령(外興安嶺), 서로는 적탑하(赤塔河) 유역, 동으로는 일본 해안까지 퍼졌다. 이러한 위소를 유효하게 통괄하기 위해 영락 7(1409)년에 노아간(奴兒干) 타타르(韃靼) 수령 홀자동노(忽剌冬奴)의 조공을 계기로 흑룡강 하구 유역의 동안 특림 지역에 노아간도(奴兒干都) 지휘사사(指揮使司)[26]를 개설하

---

26) (역주) 노아간도사(奴兒干都司): 명나라 홍무 22(1389)년에 삼위 지휘사사를 올
량합(兀良哈) 지역에 설치하고 여진족의 경략을 시작하였다. 소위 올량합 삼위를
설치하는 한편, 영락 원년부터 흑룡강과 소오하강, 오소리강 유역에 여러 개의

는 것이 결정되었다. 이 지역은 요나라 시대에는 동경도(東京道)의 관할이었고 금나라 시대에는 상경도(上京道)의 관할이었지만, 원나라 시대에 들어서면서 동정원수부(東征元帥府)에 예속되어 비로소 노아간이라는 이름이 출현되었다. 원 세조가 일본 공격을 할 때 노아간은 조선(造船)의 기지였다. 원나라 멸망 후에도 영락 6(1408)년까지 노아간에는 계속 몽골인 관리가 주둔하였다. 노아간은 여진과 길렬미(吉列迷)의 거주지인데, 원나라가 동정원수부를 설치한 뒤에 몽골인 관리와 거민 및 라마(티베트 승려)가 이주함으로써 현지에서는 몽골 문화가 형성되어 위구르 문자로부터 제작된 몽골 문자가 현지에서 통용되게 되었다. 명나라에는 내관 역실합(亦失哈) 등이 군대를 통솔한 전후로 현지에 일곱 번 파견되었고, 영락 9(1411)년에 노아간 지방에 도사아문(都司衙門)을 설치하였고, 영락 11(1413)년에 영영사(永寧寺)를 짓고 한문·여진문·몽골문을 배합해서 〈영영사기비〉를 새겼다. 이어서, 파괴된 영영사를 선덕 8(1433)년에 재건하여 한문으로 된 〈중건영영사기비(重建永寧寺記碑)〉를 새겼다. 초무의 대상은 현지 여진과 길렬미뿐만 아니라 고항도(사할린)에 있는 고이(苦夷)도 포함되었다. 이러한 은위(恩威)를 병행한 초무로 명나라가 기대한 효과가 나타나 각지 여진 사람은 차례로 조공함에 따라, 명나라는 그들에게 도독(都督)·도지휘·지휘·천호·백호·진무(鎭撫) 등의 직을 내리고 칙서와 인신을 주어 정기적으로 조공할 의무를 정함으로써 그 지역의 여진 사람 모두를 명나라 치하로 받아들이게 되었다.

위소를 설치하고, 한편으로 건주위와 올자위, 영락 2년에는 노아간위를 설치하고 영락 7(1409)년에 노아간도사를 설치하여 115개의 위소를 설치하여 후원 세력을 북으로 내몰면서 명나라의 지휘권을 흑룡강 하구 지역까지 확장하였다. 명나라 영종 이후에는 그 이름이 보이지 않고 단지 흑룡강 등처라고 하여, 실제적인 지배권을 상실한 것으로 보인다. 김한규, 『요동사』, 문학과지성사, 2004, 532쪽 참조.

그러나 이런 상황이 언제까지나 계속되지는 않았다. 선덕(1426 ~35) 말에 시작된 재정난과 정통 10(1445)년에 에센(也先)의 동방 진출, 특히 정통 14(1449)년의 '토목의 변'으로 인한 군사적 실패 는, 한나라 고조를 자기 자신의 모범으로 삼은 명나라 태조의 강 역 개척이라는 큰 뜻을 이룰 수 없게 했다. 여진 지역에 대한 라 마의 지배는 점차 공문화(空文化)되면서 한편으로는 공칙(貢勅) 제 도가 명나라에서 큰 부담이 되었다. 그래서 입공의 장려에서 일 전하여 입공을 제한하게 하고 마시(馬市)에서는 여진 사람의 철기 와 농사 짓는 소(耕牛)의 구입을 금지하였다. 이로 인해 강한 불만 을 터뜨린 여진 사람은 빈번하게 노략질을 하게 되었으며, 끝내 성화 3(1467)년과 15(1479)년의 두 차례에 걸쳐 건주여진을 참혹한 수단으로 진압하기에 이르렀다.

건주여진은 명나라 중엽에 남천하여 명나라의 변경에 인접한 파저강(波猪江) 유역에 정주했는데, 그곳은 토지가 비옥해서 경작 에 적합했기 때문에 건주여진의 농업은 이 시기에 눈부신 발전을 이루었다. 그러나 여진 사람의 농업생산은 종래 사람과 가축 약 탈에 의존하고 그들을 부려서 농업 생산을 진행해 왔기 때문에 명의 요동 변민과 조선인은 바로 그 약탈의 목표가 되고 말았다. 건주위 수령 이만주(李滿住, 아하추의 손자)와 둥산(董山, 맹가첩목아 의 둘째 아들)은 정통 14(1449)년 이래 매년 명나라 변경을 침입하 여 사람과 가축을 약탈하였다. 성화 연간에 이르자, 침략은 한층 빈번해져 1년간 무려 97차례에 이르렀다. 이에 명나라는 조선과 연합하여 건주여진을 토벌하기로 하였다. 성화 3(1467)년 8월, 명 나라는 사죄를 하기 위해 상경으로 들어오는 길에 있는 둥산 등 여진 수령을 광령(廣寧)에서 포박하고 즉각 건주좌위를 침공하여 그곳을 대량 교살의 장으로 만들고 나서 둥산을 수도로 호송하여 처형하였다. 조선은 명나라의 칙령을 받은 직후 9월에 출병하여 건주위를 섬멸시키고 이만주와 많은 족중 대부분은 순난(殉難)했다. 이것이 이른바 '성화 3년의 역(役)'이다. 이 사건 이후, 명나라는 건주여진의 복수를 경계하고 요동 변장의 증축 공사27)를 개시하였다.

변장의 수축은 정통 7(1442)년부터 시작되었는데, 원래는 몽골 올량합 및 해서여진 등, 부의 남침과 약탈을 방어하기 위한 것이었다. 성화 5(1469)년에 증축된 변장은 오로지 건주여진을 목표로 한 것이며, 요동 내지와 건주여진의 경계선이 되었다. 변장 수축은 명나라 중엽에 있어서 국력이 쇠퇴하기 시작된 표지이며, 그것은 명나라의 대외 정책이 이미 소극적 보수의 심연으로 빠져들

27) (역주) 〈서북피아양계만리일람지도(西北彼我兩界萬里一覽地圖)〉, 국립중앙도서관, 보물 제1537-1호. 요동 변장 수축의 상황을 확인할 수 있다.

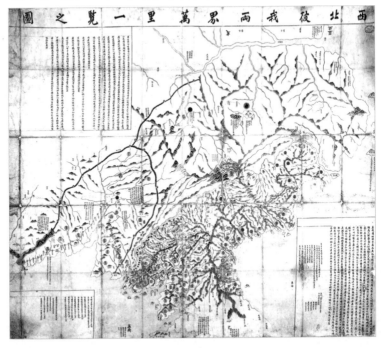

었다는 것을 보여 준다. 처음부터 변장 그 자체는 장성(長成)처럼 견고한 것이 아니어서, 건주여진은 여전히 늘 변장을 넘어서 요동 지구를 침략했다. 그래서 성화 15(1477)년, 명나라는 다시 건주여진의 토벌을 결정하고 조선에 출병을 하명했다. 동년 10월, 명나라와 조선의 협공으로 큰 타격을 입은 건주여진은 쇠퇴의 길로 들어섰다.

『여진역어』에 기록된 79통의 '내문(來文)'이 유통된 바로 이 시기부터 명 세종 가정(嘉靖, 1522~66) 말년까지의 기간에 집중되어 있다. 그러나 그들 내문 중에 건주여진으로 표기된 것은 겨우 8통뿐이며 내용이 중복된 1통을 제외하면 실제로는 7통(건주위 3통, 건주좌위 2통, 모린위 2통)밖에 되지 않는다. 그 가운데 주목할 가치가 있는 1통은 건주좌위 도지휘사 올승합(兀朮哈)이 상주한 것인데 이 사람은 바로 『청태조실록』에 실린 누르하치의 3세조로, 후에 홍조직(興祖直) 황제로 추대된 복만(福滿)이다. 성화 3(1467)년 누르하치의 5세조 둥산(董山, 충선充善)이 명나라에 의해 살해되고 건주여진 수령은 전부 1급씩 격이 낮아졌다. 도독이 1급 감격되면 도지휘가 된다. 올승합은 도지휘사의 직으로 "討陞一級職事"로 상주하여 『청태조실록』에 복만을 도독으로 삼는 것으로, 명나라는 그의 상주 후 얼마 되지 않아 건주좌위도독의 직위를 회복했다고 추측된다.

건주여진을 물리치고 활략하기 시작한 것은 그 북방에 있는 해서여진이었다. 해서여진의 지역은 몽골 올량합 삼위에 인접돼 있으며, 만력 27(1599)년에 편찬된 『등단필구(登壇必究)』(왕명학 찬王鳴鶴 撰, 권 22 〈역어〉)에서 '해서'라는 말을 대역한 몽골어는 '주아적(主兒赤)'으로, 즉 여진이다. 『여진역어』의 제66통 '내문'은 '海西塔木魯等衛都指揮檢事竹孔革'의 상주문인데, 그 인물은 바로 그 후에 여허하반(葉赫河畔)으로 옮긴 여허부의 4세조로 불린 인물이다. 성화

(1465~87) 중엽에 해서여진은 계속 남하하여, 정덕 연간(1506~21)에 이르러 죽공혁(竹孔革)을 비롯하여 해서여진은 명나라 변경을 빈번하게 침략하고 조선의 조공 통로를 가로막기도 하였다. 명나라는 개원 동북 변외에서 700리, 즉 해서여진이 조공 입시(入市)하는 경유지에 방어하기 위한 성보를 구축하였다. 가정(1522~66) 초년에 이르러 송화강 유역의 여진 수령 속흑특(速黑忒)이 강성하게 되어, 그가 개원성 외의 산적 맹극(猛克)을 포살한 것으로 인해 여진의 조공 통로의 안전이 보장되었기 때문에 명나라에서 좌도독의 직을 받게 되었다. 그는 다름 아닌, 그 뒤에 하다하반(哈達河畔)에 옮겨 살아서 하다부 4세조라 불린 인물이다. 여허부의 거주지는 명나라가 개설한 개원(開原) 마시(馬市) 진북관(鎭北關)에 가까워서 '북관'이라 불렸으며, 하다부 거주지는 명나라가 개설한 또 다른 1개소의 마시 광순관(廣順關) 밖에 있었으므로 북관에 대비해 '남관(南關)'이라 불렸다. 이외에 울라부(烏拉部)와 호이파부(揮發部)가 있다. 울라부는 하다부와 동족으로, 서로 명나라 초에 탑산전위(塔山前衛)의 후예로 후에 남쪽으로 옮겨 울라하반(烏拉河畔)에 머물렀기 때문에 그와 관련지어 이름이 지어졌고 호이파부는 흑룡강 니마찰부(尼馬察部)에서 나온 후에 남쪽으로 옮겨 호이파하반에 머물렀기 때문에 그와 관련지어 이름이 지어졌다.

3. 여진과 몽골과의 관계

명나라 시대 몽골사의 시기는 지정(至正) 28(1368)년에 원나라 순제(順帝)의 몽골 북귀(北歸)를 시작으로 하여 천총 9(1635)년에 막남(漠南) 몽골 각부가 청나라에 항복한 시기까지 총 268년이 된다. 이 시기에 여진 각부와 관계된 것은 몽골 올량합(兀良蛤)[28] 삼위가 가장 빨랐고, 아루타이(阿魯台)가 그 다음으로 약간 늦었다.

해서여진은 그 지역이 올량합 삼위에 인접해 있어서, 양자 간의 접촉의 역사도 오래되었다. 15세기 초에 해서여진 여허부(葉革部)의 시조 성근달이한(星根達爾漢)은 몽골(=도메도)의 일부 부중을 이끌고 홀랄온(忽剌溫) 여진 지역에 침입하여 '장(璋)' 지역의 여진 납랄부(納剌部)를 병탄하고 납나(納喇) 씨로 성을 바꾸었다. 16세기 초에 장 지방의 납랄부는 남으로 옮기기 시작하여 서서히 개원(開原) 이북의 여허하안(葉赫河岸)에 정착하여, 그 강과 관련지어 해서여진 여허부(葉赫部)라 칭해지게 되었다. 여허가 멸망한 후, 몽골로 망명한 사람들은 여전히 도메도에 의귀했다(기운사祁韻士의 『황조번부요략皇朝藩部要略』 권1 〈내몽골〉 요략). 사서에는 해서여진 하다부(哈達部)와 울라부(烏拉部)가 선조가 같다고 되어 있으므로, 울라

---

28) (역주) 올량합(兀良哈)은 오량카이(uriyangkhai)로, 다양한 종족명을 통합하여 가리키는 말로 사용되었는데, 몽골계 종족에 가까운 것으로 추정한다. 올량합삼위(兀良哈三衛)는 삼위달단(三衛韃靼) 또는 삼위달자(三衛韃子), 침처달단(深處韃靼) 등으로 달달(達達) 또는 달단(韃靼)으로도 불리는데, 이들은 오랑캐로 여진 부류가 아닌 몽고족으로 보기도 한다(김동소, 1989: 181~182). "我國之俗 通稱斡東等處兀良哈오랑·캐, 兀狄哈우디·거及女眞諸種爲野人"(『용가』 권1, 7A)에서 兀良哈오랑·캐로 표음하고 있다. 조선 사료에서는 올량합(兀良哈)을 吾郞哈·五郞哈·吾良哈·五良哈·吾郞介·吾良介·吾郞介·兀郞介로 다양하게 표기되고 있는데, 올량합(兀良哈)의 표기가 가장 많이 사용되고 있다(김주원, 2007: 67~69). 오적개(吾狄个)는 여진족 갈래의 하나인 우디개의 음사. 『조선왕조실록』에서는 올적합(兀狄哈)으로 표기되기도 하는데, 오도리(吾都里), 오랑캐(兀良哈)와 함께 여진족을 구성하고 있었다. 오도리와 오랑캐는 농경생활을 영위하였는 데 비해, 우디캐는 주로 수렵 생활을 한 산간 부족으로, 두만강 하류에서 동만주에 걸친 넓은 영역에 분포하였으며, 지역에 따라 골간(骨看)우디캐, 홀라온(忽剌溫)우디캐(해서여진), 혐진(嫌眞)우디캐, 니마차(尼麻車)우디캐, 남물(南訥)우디캐 등으로 구분하였다. 우디거(兀狄哈)는 『용비어천가』에 "我國之俗 通稱斡東等處兀良哈오랑·캐, 兀狄哈우디·거及女眞諸種爲野人"(『용가』 권1, 7A)라고 한다. 우디거 외에 남눌남돌(南訥), 거절(巨節), 혐진(嫌眞), 조을호올적합(照乙好兀狄哈), 니마차(尼馬車), 올미거(兀未車), 콜칸(闊兒看), 도골(都骨), 사거(沙車), 홀라온(忽剌溫), 어피달자(魚皮獺子), 올자(兀者) 등속의 하위 종족으로 구성되어 있었다(김주원, 2007: 33~55). 알타리(斡朶里)는 알타리(斡朶里), 알도리(斡都里), 오도리(五都里·吾都里·烏道里), 악다리(鄂多里) 등으로 음차 표기형이 나타나는데 그 음은 [odori]이다(今西春秋, 1992: 12, 14).

부의 선인도 몽골에서 유래한 것이다. 올량합 삼위도 해서여진 여러 부는 때로는 연합하여 명나라 변경을 침입하였고 때로는 서로 침공도 했다. 양자의 충돌은 최종적으로 오이라트(Oirat)의 동침에 따라 부차적인 문제가 되었다. 명나라 영종(英宗) 정통(正統) 연간(1436~49)에 서몽골 오이라트의 세력이 강성해져 동쪽 올량합 3위를 침범했으며, 더 나아가 해서여진 각 부를 석권하였다. 해서여진 각 추장 대부분은 이 전투에서 사망하였다. 명나라 사람들의 기술에 따르면, 이 전쟁으로 몽골로 연행된 여진 사람은 무려 4~5만이라는 수에 이르렀다(우겸于謙의 『소보우공진少保于公秦議』 권8 〈병부위관애사兵部爲關隘事〉). 에센에 이어서 몽골의 칸인 토크토아 부카(脫脫不花)는 계속 여진 지역으로 세력을 확장하였다. 명나라 종경태(宗景泰) 원(1450)년~2(1451)년, 토크토아 부카는 3만 군대를 이끌고 해서여진을 토벌하고 연이어 군세를 여진으로 향했다. 뒤에 몽골에서 내홍이 일어나 동방 진출의 여유가 없어지자 건주여진은 마침내 어려움을 면하게 되었다. 몽골의 동침을 피하여 올량합 3위가 해서로 이주한 것은 해서여진과 건주여진의 남쪽 이동이라는 연쇄 반응을 일으켰다. 명나라 효종(孝宗) 홍치(弘治, 1488~1505) 말년부터 명나라와 몽골 간의 공시(貢市) 무역이 중단되고, 명나라 세종이 폐관거공(閉關拒貢) 정책(장시를 폐쇄하고 조공을 통한 교역을 하도록 하는 정책)을 취함으로써 차파루를 비롯하여 몽골 좌익이 남하하여 명의 요동 지역까지 침입했다. 명나라가 군사적으로 소극적인 방어 전략으로 대응한 결과, 명나라 세종 가정(嘉靖) 25(1546)년~27(1548)년에 몽골은 명나라 변경에 있던 목장에 머무르는 올량합 3위를 병탄했다. 눈강(嫩江) 유역으로 옮긴 몽골의 올로첸부(올량합 3위 가운데 하나, 복여위福余衛의 후예)는 공도가 가로막혀서 명과 교통을 할 수 없게 됐기 때문에, 서쪽은 여허부와, 그리고 남쪽은 누르하치(『개원도설』 권상券上 〈복여위이지파도福余衛夷枝波圖》)와 교섭해서 무역로의 관통을 도모했다. 여허는 명의 북관에 있었는데, 몽골과 건주여진 사이에 위치하고 있었다. 후금 천명(天命) 4(1619)년에 누르하치는 사르후(薩爾滸)에서 명군을 대파하고 8월에 여허를 명멸하고 여진 각 부의 통일을 완수하게 되었다. 여허가 멸망한 결과, 몽골과 건주여진의 교섭이 시작되었다.

명나라는 몽골에 대해 우익을 어루만지면서 좌익을 억제하는 잘못된 정책을 채용함으로써 좌익 몽골 대칸 궁정은 명초 이래 지속적으로 적대적 관계가 되었다. 동천한 최후의 대칸인 린단 칸은 명나라 만력(萬曆) 32(1604)년에 즉위하여 대칸 권력을 재건하기 위해 노력하였다. 그러나 그 시기에 누르하치가 이미 흥기하여 린단 칸과 동부 몽골의 호르친(科爾沁)과 내할하 5부를 쟁탈하였다. 명나라 숭정제(崇禎帝)의 즉위 후, 명나라와의 관계도 결렬되고, 린단 칸은 독력으로 후금을 방어하지 못해 서쪽으로 옮겨가자, 몽골 우익이 가졌던 명나라의 하사와 교역의 이익을 빼앗아 그것을 독점하려고 하여 우익을 병탄하고 막남(漠南)을 통일하였다. 사서에는 린단 칸이 "이(利)를 좋아하고 색을 좋아하여 아래를 구박할 때는 무법이다."라서, 그로 인해 "원수는 서쪽과 맺고 복수는 동쪽에 한다."(『숭정장편崇禎長編』 권14)라는 사태가 되었다고 전해지는데, 결국 린단 칸은 북방에서 고립된 처지에 놓이게 되었다. 당시 티베트 불교의 승려는 명·후금·몽골·오사장(烏斯藏) 사이에서 사절을 할 경우가 많았고 첩보 활동에도 종사했다. 겔구파(黃敎)는 오사장(烏斯藏)·청해(靑海)·몽골 우익 사이에서는 이미 우세를 차지하고 있으나, 린단 칸은 닌마파(홍교紅敎)를 지지하며 겔구파를 압박했기 때문에 황교파는 후금에 접근했다. 린단 칸의 서쪽 정벌은 적절한 전략적 준비가 없었으며 요동의 모든 전국에 영향을 주었을 뿐만 아니라, 자신도 서방에서 퇴로를 잃게 되었다. 명나라 숭정(崇禎) 5(1632)년, 후금은 이미 요동의 몽골 각부를 탈취하여 명나라가 섬서·감숙의 농민 반란을 전력으로 진압하는 시기에 편승하여 서쪽으로 린단 칸을 정복하자, 린단 칸은 서방으로 달아나 청해의 촉트 홍타이지와 오사장의 쨩왕(두 사람은 얼마 되지 않아 괴멸했다) 등의 홍교(紅敎) 지원 세력과 연합하여 군사력의 재건을 기도했지만, 결국 숭정 7(1634)년에 청해 북안의 대초탄(大草灘)에서 병사했다(청·야희파륵등耶喜巴勒登『몽골정교사蒙古政敎史』제1장「몽골한통전승蒙古汗統傳承」및 각주 81 소인 '족보').

후금의 몽골 대책은 인근의 호르친부와 내할하 5부를 둘러싸고 벌어진 린단 칸과의 쟁탈전이었다. 그 한 가지가 역사적으로 오래 계속된 통혼 관계를 이용한 책략으로 몽골을 자기들의 동맹군으로 만드는 것이었다(청의 세력이 끝날 때까지 아이신기오로愛新覺羅씨가 박이제길특博爾濟吉特 씨와 몇 차례나 통혼한 것은 바로 원나라의 박이제길특 씨와 홍길랄弘吉剌 씨와 같은 것이다). 또 다른 한 가지는 항복한 몽골 각부를 후하게 대하는 것이었다. 태조·태종은 종종 여진·몽골이 "비록 언어가 다르더라도 의관이 서로 같다."라고 해서, 한마음으로 협력하고 명나라에 대항해야 한다고 강조했으며, 항복한 몽골 각부에 대해 그 가축을 보호하고 토지·가옥·우마를 나누어 주며 종군 출정한 몽골 사졸에 대해서는 노획품의 세금을 면제했다(여진 병사의 노획품은 납세해야 했다). 몽골 각부에서 돌아온 사람들에게는—아주 심한 경우지만—여진족에게 가옥·토지를 양보하게 하였다. 바로 청나라 시대 사학자 맹삼(孟森)이 "상하 진정으로 한마음이 되었다면 바로 이런 상황이 되지 않았을 것이다."라고 지적한 것과 같다. 그러면서도 린단 칸은 명나라와의 호시(互市) 이익을 전부 다 독점하기만 하여 소속 각부를 이반하게 만들었다. 이것에 편승하여 홍타이지(皇太極)는 린단 칸을 구축하고 막남을 통일하였다. 후금은 린단 칸에 대해 승리를 거두었는데, 그 정치상 큰 수확은 원나라의 전국(傳國) 옥새(玉璽)를 얻게 된 일이었다. 린단 칸의 사후, 그에게 소속한 라마는 몽골 칸의 자리를 상징하는 마하칼라 호법 불상을 신봉해서 후금에 투항하고 이와 함께 "불상의 얼굴이 동쪽으로 돌렸다."라는 허위 정보를 꾸며냈다. 이때 린단 칸의 하둔(哈敦)과 부하들은 계속 명나라에 공시(貢市)를 요구하며 국경으로 들어가는 것을 요구하였는데, 양쪽 다 허락을 받지 못하였다. 숭정 8(1635)년, 후금이 공격하자 찰합이(察哈爾)부는 린단 칸의 처자(妻子)에게 이끌려서 후금에 투항하고, 아울러 원 순제(順帝)는 몽골에 들고 되돌아간 전국왕의 옥쇄를 헌상하였다.

마하칼라는 몽골 대칸이 즉위할 때 이쪽을 향해 재계(齋戒)를 하는 불상으로, 이것이 후금에 귀속된 것은 후금 칸 홍타이지가 몽골 대칸의 칸통을 계승하는 정통한 지위를 가진다는 것을 몽골 각부에 공인하게 하였다. 홍타이지는 오로지 이 불상을 위해 심양에 실승사(實勝寺)를 건립했다(원·도종희陶宗儀, 『남촌철경록南村輟耕錄』 권2 〈수불계受佛戒〉 및 심양, 『연화실승사비기蓮花實勝寺碑記』).

전국왕 옥새는 중국의 정통인 황제의 상징으로 원나라 순제가 몽골에 가지고 돌아간 후에, 명나라 태조 주원장(朱元璋)은 "천하통일은 아직 3가지가 이루어지지(天下一家 尙三事) 않았다."고 한 적이 있다. 이 가운데 첫째는 전국왕 옥새가 없다는 것이다(『황명통기皇明通紀』 권3, 장양기蔣良騏의 『동화록東華錄』 권3 천총 9년 8월조). 명나라가 종종 북쪽을 정벌한 것은 이 옥새를 탈취하기 위해서였지만 성공하지 못했다. 후금이 이 옥새를 얻자, 몽골 각부는 모두 하늘의 운이 이미 후금으로 돌아갔다는 사실과 홍타이지가 몽골 대칸의 전통을 계승한 점을 승인했다. 한인 관료는 "때에 따라 하늘에 순응한다", "바로 백성이 바라는 바에 부합한다."라고 하였으며, 민중들 또한 "옥새는 바로 하늘이 준 것. 하늘, 이에 주었을 것이다."라고 하였다.

당시에 전해 온 어떤 전설이 있다. 건융 58(1793)년에 영국의 사절 마카토니가 처음으로 중국에 왔을 때 기술한 "현 황제 코베리(Coberi), 즉 우리가 말하는 쿠빌라이 칸의 자손이다. 쿠빌라이 칸은 칭기즈 칸의 아들이며 13세기에 중국을 정복하고 원나라라고 불리는 왕조를 창건한 그의 일족은, 중국을 100년 가까이 몽골인의 멍에 아래에 두게 했고, 그 다음에는 명나라에 의해 옥좌에서 쫓겨났다. 그래서 몽골 사람들은 만주 사람들의 나라에 도망가서 그들과 통혼하며 그들 사이에 들어가 살았다. 이러한 혼척 관계의 한 가지에서 복도이 칸(중국의 황제)의 계통이 생겼다. 그들은 1640년에 중국으로 침략하여 그 이래 이곳을 계속 통치하게 되었다"(이타노 마사타카坂野正高 역주, 『중국방문사절일기』).

복도이 칸(the Bogdoi Khan)이란, 태종이 숭덕 원(1636)년에 처음으로 봉해진 존호 '보그다처천(博格達徹辰汗)'(bogda는 성현聖賢으로, 활불活佛 가운데 최고 지배자, [ʧeʧen]은 총명聰明의 뜻)이다. 전설의 중점은 만주, 몽골 두 종족의 혈통이 일찍부터 섞여 있었다는 부분에 놓이며, 청나라가 실제로는 만주, 몽골 연맹이 조직한 왕조였음을 암시하고 있다. 여기서 후금이 입관(入關) 전에 몽골과 연맹을 강화하기 위해 여론에 대해 부심했던 것을 알 수 있다. 순치 원(1644)년에 이르자 시기가 무르익어 호르친(科爾沁) 친왕 바다리에 위임하여 기반을 튼튼하게 만들어 입관함으로써 일거에 천하를 평정하게 되었다.

제4절 여진의 경제생활

원나라 시대 여진의 경제생활 상황에 대해『원사(元史)』〈지리지〉에 따르면, 여전히 "시장과 성곽이 없었으며 물길을 따라 풀집에 거주하며 수렵으로 살았다(無市井城郭, 逐水草爲居, 以射獵爲業)."고 하는데, 명나라 시대 여진 사람은 이미 목축·사냥·농경이 병존하는 경제생활을 하고 있었다.

1. 목축·사냥·채집

금나라 시대 초기에 편찬된『여직자서(女直字書)』는 여진 사람이 처음으로 여진 문자로 기록한 여진어휘집이다. 그 중에 '조수문(鳥獸門)'에 실린 글자 수가 각 문류(門類) 가운데서도 가장 많다. '조수문'의 약 40%를 차지하는 내용은 '가축류'이며 '가축류'의 글자 수가 그 다음에 있는 '전화문(田禾門)'의 2배에 달한다는 사실은 목축업이 예부터 여진 사람의 경제생활에서 중요한 자리를 차지하고 있었음을 말해 준다. 명나라 시대 초기에 사이관이 편집한『여진역어』는 겉모양과 글자 수의 제약으로 목축 경제의 중요성이라는 여진의 특징이 제대로 나타나지 않았는데, 내문에 기술된 여진 사람의 입공에서는 말이 가장 주요한 공물로 시종 필두에 들었으며, 회동관이 편집한『여진역어』에서는 "이후로는 좋은 말을 진상하라(今後進好馬來)"는 한 마디를 여진 사람을 훈계하는 여러 개 조 예문 중의 하나로 놓았다. 여진 사자가 말을 상납하는 기술도『명실록』과『조선왕조실록』등의 한문 사료에 많이 출현한다. 말은 사렵(射獵)이나 약탈을 할 때 이용하는 가장 중요한 수단이며, 약탈도 그 자체가 경제 운용 형식의 하나이다. 또한 말은 사냥감과 함께 조공이나 무역할 때에도 사용된다. 명과 조선이 여진에 대해 개설한 마시(馬市)는 여진 사람의 목축 경제의 번성을 반영하는 것이다. 따라서 말이 여진 사람의 경제생활에 있어서 극히 중요한 자리를 차지했다는 것을 알 수가 있다. 만주 사람은 매년 5월 13일에 '마왕야(馬王爺)'를 받들어 모시는 풍속이 있었으며, 바로 그날에 돼지를 죽여서 제단을 차리는 것을 '간마회(趕馬會)'라 부른다. 만주 사람의 전설에서는 제사 대상이 되는 마왕야는 누르하치가 이성양(李成梁) 집에서 나갈 때 탄 대청(大靑)·소청(小靑)이라는 두 마리의 말이라고 한다. 두 마리 말의 석상은 지금도 심양복능(瀋陽福陵) 신도(神道) 양쪽에 높이 솟아 있다. 그러나 실제로는 그 제전 습속의 역사는 오래전까지 거슬러 올라간다. 여진 사람은 옛날부터 말을 타는 민족으로, 사냥이나 전쟁을 할 때도 말과 함께하여 말과 여진 사람의 관계는 상당히 밀접해서 여진 사람의 지위도 높일 수가 있었다. 개와 여진 사람의 관계와 마찬가지로 제전(祭奠)·터부(금기) 등에 있어서 특수한 대우를 받았다.

가축을 보유한 수량은 여진 사람에게는 부를 평가하는 기준이었으며, 재산을 늘리는 수단은 많은 가축을 획득하는 데 있었다. 혼례와 납폐도 가축을 주로 했다. 여진 사람의 입공물이나 교역물에서 차지하는 비율이 가장 큰 것은 말을 제외하고는 담비의 모피를 주로 한 각종 모피와 조선 인삼을 주로 한 각종의 채집물이었다. 이것들은 모두 당시의 여진 사람 경제생활의 특징을 반영하고 있다.

2. 농업

여진 사람의 농사는 실제로 목축에 의존하면서 발전해 왔다. 명과 조선에서는 말과 농구, 일소나 노비를 교환함으로써 농경을 촉진하였다. 여진 사람의 농사에서 대부분은 약탈해 온 노비에게 일을 시켰다. 그 노비들은 바로 포로로 잡은, 명나라와 조선의 변방 사람들이었다. 여진의 농업 발전에 따라 노비 약탈과 노비 매매 현상까지 점점 더 심해졌다. 그것은 명나라와 조선 사이에 마찰을 키우는 원인 중 하나가 되었다. 2가지 『여진역어』의 '기용문(器用門)'에는 농구 명칭이 거의 기술되지 않았는데, '가래(鍬)'에 대한 여진어 [u(l)tu]의 본뜻은 '목제로 만든 파는 도구'이다. 그것은 철기가 여진 지역에 유입되기 전에 사용하던 간편한 농구에 불과하므로, 그러한 농구를 사용하여 이루어진 농사 활동은 기껏해야 가축·사냥·채집을 보조하는 정도의 조방한 물건일 뿐이었다고 추측할 수 있다. 『조선왕조실록』에 따르면, 올자위(兀者衛) 여진 사람은 말의 사료가 부족할 때는 말에게 고라니와 사슴고기, 또는 물고기를 먹였다고 하며(『조선실록』 세종 21년 정월 기축), 농업 수준이 아직 어렵 경제에는 미치지 못했음을 알 수 있다.29) 여진 사람의 농업 발전은 거주지에 따라 차이가 있다. 1980년대 고고학적 발견에 의하면,30) 도문강 유역의 명나라 시대 여진 사람의 무덤에는 사냥·정전용(征戰用) 쇠촉, 골촉, 쇠창 등이 부장되어 있었으나, 농업 생산 용구는 출토되지 않았으며, 현지의 여진 사람은 농경 경제가 여전히 발전되지 못하였던 듯하다.

---

29) (역주) 보통 말은 풀을 먹지만 풀이 부족하면 고기를 먹였다는 것은 바로 농업보다 수렵이나 사냥이 계속 활발했다는 뜻이다.

30) 연변조선족자치주 박물관, 「용정현조동명대여진인묘적발굴(龍井縣朝東明代女眞人墓的發掘)」, 『박물관연구』, 1986년 제2기.

3. 수공업

명나라 시대 중엽 이후의 여진어를 기록한 회동관『여진역어』
에는 은장(銀匠), 동장(銅匠), 석장(錫匠), 염장(染匠), 모장(帽匠), 목장
(木匠), 피장(皮匠), 갑장(甲匠), 세백장(洗白匠), 니수장(泥水匠), 조자
장(條子匠) 등, 공장에 대한 수많은 명칭이 나타나는데, 당시 여진
사람의 생산 용구, 무기, 생활용품 등 제조 각 방면에 걸친 수공업
이 발달되었음을 알 수 있다. 특히 사냥과 정전(征戰)에 관련된 야
금(冶金) 가공업의 발전 속도는 빨랐다. 여진 사람의 무기는 원래
골제와 목제로 만든 것들만 있었는데, 철제 농기구의 대량 수입
에 따라 그것을 무기로 개조하게 되었다. 회동관『여진역어』에는
이미 [sələ saʃa](철모)나 [sələ ukʃi](철갑) 등의 명칭이 보이며, 15
세기 중엽 이후, 여진 사람들 사이에 철제인 활촉(鏃), 등자(鐙)의
사용은 널리 보급되어 있었다. 무기로 개조하는 철제 농구는 주
로 회동관『여진역어』에 있는 [upu halaŋ](가랫날)이었으며, 명나
라와 조선은 철제 농구의 그러한 용도를 알게 되자 몇 차례나 금
지했는데도 여전히 만들어지고 사용되었다. 여진 사람 자신에 의
한 철광 채굴이 1599년에 와서 시작된 것은 여진 사람 자신의 기
술에서 찾아볼 수 있다.[31]

4. 무역

명나라 시대 여진 사람의 무역 활동이 비교적 늦은 시기에 시
작되었다는 것은 그러한 활동에 관계되는 어휘들의 본뜻이나 그
전환을 살펴서 알 수가 있다. 명나라 시대 이른 시기의 여진어를

---

31)『만주실록』권3 기해년 3월. "始炒鐵, 開金銀礦"

기록한 사이관『여진역어』에서는 '사다'를 [aiwandu-məi]라고 하고 '팔다'를 [hudaʃa-mai]라고 한다. 어근 [aiwan-](← *alban-)은 몽골어의 동원어 [alban](공부貢賦), [albatu](공납자)로, 그 본뜻이 본디 '사다'가 아니라 '공납하다'인 것을 알 수가 있다. 여진 사람은 선물을 명나라에 공납하고 명나라는 회사(回賜)라는 명목으로 각종 물품을 주며, 그와 동시에 회동관 개시(開市)에서 사흘 동안 민간 교역을 허가했다. 공납은 여진 사람에게 경제 이익을 가져오며 그러한 무역 활동을 [aiwan-]이라 불렀다. 이것은 여진 사람이 당초에 그러한 무역 활동을 일종의 의무, 명확하게 말하자면, 공납 의무라고 이해하고 있었다는 것을 나타낸다. [hudaʃa-]는 몽골어로 '팔다'라는 뜻인 [hudaldu-]에서 유래한다. 외래어 차용은 명초 여진 사람의 무역 활동이 몽골인의 영향으로 발생했음을 짐작하게 한다. 이런 식으로, 공납에 따르면서 점차 발전된 무역은 명나라 시대 중·말기에는 여진 사람 사이에서 필수적인 경제활동의 일부가 되었다. 해서여진 사람의 말에서는 '사다'와 '팔다'라는 두 가지 행위를 명확히 나타내는 동사 [uda-](사다)와 [unʧa-](팔다)를 전용하게 되었다. 무역 활동의 발전에 따라 그에 대한 여진 사람의 이해가 점점 깊어졌으며, 만주어에서도 그대로 사용되었다.

여진 사람의 무역 활동은 가축·사냥·채집이라는 총합적 경제 활동을 배경으로 발전되었다.『신당서』〈발해전(渤海傳)〉의

> 俗所貴者, 曰太白山之菟, 南海之昆布, 柵城之豉, 扶餘之鹿, 鄚頡之豕, 率賓之馬, 顯州之布, 沃州之綿, 龍州之紬, 位城之鐵, 盧城之稻, 湄沱湖之鯽.

에서 '솔빈(率賓)의 말(馬)'이란 바로 여진 지구의 명마를 가리키는 것이며, 명나라와 조선의 여진에 대한 개시에서 주요한 구매

대상은 말이었다. 영락 4(1406)년, 명나라는 개원(開原)에 처음으로 여진 마시를 열고 천순 8(1464)년, 무순 관시(關市)를 증설하고 그에 이어서 만력(1573~1620) 초년에는 잇달아 청하(淸河), 애양(靉陽), 관전(寬甸)의 각 장시를 개시하였다. 무역 통로는 명초의 한 곳에서부터 다섯 곳으로 증가되었고, 호시 횟수도 처음에는 한 달에 한 번 서다가 사흘에 한 번으로 늘었다. 여진과 명나라의 무역로는 개원을 추축으로 주로 두 갈래가 있다. 하나는 흑룡강 하류 지역에서 송화강을 거슬러 올라가다가 서남으로 돌아서 개원에 도착하는 길이고, 또 다른 하나는 조선 함경남도에서 두만강(豆滿江, 圖門江)을 따라 장백산으로 해서 서남을 향해 개원에 도착하는 길이다. 조선과의 무역로도 두 가지가 있다. 하나는 북방에서 흑룡강·송화강을 거슬러 올라가면서 영고탑(寧古塔)을 경유하여 동경성(東京城)을 향해 조선 함경남도로 가는 길이고, 다른 하나는 북방에서 현재의 길림(吉林)·신빈(新賓)을 경유해서 조선 만포(滿浦)에 이르는 길이다. 함경남도와 동경성은 여진과 명나라·조선이 무역을 하는 결절점이 되어, 여진 지역에서는 서쪽으로는 몽골, 남쪽으로는 명나라, 동남쪽으로는 조선으로, 각각 연계된 광대한 경제·교통망을 형성하였다. 그 광대한 경제망에서 활동하는 여진 사람은 말과 사냥·채집에서 얻은 사냥감을 현지에서 부족한 철기·일소(耕牛)·소금·견직물 등과 바꾼다. 그에 따라 상업을 전업으로 하는 여진 상인이 출현하였으며, 이들은 명나라에서 얻은 견직물을 조선·몽골에 전매함으로써 이윤을 얻게 되었다. 회동관 『여진역어』에서는 [hudaʃa niama](상인)이 벌써 하나의 독립된 어휘로서 '인물문'에 등장한다.

칙서무역(勅書貿易)도 명나라 시대 여진 사람에게는 중요한 무역 활동의 하나였다. 칙서(勅書)는 본디 명나라 조정에서 여진 여러 부락의 수령에게 내리는 직무 임명서인데, 당해 부락의 여진 사람에 대한 관할권을 행사한다는 정치적 의미를 가질 뿐만 아니라 상경(上京) 조공·은상 획득·무역 등을 허가하는 증명서이기도 해서 중요한 경제적 의의를 가지게 되었다. 따라서 명나라 시대 중기 이후에 들어가면서 여진 각부에서는 칙서 쟁탈전이 날로 심해지며 부락 세력의 강약은 바로 칙서 보유 수에 반영되게 되었다. 명나라 가정(嘉靖) 연간(1522~66)에 해서여진은 칙서 1,000도(道), 건주여진은 칙서 500도를 보유하며 각부의 수령은 칙서를 들고 따로따로 입공하는 것이 정해져 있었다(『대명회전大明會典』 권107). 누르하치가 거병했을 때 조부와 부친으로부터 계승한 칙서는 30도에 불과했는데, 만력 16(1588)년까지 누르하치가 건주의 500도의 칙서 모두를 독점함으로써 부락은 부강해지고 병마는 강해져 후금 건국에 중요한 경제적 기반을 마련하였다.

제5절 여진의 제 부족

만주에서 여진 각부는 각양각색으로 유목 경제에 종사하다 원나라가 멸망한 후, 만주 지역은 무정부 상태로 빠져들어 혼란이 가중되자 각부는 끊임없이 이동하게 되었다. 명나라 시대 여진 사람은 자민족의 문자를 갖고 있었지만 여진 문자로 쓴 자민족의 역사를 보존하지는 못했다. 따라서 명나라 시대 여진 각부의 분포와 이동의 실태를 해명하기 위해서는 명나라와 조선 측의 사료에 의존해 구할 수밖에 없다. 그러나 이민족에 의한 기술에는 필히 상응하는 한계가 있으며, 지역이 인접하고 왕래가 빈번한 부락에 대한 기술은 비교적 상세하지만 지역이 멀고 왕래가 소원했던 부락에 대한 기술은 막연하며, 심하게는 왜곡도 되었다. 같은 여진이라는 말이라도 사료에 따라 광의와 협의로 구별될 수 있다. 예를 들면, 조선 사료에서는 당시 조선에 인접한 여진 제 부를 여진(女眞)·올량합(兀良哈)·올적합(兀狄哈) 등으로 나누었는데, 그때의 여진은 협의의 여진이다.

명나라는 여진 각부에 대해 건주여진(建州女眞)·해서여진(海西女眞)·야인여진(野人女眞)의 3구분을 사용했는데, 이러한 구분이 동등한 지리적 함의를 가지는 것은 아니다. 건주라는 이름은 발해의 휼품하(恤品河, 지금의 수분하綏芬河) 유역에 설치되었던 솔빈부(率賓部)에 예속하는 건주에서 유래하며, 명초에는 호리개강(胡里改江, 지금의 목단강牧丹江)과 송화강의 합류점에 있는 일부 여진 사람이 남천하여 휼품하 유역에 이르러, 영락 원(1403)년에 명나라가 거기에 건주위를 설치함으로써 건주여진이라 불리게 되었다. 해서는 송화강의 별칭으로, 원나라가 송화강 유역에 해서도를 설치했기 때문에 현지의 여진 사람은 명나라에서 해서여진이라 총칭되었다. 명초에 설치된 해서위는 원래의 원나라의 해서도(海西道)라는 이름과 관련된 것이다. 홀라온강(忽剌溫江, 호란강呼蘭江) 유역에 거주하는 여진 사람이 해서여진의 주체였기 때문에 해서여진은 홀라온 여진이라고도 불렸다. 영락 원년 12월, 명나라는 거기에 올자위(兀者衛)를, 그 다음에 비하위(肥河衛)와 구한하위(嘔罕河衛) 등을 차례로 설치했다. 원래 지리적 명칭이었던 건주와 해서는 여진 부족의 명칭으로 전용된 이후에 여진 사람의 계속적인 천도에 따라 원래 강역(疆域)이라는 함의를 잃어서 오로지 여진 부족을 가리키는 고유명사가 되었다. 여진문에서는 건주·해서 모두 한자어의 음역형을 취하고 있는데, 유일하게 야인이라는 말만은 의역형이며 [udigən]이다. 그 본뜻은 '들(野)'이므로, 일반적으로 만주어 [wədʒi](밀림)에 상당한다고 생각되는 '올자(兀者)'와 동일한 말이 아니다([udigən]과 [udʒə]의 2가지 명칭은 한자 표기가 다른 각종의 음역으로 요·금·원 각 시대에 병존하고 있어서 분명하게 동일한 말일 수가 없다). 야인(野人)은 미개 부족에 대한 별칭이며 애당초 특정한 지역에 대한 함의를 갖지 않았다. 영락 11(1413)년에 명나라가 흑룡강 하류 유역에 노아간(奴兒干)에서 여진·길렬미(吉列迷)·고이(苦夷)를 초무하기 위해 세운 〈영영사기비〉에는 현지의 여진 거주민을 한문으로 '야인', 여진문으로 [udigən]이라 했지만, 여진 대자 비문의 서사인인 "요동 여진(遼東女眞) 강안(康安)"에 대해서는 [dʒuʃə]가 붙는다. 분명히 [udigən]으로 나타내는 현지의 여진 사람과 [dʒuʃə]로 표시되는 요동 여진 사람은 문화의 우세와 귀하의 유무에 따라 구별되었다. 야인여진과 건주여진·해서여진을 병렬하여 여진을 3구분하는 기술은 만력 15(1587)년에 개정된 『대명회전(大明會典)』에 최초로 보이는데, 이때까지는 건주여진과 해서여진이라는 2구분만 있었다. 종종 나타나는 '야인여진'은 불특정한 천칭에 지나지 않는다. 조선 사료에 자주 등장하는 '야인'도 동일한 의미를 함의하고 있다. 『대명회전』의 야인여진에 대한 해석

에는 극동에 거주하고 중국에서 상당히 멀고 조공은 늘 없었다
고[32] 기술되어 있다. 현존하는 79통의 『여진역어』 '내문' 가운데
는 야인여진으로 명시한 위(衛)는 1개도 없다. 실제로는 '해서'라
는 개념은 명나라 시대에서 가리키는 대상은 광의이고 막연한 것
으로 건주 외의 모든 여진 부락을 해서라 범칭했다. '극동의 곳'에
있는 여진은 명나라의 변경으로 찾아가서 호시 또는 입공을 하려
면 해서여진을 경유해야 하므로 종종 '해서'에 포함되고 말았다.

여진 각부는 명나라 시대에 끊임없이 남천(南遷)의 추세를 띠고
있었는데 그것에는 다양한 원인이 있었다. 명나라 초, 해서 지구
를 지배하던 원나라의 해서 우승(右丞) 아노회(阿魯灰)와 요양행성
(遼陽行省) 좌승상(左丞相) 나하추(納哈出)가 이어서 명나라에 항복
한 결과, 해서 지구의 몽골 세력은 소멸되고, 홀라온 여진은 자유
롭게 이동하게 되었다. 만주의 전면적인 경영, 여진 각부의 초무
를 도모한 명나라 성조의 무수(撫綏) 정책 아래서 홀라온(忽剌溫)
여진은 남으로 이동하기 시작하였다. 홀라온 여진의 세력이 남으
로 확장된 결과, 원나라가 송화강과 호리개강(胡里改江)의 합류점
에 설치한 오만호부(五万戶府)는 붕괴되고, 건주여진이 그들의 압
박으로부터 벗어나기 위해 남천하는 연쇄 반응을 일으켰다. 정통
3(1438)년에 건주위는 명나라 변경을 따라 파저강(婆猪江) 유역까
지 남천하는 한편, 건주좌위는 남하하여 조선의 동북 변경으로
들어갔다. 이러한 사정을 미루어 보면, 당시 제2송화강 유역까지
남하한 홀라온 여진은 이미 상당수에 달했던 것으로 생각된다.
홀라온 여진의 남천은 몽골의 동향과도 직접적으로 관계되어 있
었다. 홍무 11(1378)년, 원나라 소종(昭宗)의 아유시리다라(愛猷識理
達臘) 사후, 그 동생인 토구스테무르(脫古思帖木兒)[33]가 즉위하면서

---

32) 『대명회전』 권107 조공 3, "其極東爲野人女直. 野人女直去中國遠甚, 朝貢不常."

여전히 대원이라 자칭하고 명나라에 대치했다. 홍무 21(1388)년, 토구스테무르가 살해되자 몽골의 칸 권력이 무너졌으며 여러 부 각지가 분립되는 상황이 되었다. 영락 6(1408)년, 아스토 부족장 아르구타이(阿魯台)가 벤야시리(本雅朱里)를 칸으로 세워 스스로 지 배권을 장악했다. 명나라는 몽골 제 부를 안무하기 위해 먼저 오 이라트의 마라무토(馬哈木), 타이빈(太平), 바호 호로도(把禿孛羅)를 순녕왕(順寧王), 현의왕(賢義王), 안락왕(安樂王)에 봉하고, 뒤이어 영 락 10(1413)년, 아르구타이를 화령왕(和寧王)에 봉하고 그를 한조 (漢朝)에 충성을 다한 흉노(匈奴)의 호한사단우(呼韓邪單于)로 삼았 다. 선덕(宣德) 연간(1426~35) 동안에 아르구타이는 오이라트와의 분쟁에서 자주 패배하여 동으로 옮기면서 올량합(兀良哈) 3위를 공격하였다. 올량합 3위의 부중(部衆)은 명의 요동변의 밖까지 피 난하는 사람들도 있었으며 해서까지 달아난 사람들도 있었지만, 아르구타이가 계속 해서를 공격해 들어간 것은 홀라온 여진의 대 규모 남천을 유발했다. 선덕 9(1434)년, 오이라트 순령왕(順寧王)의 아들 도곤이 아르구타이를 살해하고 톡토부키(脫脫不花)를 칸에 옹립하고 스스로 태사(太師)라 칭하며 몽골 동부를 통괄하게 되었 다. 정통 4(1439)년, 도곤의 아들 에센은 태사의 지위를 계승하고 '토목의 변' 이후 대군을 요동으로 진격하여 그 세력은 송화강에 서 뇌온강(腦溫江, 지금의 눈강)에 이르는 광대한 지역을 석권하였

---

33) (역주) 도콘테무르(脫歡帖木儿)는 원나라 순(順) 황제가 1370년에 병사하자 순 제와 고려 출신 기황후(奇皇后) 사이에 태어난 아규시리다라(愛猷識理達臘)가 왕 위를 계승한 소종(昭宗)이다. 1378년 아유시리다라가 사망한 후 토구스테무르(脫 古思帖木兒)가 계위하였다. 토구스테무르는 순 황제 토콘테무르의 4남으로, 아유 시리다라의 동생이다. 토구스테무르는 홍무 21(1388)년, 낙옥(藍玉)이 이끄는 명 군의 습격을 받고 카라코룸으로 탈출하다가 예쉬케르에게 괴살되었다. 예쉬테르 는 아릭부케의 5대손으로, 토구스테무르를 살해한 후 대칸에 올랐다. 구범진, 『 이문역주』 세창출판사, 2012, 193쪽 참조.

다. 큰 재난을 입은 해서여진 각부는 남천을 계속하는 과정에서 통합으로 향하면서 가정(嘉靖) 연간(1522~66)까지에 호륜사부(扈倫四部)[34]라 불리는 하다(哈達)·여허(葉赫)·호이파(輝發)·울라(烏拉)의 4대부로 통합되었다.

호륜(扈倫) 4부는 모두 거주지에 있는 하천 이름에 따라 부족명을 개칭하였다. 여허부(葉赫部)는 명초에 설치된 탑노목위(塔魯木衛)에서 출발했다. 호이파부(輝發部) 명초에 설치된 비하위(肥河衛)와 구한하위(嘔罕河衛)가 합병되어 형성되었다. 울라부(烏拉部)는 명초에 설치된 올자전위(兀者前衛)에서 출발했다. 하다부(哈達部)와 울라부는 선조를 같이하고 속흑특(速黑忒, 4세조)의 시기에 올라전위에서 분화되어, 이어서 탑산전위(塔山前衛)와 합병하여 형성되었다. 조선 사료에서는 비하위(肥河衛)·구한아위(嘔罕阿衛)·올자위(兀者衛), 이들 해서여진을 '홀라온(忽剌溫) 올적합(兀狄哈)'이라 총칭하였는데, 그것은 바로 홀라온 야인을 가리킨다.

명나라 중엽 이후 호륜 4부에서 최고 강성한 종족은 하다(哈達)이었다. 하다의 만칸(萬汗)은 만력 3(1575)년에 용호장군(龍虎將軍)에 봉해져, 그 영지는 동으로는 호이파강(輝發江) 및 길림 지역에 이르며 남으로 태자강(太子江) 상류 유역에서 홍경(興京) 부근에 이르며 사마(士馬)는 강성하고 제 부에 군림하여 지배한 성이 20여 개에 달했다. 만력 10(1582)년에 만 칸이 죽자, 그 세력은 나날이

---

34) (역주) 호륜사부: 15세기 명나라 초기에는 여진족 집단의 수령에게 무관직을 하사하고 칙서를 내려 교역을 허용하는 한편, 조공하도록 경략하였다. 16세기 후반 건주위, 건주좌위, 건주우위로 나뉘어져, 그들 수령에게 지휘사의 관직을 주었다. 건주여진은 숫수후, 저천, 후너허, 동고, 왕기야의 집단으로, 백두산 일대의 너연, 주셔리, 얄루, 기양 등의 집단은 건주여진의 부류이다. 또 해서여진은 여허, 호이파, 울라 등의 집단을 호륜사부라고 한다. 건주여진의 동북쪽에는 과거 야인여진에 속하는 와르카, 워지, 후르하 등의 집단을 동해부라고 칭하였다. 구범진, 『청나라, 키메라의 제국』, 민음사, 2012. 참조.

쇠퇴해 불과 5개 성만 남게 되었다. 만력 17(1589)년, 누르하치는 명으로부터 도독에 봉해져 하다의 대체 세력이 되었다. 만력 21(1593)년 9월, 여허(葉赫)·하다(哈達)·울라(烏拉)·호이파(輝發)·호르친(科爾沁)·석백(錫伯)·괴륵찰(掛勒察)·주사리(珠舍里)·눌은(訥殷)의 9부 연합군은 3만 무리를 이끌고 누르하치를 공격했으나, 고랄산(古埒山)에서 대패했다. 만력 23(1595)년, 그 세력을 인정한 명나라로부터 용호장군으로 봉해져서 누루하치는 요동 여진 제 부의 맹주가 되었다. 이 시기에 호륜 4부에서는 여허만이 약간 강했으며 다른 3부는 모두 쇠잔해져 있었다. 그래서 누르하치는 각개격파의 책략을 취해 만력 27(1599)년에 먼저 하다를 정복하고 명나라는 하다를 부흥하도록 명했으나, 만력 29(1601)년에 하다는 결국 멸망했다. 이어서 만력 35(1607)년에 호이파를, 만력 41(1613)년에 울라를 망하게 했다. 만력 47(1619)년에 여허를 침공하자, 여허의 청원을 받은 명나라가 양호(楊鎬)를 출병시켰으나 결국 사르후(薩爾滸)에서 대패했다. 이런 식으로 여허도 멸망했다. 만력 21(1593)년에 9부 연합군의 패전 이후 30년도 지나지 않은 채, 호륜 4부는 모조리 누르하치에 병합되고 말았다. 여기에서 만주에는 건주여진의 천하통일이라는 참신한 민족의 지도(地圖)가 출현하게 된 것이다.

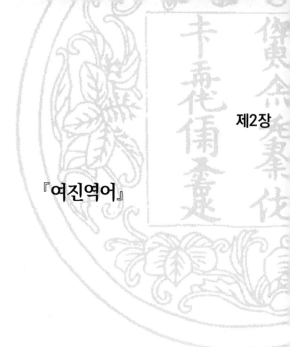

제2장

『여진역어』

제1절 『여진역어』 해제

『여진역어』는 명나라 시대에 편찬된 『화이역어(華夷譯語)』가운데 하나이다.

『화이역어』는 명·청 양대에 설치된 사이관(四夷館: 청나라 시대에 이르러 '사역관四譯館'으로 개명되었다)과 회동사역관 등에 의해 편찬된 다량의 한어와 주변 여러 민족 언어와의 대역 어휘집('잡자雜字'라고 칭한다) 및 진공상주문(進貢上奏文: '내문來文'이라 칭한다)에 관한 총칭이다. 일반적으로 이시다 미키노스케(石田幹之助)의 학설과 같이, 갑, 을, 병, 정의 4종으로 구분된다.[1] 구체적인 내용은 아래

---

1) 이시다 미키노스케(石田幹之助), 「여진어 연구의 신자료(女眞語研究の新資料)」,

와 같다.

1. 갑종 『화이역어』('홍무 『화이역어』'라고도 칭함)

명나라 홍무 15(1382)년에 한림시강 화원결(火源潔)과 편수 마사역흑(馬沙亦黑) 등이 태조의 칙령을 받아 편찬한 것이다. 홍무 22(1389)년 10월 15일에 한림학사 류삼오(劉三吾)의 서문을 붙여 동년에 간행하였다. 기록된 것은 몽골어의 1종인데, 몽골 문자는 기록되지 않았다.

2. 을종 『화이역어』('영락 『화이역어』'라고도 칭함)

명나라 성조 영락 5(1407)년에 설치된 '사이관'에서 편찬한 것이다. 사이관에는 "타타르(韃靼)·여진(女眞)·서번(西番)·서천(西天)·회회(回回)·백이(白夷)·고창(高昌)·면전(緬甸)"의 8개 관이 설치되어 있었으며, 그 후에 명의 무종(武宗) 정덕(正德) 6(1511)년에 '팔백관(八百館)'을 증설하고 명나라 신종 만력 7(1579)년에 다시 '섬라관(暹羅館)'을 증설하여서 모두 10개 관으로 되었다.[2] 그 10개 관에

『桑原博士還曆記念東洋史論叢』, 弘文堂書房, 1931, 1271~1323쪽.

2) (역주) 회동관의 10개 관의 명칭은 다음과 같다.

• 서천(西天): 황윤석의 『이수신편』 권20 〈운학본원〉에 "南天竺小西洋梵王王西域"이란 주에서도 '서천'은 곧 '천축'인 '인도'를 가리킨다. 천축국에서는 '실담(悉曇)' 문자를 사용했다. 서천에 대한 기록으로는 『여진역어』 "No. 325 盂本 西天 / 西天"에서 '서천'의 여진 문자는 '盂本'이고 한역음 표기는 '西天'이며, 그 여진음에 대해서는 [sitien](Ya), [šitiyen](C), [sitiyen](T)으로 추정하고 있다. 신경준의 『운해훈민정음』(1750)에 "明王慎德 四夷咸賓"에 대한 서천 문자는 "𖫑𖫲𖫲𖫲𖫲𖫲𖫲𖫲" 와 같다. '서천' 문자는 아람 문자의 영향으로 오른쪽에서 왼쪽으로 쓰는 인도의 '카로슈티' 문자, 즉 '가로자'이다. 인도 북방에서 발생한 '카로슈티(伽盧字)'는 600년경 굽타 문자 가운데 데바나가리로 발전되었고 티베트를 거쳐 중앙아시아 쪽으로 퍼져나가 위굴 문자와 몽골의 파스파 문자의 전범이 되었다.

• 여직(女直): 여직 혹은 여진은 금나라를 일으킨 여진족을 가리키며, 〈운학본원〉의 "金人 古鞨鞨 卽淸洲族"이란 주에서처럼 구 말갈과 후대 만주족의 일부를 가리킨다. 12세기 초반 한반도에 인접한 생여진(건주여진) 가운데 완안부의 아구다(阿骨打)가 회령 지방(닝구다)에서 세력을 일으켜 요나라를 정복한 다음, 송나라의 수도 개봉을 함락시킨 뒤 금나라(1115~1234)를 건국하였다. 중국 사서에도 '여진(女眞)', '여직(女直)'이라는 이름이 10세기 이후에 나타나는데, 여진을 [Jürčen]이라고 불렀다. 이 [Jürčen]은 거란어의 [Lü-chen]의 한자 전사음이라고 추정하고 있다. 『여진역어』의 "No. 324 𡱁杰 朱先 / 女眞"에서 여진에 대한 여진 문자는 '𡱁杰'이다. 한역음 표기는 '朱先'이고 그 여진음은 [jušen](Ya), [jušen](C), [jušen](T)이며 몽골어로는 [jurčin]이다.

"明王愼德 四夷咸賓"에 대한 여진 문자는 "𢖺𠀇𥹤𥾣𦫵丰𡹧𦉔𥿢"와 같다. 여진 명칭은 우리나라 문헌에는 '여진'이 주로 사용되었고, '여직' 혹은 '여적'이 이형 표기로 사용되었으나, 중국 측에서는 요·금나라 시대를 거치면서 '여진' 대신에 '여직'이 주로 사용되었다.

• 달단(韃靼): 타타르(韃靼, Tatar)는 몽골의 한 부족의 이름이었는데 뒤에 몽골을 가리키는 말로 사용되었다. 우리나라에서는 "請 드른 다대와 노니샤"(용가 52), "이제 達達曲을 브르고 뎌를 불라"(박통사 산), "또 漢人도 아니오 또 다대 아니니"(번역노걸대)에서 '달단'을 '다대'라 하였는데, 달단 문자는 위굴(Uighur) 문자를 활용한 몽골 문자이다.

〈운학본원〉의 "蒙古 察哈爾 遼人 元人 哈察喀"이라는 주에서 '察哈爾'는 내몽골 지역의 차칼(Chakhar), '哈察喀'는 외몽골의 칼카(Khalkha) 지역으로 이를 합쳐서 달단이라고 불렀다. 따라서 요나라 사람과 원나라 사람이 함께 이 지역에 섞여 살았으며 거란의 언어가 몽골어계였음을 알 수 있다. 인도 계통의 서장(西藏) 문자는 7세기경에 이미 만들어졌으며 이를 본받아 원 제국의 세조가 고승 파스파를 시켜 서장 문자를 기초한 파스파(八思巴) 문자를 만들어 1260년에 반포하였다. 고대 돌궐(突厥)은 투르크 문자인 룬 문자(Runic script)를 만들었으며 위굴 사람들이 이 돌궐 문자를 사용하였다. 몽골어와 만주 문자의 바탕이 된 소그드 문자(Sogdin script)를 빌려 자국의 문자인 몽골 문자와 만주 문자로 발전시켰다. 『여진역어』의 "No. 318 巴戎 蒙古魯 / 韃靼"에서 타타르에 대한 여진 문자는 '巴戎'이며, 한역음 표기는 '蒙古魯'이고 여진음은 [monggl](Ya), [mongul](C), [muŋgulu](T)이며, 만주어로는[monggo]이며, 몽골어로는 [moŋγol]이다. 따라서 명나라 시대 이전에는 [tatar]라 불렸는데 그 이후에는 [moŋγol]로 불렸음을 알 수 있다.

"明王愼德四夷咸賓"의 대역 타타르 문자는 "𤮑𦫵𢖺𥹤𠀇𦉔𥿢𦫵𡹧𦫵𥾣𥹤"와 같다. 그런데 이 형상이나 신경준의 몽골문은 판독하기 매우 어려운 모사체이다.

• 고창(高昌): 고창(高昌)은 5~7세기경에 천산 남쪽의 '투루판(土魯番, trufan)' 분지

에 있었던 나라인데 9세기경에 투르크계의 위굴 족에게 지배를 당하였다. 〈운학본원〉 주에 나오는 "土魯番 古回鶻 亦曰畏吾兒 又曰兀兒"의 '土魯番'은 곧 투루판을 가리키며 위굴에 대한 '回鶻', '畏吾兒', '兀兒'는 원나라 시대의 이칭 표기이다. '古回鶻'은 위굴인들이 사용하던 소그드 문자일 가능성이 높다. 정수일(2004: 261)은 고창의 문자는 인도-유럽계의 토카라어일 가능성을 제기하고 있다.

『여진역어』의 "No. 320 茅夭灬 高察安 / 高昌"에서 '고창'은 여진 문자로는 '茅夭灬'이며 한역음 표기는 '高察安'이며 여진음으로는 [gao-čan](Ya), [gaučan](C), [gaučan](T)로 추정된다.

"明王慎德 四夷咸賓"에 대역 고창문은 "〔여진문자〕"와 같다.

- 회회(回回): 회회는 페르샤의 문자를 의미한다. 고려 시대의 〈쌍화점〉에서도 "회회아비 내 손목을 쥐여이다."라는 내용이 있는 것을 보아 페르시아 사람들이 고려국에도 들어와 살고 있었음을 알 수 있다. 〈운학본원〉의 "葉爾欽 古于闐 黙德納 回子"라는 주에서 '葉爾欽'은 타림분지에 있었던 '葉爾羌'의 이표기로 추정되며, 옛 '우전(于闐)'은 한·당 사서에 보이는 타림분지의 코탄(Khotan) 지역이고 '黙德納'은 메디나(Medina)를 가리킨다. 회회는 타림분지 일대의 페르샤 국을 말한다.
  『여진역어』의 "No. 319 宋宋 回回 / 回回"에서 '회회'의 여진 문자는 '宋宋'이고 한역음 표기는 '回回'이며 여진음은 [huihui](Ya), [huwihuwi](C), [huihui](T)로 추정된다. "明王慎德 四夷咸賓"에 대한 회회 대역문은 "〔여진문자〕"와 같다.

- 서번(西番): 서번은 티베트(Tibet)를 가리킨다. 서번은 당대에는 토번(吐蕃), 독발(禿髮), 도백특(圖伯特), 토백특(土伯特), 조배제(條拜提), 퇴파특(退擺特)으로도 한역음 표기가 나타난다(『구당서』 권196 〈토번전〉). 토번은 당 의종 함통 7년(866)에 멸망하였다. 송대 이후의 서번이라는 명칭과 함께 명나라 시대에는 오사장(烏斯藏), 청나라 시대에는 위장(衛藏) 혹은 서장(西藏)으로도 불렸다. 곧 티베트 문자인 '무두자(無頭字)'로 중국의 소수 부족인 강(羌)족이 살던 지역의 문자이다. 〈운학본원〉의 "西藏 古羌 古土蕃 喇嘛"란 주에서 '羌'은 중국의 소수 부족으로 티베트 족의 옛 이름이며 '토번(土蕃)'은 당나라 시대에 티베트 지역의 통일왕국의 이름이었다. 토번의 음가 추정에 대해서는 '독발(禿髮)', 즉 "고원에 사는 사람"의 오전음설, 티베트의 음차형인 [tu-bod]라는 설, '강자'라는 뜻인 [tho- pho]라는 설, '야생의 개'라는 뜻인 [bod]라는 설 등의 다양한 이설이 있다.
  『여진역어』의 "No. 321 盂矢 西番 / 西番"에서 '서번'은 여진 문자로 '盂矢'이며 한역음 표기는 '西番'이고 여진음으로는 [šifan](Ya), [sifan](C), [sifan](T)으로 추정된다. "明王慎德 四夷咸賓"의 대역 서번 문자는 "〔여진문자〕"와 같다.

- 백이(百夷): 〈운학본원〉에는 백이에 대한 주는 없으나 그 후기에 "百譯即百夷也"라 했는데 '백이'는 타이족을 가리킨다. 그들의 문자는 미얀마계의 것이라고 한다 (F. W. K. Müller[1892]).
  『여진역어』의 "No. 322 金甬 百夷 / 百夷"에서 '백이'는 여진 문자로는 '金甬'이

서 편찬한 이민족 문자에 한자 음역과 뜻을 단 역어를 언어 계통에 따라 분류하면,

알타이 제어: 타타르·여진·고창
중국·티베트 제어: 서번·백이·면전·팔백·섬라
인구(印歐) 제어: 회회(페르시아)·서천(인도印度)

으로 되어 있다. 이들 민족은 바로 1413년에 세워진 〈영영사기비〉에 보이는 '구이팔만(九夷八蠻)'에 포함될 수 있을 것이다.

영락 『화이역어』는 사이관이 처음 설치될 때 편찬된 것이며, 편찬 목적은 입공하기 위한 상주문의 번역과 관원의 학습을 도우기 위해서였다. 8종의 역어는 모두 통일된 체제에 따라 편찬되었으며 일반적으로 '잡자'와 '내문' 2부분으로 구성되어, '잡자'는 이(夷)·한(漢) 대조 형식으로 10여 개의 부문별로 분류하여 모은 어

며 한역음 표기는 '百夷'고 여진음은 [bɑi-yi](Ya), [bɑi](C), [bɑi yi](T)로 추정된다. "明王愼德 四夷咸賓"의 대역 백이문은 "뱍ㅎ흗뽷챟쌋쌋믝"와 같다.

• 면전(緬甸): 면전은 〈운학본원〉에 "在雲南邊外 西南"이라는 주가 있는데 이는 중국 운남성 외곽의 서남지역 곧 미얀마를 뜻한다. 면전 문자는 백이 문자와 매우 유사하다.
  『여진역어』에 "No. 323 毛衙 緬甸 / 緬甸"에서 미얀마는 여진 문자로 '毛衙'이며 한역음 표기는 '緬甸'이고 여진음은 [mien-diyen](Ya), [mien diyen](C), [mendien](T)로 추정된다. "明王愼德 四夷咸賓"의 면전 대역 문자는 "뱍ㅎ챟믝쩌랬쌋쌋쩟묙"와 같다.

• 팔백(八百): 팔백은 중국 운남성 외곽의 타이족의 왕국을 원·명 시대에 불렀던 이름이다. 〈운학본원〉에 "古八百媳婦"라는 주에 따르면 스코타이 문자에서 발달된 것으로 추정하고 있다(F. W. K. Müller[1892]). 팔백은 구루베본 사이관 『여진역어』에 나타나지 않는다. 따라서 구루베본 사이관 『여진역어』는 팔백관이 증설된 정덕 6(1511)년 이전에 제작되었음을 확인할 수 있다. "明王愼德 四夷咸賓"에 대한 팔백 문자는 "쩌랬묙쌋쩟쌬쌋쌬랬묙"와 같다. 이상규, 「명왕신덕사이함빈의 대역 여진어 분석」, 『언어과학연구』63, 언어과학회, 2012.

휘집인데, '내문'은 한역문이 달린 입공 상주문이다. 그것은 공문 서류로서 보존하기도 하고 어학 학습을 위한 수본으로도 사용하였다.

청나라 순치(順治) 원(1644)년에 사이관이 사역관(四譯館)으로 개명되어 청나라에서 접수 관리되게 되었을 때도 증보는 계속 이루어졌다. 이런 종의 역어에는 이종 사본이 많이 존재하며 개별적으로 각본(刻本)도 간행되었다.

3. 병종 『화이역어』('회동관 『화이역어』'라고도 칭함)

이 종의 『화이역어』는 '잡자'만이 있으며 '내문'이 달려 있지 않은데, '잡자'도 한문의 음역뿐으로, 해당 언어의 문자가 없다. '조선(朝鮮)·유구(琉球)·일본(日本)·안남(安南)·점성(占城)·섬라(暹羅)·타타르(韃靼)·위구르(畏兀兒)·서번(西番)·회회(回回)·만랄가(滿剌加)·여직(女直)·백이(百夷)'라는 13관역어에 이른다. 그 가운데 일본관역어와 만랄가역어에 명나라 가정(嘉靖) 28(1549)년에 교정했다는 글이 있어 책이 만들어진 시기를 짐작할 수 있다.

게다가 일설에는 명나라 모서징(茅瑞徵, 자는 백부伯符, ?~1636)이 수집하여 명나라 회동관에서 편찬했다고 한다. 모서징에 대해서는 『명인소전(明人小傳)』 4, 『명시종(明詩綜)』 59, 『정지거시화(靜志居詩話)』 16 등에 간략하게 기술된 것을 볼 수 있다. 모씨는 모곤(茅坤, 1512~1601)의 종손인데, 호는 초상우공(苕上愚公) 혹은 담박거사(澹泊居士)라고 한다. 만력 29(1601)년에 진사였다. 서실 제명은 완화관(浣花館)이라 지어졌다. 저작에는 『우서전(虞書箋)』, 『우공회소(禹貢匯疏)』, 『상서록(象胥錄)』, 『담박재집(澹泊齋集)』 등이 있었는데, 특히 병종본 십삼관역어(十三館譯語)의 편집자로 알려져 있다. 병종본 역어가 확실히 모씨에 의해 편집된 것이라면, 그의 생졸년에 따라 병종본 역어가 이루어진 연대는 을종본 역어보다 늦은 시기라고 추정할 수 있다.

이 종의 텍스트는 사본만이 있고 각본이 없다. 또한 그 대부분은 중국 국내에 소장되어 있지 않다. 회동관 편의 그런 종의 『여진역어』에 대해서는 시대적으로 을종본 『화이역어』보다 늦다고 보는 것이 일반적이다. 현존 79통의 『여진역어』 '내문'에서 보면, 해서여진이라고 명시된 내문은 총 50통이고 건주여진이라고 명시된 내문은 총 8통 정도이고 그 외 21통에는 해서여진에 속하는 것으로 추정되는 것이 11통, 나머지 10통은 여전히 연구가 필요한 부분이다. 이와 같이 80% 가까운 '내문'이 전부 해서여진의 것으로 밝혀졌다. 이들 내문의 상주 시기는 대략 명나라 영종(英宗) 천순(天順, 1457~64)에서 명나라 세종(世宗) 가정(1522~66) 말년 사이이다. 80%가 해서여진에서 온 역사적 배경은 다음과 같다. 성화 3(1467)년에 명나라 조정이 건주여진을 토벌하며 중대한 타격을 입힌 데다 변장을 축성하여 그들의 침략을 저지하려고 기도하였다. 그래서 동쪽 여진의 활동이 일시적으로 잠잠해졌다. 한편, 북방에 있던 해서여진이 건주여진을 대신하여 활약을 시작했다. 따라서 시기적으로 추측해 보면, 회동관 『여진역어』에 기록된 여진어는 분명히 해서여진이 사용하던 방언의 한 종류일 수밖에 없는 것이다.

사이관에서 편집한 여진자가 달린 『여진역어』와 회동관에서 편집한 여진자가 없는 『여진역어』, 둘 다 다른 민족의 언어를 통역하는 것을 목적으로 하지만, 각각의 편성된 내용은 다르다. 전자는 번역과 함께 여진문의 상주문(내문)을 쓰는 것을 목적으로 하며 후자는 오히려 공납을 위해 상경하는 여진 사람을 훈계하는 것을 주된 목적으로 한다.

4. 정종 『화이역어』('회동사역관『화이역어』'라고도 칭함)

청나라 건융(乾融) 13(1748)년에 회동사역관의 설립 후에 편찬되었다. 다 합해서 42종 71책이 있으며 모두 '잡자'로 되어 있고 '내문'은 없다. 『유구어』1종을 제외하면 모두 해당 언어의 문자가 붙어 있다. 이 종의 역어는 중국 국내에 소장하고 있는 것이 제일 완전하지만 사본에 한정된다. 중국 국외에서도 일부 수장되고 있는데 각본도 있다.

역어라는 형식으로 이민족의 어휘집을 편찬하는 전통은 대략 원나라 시대에서 시작되었다. 『역어』를 이러한 어휘집 명칭으로 한 유래는 『지원역어(至元譯語)』 본문 앞의 서문에서 아래와 같은 내용을 통해 볼 수 있다.

> 至元譯語, 猶江南事物綺談也. 當今所尙, 莫貴乎此. 分門析類, 附於綺談
> 之後, 以助時語云. 記曰: 五方之民, 言語不通, 嗜欲不同. 達其志, 通其欲,
> 東方曰寄, 南方曰象, 西方狄鞮, 北方曰譯. 譯者, 謂辯其言語之異也. 夫言
> 語不相通, 必有譯者以辯白之, 然後可以達其志, 通基欲. 今將詳定譯語一
> 卷, 刊列于左, 好事者熱之, 則答問之間, 隨叩隨應, 而無馱舌鯁喉之患矣.

역어의 체제는 복수의 부문류로 나누어진 어휘집으로 구성되는 것이 일반적이다. 이들 문류에는 보통 자연 명칭, 사회 명칭, 의식주행, 기물, 도구 등 다방면에 걸친 내용으로 만들어지는데, 편찬된 시대에 따라 분류 내용은 약간씩 차이를 보인다.

현존하는 역어는 원나라 세조 지원 연간(1264~1294)에 편찬된 『지원역어(至元譯語)』를 필두로 나타난다. 이것은 한어와 몽골어의 대역어휘집으로, 당초 원 태정 2(1325)년에 간행한 『사림광기(事林廣記)』에 수록되어 있었다. 『사림광기』는 남송 말엽에 진원정(陳元

靚)이 편집한 것인데 몇 가지 이본 텍스트가 전해온다. 그 가운데 『몽고역어』라는 서명을 가지면서도 내용적으로는 『지원역어』와 똑같은 것이 있다. 『함분루비급(涵芬樓秘笈)』 제4집에 수록된 『화이역어』의 발문(손육수孫毓修(1871~1922) 찬, 민국民國 7[1918]년)에 의하면, 『지원역어』 외에 원나라 시대에는 여진역어를 포함한 13개국 역어를 편찬한 바 있다고 한다.

> 『華夷譯語』不分卷, 明洪武十二年, 翰林侍講火源潔譯經廠刊本, 有劉三吾序凡例六則, 前半分『天文』等十七門以類字, 後半載阿札失里等詔勅書狀十二首. 按火源潔本元人仕元. 有朝鮮, 琉球, 日本, 安南, 占城, 暹羅, 韃靼, 畏兀兒, 西蕃, 回回, 滿喇伽, 女直, 百夷十三國譯語, 元時有彙刻本, 亦名『華夷譯語』

발문에 이른바 '13국 역어'는 이름만 볼 수 있지만 손육수(孫毓修) 씨가 분명한 증거가 있는 것이라고 하므로 확실히 존재했을 수도 있다. 원나라 시대에 『여진역어』를 편찬할 당시, 무엇보다도 반드시 참고해야 했던 것은 금나라 시대에 완성된 『여직자서』였다. 원나라는 금나라와 시대가 멀지 않고, 금나라 시대의 전적은 전화로 인해 모두 회멸되지는 않았으며, 더구나 금나라의 제도는 거란과 달리 금서령을 시행한 적도 없다. 〈북청여진대자석각(北靑女眞大字石刻)〉(1158년 또는 1218년)의 서사자인 고려 승려가 여진 문자에 정통했다는 사실과 『고려사』3)에 실린 고종 12(1225)년에 동진인 주한(周漢)이 고려 조정에 초청되어 여진 문자를 교수했다는 등의 사실에서 보면, 금나라가 편찬한 유일한 여진 문자 교과

---

3) 『고려사』 22권 세가世家 22 고종 1 "東眞人周漢投瑞昌鎭漢解小字文書召致于京使人傳習. 小字之學始比."

서인 『여직자서』는 늦어도 금 선종 때(1213~23)에는 이미 성 바깥으로 전파되었을 것이다. 원나라가 흥기하자 고려를 번속국으로 삼았기 때문에 『여진역어』를 편찬하기에 필요한 수본이 되는 『여직자서』는 가령 본토에서 이미 발견되지 못했다고 하더라도 번속국에서 가져오는 것도 결코 어렵지 않았을 것이다.

여기에서 추론할 수 있는 것은 금나라 시대의 『여직자서』에서 원나라 시대의 『여진역어』, 그리고 명나라 시대의 『여진역어』에 이르기까지 직접적인 계승 관계가 있다는 점이다.

제2절 『여진역어』의 '잡자'

사이관 『여진역어』는 '잡자'와 '내문'의 두 부분으로 구성되어 있다. '내문'은 모두 한문 문법에 따른 여진 어휘의 모음이며 여진 사람으로부터 나온 것이 아님을 한눈에 보아도 알 수 있는데, '잡자' 중에는 상상을 초월하는 수의 '한풍 여진어'가 혼재되어 있다는 사실은 지금까지 거의 언급되지 않았다.

본 장에서 연구 대상으로 삼는 것은 명나라 사이관에서 편집한, 여진대자가 달린 『여진역어』에서 '잡자' 부분이다.

베를린 본 『여진역어』[4] '잡자'에는 871개의 단어와 연어가 수록되어 있고 여기에서 보이지 않고 동양문고본에 수록된 45개를 추가하면 총 916개가 된다. 그 가운데 128개는 한자 역음자(한어 역음어譯音語를 포함한 연어) 또는 한어 역음 어간을 가진 동사이다. 따라서 여진대자의 음가를 추정하려면 먼저 아래 3종의 다른 유형이 있다는 점을 주의해야 한다.

---

4) *Sprache und Schrift der Jučen*, Leipzig: Harrassowitz, 1896.

1. 여진어로 철자하는 데 전용한 여진대자
2. 여진어와 한어 역음어에 겸용된 여진대자
3. 한어 역음어를 철자하는 데 전용한 여진대자

『여진역어』는 여진대자가 사용된 환경 중의 극히 일부에 불과하기 때문에 어떤 일부의 여진대자는 『여진역어』에서는 위에 든 3종류 가운데 1종에 사용될 뿐이지만 다른 여진문 자료에서는 또 다른 용법을 가지고 있을 경우가 있다. 그래서 그러한 3종류의 다른 상황 아래에 나타나는 여진대자를 분별하려면 그 전제 조건으로 지금까지 발견한 모든 여진대자 자료(묵서, 비각, 측관, 인문)를 전면적으로 고찰해야 한다. 그 다음에 『여진역어』의 주음 한자 그 자체에 대해서도 두루 고찰할 필요가 있다. 『여진역어』의 주음 한자는 『원조비사(元朝秘史)』와 갑종본 『화이역어』와 같은 정교한 음역법과 비교가 되지 않는 제법 간결한 인상을 준다. 따라서 주음 한자만으로 여진어 음가를 복원하면 안 된다. 그 중에 나타나는 문제는 1개의 한자를 복수의 음절로 대표시키는 것, 1개 음절을 복수의 한자로 대표시키는 것, 편의상 표음, 한자의 의미를 억지로 부회시킨 표음, 오자·연자·유루자 등 여러 방면에 나타난다. 이들은 여진어를 복원할 때 주의해야 할 문제이다.
이상 3종류의 경우를 기준으로 하여 『여진역어』의 여진어 복원 원칙을 아래와 같이 정리한다.

1. 여진어를 철자하는 데 전용한 여진대자

이 부분의 여진대자의 출현 환경은 3종류가 있다.

① 표의자, ② '불완전한 표의자＋표음자' 구성, ③ 표음자 구성

②, ③의 경우, 그 음가 추정을 할 때 특정한 여진대자가 금·명나라 양 시대의 석각에 보이는 환경과 특정한 여진어와 친족 언어와의 대응관계 및 모음조화 규칙에 제약되는 특정한 음절을 주요한 근거로 삼아야 한다. 주음 한자를 제공하는 음운은 기껏해야 참고 정도가 될 뿐이다. 표의자의 일부는 다시 불완전한 표의자 혹은 표음자로 사용되는 사례도 있으며 그것은 음가 추정에 중요한 실마리가 된다. 비록 다른 경우에 보이지 않는 표의자가 있다고 해도 주음 한자에 기록된 음운을 여진어와 친족 언어와의 비교에서 적절한 위치를 부여하여 종합적으로 판단해야 한다. 특히 미리 말해 놓아야 할 것은 『여진역어』 그 자체에 반영된 공시적 음운 구조의 특징인데, 회동관 『여진역어』와 만주어를 비교해 보면 다양한 측면에 독특한 방언적·시대적 특징을 찾을 수 있다. 이들은 모두 종합적인 판단을 할 때 주의해야 할 점이다.

2. 여진어와 한어 역음어에 겸용된 여진대자

이 종의 여진대자의 음가를 추정하기 위해서는 여진어 단어에 사용한 음운 형식을 주된 근거로 해야 한다. 여진어와 한어가 각각 지니고 있는 음절의 모든 구성 방식이 항상 동일하다고 볼 수 없기 때문에, 이 종의 여진대자가 한어의 음운을 표현할 경우, 여진 사람의 발음 습관을 따른 음운에 따라 한어 발음을 대치시킨다는 편의상의 조치가 있음을 충분히 배려할 필요가 있다.

3. 한어 역음어를 철자하는 데 전용한 여진대자

이 종의 여진대자의 추정 조건은 표음 한어만에 보이는 것이지만 모든 주음 한자는 여진어의 발음을 사실 그대로 반영하고 있는 것이 아닌 경우가 있음을 주의해야 한다. 예를 들면, 한어 의미에 억지로 끼워 맞추기 위한 주음 한자라든지 주음 한자 그 자체에 존재하는 편의상의 조치 등, 여러 문제가 있다. 비록 한어에 유래하는 차음어(借音語)라도 여진어의 모음조화 규칙에 일치시킨 것을 추정의 원칙으로 봐야 하며 여진대자가 거란자로부터 계승한 표음상의 관습적 용법에 기초를 두어야 한다. 이러한 문제는 주로 동사 어간이 한어에 유래하는 차음어인 경우에 나타난다.

『여진역어』 '잡자'에 수록된 여진대자의 숫자에 대해서는 종래의 통계 결과가 각기 다르다. 그 원인은 대략 아래 3가지이다.

1. 형태와 음이 비슷한 여진대자를 동일한 글자로 본 점.
2. 글을 쓰다가 오류로 쓴 글자를 정자와 다른 별개의 여진대자로 본 점.
3. 동일한 여진대자의 이체자를 각각 별개의 여진대자로 본 점.

아래의 통계는 위에서 본 3가지 오류를 배제해서 얻어진 결과인데, 합계 699자로 되어 있다. 그러나 실제로 『여진역어』 '잡자'에 나타나는 글자는 그 수에 머물지 않는다. 왜냐하면, 일부 오자의 본래 정자가 『여진역어』에 나타나지 않기 때문이다. 예를 들어, '서(婿)'의 표의자는 『여직자서』에서는 弄로 되어 있는데 『여진역어』에서는 [o] 모음을 표시하는 乐와 전적으로 동일한 형의 글자로 되어 있다. 이것은 분명히 형태가 비슷하기 때문에 발생한 오류이다. '미(眉)'의 어두자와 동사 '회(回)'의 어간자는 『여진역어』에서는 같은 꼴인 求로 되어 있지만, 주음 한자의 발음에 따르면 양자의 발음은 전혀 관계가 없어서 둘 중의 하나에 오류가 있는 것이 분명하다. 금나라 시대의 〈몽고구봉석벽석각(蒙古九峰石壁石刻)〉에 나타나는 동사 '회(回)'의 어근자는 求의 형태와 가깝고, 원나라 시대의 〈오체합벽야순비(五體合璧夜巡碑)〉에 나타나는 한어 차용어 '비(碑)'에 사용되는 것은 卞로 되어 있다. 따라서 '미(眉)'의 어두자는 그와 필획에 차이가 있어야 하는데도 형태가 비슷하기 때문에 오류가 생겼다고 추측할 수 있다. '백(百)'과 '몽(夢)'의 어두자를 함께 동형인 有로 표기하지만 음절 구조는 각각 다르다. '백(百)'은 『여직자서』와 〈영영사기비〉 양쪽에 有처럼 적혀 있으며, 더욱이 거란대자 有의 꼴과 음에서부터 추측하면 '몽(夢)'에 사용되는 有쪽이 오자가 틀림없다. 去자는 『여진역어』에서는 3종류의 다른 음가로 표시되어 있는데 『여직자서』에는 꼴이 아주 비슷한 '去, 方, 去'의 3가지 글자가 병존하므로, 처음에는 3종류의 음가를 각각에 분담시키다가 꼴이 비슷한 탓으로 혼용하거나 합병하게 된 것으로 보인다. 甬의 음가는 [ku]인데 '두만(都蠻)'으로 표음되기도 하며, 그에 해당하는 여진대자는 1개의 글자혹은 [du]와 [man]의 2개 글자인지 여전히 불분명하지만, 만약 1개 글자이면 『여진역어』에는 [duman]을 나타내는 여진대자가 존재하지 않아서 한 글자가 누락됐다고 볼 수 있다. 또 『여진역어』의 어떤 부분에서는 禹을 甬처럼 쓰고 있는데, 후자는 다른 경우에 출현되지 않아 甬을 禹의 이체자로 볼 수가 없다. 양자는 형태는 가까우나 음가는 다르므로 동일한 글자가 아닌 것임은 『여직자서』와 금나라 시대 석각에서 증명할 수 있다.

제3절 『여진역어』 '잡자'의 표의자·불완전 표의자 및 표음자

　다음의 표 '『여진역어』'잡자'에 보이는 표의자·불완전표의자·표음자'에 수록한 것은 『여진역어』의 '잡자'에서 단어들을 철자할 때 그 용법과 위치에 따라 음가의 이동을 보여 주는 여진대자이다.

표의 첫 번째 난은 1개의 여진대자로 1개의 단어(역음어 포함)를 나타내는 표의자이다. 격어미를 나타내는 표음자 및 『여직자서』에 실려 있지 않는 한어 역음자를 제외하면 표음자가 이어지지 않는, 『여진역어』에 보이는 표음자는 총 130개로 되어 있다. 이들 표의자의 대부분은 『여직자서』에서 해당하는 문류에 나타나며, 일부만 표음자가 이어지는 형식은 석각에서 볼 수 있다.

표의 두 번째 난은 불완전한 표의자 및 어두에 위치하면서도 『여직자서』에서 다른 문류에 속하는 차음자이다. 그 중의 일부 글자는 『여직자서』에 보이지 않지만 석각이나 『여진역어』에서 시종 동일어의 어두자에 사용되므로 그것들도 불완전한 표의자에 속하는 것으로 볼 수 있다.

표의 세 번째 난은 어중음절을 나타내는 표음자이다.

표의 네 번째 난은 어미 음절을 나타내는 표음자이다. 그러나 개개 어미 음절의 표음자는 『여직자서』에서는 그 단어의 표음자이었던 것이, 앞에 표음자가 붙은 결과, 본래 표의자가 대표하는 음가가 어미 음절로 변화된 사례가 있다. 그러한 사례는 그리 많지 않지만, 불완전한 표의자가 형성되는 특징의 하나로 간주된다.

이하 오자는 ( )으로 표시하고 정자는 [ ] 안에 부기한다.

		『여진역어』 '잡자'에 보이는 표의자·불완전 표의자·표음자		
		a		
No.	표의자·역음자	불완전 표의자·표음자	비어두 표음자	어미 표음자
1		夨*a(阿)		夨*ha(哈)
2		屮*a(阿)	屮*ɤa(阿)	屮*ha, ɤa(哈)
3		东*a阿		
4	禾*abuga(阿卜哈)			
5	反*adi(阿的)			

#				
6	叉*aʤir(阿只兒)			
7	刖*agda(阿答)			
8	老*agdian(阿玷)			
9		赴*aha(阿哈)		
10		克*ahu(阿渾[忽])		
11		虬*aju(阿于)		
12		宋*ala(阿剌)		
13		尿*ala(阿剌)		
14	柔*alawa(阿剌瓦)			
15		北*ali(阿里)		
16		斥*alʨu(安春)		
17		关*am(安)		
18		夅*amba(安班[巴])		
19	见*amin(阿民)			
20	乇*amʃo(安朔)			
21		勿, 勿*amu(阿木)		
22		柔*an(岸)		
23		甫*an(岸)		
24			米*an	米*an(岸)
25				弓*an(岸)
26	桼*ania(阿捏)			
27				卍*aŋ(安)
28				甬*ar(兒)
29		令*atʃi(阿赤)		
30		乔*atʃi(阿赤)		
31		単*ai(愛)		
32				兊*ai(愛)
33				帀*ai(哀)
34		金*aiwan(愛晚)		

b

#				
35	承*ba(巴)	承*ba(巴)		承*ba(巴)
36		岳*ba(巴)		
37		半*ba(巴)		
38		肖*baha(八哈)		

39				㿟*bal(巴勒)
40		夆*bandi(牛的)		
41	金*bai(伯)	金*bai(伯, 百)		金*bai(珀)
42		㳇*bai(伯)		
43	史*bə(伯)	史*bə(伯)	史*bə(伯)	
44	夲*bəjə(背也)			
45	牟*bəri(薄里)			
46	毛*bəi(背)			
47		凨*bəi(背)		
48		柭*bi(必)	柭*bi(必)	柭*bi(必)
49		㪅*bi(別)		㪅*bi(別)
50			尨*bi(別)	尨*bi(別)
51	丹*biga(必阿)			
52				歺*(a)bka(卜哈)
53	侜*bira必阿[刺]			
	侜[侰]*hiən賢元[賢]		侜[侰]*hiən(咸)	
54	伏*bithə(必忒黑)			
55	㲛*bo(卜, 薄)	㲛*bo(卜)	㲛*bo(卜)	
56		庲*bo(卜) (庲)[庲]*bo(卜)		
57		凧*bo(卜)		
58		坐*bo(卜) (坐)[坐]*bo(卜)		
59		㐠*bogɣo(斡)		
60	孔*bolo(卜羅)			
61	仐*botʃo(卜楚)	仐*botʃo(卜楚)		
62		㳇*bu(卜)		㳇*bu(卜)
63		㣈*bu(卜)		
64		尕*bu(卜)		
65		未*bu(卜)		
66				尢*bu(卜)
67		疋*budi(卜的)		
68		盐*buda(卜都) 盐[峀]*ta(塔)		
69	奎*buɣa(卜阿)			

70		为*buluŋ(卜弄)		
71				为*buma(卜㾓)
72	仗*bun(本)		仗*bun(本)	
73			刃*bun(本)	刃*bun(本, 步)
74		去*bura(卜勒[剌])		去*buran(卜連)
75				号*burən(卜連)
76				支*buru(卜魯)
77		犀*bur(卜魯)		
78				凡*buwi(卜爲)
79		咹*bui(背)		
d				
80	禸*da(答)	(禸)[禸]*da(根[答])		禸*da(答)
81		肖*da, dar(答)	肖*da, dar(答)	肖*da(答)
82		伙*da(答)		
83		狀*dab(答卜)		
84		乑*dalba(答勒巴)		
85				求*dan(丹)
86		東*dalu(答魯)		
87	土[土]*darhon(答兒歡)			
88		承*daʃi(答失)		
89	矢*dau(道)	矢*dau(道)		
90	天*dai, tai(帶, 臺)			天*dai(大)
91		呈*də(忒)		
92		並*də(忒)	並*də(忒)	並*də(忒)
93		壬*də(忒)		
94		为*dədu(忒杜)		
95		充*dəg(忒)		
96	丕*dəhi(忒希)			
97	伐*dəi(德)			
98		式*dəl(忒勒) 式[戈]*golmi(戈迷)		
99		关*dən(殿)		

100				父*dən(登)
101		矛*dəu(斗兀)		
102	角*di(的)	角*di(的)	角*di(的)	
103			卦*di(的)	
104		祥*dibu (卜的[的卜])		
105		先*dilɣa(的勒岸)		
106			余*diŋ(丁)	
107		芉*dir(的兒)		
108		厌*dira(的剌)		
109	牁*dien(殿)			
110	杲*do(朶)	杲*do(朶)	杲*do(朶)	杲*do(朶)
111	夅*doho(朶和)			
112	仟*doko(朶課)			
113		夻*dolwo(多羅幹)		
114		伢*dondi(端的)		
115	盂*dorbi(朶里必)			
116	犮*dorhon (朶幹獾)			
117		乮*doro(多羅)		
118		甪*du(都)		
119		丹*du(都)	丹*du(都)	丹*du(都)
120	耒*dudu(都督)			
121		厖*duwə(都厄)		
122	卡*dujin(都因)			
123	亲*duka(都哈)			
124		森*dulə (都厄[勒])		
125		为*duli(杜里)		
126		甬*dulu(都魯)		
127		办*dulŭ(都魯)		
128	亻[土]*duhon (獨兒獾)			
129				東*duru(都魯)
130		坐*dusu(都速)		

131	为 *duta(都塔)		

ꗷ

132	赤 *ʤa(扎)	赤 *ʤa(扎)	赤 *ʤa(扎)
133	兙 *ʤa(扎)		
134	尼 *ʤa(扎)		
135	甪 *ʤa(扎)		
136	虳 *ʤa(扎)		
137		夬 *ʤa(扎)	
138		利 *ʤa(乍)	
139	芺 *ʤafa(法)		
140	兯 *ʤakun(扎因)		
141	少 *ʤakunʤu (扎因住)		
142	荟 *ʤam(站)		
143	乇 *ʤarɣu (扎鲁兀)		
144		尢 *ʤaʃi(扎失)	
145		力 *ʤau(召)	
146		矢 *ʤə, ʤəg(者)	
147		叒 *ʤə(者)	叒 *ʤə(者)	叒 *ʤə(者)
148	又 *ʤəu(州)		
149		米 *ʤi(只)	
150	盉 *ʤi(旨)	盉 *ʤi(指)	
151		长 *ʤi(只)	
152		余 *ʤi(只)	余 *ʤi(只, 知)
153		罖 *ʤig(只)	
154		乐 *ʤil(只里)	
155		夬 *ʤin(鎮, 眞)	
156	尓 *ʤirhon (只兒獾)		
157		位 *ʤisu(只速)	
158		夯 *ʤo(拙)	
159		屵 *ʤo(卓)	
160		乇 *ʤo(卓)	
161		刟 *ʤor(準)	

162		夙*dʐo(朱)		
163	盂*dʐu(竹)	盂*dʐu(住, 注)	盂*dʐu(住)	盂*dʐu(住)
164		夏*dʐu(朱)		
165	耍*dʐuɣa(住阿)			
166		朱*dʐulə(諸勒)		
167	千*dʐua(搞)			
168	戾*dʐuan(磚)			
169	二*dʐuə(拙)			
170	凡*dʐui(追)			

ə

171		床*ə(厄)		
172		屵*ə(厄)		
173				乇*ə, ɣə(厄)
174		乗*əb(厄卜)		
175		凧*ədu(厄都)		
176	昦*əhə(厄黑)			
177		林*əi(厄一)		
178				羊*əi(厄)
179		丈*əju(厄云)		
180		本*əl(厄)		本*əl, ər(厄)
181		平*əl(恩)		
182	骨*əihən(厄恨)			
183	乚*əmu(厄木)			
184		火*əmu, əm(厄木)		
185	立*ən(恩)	立*ən(恩)	立*ən(恩)	立*ən(恩)
186	奋*ənin(厄寧)			
187		向*əŋ(恩)		
188		苯*ər(厄魯)		
189		孟*ər(胍[凡]兒)		
190				(夺)[朵]*ər(厄)
191				羋*ur, ər(兒, 魯)
192	坕*ərə(厄勒)			
193	屯*ərin(厄林)	屯*ərin(厄林)		屯*ərin(厄林)
194	矢*əsə(厄塞)			

195		申*əʃi(厄申)		
196	夯*əʒən(厄然)			
197		肯*ətə(厄忒)		
198		余*əu(嘔)		
199		厷*əwu(厄兀)		
200	可*əwu(厄舞)			

f

201		仇*fa(法)	仇*fa(法)	仇*fa(法)
202		戈*fa(法)		
203		子(卜)*fai(肥) 子*muta(木塔)		
204		伉*fak(法)		
205		疚*fama(法馬)		
206		正*fan(番)		
207				夋*fan(番)
208				共*fan(番)
209		夬*fanʤu(番住)		
210		另*fanʤu (埋番住)[番住]		
211		肖*fari(法里)		
212		並*fə(弗)		
213		舟*fə(弗)		
214		会*fəʤi(弗只)		
215			舟*fən(番)	舟*fən(番)
216		匋*fən(番)		
217		贾*fəri(弗里)		
218	早*fi(非)	早*fi(非)		早*fi(非)
219		米*fi(非)		米*fi(非)
220		弎*fi(非)		
221	舟*fila(非剌)			
222	杢*fisa(非撒)			
223		尭*fiʒu(非如)		
224		玫*fo(伏, 弗)		
225	夨*fojo(縛約)			
226	屏*folto(分脫)			

227	东*fu(府, 輔)	东*fu(弗)		东*fu(弗, 撫)
228		乗*fu(富)		
229		乗*fudə(弗忒)		
230		侁*fui(肥)		
231		金*fula(弗剌)		
232		壺*fulə(伏勒)		
233		孚*fuli(弗里)		
234		兀*fuli(弗里)		
235	岀*fulmə(弗脈)			岀*fumə(弗脈)
236		奀*fun(分)		
237		朮*fun(分)		
238		裘*fun(分)		
239		戈*fundu(粉都)		
240		庠*fusə(弗塞)		

g

241		牪*ga(哈)		牪*ga(哈)
242		乄*ga(哈)		
243			桼*ga(哈)	桼*ga(哈)
244		皂*ga(哈)		皂*ga(哈)
245				夬*ga(哈)
246		冎*gai(該)		冎*gai(該)
247				弓*gai(該)
248		兙*galə(哈勒)		
249			乇*ɣan(安)	乇*ɣan(安)
250	全*gar(哈兒)			全*gar(哈兒)
251		厇*gar(哈兒)		
252	肝*gau(高)	肝*gau(高)		
253	朿*gia(甲)			
254		単*giahu(加㪳[忽])		
255				夕*gian(江)
256		夯*gə(革)		
257			孛*gə(革)	
258				屈*ɣə(厄)
259		抱*gə(革)		

260		夨*gə(革)		
261		厌*gə(哥)	厌*gə(哥)	
262		史*ə(厄)	史*ə,ɣə(厄)	史*ɣə(厄)
263				羡*gə(革)
264				兮*gə(革)
265	乑*gəli(革里)			乑*gəli(革里)
266		肴*gəmu(革木)		
267		伴*gəŋ(根)		
268		夯*gər(革)		夯*gər, gə(革)
269				丸*giə(解)
270				兔*giən(見, 監)
271		仟*gi(吉)		
272			央*gi(吉, 更)	央*gi(吉)
273	乐*gi(吉)			乐*gi(吉)
274	求*giŋ(京)			
275	柒*giŋ(斤)			
276		帠*giŋ(絹)		
277		丙*gira(吉波)[浪]		
278				光*girə(吉勒)
279		乿*giru(吉魯)		
280	朱*gisa(吉撒)	朱*gisa(吉撒)		朱*gisa(吉撒)
281	肖*go(驛)	肖*go(驛)	肖*go(驛)	
282			兞*go(戈)	兞*go(戈)
283		戈*golmi(戈迷) (式)[戈]*golmi(戈迷)		
284	秦*gon (關, 觀, 冠, 館)			
285		佼*gor(戈羅)		佼*go(戈)
286	口*gorhon (戈兒歡)			
287		尤*goi(乖)	尤*goi(乖)	尤*goi(乖)
288		伴*gio(交)		
289	伏*gio(闕, 厥)			伏*gio(厥)
290		吴*gu(古)	吴*gu(古)	吴*gu(古)
291				丘*ɣu(兀)

292			叐*gu(古)
293			壶*ɣu(吳)
294	夯*gul(古剌)		
295		仟*ɣun(溫)	仟*ɣun(溫)
296			昊*ɣun, ŋun, ɣon(溫)
297	秂*guŋ(宮)			
298	王*guŋ(公)			
299	叐*gulma(古魯麻)		
300	伞*guri(古里)		
301	圉*guru(國倫)		
302	夂*guʃin(古申)			
303	屯*gui(歸, 圭)		
304	卅*gui(貴)		
305	朴*gui(貴)		
306	夯*giun(君)			夯*giun(軍)

h

307	伺*ha(哈)		
308	虱*ha(罕)		
309	甬*ha(哈)		
310		申*ha(哈)	申*ha(哈)
311	庚*hab(哈)		
312	里*hadu(哈都)		
313	寿*hagda(哈答)		
314	示*haha(哈哈)		
315	尨*hal(罕)		
316	舟*haldi(哈的)			
317	千*hali(哈里)		
318	凤*halū(哈魯)		
319	圧*han(寒)			圧*han(罕)
320	乇*hatʃi(哈称)		
321	弌*hai(孩)		
322		見*hai(孩)	見*hai(孩)
323	帀*hau(侯)	帀*hau(好)		
324	止*hia(下)		

325		枕*hia(下)	枕*hia(下)	
326	史*hien(縣)			
327		臬*hə(黑)	臬*hə(黑)	臬*hə(黑)
328		采*hə(黑)		
329				任*ɣə(厄)
330		央*həb(黑卜)		
331	伻*həfuli(黑夫里)			
332		仺*həhə(黑黑)		
333		艾*hən(恨)		
334		为*hər(赫兒)		
335			丢*hər黑(黑)[里]	
336	布*hərusə(赫路塞)			
337				升*həi(黑)
338		犀*hi(希)	犀*hi(希)	犀*hi(希)
339				芳*hin(興)
340		盂*hir(希兒)		
341	舟*hifi(希石)			
342				乔*ho
343		夭*ho(和)	夭*ho(和)	夭*ho(和)
344	拼*hoʤo(和卓)			
345	希*holdo(和朵)			
346				旁*hon(洪)
347	夼*honi(和你)			
348		坚*hoto(和脫)		
349	夬*hoi(揮)			夬*hoi(回)
350	兇*hoiholo(回和羅)			
351	尚*hu(呼)	尚*hu(忽, 琥)		尚*hu(戶, 瑚)
352		乎*hu(忽)		乎*hu(忽)
353		去*hə[←*hu](黑) *u[←*hu](兀) 去*ur(斡)	去*hu(忽)	去*hu(忽) 去*uə[←*ur](厄)
354		在*hu(忽)	在*hu(忽)	
355	夭*huhun(忽渾)			
356		举*hula(虎剌)		
357			千*hun(洪)	千*hun(洪)

358		夆 *hun(洪)		
359	夆 *huri(忽里)			
360		(扑)[扑] *huʃi(忽十)		
361		灻 *hutu(忽禿)		
		莫[英] *lau(老)		
362		叏 *hutun(忽屯)		
363		夬 *hua(和)	夬 *hua(化)	
364	呈 *huaŋ(皇)			
365		宋 *hui(回)		宋 *hui(回)
366		庠 *hiu(許)		
		i		
367	虼 *i(以)	虼 *i(以)		
368		甬 *i(一, 亦)		甬 *i(夷, 椅, 驛)
369		于 *il(一勒), *ir(一)	于 *il(亦)	于 *il(一)
370	乄 *ilan(以藍)			
371		甬 *iləŋ(一棱)		
372		写 *ili(一立)		
373		秉 *im(因)		
374		禹 *ima(一麻)		
375				列 *in(因, 庫)[因]
376		东 *inda(引答)		
377	令 *indʒə(印者)			
378	曰 *inəŋi(一能吉)	曰 *inəŋi (一能吉)		
379		夂 *iŋ(因)[英]		夂 *iŋ(因)[英]
380		毛 *ir(一兇)	毛 *ir(一里)	
381		早 *ir(一兇)		
382		虻 *isǔ(一速)		
383	朱 *iʃi(一十)	朱 *iʃi(一十)		
384		肖 *itə(一忒)		
385	乎 *iʧə(一車)	乎 *iʧə(一車)		
		j		
386		圠 *ja(牙)	圠 *ja(牙)	
387		光 *ja(牙)		
388		炎 *ja(牙)		

389	閇*jala(牙剌)		
390		呑*jam(言)	
391	兆*jan(延)		
392	冊*jaŋ(羊)		冊*jaŋ(羊)
393	水*jara(牙剌)		
394		关*jaru(牙魯)	
395			刿*jə(也)	刿*jə(也)
396	侯*je[←*jin](惹)		
397			无*jən(言)
398		糺*jo(又)	
399		同*jo(約)	同*jo(約)
400		丰*jo(約)	
401	袖*johi(姚希)		
402			求*ju←*ji(于)
403		隹*ju(御)	
404	凧*juŋ(容)		
		k	
405		用*ka(哈)	用*ka(哈)	用*ka(哈)
406			劣*ka(哈)
407		矛*kada(哈答)	
408		庋*kala(哈剌)	
409		珠*kara(哈剌)	
410		矛*kə(克)	矛*kə(克)	矛*kə(克)
411			夹*kən(肯)
412		斤*kəŋ(康)	
413	荅*kəu(口)		
414	甬*kien(謙)		
415		其*ki(其)		其*ki(其)
416			帚*ku(苦)	帚*ku(苦, 吉)[苦] (野蠻)[苦]
417		舟*ku(庫)	舟*ku(苦)	舟*ku(庫)
418	釜*kuŋ(孔)		
		l	
419		友*la(剌)	友*la(剌)	友*la(剌)
420		夭*la(剌)	夭*la(剌)	夭*la, ra(剌)

421		灬*lau(老) (英)[灬]*lau(老)		
422			弁*lian(良)	弁*lim(良)
423			化*lə(勒)	化*lə(勒)
424				花*lə(勒)
425	夯*ləfu(勒付)			
426	柬*ləfu(勒付)			
427		单*ləu(樓)		
428		休*li(里)	休*li, ri(里)	休*li, ri(里)
429		枭*liwa(里襪)		
430	杲*lo(羅)	杲*lo(羅)	杲*lo(羅)	杲*lo(羅, 邏)
431	苗*loho(羅和)			
432	弓*lu(爐)		弓*lu, -l(魯)	弓*lu(魯)
433			房*lu(魯)	房*-r(兒)
434	乇*ly(綠)			
m				
435		鼋*ma(馬)	鼋*ma(馬)	鼋*ma(馬)
436		庍*ma(麻)		
437		呆*ma(麻)		
438				戈*ma(麻)
439		立*mahi(麻希)		
440		犬*mai(埋)		犬*mai(埋)
441	夂*mamu(麻木)			
442		禾*maŋ(莽)		
443		千*mə(脈)		千*mə(脈)
444		鼠*mədə(脈忒)		
445		坴*məi(梅)		
446		爻*məŋgu(蒙古)		
447			伏、伏*mər(脈兒)	伏*məi(埋)
448		孛*mər(脈魯)		
449	半*məʒilən (脈日藍)			
450	右*məi(昧)			右*məi(昧)
451		屵*miə(滅)		
452		兵*mi(密)	兵*mi(迷)	

453	丘*miŋgan(皿斡)			
454		呑*mia(滅)	呑*mia(滅)	
455	毛*mian(緬)			
456	斐*mo(沒, 莫)	斐*mo(莫)		
457		(巴)[毛]*moŋgu(蒙古)		
458	芳*moro(莫羅)			
459		文*mu(木)	文*mu, -m(木)	文*mu(目)
460		禾*mu(木)		
461		兕*mu(木)		
462		炎*mudu(木杜)		
463		坐*mula(木刺)		
464			癸*muŋ(門)	
465	写*muŋ(蒙)			
466				屏*mur(木兒)
467		丹*muri(母林)		
468	屯*muə(沒)			
469		尨*mui(梅)		
n				
470	坴*na(納)			
471			乇*na(納)	乇*na(納)
472	孖*nadan(納丹)			
473	夬*nadandʒu(納丹住)			
474		乐*nam(南)		
475		身*nar(納兒)		身*nar(納兒)
476		亐*nia(捏)	亐*nia(捏)	亐*nia(捏)
477	仟*niarma(捏兒麻)			
478			脅*nə(捏)	
479		关*nəhu(捏渾)		
480		畏*nəku(捏苦)		
481		癶*nəm(南)		
482	枀*niəniən(捏年)			
483	羊*ni(你)			羊*ni(你)

484		兮*ni(逆)		
485		夘*nihia(你下)		
486	玊*nihun(泥渾)			
487	矸*nindʒu(寧住)	矸*nindʒu(寧住)		
488	孒*ningu (寧住)[古]			
489	寽*niru(你魯)			
490		兂*no(嫩)		兂*no(嫩)
491		虱*no(嫩)		虱*no(嫩)
492				厇*nor(那)
493		帣*nio(嫩)		
494		反*nu(奴)	反*nu(奴)	
495		朿*nurə(弩列)		
496		厹*nuʃi(奴失)		
497	方*niuhun(女渾)			
o				
498		甼*o(斡)		
499		厍*o(斡)		
500	(床)[床]*hodiɣo (和的斡)			床*o(斡)
501				屮*o(敖)
502		肖*odon(斡端)		
503	充*omo(斡莫)			
504		尘*omo(斡莫)		
505		夲*on(晚)		
506		兇*on(晚)		
507				叐*on(灣)
508	七*oniohon (斡女歡)			
509	余*oŋ(王)			
510		壬*or(斡兒)		
511			吏*or(斡)	吏*or(斡)
512	厺*orin(倭林)			
513		多*oso(斡速)		
514		朱*oʃi(斡失)		

p			
515	伏*paŋ(胖)		
r			
516			卓*ra(剌)
517			炗*ra(剌)
518			阢*rə(勒, 勒厄, 厄)
519			余*rə(勒)
520			丈*ru(魯)
521			爻*ru(魯)
s			
522		炭*sa(撒)	
523		荃*sa(撒)	荃*sa(撒)	茶*sa(撒)
524				庆*sa(撒)
525		兄*sa, *sab(撒), *ʃaŋ(上)		
526		芼*sabi(撒必)		
527		桼*sadu(撒都)		
528		苪*saha(撒哈)		
529		盃*sal(撒剌)		
530		舟*saŋ(將)		
531		阢*sari(撒里)		
532	午*sai(賽)	午*sai(塞)		
533		髥*sai(塞)		
534	乎*sə(塞)			
535		夨*sə(塞)		夨*sə(塞)
536		瓜*sə(塞)		
537		伞*sə(塞)		
538				历*sə(塞)
539	主*sələ(塞勒)			
540				赤*səri(塞里)
541		昜*səru(塞魯)		
542	盂*si(犀, 西)			
543	朵*sï(子)		朵*-s(子)	
544	床*so(左)			

545	朱*so(梭)	朱*so(瑣)		
546		札*sok(瑣)		
547		弔*sol(瑣)		
548		侯*soŋ(桑)		
549		冬*sori(瑣里)		
550	禾*su(酥)	禾 禾*su(素)		禾*su(素)
551		看*su(素)		
552		夨*sun(寸)		
553			壬*sun(孫)	壬*sun(孫)
554		更*sur(速魯)		
555	米*surə(速勒)			
556	垩*susai(速撒一)			
557		学*suən(宣)		
558				卅*sui(隨)
		ʃ		
559	灵*ʃa(紗)		灵*ʃa(沙)	
560		舍*ʃa(沙)		舍*ʃa(沙)
561		乇*ʃan(珊)		
562			伞*ʃan(善)	
563		仕*ʃaŋ(尚)		仕*ʃaŋ(尚)
564		手*ʃau(少)		
565		私*ʃə(舍)		
566				岺*ʃən(先)
567	岜*ʃi (侍, 史, 士, 師)			岜*ʃi(師)
568		夊*ʃi(失)		
569		盂*ʃi(失)	盂*ʃi(失)	盂*ʃi(失, 食)
570		吴*ʃi, ʃik(失)		
571	床*ʃilu(失魯)			
572		尿*ʃim(深)		
573		邑*ʃimko(申科)		
574		壬*ʃin(申)		
575				侎*ʃin(申)
576		礼*ʃiŋ(申)		
577		夹*ʃir(失里)		

#	col1	col2	col3	col4
578		兂*ʃira(失剌)		
579	夬*ʃirga(失兒哈)			
580	亣*ʃiri(失里)			
581	係*ʃiʃi(失失)	係*ʃiʃi(失失)		
582	(毛)[巴]*ʃoŋgi (雙吉)			
583		昼*ʃu(舒)		昼*ʃu(舒, 書)
584	氚*ʃulmu(舒目)			
585	圠*ʃundʒa(順扎)			
586		求*ʃiu(受)	求*ʃiu(受)	
3				
587			厓*ʒu(如)	厓*ʒu(如)
t				
588		帒, 帯*ta(塔) (盐)[帯]*ta(塔)	帯*ta(塔)	
589	乏*ta(塔)	乏*ta(塔)		
590		去*ta(塔)		
591		孕*tafa(塔法)		
592		舳*tali(塔里)		
593				乆*tan(彈)
594				灷*tan(貪)
595	冇*taŋgu(湯古)	冇[?]*tol(脫)		
596		禾*tar(塔)		禾*tar(塔)
597		巳*tar(他)		
598	癹*tasha(塔思哈)			
599		外*tau(套)		
600		天*tao(太, 太乙)		
601		舟*tə(忒)		
602		亥*tə(忒)	亥, 亥*tə(忒)	
603		央*tə,də(忒)		
604		及*təg(忒)		
605		辛*tək(忒)		
606		平*təm(忒)		
607				夲*tən(天)
608		亥*təni(忒你)		

609		夯*təŋ(膝)		
610	年*təu(頭)	年*təu(頭)		
611	伴*ti(替)	伴*ti(替)	伴*ti(替)	伴*ti(替)
612		才*ti(替)		
613	禿*tiho(替和)	禿[禿]*ətu(厄禿)		
614		金*tik(替)		
615		夷*tin(聽)		
616		厄*tirə(替勒)		
617		劳*to(脫)	劳*to(脫)	
618			卡*to(脫)	
619	五*toböhon (脫卜歡)			
620		变*tom(貪)		
621		橐*ton(團)		
622		咒*ton(團)		
623		岑*tondʒu(團住)		
624	屯*towoi(脫委)			
625		広*tu(禿)		
626		关*tu(禿)		
627		羊*tu(禿)		
628		棠*tu(禿)		
629		尓*tu(禿)		
630		邑*tu(禿, 突)	邑*tu(禿)	
631	本*tuɣə(禿厄)			
632	伐*tuko(禿科)			
633		乱*tulu(禿魯)		
634		冉*tuli(禿里)		
635	方*tumən(土滿)			
636		委*tun(屯)		委*tun(屯)
637		床*tuŋ(同, 桶)		
638	乔*tuŋ(通)			
639		反*tur(禿)		
640		屯*tur(禿魯)		
641		芙*tur(禿魯)		

642		戉*tuwə(禿斡)		
643		芳*tuə(禿斡)		
644		卦*tui(退)		

ʧ

645	呑*ʧa(茶)	呑*ʧa(察)	呑*ʧa(察)	
646				光*ʧa(叉)
647		盁*ʧau(鈔)	盁*ʧau(朝)	
648		亦*ʧə(車)		亦*ʧə(車)
649			釆*ʧə(車)	
650				平*ʧə(車)
651		夬*ʧən(千)		
652			更*ʧi(赤)	更*ʧi(赤)
653		才*ʧiŋ(称)		才*ʧiŋ(称)
654				平*ʧo(截)[截]
655		乣*ʧu(出)	乣*ʧu(出)	乣*ʧu(出)
656		伏*ʧur(出)		

ʦ

657		朿*ʦï(賜)		

u

658		坙*u(兀)		坙*u(兀)
659		兵*u(武)		
660	肎*ubu(兀卜)			
661		失*udi(兀的)		
662		用*udʒə(兀者)		
663	肎*udʒu(兀住)	肎*udʒu(兀住)		
664		朩*ujə(兀也)		
665	九*ujəwun (兀也溫)			
666	土*ujəwundʒu (兀也溫住)			
667			禾*uk(兀)	
668		更*ukʧi(兀称)		
669		戈*ul(兀魯)		戈*ul(兀魯)
670		屮*ul(兀)		
671	委*ula(兀剌)			

672	夊*ulɣian(兀黑)[里]彦		
673		釆*ulɣu(兀魯兀)	
674		炅*uli(兀里)	
675		釆*uli(兀里)	
676	肖*umə(兀脈)		
677		夫*umi(兀迷)	
678			土*un(溫)	土*un, on(溫)
679				叐*uŋ(溫)
680		夬*ur(兀魯)	
681		店*ur(斡)	店*ur(斡)
682		炗*uri(兀里)	
683		乩*uri(兀里)	
684				盍*uru(兀魯)
685		失*uru(兀魯)	
686		交*uru(兀魯)	
687		伕*uru(兀魯)	
688		舟*us(兀速)	
689		芍*us(兀速)	
690		衷*usə(兀塞)	
691		命*usu(兀速)	
692		杀*uʃi(兀失)	
693		劳*ui(衛)	劳*ui(衛)
694		荼*ui(委)		荼*ui(委)
695		中*uiha(委罕)	
696	支*uilə(委勒)		
697		弅*wa(瓦)	弅*wa(瓦)
698		亲*wə(斡)	亲*wə(斡)
699		冬*wə(斡)	冬*wə(斡)	冬*wə(斡)

제4절 여진대자의 표음 방식

여진대자는 '표의-음절문자'의 유형에 속한다. 이 유형의 문자 사용 방식에는 아래 3가지가 있다.

1. 표의자로 단어 전체의 음운을 표시한다.
2. 표의자에 표음자(1개 혹은 1개 이상)가 후속하여 단어 전체의 음운을 표시한다.
3. 복수의 표음자 구성에 의해 단어 전체의 음운을 표시한다.

문자의 표음 방법은 '복수의 표음자 구성'에 집중적으로 나타난다. 여진대자는 거란대자와 문자의 창제상에 있어서 계승 관계가 있는 한 이 종의 계승 관계는 표음 방식의 설정에도 나타난다. 필자는 여진대자를 연구할 때 아래 4종류의 표음 방식을 도출했는데, 또한 거란대자의 연구를 통해 이와 같이 4종류의 표음 방식을 갖는다는 사실을 발견하였다. 이 사실은 여진대자의 표음 방식이 거란대자에서 계승된 것이라는 점을 뒷받침해 준다. 여기에 몇몇 예를 열거하여 설명한다.

1. 교착

이것은 가장 간단한 표음 방식이다. 구성된 단어 각각의 글자가 대표하는 음가가 순서에 따라 부여되며 그 단어 전체의 음절과 동등하게 된다.

이 종의 표음 방식에 사용되는 [(C)VC+CV(C)], [(C)V+CV(C)] 형 음절이다(V: 모음, C: 자음).

1) [(C)VC+CV(C)]형

卒乓*tək-tun → təktun

本夬*əl-ʧi → əlʧi

本臾*əl-hə → əlhə

筬盂*fak-ʃi → fakʃi

鬲佼*sol-go → solgo

利寿*ʃiŋ-gər → ʃiŋgər

2) [(C)V+CV(C)]형

承庋*ba-sa → basa

広买*tu-gi → tugi

南元夭*i-ma-la → imala

아주 소수의 경우에서 [CV+V(C)]가 되는데, 교착 후 형성된 모음은 복모음에 한한다.

禾夛*su-an → suan

其乍*ki-u → kiu

2. 중합

이 종의 표음 방식은 모음 중합과 자음 중합 2가지의 형식으로 구분된다. 모음 중합은 앞의 1자가 대표하는 [CV] 혹은 [V]형 음절과 뒤 1자가 대표하는 [VC]형 음절이 결합하고 단음절 [(C)VC]가 만들어진다. 자음 중합은 앞의 1자가 대표하는 [CVC] 혹은

[VC]형 음절과 뒤의 1자가 대표하는 [CV] 혹은 [CVC]형의 음절이 결합하여 복음절 [(C)VCV(C)]가 만들어진다. 공식을 사용하여 표시하면 아래와 같다.

모음 중합: [(C)+V₁]+[V₂+C] → [(C)+V+C]

V_1과 V_2는 같은 모음이거나 유사한 모음이라도 된다.

자음 중합: [(C)+V+C₁]+[C₂+V+(C)] → [(C)+V+C+V]

C_1과 C_2는 같은 자음이거나 유사한 자음이라도 된다.

이하, '중합'하는 부분의 국제음성자모를 [ ]로 표시한다. 후에 언급할 '차음', '중복'에 대해서도 같은 식으로 한다.

1) 모음 중합의 예

[동일한 모음]

冬米*amb[a]-[a]n → amban

枕斥*hi[a]-[a]ŋ → hianŋ

呆甬*m[a]-[a]r → mar

冬支*os[o]-[o]n → oson

更支*[o]-[o]n → on

氣令*ʃ[ə]-[ə]r → ʃər

禾双*s[u]-[u]ŋ → suŋ

支店冬*b[u]-[u]r-wə → burwə

厌益*n[u]-[u]ru → nuru

[유사한 모음]

頁斥*k[ə]-[a]ŋ → kaŋ

灻伲土*ʃi-l[ə]-[u]n → ʃilən

巴米*ʃimk[o]-[a]n → ʃimkon

巴兀*moŋg[u]-[u]l → moŋgul

佟夂*t[i]-[i]ŋ → tiŋ

荞立*dul[ə]-[ə]n → dulən

夷梞*ʧ[ə]-[ə]ŋ → ʧəŋ

釡夲*d[ə]-[ə]r → dər

모음 중합에서 [V₂+C]에 대해서는 어미 자음이 탈락된 다음에 모음만이 표기되는 경우가 있다.

座炭(*hot[o]-[o]n → hotoon) → 座乐(*hot[o]-[o] → hoto)

佟夅(*gor[o]-[o]n → goron) → 佟乐(*gor[o]-[o] → goro)

복모음의 경우, 중합하는 것은 다음 자리의 음이 된다.

扑土*ta[u]-[u]n → taun

乄土*də[u]-[u]n → dəun

焱于夹尖*ba[i]-[i]lʃa-mai → bailʃa-mai

2) 자음 중합의 예

于弓九*i[l]-[l]u-bi → ilubi

箛尐*fa[k]-[h]a → faka

3. 차음

앞의 1자가 대표하는 것은 음절말 자음을 갖는 음절이고, 뒤의 1자가 대표하는 것은 음절 어두 자음이 zero 자음이 되는 음절이다. 앞뒤 2자가 철자되면, 앞 1자의 음절말 자음이 뒤 1자음의 음절에 '빌려가서' 음절 어두 자음이 된다. 이런 식으로 앞의 1자 음절은 개음절로 변한다. 공식을 사용하여 나타내면, 아래와 같다.

$$[(C)+V+C]+[V+(C)] \rightarrow [(C)+V]+[C+V+(C)]$$

차음법은 자음의 경우에만 나타난다.

光炎 *o[n]-on → onon
吳乇开 *fu[n]-ir-həi → funirhəi
厉土 *ga[r]-un → garun
去去 *u[r]-ən → urən
为去 *gə[r]-ən → gərən
辛기 *tə[k]-in → təkin
辛本 *tə[k]-ər → təkər

4. 중복

교착, 중합, 자음의 3가지 표음 방식의 목적은 동일한데, 모두 표음자를 이용하여 단어 발음을 정밀하게 표현하는 데 있다. 한편, '중복'의 목적은 표음자를 사용하여 표의자를 '해체'하여 표의자의 문자 체계에 대한 수량을 줄이는 데 있으며, 문자 체계가 '표의-표음문자'에서 '음절문자'로 발전하는 과도적인 단계의 특징을 뚜렷이 보여 준다. '중복'은 형식상으로는 앞에 든 3종류의 표음 방식과 동일한데, 앞의 1자에 음절 혹은 음소를 증가시키는 작용이 전혀 없고 앞의 1자의 말음절 혹은 모음을 중복함으로써 단독의 표의자가 1개의 단어를 표시하는 작용을 상실시킨다. 따라서 '중복'이라는 표음 방식은 1개의 글자를 2개(심지어 3개)로 편성하는 형식으로 분해하여, 표의자의 문자 체계에 있어서 독립적 지위의 소멸을 달성한다. 그래서 '중복'이라는 표음 방식은 표의자, 표음자 혼용의 단계에서 전부 다 표음자를 사용하는 방향으로 발전하는 과도적 단계에서 일어난 하나의 중요한 산물이라고 할 수 있다. 여진대자 사용의 역사는 거란대자보다 유구하며 금나라 시대 초부터 명나라 시대 중기에 이르기까지 300여 년에 달한다. 그 기간에 많은 '단독의 표음자'가 '표의자에 표음자가 후속'되는 형식으로 발전되는 증거가 나타나며, 문자가 시간을 거쳐 추이하는 절차를 명확히 보여 주고 있다.

1) 어미 음절 중복

[표의자]	[표의자 + 표음자]
侁*pamaga	侁少*pamaga-[ɣa] → pamaɣa → famaɣa
坕*hotoho	坕夭*hotoho-[ho] → hotoho
禺*imagi	禺哭*imagi-[gi] → imagi
耒*imala	耒兂夂*imala-[mala] → imala
失*üdigən	失屄*üdigən-[ɣən] → udiɣə
乎*təmgən	乎屄*təmgən-[ɣən] → təmɣə
肯*itəgə	肯任*itəgə-[ɣə] → itəɣə
亮*pirur	亮羋*pirur-[ur] → firur
峑*dolbor	峑叓*dolbor-[or] → dolwor
玫*pon	玫炱*pon-[on] → pon → fon
圉*gurun	圉土*gurun-[un] → gurun
乑*doron	乑土*doron-[un] → doron
禸*ədun	禸土*ədün-[un] → ədun

充 *ahun　　　　　　　充土 *ahun-[un] → ahun

羌 *nəhün　　　　　　羌土 *nəhün-[un] → nəhun

斥 *alʧun　　　　　　斥土 *alʧun-[un] → alʧun

乂 *mə ŋ gün　　　　乂土 *mə ŋ gün-[un] → mə ŋ gun

炎 *mudur　　　　　　炎革 *mudur-[ur] → mudur

杀 *uʃin　　　　　　　杀列 *uʃin-[in] → uʃin

此 *alin　　　　　　　此列 *alin-[in] → alin

2) 어미 모음 중복

示 *hahai　　　　　　示兑 *hahai-[ai] → hahai

仓 *həhəi　　　　　　仓羊 *həhəi-[əi] → həhəi

闲 *örgəi　　　　　　闲羊 *uʤəi-[əi] → uʤəi

乇 *haliu　　　　　　乇全 *haliu-[u] → haliu

乕 *doro　　　　　　乕斥 *doro-[o] → doro

제5절 『여진역어』 '잡자'의 여진대자에 대한 문제

위의 표에 수록된 699자 가운데, 아래와 같은 문제가 존재한다.

1. 오자 문제: 첫째, 본자가 판명된 것

1) '厎'는 '厐'의 오자

厎兩 *boho （卜 和)／ (土) 『여진역어』 지리문 8

『여직자서』는 '房'의 표의문자를 **威**로 하여 『여진역어』는 그에 따라 표음자를 부가하여 **威气***bogo로 한다. **威**는 『여직자서』의 '이동자류'에서 동사 '改'의 표의자이며, 『여진역어』는 그에 따라서 오른쪽에 점을 첨가하여 **威***kala-로 한다. '土'의 어두 음절 [bo]가 '房'의 그것과 동일한 이상, **威**는 **威**의 필획이 빠진 것임을 알 수 있다.

2) '**侑**'는 '**侑**'의 오자

　　侑*hiən [賢元](賢) / (玄) 『여진역어』 신증 89
　　夋侑右*buhiən-məi(卜咸昧) / (疑) 『여진역어』 신증 100

侑는 '河'의 표의자이며 금나라 시대의 음가는 *bira이다.

侑의 자형과 비슷한 **侑**는 『엄주산인사부고(弇州山人四部稿)』 및 『방씨묵보(方氏墨譜)』에서는 단독으로 '咸'으로 음역되며, 베를린본 '내문' 79와 동양문고본 '내문' 9에서는 **夋**와 결합하여 '玄城衛'의 '玄'을 표음한다. **侑**은 금나라 시대 석각에서 글을 쓰는 방법은 **侑**이며, **夋**와 결합하여 '義軒'의 '軒'을 표음한다.

그것에 따라 명나라 시대의 **侑**가 금나라 시대의 **侑**이라는 것을 알 수 있다. **侑**은 애당초 '河'를 나타내는 표의자인 **侑**과는 비슷하지 않으면서 명나라 시대에 이르러 자체의 변이가 일어났기 때문에 『여진역어』는 그것을 **侑**과 혼동한 것이다.

3) '**乐**'는 '**乐**'의 오자

　　乐*hodiɣo (和的斡) / (女婿) 『여진역어』 인물부 18

舑는『여직자서』의 과실문에 나타난다. 한편,『여직자서』에 인물문에서 '婿'의 표의자는 舑이다. 舑는 석각에서 모두 어미에 위치하는 [o] 모음을 표시하는 표음자임에 비해, 舑는 오직 '婿'를 나타내는 표의자로 사용된다. 이에 따라『여진역어』인물부 18에서 舑는 舑의 오자임이 틀림없는데, 양자 자형의 유사성으로 인해 혼동되었거나 아니면 어두의 舑를 빠뜨렸거나 둘 중의 하나임을 알 수 있다.

4) '巴'와 '毛'는 서로 오자이다

毛*ʃoŋgi（双吉）/（鼻）『여진역어』신체문 12
巴㞟*moŋgul（蒙古魯）/（驔驙）『여진역어』신체문 47

『여직자서』신체문에서 '鼻'의 표의자는 巴이므로,『여진역어』신체문 12에 있는 毛는 巴의 오자일 수밖에 없다. 또한『여진역어』인물문 47에 있는 巴㞟의 어두자 巴는 毛의 오자임을 알 수 있다. 毛는『여직자서』에 보이지 않지만, 그 자형으로부터 추측하면 毛와 동일한 글자 부류에 소속돼야 할 것이다. 그 글자의 기원은 거란소자 毛에서, 아니면 한자 '毛'에서 유래하여 그 음가도 음절 어두음 [m-]을 띠는 형식이 돼야 할 것이다.『여진역어』에서 巴과 毛가 혼동된 것은 자형이 유사하기 때문이다.

5) '圡'와 '土'는 서로 오자

『여진역어』수목문(數目門)에서 '十四'를 나타내는 표의자로 알려진 圡는『여직자서』에서는 '十七'을 나타내는 표의자인 圡이며 〈여진진사제명비(女眞進士題名碑)〉에서도 동일하다. 그러나 그에 반해, 『여진역어』에서 '十七'을 나타내는 표의자인 土가 『여직자서』에서는 '十四'를 나타내는 표의자 ㄐ가 된다.

ㄐ에서 土까지 변천된 흔적을 뚜렷이 확인할 수 있으며, ㄥ와는 꼴이 전혀 다르기 때문에 『여진역어』가 이 2글자를 혼용하여 분명히 잘못 쓴 것이다.

6) '並'은 '㳊'의 오자

並夲*lausa（老撒）/（騍）『여진역어』 조수문 8

並는 『여직자서』 기용문(器用門)에서는 '盉'의 표의자이며, 『여진역어』는 그에 따라 표음자를 후속시켜 並㢓*hutuhan으로 한다. 조수문 8의 주음 한자는 '老'이므로, 그 並는 사실 별도의 표음자 㳊*lau를 잘못 쓴 것임을 알 수 있다.

7) '式'는 '弚'의 오자

式斥*golmigi（戈迷吉）/（長）『여진역어』 통용문 25

式는 금나라 시대 석각에서 弎처럼 쓰여 그 음가가 [dəl]이기 때문에, 글자의 기원은 한자 '弍'임에 틀림이 없다. 그것은 동사 '離別하다'의 어두인 式盉*dəldə-에 사용된다. 『여진역어』 인사문 51에서 동사 '離'는 式食*dəlhə이고 『여진역어』 속첨(續添) 19에서 동사 '分'은 式乇右*dəltu-məi이므로, 양쪽 다 동일 어근이다. 따라서 주음 한자인 '戈迷'가 나타내는 발음은 式의 본래 음가일 수가 없다.

『여진역어』 통용문 70에서 연어 '寬饒'의 어두 단어는 弚斥*golmigi

라고 쓰이고 주음 한자는 '戈迷吉'이 되며 그 단어의 본뜻은 '길다'일 것이다. 여기에서『여진역어』통용문 25의 式가 戈의 잘못임을 알 수 있다.

8) '盉'는 '岧~岧'의 오자

盉盉且 *tatahai (塔塔孩) / (下營)『여진역어』기용문 53

盉는『여진역어』음식문 4에서 '飯'의 어두자인 경우에 나타나는 발음은 budu이다. 기용문 53의 주음 한자 '塔'에 대응해야 하는 것은 盉의 자형에 가까운 岧 혹은 岧일 것이라서, 盉는 그 중 어느 쪽인가의 잘못이다.

9) '夲'는 '朵'의 오자

氣夲 *ʃər (舍厄) / (泉)『여직자서』지리문 18

'泉'이라는 단어는『여진역어』에서 氣夲 *ʃər로 철자되어, 〈경원여진대자비(慶源女眞大字碑)〉와 〈여진진사제명비(女眞進士題名碑)〉에 보면 철자도 동일하다. 다만,『여직자서』에서만 氣夲이다. 夲은 그 외의 여진대자 자료에서 볼 수 없는데, 朵을 잘못 표기한 것일 수 있다.

10) '卦'는 '玸'의 오자

卦兎 *huʃiɣan (忽十安) / (裙)『여진역어』의복문 11

『여직자서』 의복문에서 '裙'의 표의자는 玞이며 또 다른 글자로 형태가 가까운 玣은 『여직자서』 궁경자류(宮京字類)에 실려 있다. 일찍부터 금나라 시대 석각에서 그 2자는 혼동되어 玞가 여진 성씨 '完顔'을 철자하는 어미 음절 [ja]에 사용되고 있으며, 『여진역어』의 '裙'의 어두자(불완전 표음자)가 玣로 되는 것으로, 그러한 혼용이 금나라 시대 석각에서 계승되었음을 알 수 있다.

11) '岀'와 '屮'의 오자

岀土先夷伴 *bon ʃiraha-ti(卜溫失剌哈替) / (自古) 『여진역어』 통용문 87

이 岀 *bo는 신체문 9에서 '脣'의 어두자 屮 *fə에 형태가 가깝지만, 인사문 94에 있는 '自'는 역시 屮土bon이다. 따라서 통용문 87의 岀는 屮를 잘못 표기한 것이다. 『여직자서』의 '脣'의 표의자는 岀이며, 『여직역어』의 岀는 바로 그것을 변형시켜 점을 덧붙인 것에서 유래한 것이다. 변형된 모습인 岀는 이미 원형인 岀의 자형과 상당한 차이가 생기면서도, 그 한편, 『여직자서』에 있는 또 다른 '初, 始'를 표시하는 표의자인 屮의 자형으로 가까워지므로 '屮 → 岀 → 岀'와 같은 오류에 이르게 되었다.

12) '厄'는 '禿'의 오자

厄牛 *ətuhun (厄禿洪) / (穿) 『여진역어』 신증 25

禿는 금나라 시대 석각과 〈영영사기비〉의 양쪽에서 '입다(着)'와 '의복'의 어두자이다. 그럼에도 불구하고 厄는 『여진역어』 조수문 27에서는 '鷄'를 나타내는 표의자가 된다. 양자의 자형이 매우 비슷하여 그것이 잘못 판단하게 한 요인이 되었다.

13) '苃'는 '卞'의 오자

苃는『여진역어』신체문 11, 기용문 55, 인사문 39, 40 등의 4군데에 보인다. '眉'의 어두자와 한어 차용어 '牌'에 사용하는 경우, 그 음가는 fai인데 동사 '回, 還'의 어간 음절을 나타내는 경우에는 muta가 되고 만다. 양자의 어느 것인가에 오류가 있음은 틀림없다. 苃자형과 비슷한 자는 〈몽고구봉석벽석각〉에 있는 동사 '돌아가다(歸)'의 어간 글자에 사용되며 그 글자는 바로 muta의 본자라서, fai를 나타내는 본자는 따로 있을 것이다. 2012년, 원나라 시대〈오체합벽야순비(五體合璧夜巡碑)〉[5]의 발견에 의해 한자 차용어 '碑'에 해당되는 글자는 바로 다른 자형인 卞이라는 것이 알게 되며 苃는 muta, 卞는 pai(→ fai)인 것을 최종적으로 입증할 수 있었다. 양자를 잘못 취급한 것도 역시 자형이 가깝기 때문이라고 할 수 있다.

14) '岁土'·'乔土'는 '岁炎'·'乔炎'의 오사인가

岁土*bon(卜溫) / (自)『여진역어』인사문 94
乔土*doron (多羅溫) / (印)『여진역어』진보문 10, 기용문 40

un을 나타내는 土는 오로지 [u] 모음에 이어진다. 대신 [o] 모음에 이어지는 것은 [on]을 나타내는 炎이 전용된다. 그래서 위 2군

---

5) 자세한 내용은 울라희춘,「오체문자합벽야순비여진대자고석(五體文字合璧夜巡碑女眞大字考釋)」,『立命館言語文化研究』25권 2호를 참고.

데에 나타나는 **土**는 **炎**의 오사일 가능성이 있다.

15) '**炎伩土**'는 '**炎伩立**'의 오사인가

炎伩土 *ʃilən (失勒溫) / (露)『여진역어』천문문 10

이 단어와 동일 기원인 친족 제어의 제2음절에서는 모두 [ə] 모음을 포함하므로 **伩***lə에 이어지는 [n] 자음의 여진자는 ən을 나타내는 **立**가 되어야 한다고 생각한다. 따라서 여진어의 '露'는 ʃilun이 아니라 ʃilən이다.

2. 오자 문제: 둘째, 본자를 판정하기 어려운 것

1) '**乇**'의 오용

乇는 금나라 시대 〈미리질하모극인(迷里迭河謀克印)〉에서 그 음운을 나타내는 한자는 '迷里'이며, 『여진역어』에서 그것을 한어 '緬甸'에서 '緬'의 역음자로 사용한 것은 양자가 가리키는 음운 간에 있는 차이가 매우 커서 오용했을 가능성이 충분히 있다고 생각된다.

2) '**有**'의 오용

有는 『여직자서』의 수목문에서 '百'의 표의자이며 『여진역어』 수목문의 '百'과 동형이다. 금나라 시대 석각에는 '夢'라는 단어가 나타나지 않는데, '百'의 주음 한자인 '湯古' 및 만주·퉁구스 제어에서의 형태와 상당히 일치하는 taŋgu를 따르면 **有**의 음가는 틀

림없이 taŋgu로 단정할 수 있다. 『여진역어』 인사문 17의 주음 한 자인 '脫'에는 음절 어미음이 나타나지 않았음에도 불구하고 '夢' 이라는 단어는 회동관 『여진역어』와 만주·퉁구스 제어의 어두 음 절에서는 둘 다 어미음 [l] 혹은 그 이체형을 띠고 있는 것으로, 인사문 17의 有는 분명히 오자이며, 그 본체자는 아마 to 음절을 나타내는 '为이지만, 여기에서는 편의적으로 tol을 나타낸다. 현존 하는 여진대자에는 여전히 보이지 않아, 아니면 거란대자 有에서 유래하는 또 다른 tol 음절을 표시하는 자일 수도 있다.

3. 이체자의 문제

이체자가 생겨난 원인은, 첫째로 금나라 시대 석각에 이미 존 재한 이체자를 『여진역어』에서 답습한 것에 있으며, 둘째로 『여 진역어』 편집자가 혼용한 것 등이다.

1) '仍', '仍'

仍尿奇 *amulugai (阿木魯該) / (後) 『여진역어』 방우문(方隅門) 10

吏岢 仍尿奇 *bifumə amulugai (別弗脈阿木魯該) / (在後) 『여진역어』 방우문 25

呈 仍尿奇 *huaŋ amulugai (皇阿木魯孩) / (皇后) 『여진역어』 신증 47

仍는 仍 *amu의 이체이다. 점이 없는 글자와 점이 붙은 글자가 서로 이체자가 되는 것은 일찍부터 금나라 시대 석각에 존재한다. 『여진역어』의 仍자는 금나라 시대 석각의 㪯에서 유래한 것으로, 『여진역어』의 仍자는 仍에 점을 부가한 결과이다.

2) '夋', '夋'

夋와 夋는 서로 이체자이며『여직자서』에서는 夋로, 금나라 시대 석각에는 夋와 夋로 되어 있다.『여진역어』에서 2종류의 서사가 병존하고 있다.

夋: 盂耒夋右 *ʤuktə-məi (住兀弎昧) / (尊)『여진역어』인사문 58
    夋光耒卓 *təgirə daʃi-ra (弎吉勒答失剌) / (偏覆)『여진역어』속첨 6
    夭史文夋戈 *la-ru mutə-buru (剌魯木弎卜魯) / (寫成)『여진역어』속첨 50

夋: 文夋戈 *mutə-buru (木弎卜魯) / (作成)『여진역어』통용문 75

3) '甬', '雨'

甬夋 *da-la [根](答)(剌) / (原)『여진역어』신증 14

甬와 雨는 본래 동일한 글자의 이체가 아니라,『여직자서』에서 문류가 다르며(甬는 수복자류收覆字類에, 雨는 조수문 가축류②에 각각 있다), 금나라 시대 석각에서 표시된 음운도 다르다(甬 *də, 雨 *da). 시대가 내려옴에 따라 혼용되기 시작하여 양쪽 다 da 음절을 표시하는 데 사용되는 것은 금나라 시대 말기에 시작된 것으로 추정된다.

4) '劳', '去'

『여진역어』에 나타난 去는『여직자서』의 그것과 원래 자형이

다른 2개의 글자이며 소속 문류도 다른데, 𢀋는 '조수문·금류'에서, 𢀖는 '조수문·수류'에서 각각 볼 수 있다. 𢀖는 석각에서 ku~hu를 나타내고, 형태가 근사한 또 다른 하나인 𢀋는 ur~ul을 나타낸다. 그러면서 금나라 시대 석각에는 𢀋와 𢀖가 벌써부터 혼동되기 시작하여 대부분 𢀋 혹은 𢀖를 사용해서 ku~hu~ur~ul를 모두 표기한다. 『여진역어』에서는 더욱 진행되어 석각의 𢀋와 𢀖를 전부 𢀖와 같은 한 종류의 형태로 나타내며, ur~ul~hu~hə와 같은 여러 종류에 걸치는 음가에 겸하여 나타내도록 하고 있다. 이것은 자체의 합병으로 의한 일자 다음의 전형적인 결과이다.

5) '畾', '帯', '帯'

'霧'의 표의자는 『여직자서』에는 畾와 같이 쓰여 있는데, 『여진역어』에는 帯兂朵*tamagi로 되어 있다. 회동관 『여진역어』 및 친족 제어인 '霧'의 어두 음절은 모두 어미음을 부가한 형태를 취하는 것으로, 표의자 畾는 전사를 하다가 자형이 비슷한 帯로 바뀌게 된 것으로 생각된다. 帯는 기용문의 한 군데에만 보이며 게다가 『여진역어』 외에는 보이지 않아, 분명히 동음인 帯에 불필요한 점을 덧붙인 것이다.

제6절 『여진역어』 '잡자'의 여진 어휘

『여진역어』의 '잡자'에는 모두 916개의 여진어(단어와 연어)를 수록하고 있는데, 단어 부분에는 많은 중복이 보이며 177개의 연어에 사용된 단어도 단어 조목에 나타내는 것들이 많은 편이다. 여기에서는 중복된 것을 합하고 연어에 처음 나타난 단어에 별도의 조목을 세웠다. 합계 815개가 된다. 『여진역어』 '잡자'에 수록된 여진 어휘를 다음과 같이 정리하였다.

아래에서 오자는 ( )으로 표시하였고 [ ] 안에 정자를 부기하였다.

『여진역어』 '잡자'의 여진 어휘

a		
	단어	연어
1	乡云*abka(阿卜哈 / 葉)	
2	夭*abuga(阿卜哈 / 天)	夭乣土(阿卜哈禿魯溫 / 天陰)(1) 夭兂用(阿卜哈哈勒哈 / 天晴)(2) 夭玊分(阿卜哈嫩江 / 天靑)(3)
3	厌*adi(阿的 / 等)	
4	叓*adʒir(阿只兒 / 兒馬)	叓仴列(阿只兒母林 / 兒馬)(4)
5	东米*afi(阿非 / 獅)	
6	肙*agda(阿答 / 騸馬)	肙仴列(阿答母林 / 騸馬)(5)
7	老*agdian(阿玷 / 雷)	
8	叏岸*aga(阿哈 / 雨)	
9	扗兑*ahai(阿哈愛 / 奴婢)	
10	尭土*ahun(阿渾溫 / 兄)	
11	伞幷右*aiwandu-məi(愛晚都昧 / 買)	
12	东冊*ajaŋ(阿羊 / 蠟燭)	东冊米刃(阿羊非本 / 蠟燭, 燭燈)(6)
13	虬太*ajuburu(阿于卜魯 / 救)	
14	虬元*ajuma(阿于馬 / 鼈)	
15	单列*ajin(愛因 / 好)	单列吏夷岦(愛因別赤巴勒 / 務要)(7)
16	彔关*ala-mai(阿剌埋 / 似)	
17	峀用*ala-ka(阿剌哈 / 敗)	
18	峀条*alaga(阿剌哈 / 閏)	
19	系*alawa(阿剌瓦 / 勅)	
20	叱癿*ali-buwi(阿里卜爲 / 給)	叱癿叐启冬(阿里卜爲卜斡斡 / 給與)(8)
21	叱(列)[冉]*aliku(阿里庫 / 盤)	
22	叱列*alin(阿里因 / 山)	
23	斥土*altʃun(安春溫 / 金)	斥土厍分(安春溫瑣江 / 金黃)(9) 斥土伕(安春溫闕 / 金闕)(10)

24	斥土亥且*alʃun-hai(安春溫剌孩 / 織金)	
25	冬亥*ambala(安班剌 / 多)	
26	冬米*amban(安班 / 大)	冬米凥土(安班厄都溫 / 大風)(11) 冬米英羋(安班忽禿兒 / 洪福)(12)
27	关乇*amga(安哈 / 口)	
28	克*amin(阿民 / 父)	
29	关盃肖夭*amʃida-ra(安失答剌 / 舍)	
30	乇*amʃo(安朔 / 十一)	
31	关呑尨*amʃa-bi(安察別 / 追)	关呑尨兵右(安察別番住昧 / 追究)(13)
32	勿屌叿*amulugai(阿木魯孩 / 後)	
33	杀甫且*andahai(岸答孩 / 賓客)	杀甫且件(岸答孩捏兒廱 / 賓客)(14)
34	甬求*andan(岸丹 / 沿途)	
35	乑*ania(阿捏 / 年)	
36	令戈*a-sui(阿隨 / 無)	
37	令戈岙*aʃiburu(阿赤卜魯 / 聖)	令戈岙旨(阿赤卜魯旨 / 聖旨)(15) 令戈乇列(阿赤卜魯哈稱因 / 聖箭)16) 令戈件(阿赤卜魯捏兒廱 / 聖人)(17)
38	乔柬*aʃiduru(阿赤都魯 / 動)	
b		
39	半盂右*badʒu-məi(巴住昧 / 對)	半盂右角(巴住昧的 / 對敵)(18)
40	肖尨*baba-bi(八哈別 / 得, 獲)	肖尨矢列(八哈別埋因 / 享祿)(19)
41	金*bai(伯 / 伯)	
42	金尚*bai-hu(百戶 / 百戶)	
43	金甫*bai-i(百夷 / 百夷)	
44	金釆*baiʃin(伯申 / 討, 尋)	
45	金冊*bajaŋ(伯羊 / 富)	
46	炎于夹尖*bailʃa-mai(伯赤沙裡 / 謝)	炎于夹尖击(伯亦沙埋恩 / 謝恩)(20)
47	夆且*bandi-hai(牛的孩 / 生)	
48	岙厌千*banuhun(巴奴洪 / 惰)	
49	采庆*basa(巴撒 / 再)	
50	史臬*bəhə(伯黑 / 墨)	
51	乇*bəi(背 / 寒)	
52	凩仑*bəilə(背勒 / 官)	
53	夲*bəjə(背也 / 身, 態)	夲尚压夭(背也忽如剌 / 鞠躬)(21)

54	牟*bəri(薄里 / 弓)	
55	月*biya(必阿 / 月)	月夯朶尹(必阿禿斡黑 / 月落)(22)
56	侑*bira(必阿[剌]/ 河)	
57	吏乇*bigə(別厄 / 有)	吏乇肙列吏(別厄卓斡卜連 / 有違)(23) 吏乇肙列吏(別厄塞因別/ 有益)(24)
58	吏岩*bifumə(別弗脈 / 在)	吏岩勿房句(別弗脈阿木魯孩 / 在後)(25)
59	伏*bithə(必忒黑 / 書, 文)	伏用伇(必忒黑背勒 / 文官)(26)
60	吏夹坯*bifʃibal(別赤巴勒 / 務要)	
61	夗阜杲*bodolo(卜朶羅 / 趕)	
62	庋夗*bogo(卜戈 / 房)	
63	厄去*boɣoə(卜斡厄 / 臣)	
64	(庋)[庋]禹*boho(卜和 / 土)	
65	乱*bolo(卜羅 / 秋)	乱屯(卜羅厄林 / 秋)(27)
66	坐土*bon(卜溫 / 自)	(坐)[坐]土兇夌伖(卜溫失剌哈替 / 自古)(28)
67	乔夨*bono(卜嫩 / 雹)	
68	兇兇*bono(卜嫩 / 猴)	
69	仐骂*bosu(卜素 / 布)	
70	仐*boʧo(卜楚 / 顔色)	仐広夹(卜楚禿吉 / 霞)(29)
71	仐骂*boʧogai(卜楚該 / 色)	
72	疋臭*budihə(卜的黑 / 脚)	
73	盍尢*budugoi(卜都乖 / 飯)	
74	(去夹)[夹朿]*buʤa(卜扎 / 林)	
75	奎*buya(卜阿 / 地面, 地方)	奎杲(卜阿朶 / 地面)(30) 奎宅(卜阿以 / 地方)(31)
76	夌夋*bugu(卜吉 / 鹿)	
77	夋侑[侑]右*buhiən-məi(卜威昧 / 疑)	
78	烋刔右*bujə-məi(背也昧 / 愛)	
79	釆伀*bulə(卜勒 / 米)	
80	夋伀升*buləhəi(卜勒黑 / 仙鶴)	
81	兇弓昊*bolɣon(卜魯溫 / 靜[淨])	
82	弔丹*buluŋku(卜弄庫 / 鏡)	
83	伏*bun(本 / 本)	
84	夬其*buraki(卜勒其 / 塵)	

85	叐后冬*burwə(卜斡斡 / 與[返還])	
86	甲冬升*burwə-həi(卜魯斡黑 / 失)	
87	朶乐升*bʧə-həi(卜車黑 / 死)	

d

88	禹*da(答 / 根)	
89	叏*da(塔 / 例)	叏忆秀花斥(塔以革勒吉 / 依例, 照依)(33)
90	灹龙*da-bi(答別 / 備)	灹龙夭史(答別剌魯 / 備寫) (34)
91	肰主*dabsun(答卜孫 / 鹽)	
92	天*dai(帶 / 帶)	
93	甬爻*da-la(根[答]剌 / 原)	
94	乇爻*dalba-la(答勒巴剌 / 傍)	
95	枭龙*dalu-bi(答魯別 / 領)	
96	土工*darhon(答兒歡 / 十七)	
97	彔卓*daʃi-ra(答失剌 / 覆)	
98	甬虬斥*daʧugi(答出吉 / 銳)	
99	天休右*dauli-məi(道里昧 / 搶)	
100	天芑*dau-ʃi(道士 / 道士)	
101	为余*dədu-rə(忒杜勒 / 睡)	
102	尭益劳*dəgdə-buma(忒忒卜麻 / 進貢)	
103	益劳*dəgə(忒革 / 高)	益劳氕化(忒革馬法 / 高祖)(34)
104	罕*dəhi(忒希 / 四十)	
105	伐*dəi(德 / 德)	
106	壬剎右*dəjə-məi(忒也昧 / 起)	
107	弎臾*dəlhə(忒勒黑 / 離)	
108	弎邑右*dəltu-məi(忒勒禿昧 / 別)	弎邑右乗夲史(忒勒禿昧兀塞天伯 / 別種)(35)
109	关益*dəndə(殿忒 / 會)	
110	呈夲*dər(忒厄 / 桌)	
111	壬夲*dər(忒厄 / 面)	
112	夛土*dəun(斗兀溫 / 弟)	
113	舟*di的 / (敵)	
114	苟*dien(殿 / 殿)	
115	样夵*dibuhun(卜的[的卜洪 / 被)	
116	舟奉苂*digasa(的哈撒 / 近)	

117	角仟*diğun(的溫 / 來)	角仟夵(的溫阿捏 / 來年)
118	角見*dihai(的孩 / 船)	
119	角委乐*dihərgi(的黑黑[里]吉 / 歸)	角委乐爱再(的黑黑[里]吉塔哈 / 歸順)(37)
120	先米*dilɣan(的勒岸 / 聲)	
121	屛右*dirame(的刺眛 / 厚)	
122	芊耒矢*dirga-ra(的兒哈剌 / 樂, 快樂, 快活)	
123	臬桃*dobi(朶必 / 狐)	臬桃尭光(朶必卜嫩 / 猿)(38)
124	亞*dorbi(朶里必 / 狐)	
125	荃*doho(朶和 / 樹)	荃癹(朶和卜嫩 / 樹)(39)
126	仟*doko(朶課 / 里)	
127	臬杲*dolo(朶羅 / 內)	
128	竕史*dolwor(多羅斡 / 夜)	
129	伤圶*dondi-ɣu(端的吳 / 聞)	
130	伤圭*dondi-sun(端的孫 / 聽)	伤圭夛見(端的孫哈答孫 / 聽信)(40) 伤圭乑屈乑(端的孫扎失兒吉 / 聽令)(41)
131	㕚*dorhon(朶兒歡 / 獾)	
132	飛土*doron(多羅溫 / 印璽, 法)	飛乐尭金夂乑(多羅斡薄替彈巴 / 法度)(42)
133	臬耒*doʃin(朶申 / 進)	臬耒夂伧(朶申因勒 / 引類)(43)
134	求*dudu(都督 / 都督)	
135	毛化*duwələ(都厄勒 / 儘)	
136	丹乐*dugi(都吉 / 可)	
137	丹呆右*dugu-məi(都古眛 / 打)	
138	丹甲*duha(都哈 / 腸)	
139	丹乑*dujən(都言 / 緣故)	
140	卡*dujin(都因 / 四)	
141	臬*duka(都哈 / 門)	
142	未立右*dulən-məi(都厄恩眛 / 過)	
143	为夊*duli-la(杜里剌 / 中)	为夊围土兰(杜里剌國倫你 / 中國)(44)
144	为昗*dulŭɣun(都魯溫 / 溫)	
145	禸土*dulun(都魯溫 / 陽[暖])	
146	(土)[土]*durhon(獨兒歡 / 十四)	

147	坐仟 *dusuhun(都速洪 / 醋)	
148	甬伞咙 *duʃan-bi(都善別 / 勤)	
149	为仟 *dutanhun(都塔洪 / 存)	
150	丹帯斥 *du-taŋ(都堂 / 都堂)	

ʤ

151	关咙 *ʤafa-bi(扎法別 / 擒, 捕)	
152	免少乑 *ʤaɣagi(扎阿吉 / 賤, 輕, 易)	
153	虰中 *ʤaha(扎哈 / 件)	
154	甬叱 *ʤa-i(扎以 / 因)	
155	兀 *ʤakun(扎因 / 八)	
156	尹 *ʤakunʤu(扎因住 / 八十)	
157	厄亥乑 *ʤalan(扎剌岸 / 輩)	
158	厄弓中 *ʤalu-ha(扎魯哈 / 盈, 滿)	
159	茅 *ʤam(站 / 站)	
160	屯 *ʤarɣu(札魯兀 / 豺狼)	
161	杰恭矢 *ʤasa-ra(扎撒剌 / 治)	
162	杰盂平 *ʤaʃi-ʃi(扎失非 / 吩咐)	
163	兇兇 *ʤaʃiɣan(扎失安 / 令)	兇兇卞舟(札失安肥子 / 令牌)(45)
164	兇房 *ʤaʃir(扎失兒 / 令)	
165	杰夷休 *ʤaʃiri(扎赤里 / 帳房)	
166	尓亥矢 *ʤaula-mai(召剌埋 / 奏)	尓亥矢夯屯右(召剌埋委勒伯 / 奏事)(46) 尓亥矢支史(召剌埋拙厄林眛 / 奏報)(47)
167	岙 *ʤi(旨 / 旨)	
168	艮东 *ʤəfu(者弗 / 食)	
169	矢杀右 *ʤəʤi-məi(者只眛 / 謹)	
170	矢盂尖 *ʤəʃi-gisa(者失吉撒 / 哄誘)	
171	艮仟 *ʤəɣun(都溫 / 右)	
172	艮舟 *ʤəku(者庫 / 苗)	
173	矢伞 *ʤəʃə(者車 / 塞, 邊境, 邊)	矢伞乩肴米(者車法答岸 / 藩籬)(48)
174	乁 *ʤəu(州 / 州)	
175	罘余舟 *ʤigdiŋku(只丁庫 / 燒)	罘余舟爻(只丁庫莫 / 柴)(49)
176	米中 *ʤiha(只哈 / 錢)	

177	岙史*dʑi-hoi(指揮 / 指揮)	
178	長灰苆*dʑilahin(只剌興 / 憐憫)	
179	長灰尖*dʑila-mai(只剌埋 / 憐)	
180	戻夲升*dʑildʑihəi(只里只黑 / 瓩雀)	
181	叉东*dʑin-fu(鎮撫 / 鎮撫)	
182	叉灰尖*dʑinla-mai(眞剌埋 / 珍)	
183	尒*dʑirhon(只兒歡 / 十二)	
184	伝灾*dʑisu-ra(只速剌 / 作)	伝灾导史(只速剌厄黑伯 / 作歹)(50)
185	伝夂*dʑisu-ru(只速魯 / 做)	
186	芈尭昊*dʑoboɣon(卓卜溫 / 艱難)	
187	舟文夬*dʑomu-ʃin(拙木申 / 借)	
188	芈杀*dʑoni(卓你 / 鋒)	芈杀史甬虬斥(卓你伯答出吉 / 銳鋒)(51)
189	宅店号*dʑor-burən(卓斡卜連 / 違)	
190	剁体乐*dʑorigi(準里吉 / 英雄)	
191	舟屯右*dʑorin-məi(拙厄林昧委勒伯 / 報)	舟屯右支史(拙厄林昧委勒伯 / 報事)(52)
192	盂*dʑu(住 / 竹)	
193	千*dʑua(撾 / 十)	
194	戻*dʑuan(磚/ 磚)	
195	二*dʑuə(拙 / 二)	
196	盂盂*dʑuǔgu(住兀 / 路)	盂盂史(住兀伯 / 道)(53) 盂盂史戌(住兀伯德 / 道德)(54)
197	盂丸*dʑu-giə(注解 / 注解)	
198	叓*dʑuɣa(朱阿 / 夏)	叓屯(朱阿厄林 / 夏)(55)
199	玘皃*dʑuhə(朱黑 / 冰)	
200	盂耒夌右*dʑuktə-məi(住兀弍昧 / 尊)	
201	枭*dʑulə(諸勒 / 先)	枭史丢(諸勒厄塞 / 比先)(56)
202	枭伦*dʑulə-lə(諸勒[諸勒勒] / 前)	
203	枭盂*dʑulə-ʃi(諸勒失 / 東)	
204	寅枭*dʑuʃən(朱先 / 女眞)	
205	凡于*dʑuili(追一 / 孩兒)	

ə		
206	庥桃侴*əbi-rə(厄必勒 / 飽)	
207	乘盂*əbʃi(厄卜失 / 以)	

208	凢圡*ədun(厄都溫 / 風)	
209	厈叉升*əʤəhəi(厄者黑 / 職)	
210	早*əhə(厄黑 / 歹, 惡)	早丈仵(厄黑伯捏兒厤 / 歹人)(57)
211	朱压*əiɣə(厄一厄 / 丈夫)	
212	朱朿*əi-gisa(厄一吉撒 / 不可)	
213	朱臾*əi-hə(厄一黑 / 不曾)	
214	肎*əihən(厄恨 / 驢)	
215	丈圡*əjun(厄云溫 / 姐)	
216	乕㪅乇*əkəhun(厄克洪 / 減, 少)	
217	坐丈臾*əlbə-hə(恩伯黑 / 出產)	
218	仒佬臾*ələhə(厄勒黑 / 自在)	
219	仒臾斥*əlhəgi(厄勒吉 / 快)	
220	仒秉*əlʧi(厄赤 / 使臣)	
221	㇗*əmu(厄木 / 一)	㇗关庆庈(厄木你哥塞 / 一般)(58) ㇗亦关(厄木車你 / 一遭)(59) ㇗为压斥(厄木赫兒厄吉 / 一級)(60)
222	仌杀*əmʤi(厄木只 / 同)	
223	仌乇*əmhun(厄木洪 / 獨)	
224	仌友*əm-la(厄木剌 / 一起)	仌友南半丹 (厄木剌亦宣都/ 互相)(61)
225	亡*ən(恩 / 恩)	
226	亡㞙升*əndə-həi(恩忒黑 / 罰)	
227	奓*ənin(厄寧 / 母)	
228	向学伏*əŋgəməi(恩革埋 / 鞍)	
229	朿列*əʃin(厄申 / 不)	朿列关㞙(厄申撒希 / 不知)(62) 朿列兄平(厄申殿忒 / 不會)(63)
230	乔*əʒən(厄然 / 主)	乔关仵(厄然你捏兒厤 / 主人)(64) 乔关东(厄然你府 / 主輔)(65)
231	夲㞙*ərdə(厄魯忒 / 早, 朝)	
232	圡*ərə(厄勒 / 此)	圡斥角乞(厄勒吉扎以 / 因此)(66)
233	乇*ərin(厄林 / 季)	
234	乇压*ərinɣə(厄林厄 / 氣)	
235	盃关*ərgə(脈[厄]兒革 / 方)	盃关乞乜列(脈[厄]兒革以哈称因 / 方物)(67)
236	乒*əsə(厄塞 / 這)	
237	史采*əsə(厄塞 / 比)	
238	肻臾*ətə-ha(厄忒黑 / 勝)	肻臾岦用(厄忒黑阿剌哈 / 勝負)(68)

239	(羌)[羌]夆*ətuhun(厄禿洪 / 穿)	
240	余伇*əulə(嘔勒 / 院)	
241	可*əwu(厄舞 / 醜)	
242	岙爻*əwuru(厄兀魯 / 卽, 忙)	

f

243	扰甬米*fadaran(法荅岸 / 牆)	
244	禾夯*fai-sï(肥子 / 牌)	
245	禾禿*faitar(肥塔 / 眉)	
246	筢�*faka(法阿 / 窗)	
247	扰用爻*fakala(法哈剌 / 矮)	
248	筢盂*fakʃi(法失 / 匠)	筢盂伩(法失揑兒麻 / 匠人)(69)
249	筢夕*famaɣa(法馬阿 / 邦	
250	歺 [癸]*fanʤu-mai(埋番住[番住埋])	
251	夬右*fanʤu-mai(番住昧 / 問)	
252	正身*fannar(番納兒 / 旗)	
253	戈甬*far(法兒 / 另)	戈甬戈甬孞卅(法兒法兒弗里隨 / 另行)(70)
254	肖東*farigiən(法里見 / 暗)	
255	叅犀*fəʤihi(弗只勒 / 下)	叅犀伩(弗只希揑兒麻 / 部下)(71)
256	舟余伇*fəʤilə(弗只勒 / 下)	
257	尜文*fəmu(弗木 / 脣)	
258	匊伴*fən-ti(番替 / 南)	
259	夬盂*fəriʃi(弗里失 / 西)	
260	杲*fi(非 / 筆)	
261	米歹*fibun(非本 / 燈)	
262	角*fila(非剌 / 碟)	
263	平判夬*fijəgi(非也吉 / 偏)	
264	夲*fisa(非撒 / 背)	
265	我孞*fiʃ'in(非称 / 光)	
266	尭革*fiʒur(非如兒 / 神)	
267	玫冬杲*foholo(弗和羅 / 短)	
268	朱*fojo(薄約 / 李)	朱夑(縛約莫 / 李)(72)
269	屌*folto(分脱 / 栗)	屌夑(分脱莫 / 栗)(73)
270	玫戈*fon(伏灣 / 時)	

271	玖叏*foʧi(弗赤 / 襪)	
272	东*fu(府 / 府)	
273	承右*fudə-məi(弗忒眛 / 送)	
274	东杀*fuʤi(弗只 / 替)	
275	东史*fuɣə(弗厄 / 旧)	
276	侁犀灻*fuihi-ra(肥希剌 / 怒, 惱)	
277	金夻*fulagian(弗剌江 / 赤, 紅, 丹)	金夻吴土(弗剌江古溫 / 赤玉)(74)
278	壴哭*fuləgi(伏勒吉 / 灰)	
279	乤乐*fuligi(弗里吉 / 命)	乤乐冇龙(弗里吉該別 / 命將)(75)
280	寽卅*fuli-sui(弗里隨 / 行)	寽卅伞乐(弗里隨古里吉 / 行移)(76)
281	岀*fulmə(弗脈 / 合)	
282	叓芇*fundur(粉都兒 / 園)	
283	东亐史*funia-ru(弗捏魯 / 念)	
284	吴乇升*dunirhəi(一里黑 / 髮, 毛)	
285	枭氺*funrə(分厄 / 合)	
286	禾乇升*funʧə-həi(分車黑 / 余)	
287	庠父*fusə-dən(弗塞登 / 盛)	
288	庠哭*fusəgu(伏塞古 / 扇)	

g

289	屮史灻*gaʤa-ru(哈札魯 / 要)	
290	屮帀*gaha(哈哈 / 鴉)	
291	屮夹屲*gahua-i(哈化以 / 取)	
292	冇龙*gai-bi(該別 / 將)	冇龙耒舟(該別禿番 / 將就)(77)
293	冇全*gai-gar(該哈兒 / 領)	
294	皂亥*gala(哈剌 / 手)	
295	克用*galäka(哈勒哈 / 晴)	
296	全*gar(哈兒 / 枝)	
297	厔土*garun(哈兒溫 / 天鵝)	
298	攴苶乑*gasaɣan(哈撒安 / 禍)	
299	屮舍*gaʃa(哈沙 / 村)	
300	屮奀抏灻*gaʃahia-ra(哈沙下剌 / 犯)	抱乑丰史夯(哈沙下剌者車犯邊)(78)
301	屏石屵*gau-ʧan(高察安 / 高昌)	
302	抱父*gə-dən(革登 / 往)	
303	抱乑丰*gəhun(革洪 / 明)	抱乑丰史夯(革洪約斡洪 / 明白)(光明)(79)

304	禿花*gələ(革勒 / 依, 照)
305	把伩余*gələ-rə(革勒勒 / 懼, 怕)
306	乔*gəli(革里 / 又)
307	斋乊*gəmur(革木兒 / 都, 俱)	斋乊甬厐(革木兒一那 / 都是)(80)
308	把容开*gənə-həi(革捏黑 / 去)	把容开乑禿(革捏黑塞革 / 去歲)(81)
309	伴臾*gəŋgiən(根見 / 明)
310	矢叟*gabu(革卜 / 名)	矢叟亡糸禿(革卜秃魯哈剌 / 名望)(82) 矢叟先半(革卜的勒岸 / 名聲)(83)
311	禿立*gərən(革恩 / 衆)
312	矢厉*gəsə(哥塞 / 一般)
313	夯伩伩*gətilə(革替勒 / 凍)
314	把乩伩开*gəʧuləhəi(革出勒黑 / 膝襴)
315	宋*gia(甲 / 街)
316	芈土*giahun(加渾溫 / 鷹)
317	伻甬*gida(吉答 / 槍)
318	伙*gio(闕 / 闕)
319	両米斥*girangi(吉波[浪]吉 / 骨)
320	乱乩*giruʧu(吉魯出 / 辱)
321	宋*gisa(吉撒 / 呵, 庶)
322	宋甲*gisa-ha(吉撒哈 / 砕)
323	肖*go(騍 / 騍)	肖伆列(騍母林 / 騍馬)(84)
324	肖号*giburən(果卜連 / 饒)
325	尤夬*goiju(乖于 / 非)
326	尤杀*goini(乖你 / 供)	尤杀屯凡(乖你阿里卜為 / 供給)(85)
327	(式)[灵]斥*golmigi(戈迷吉 / 長)
328	灵斥*golmigi(戈迷吉 / 寬[長])	灵斥肖号(戈迷吉果卜連 / 寬饒)(86)
329	杀*gon(觀 / 観, 館)	杀甬(館驛 / 館驛)(87)
330	口*gorhon(戈兒歡 / 十三)
331	伋斥*goro(戈羅斡 / 遠)
332	吴圦肖*gujahu(古牙忽 / 鴛鴦)
333	卅甬矢*guida-ra(貴答剌 / 遲)
334	乩乩矢*guifala(帰法剌 / 杏)
335	朴判叏*gujə-ru(貴也魯 / 伴)	朴判叏乑右(貴也魯弗武眛 / 伴送)(88)
336	乔甲*gulha(古剌哈 / 靴)
337	叐艮*gulmahai(古魯麻孩 / 兎)

338	믓土*guwun(古溫 / 玉)	믓土兄夰(古溫上江 / 玉白)(89)
339	仐右*guri-məi(古里眛 / 遷)	·
340	囯土*gurun(國倫 / 國)	囯土关余(國倫你王 / 國王)(90)
341	夂*guʃin(古申 / 三十)	
342	믓乱*guʃu(古出 / 皂隸)	

h

343	庚奀尖*habʃa-mai(哈沙埋 / 告)	
344	庚奀炙*habʃa-ra(哈沙剌 / 告)	
345	里左*hadu(哈都 / 服，衣)	
346	庚夋*hafan(哈番 / 衙)	
347	何釆杢儿*hafudʒa-hai(哈富扎孩 / 透)	
348	夛昊*hagdaɣun(哈答溫 / 誠)	夛昊字歴史(哈答溫脈魯厄伯 / 誠意)(91)
349	夛儿*hagda-hai(哈答孩 / 信，誠)	
350	凪兜*haɣan(罕安 / 皇帝)	
351	示兑*hahai(哈哈愛 / 男子)	
352	亢夨*haila(孩剌 / 榆)	
353	舟*haldi(哈的 / 貴，寶)	舟伻(哈的捏兒厐 / 貴)(92)
354	危兜求*halɣandan(罕安丹 / 敢)	
355	千列*halin(哈里因 / 朝廷)	
356	卞坔*haliu(哈里兀 / 海獺)	
357	危攴*halma(罕厐 / 劍)	
358	凩昊*halŭɣun(哈魯溫 / 熱)	
359	何夅帀*hasha(哈子哈 / 剪)	
360	何戫*hatan(哈貪 / 強)	
361	南呑走*haʃʃa-bi(哈察別 / 見)	
362	乜列*haʃʃin(哈稱因 / 箭，物)	
363	帀*hau(侯 / 侯)	
364	帀舎*hauʃa(好沙 / 紙)	
365	奀並*həbdə(黑卜弎 / 玷)	
366	伴*həfuli(黑夫里 / 肚)	
367	仓羊*həhəi(黑黑厄 / 女)	仓羊伻(黑黑厄捏兒厐 / 婦人)(93)
368	臾夅*həkə(黑克 / 西瓜)	
369	臾甚*həki(黑其 / 堤)	
370	艾夰史*həndu-ru(恨都魯 / 說)	

371	去丸*hərə(黑勒厄 / 市)	去丸朱(黑勒厄甲 / 街)(94)
372	为压*hərgə(赫兒厄 / 級)	
373	布*hərusə(赫路塞 / 言語)	
374	臾奚*hətun(黑屯 / 横)	
375	釆亦*hətʃə(黑車 / 城)	
376	札斥*hiaŋ(下安 / 香)	
377	去出*hiao(下敖 / 學)	去出屯夊(下敖圭因 / 學規)(95)
378	早天*hidai(希大 / 簾)	
379	(俩)[偭]*hiən(賢元 / 玄)	
380	吏*hien(縣 / 縣)	
381	早壬*hina(希納 / 義)	
382	盃压*hirɣə(希兒厄 / 臺)	
383	卉*hiʃi(希石 / 井)	
384	早乩余*hitʃurə(希出勒 / 柰)	
385	厍攵*hiuŋ(許溫 / 匈)	
386	(乕)[朱]*hodiɣo(和的斡 / 女婿)	
387	并*hoʤo(和卓 / 俊)	
388	宂*hoiholo(回和羅 / 鴉鶻)	
389	帝*holdo(和朶 / 松)	帝芰(和朶莫 / 松)(96)
390	灭*honi(和你 / 羊)	
391	夭赤*hosï(和子 / 盒)	
392	坐乕*hoto(和脫斡 / 池)	
393	坐夭*hotoho(和脫和 / 葫蘆)	
394	坐夭*hu(忽 / 呼)	尚更芈(忽揑苦魯 / 呼朋)(97)
395	星*huaŋ(皇 / 皇)	星劦房句(皇阿木魯該 / 皇后)(98)
396	星赤*huaŋ-sï(皇子 / 皇子)	
397	夬仕*hua-ʃaŋ(和尚 / (和尚)	
398	尚金*hu-bai(琥珀 / 琥珀)	
399	尚亩奐矢*hudaʃa-mai(忽答沙埋 / 売)	
400	尚角夭*hudi-ra(忽的剌 / 唱)	
401	尚角夭*hudira(忽的剌 / 鞦)	
402	尚早*hufi(忽非 / 壺)	
403	夭*huhun(忽渾 / 奶子)	
404	宋宋*hui-hui(回回 / 回回)	

405	举旯*hula-hai(虎剌孩 / 賊)	举旯件(虎剌孩捏兒厮 / 賊人)(99)
406	尙友帀*hula-ku(忽剌吉[苦] / 換[喚])	
407	尙休*huli(忽里 / 閣)	
408	尙弓*hulu(忽魯 / 環)	
409	夌弁*hundu(洪都 / 正)	
410	零*huri(忽里 / 松子)	
411	乎圭*husun(忽孫 / 力)	
412	在夭*husur(忽素魯 / 怠)	
413	(卦)[卦]秃*huʃiɤan(忽十安 / 裙)	
414	尙叾*huʃu(忽舒 / 核桃)	
415	尙圧*huʒu(忽如 / 桃)	尙圧金分(忽如弗剌江 / 桃紅)(100)
416	圧炙*huʒu-ra(忽如剌 / 鞠躬)	
417	英圧*hutuhan(忽秃罕 / 鐘)	
418	叓关*hutunʤi(忽屯只 / 緊, 急)	
419	英举*hutur(忽秃兒 / 福)	
420	尙盆斥*huʧaugi(忽朝吉 / 榮)	
	i	
421	甪利卓*iʤa-ra(一乍剌 / 聚會)	
422	头*ilan(以藍 / 三)	头天(以藍臺 / 三臺)(101)
423	甪吴*iləŋgu(一棱古 / 舌)	
424	寸夫*ilga(一勒哈 / 花)	
425	写刃*ili-bun(一立本 / 立, 豎)	
426	写耒旯*iliʃiu-hai(一立受孩 / 設)	写耒旯用佬(一立受孩背勒 / 設官)(102)
427	寸弓龙*ilu-bi(一魯別 / 騎)	
428	禹央*imagi(一厮吉 / 雪)	禹央兄分(一厮吉上江 / 雪白)(103)
429	耒元炙*imala(因馬剌 / 桑)	
430	甪元炙*imala(一厮剌 / 山羊)	
431	甪臾央*imuŋgi(一門吉 / 油)	
432	厷旁*indahon(引答洪 / 犬)	
433	今*inʤə(印者 / 笑)	
434	日*inəŋgi(一能吉 / 日)	日关件右(一能吉秃替昧 / 日出)(104)
435	日乐*inəŋgi-gəli(一能吉革里 / 晝)	
436	甪关甪关*ini-ini(一你一你 / 各)	

437	甬厄*inor(一那 / 是)	
438	夂伩*iŋ-lə(因勒 / 引類)	
439	于卦夯*irdi-buma(一的卜麻 / 撫恤)	
449	旲角朱*irdihun(一兒的洪 / 梳)	
441	饥乮*i-rə(以勒 / 入)	
442	禿屋*irɣə(一兒厄 / 百姓)	
443	禿甲朱*irhahun(一兒哈洪 / 淺)	
444	甤臭*isŭɣun(一速溫 / 醬)	
445	甬荢丹*isuən-du(亦玄都 / 相)	
446	朱*iʃi(一十 / 柏)	朱戈(一十莫 / 柏)(105)
447	朱矢*iʃi-mai(一十埋 / 至, 到)	
448	朱矢*itəɣə(一弎厄 / 民, 黎民)	
449	乎*iʃʼə(一車 / 新)	日乎(一車一能吉 / 朔)(106)
450	乎斥*iʃʼəgi(一車 / 新)	
j		
451	圠另*jabun(牙步 / 走)	
452	圠甬*jada(牙答 / 巧)	
453	圠甲*jaha(牙哈 / 炭)	
454	閇*jala(牙剌 / 実)	
455	类休*jali(牙里 / 肉)	
456	呑角朱*jamdihun(言的洪 / 夕)	
457	乢*jan(延 / 宴)	乢伏帯矢(延脈兒塔剌 / 宴犒)(107)
458	冊*jaŋ(羊 / 兩)	
459	求*jara(牙剌 / 豹)	
460	吳尤矢*jarugoi-mai(牙魯乖埋 / 糾)	吳尤矢衆乮(牙魯乖埋分厄 / 糾合)(108) 吳尤矢禿立(牙魯乖埋革恩 / 糾衆)(109)
461	光芭*jaʃi(牙師 / 眼)	
462	侇*je(惹 / 仁)	侇犀乇(惹希納 / 仁義)(110)
463	纵乮*joɣan(又安 / 床)	
464	袖*johi(姚希 / 套)	
465	同同右*jojo-mai(約約眛 / 飢)	
466	丰吏劣*jorhon(約斡洪 / 明)	
467	屐*juŋ(容 / 容)	

468	在岜*ju-ʃi(御史 / 御史)	
	k	
469	乔友关*kadala-mai(哈答剌埋 / 管)	乔友关来龙(哈答剌埋答魯別 / 率領)(111)
470	更币*kai(克哀 / 開)	
471	度龙*kala-bi(哈剌別 / 改)	
472	度角*kalaku(哈剌庫 / 褲)	
473	度弓库*kalaku-o(哈剌魯斡 / 捷)	度弓库庚灵夭(哈剌魯斡哈沙剌 / 捷音)(112)
474	更库*kaŋ(克安 / 勘)	更库来丸(克安分厄 / 勘合)(113)
475	伕兎*karaɣan(哈剌安 / 哨探)	
476	用吏元*katʃima(哈赤馬 / 呵膠)	
477	斤更化右*kəŋkələ-məi(康克勒昧 / 叩頭)	
478	更盂厌丈*kəʃigə-buru(克失哥卜魯 / 悶, 憂)	
479	荅*kəu(口 / 口)	
480	甬岜*kien-ʃi(謙師 / 遣師)	
481	其休夂*kiliŋ(其里因 / 麒麟)	
482	其手升*kitʃə-həi(其車黑 / 用)	
483	其乍*kiu(其兀 / 求)	其乍金秉(其兀伯申 / 求討)(114)
484	角条*kui(庫委 / 揆)	
485	崟*kuŋ(孔 / 孔)	
	l	
486	友库*laŋ(剌安 / 藍)	
487	夭丈*la-ru(剌魯 / 写)	夭丈文炙丈(剌魯木忒卜魯 / 写成)(115)
488	火友关*laula-mai(老剌埋 / 労)	
489	(关)[火]杀*lausa(老撒 / 騾)	
490	为*ləfu(勒付 / 熊)	
491	朿*ləfu(勒付 / 海豹)	
492	并舟*ləusiï(樓子 / 樓)	
493	休判*liə(里也 / 列)	
494	休夂*liŋ(里因 / 嶺)	
495	汞币*liwaha(里襪哈 / 魚)	

496	吴*lo(羅 / 羅)	
497	苗*loho(羅和 / 刀)	
498	吴吴*lo-lo(邏邏 / 邏邏)	
499	弓*lu(爐 / 爐)	
500	壬*ly(綠 / 綠)	

m

501	元化*mafa(馬法 / 祖)	
502	丠亥*mahila(麻希剌 / 帽)	
503	夹舟*mai-sï(埋子 / 麥)	
504	夹列*majin(埋因 / 祿)	
505	夊*mamu(麻木 / 凡)	
506	元乏出*ma-nao(馬納敖 / 瑪瑙)	
507	柴乏矢*mana-ra(麻納剌 / 壞)	
508	禾牛*maŋga(莽哈 / 難)	
509	禾斥*maŋgi(莽吉 / 可)	禾斥店仟旻条(莽吉斡溫者勒 / 可嘉)(116)
510	禾弓土*maŋ-lun(莽魯溫 / 蟒龍)	
511	呆甬*mar(麻兒 / 粗)	
512	麃屯*mədərin(脈弎厄林 / 海)	麃屯东夛(脈弎厄林引答洪 / 海狗)(117) 麃屯灾(脈弎厄林朶兒獾 / 海獺)(118)
513	千甬屇*mədiɣə(脈的厄 / 聲息)	
514	右*məi(昧 / 梅)	右夊(昧莫 / 梅)(119)
515	坙舟*məifən(梅番 / 項)	
516	字屇*mərɣə(脈魯厄 / 意)	
517	伏炅*mərhə(脈兒黑 / 賞)	
518	伏帯矢*mərtala(脈兒塔剌 / 犒)	
519	半*məʒilən(脈日藍 / 心)	
520	千乳*məʧu(脈出 / 葡萄)	
521	吞舟史*miaku-ru(滅苦魯 / 跪)	
522	吞荐甲*mialianha(滅良哈 / 升)	
523	毛砢*mian-dian(緬甸 / 緬甸)	
524	兊炅*miəhə(滅黑 / 鴨)	兊炅壬(滅黑綠 / 鴨綠)(120)
525	羮杀*mini(密你 / 我)	
526	玉*miŋgan(皿斡 / 千)	玉孔屯(皿斡卜羅厄林 / 千秋)(121)

527	兵市叱*mita-buwi(密答卜為 / 退)	
528	丈*mo(沒 / 木, 柴)	
529	丈玊*mono(莫嫩 / 猴)	
530	(芭)[乇]戊*moŋgul(蒙古 / 韃靼)	
531	为*moro(莫羅 / 碗)	
532	丈平*moʧo(莫截(戳) / 拙)	
533	文仗夭*mubun-ra(木本剌 / 裨)	
534	发芊*mudur(木杜兒 / 龍)	
535	禾旻户*muʤəgə(木者革 / 當面)	禾旻户玍仒(木者革忒厄 / 當面)(122)
536	乇*muə(沒 / 水)	
537	右臾*muihə(梅黑 / 蛇)	
538	朿米*mulan(木剌 / 凳)	
539	写*muŋ(蒙 / 蒙)	
540	爻土*məŋgun(蒙古溫 / 銀)	
541	何列*murin(母林 / 馬)	
542	旯坐*muʃən(木先 / 鍋)	
543	文夫*muʃin(木申 / 炒面)	
544	予歹*muta-bun(木塔本 / 回, 還)	
545	文袞丈*mutə-buru(木忒卜魯 / 作成)	
	n	
546	尘*na(納 / 地)	
547	子*nadan(納丹 / 七)	
548	卩*nadanʤu(納丹住 / 七十)	
549	东巾另*namhahon(南哈洪 / 安)	东巾另平児(南哈洪牛的孩 / 安生)(123)
550	存斥*nargi(納兒吉 / 精)	
551	存千*narhun(納兒洪 / 細)	存千夹岸(納兒洪阿哈 / 細雨)(124)
552	关土*nəhun(揑渾溫 / 妹)	
553	更芊*nəkur(揑苦魯 / 朋友)	
554	更佬关*nəkulə-mai(揑苦勒買 / 結交)	
555	史勇千*nəmkəhun(南克洪 / 薄)	
556	杀*ni(你 / 泥)	
557	亏血*niaʤu(揑住 / 蘿卜)	
558	件*niarma(揑兒麻 / 人)	
559	圤友*nihiala(你下剌 / 須臾)	

560	仝*nihun(泥渾 / 十六)	
561	纤*nindʒu(寧住 / 六十)	
562	纤炅*nindʒuhə(寧住黑 / 珠)	
563	丫*niŋgu(寧住[谷] / 六)	
564	希肖炅*niogohə(嫩果黑 / 狼)	
565	希丏帀*nioniaha(嫩揑哈 / 鵝)	
566	季*niru(你魯 / 矢)	
567	兮帝矛*nitaba(逆塔巴 / 弱)	
568	方*niuhun(女渾 / 十八)	
569	虱仐*nogian(嫩江 / 青)	虱仐利禿(嫩江申革 / 青鼠)(125)
570	羌哭夭*nogi-ra(嫩吉剌 / 添, 加)	
571	羌攵爻*nomho(嫩木和 / 善)	
572	夂厊*nuhan(奴罕 / 慢)	
573	床*nurə(弩列 / 酒)	
574	夂盇*nuru(奴兀魯 / 每)	
575	攵列*nuʃin(奴失因 / 和)	

o

576	攵列*odon-mai(斡端埋 / 許)	
577	车米*o-fi(斡非 / 為)	
578	车史孚*oɣəhu(斡厄忽 / 斜)	
579	车吞屯*omia-bi(斡減別 / 會)	
580	兇*omo(斡莫 / 湖)	
581	左杲*omolo(斡莫羅 / 孫子)	
582	甲炭*on(斡灣 / 便盆)	
583	夅丑乇*onduhun(晚都洪 / 空, 虛)	
584	七*oniohon(斡女歡 / 十九)	
585	尢炭*onon(晚灣 / 怎)	尢炭夲見(晚灣半的孩 / 怎生)(126)
586	余*oŋ(王 / 王)	
587	壬攴*orho(斡兒和 / 草)	
588	壬攴雨*orhoda(斡兒和答 / 人參)	
589	灭*orin(倭林 / 二十)	
590	多炭*oson(斡速灣 / 小)	多炭盍盃(斡速灣住兀 / 徑)(127)
591	朱帀*oʃiha(斡失哈 / 星)	

	p	
592	伏*paŋ(胖 / 胖)	
	s	
593	冗甬夭*sabda-ra(撒答剌 / 漏)	
594	乖龙*sabi-bi(撒必別 / 計)	
595	萘尢*sabu(撒卜 / 鞋)	
596	萘劽甲*sabunha(撒本哈 / 箸)	
597	枀叴*sadu-gai(撒都該 / 親)	
598	甫甬右*sahada-məi(撒[哈]答眛 / 打圍)	
599	甫弄*sahalian(撒哈良 / 黑)	
600	冗犀*sa-hi(撒希 / 知)	冗犀盂夂(撒希西因 / 知悉)(128)
601	牟*sai(賽 / 賽)	
602	牟休乐*sailigi(塞里吉 / 危然)	牟休乐交夬(塞里吉忒你和 / 危然)(129)
603	牟兀哭*saimagi(塞馬吉 / 霜)	
604	芮列*sajin(塞因 / 好)	芮列甲夊(塞因幹灣 / 便盆)(130)
605	芮屈*saiʃu(塞舒 / 好生)	
606	乭夭*saldai(撒剌大 / 老)	
607	丹另*saŋ-giun(將軍 / 將軍)	
608	匹兏*sařɣan(撒里安 / 妻)	
609	萘萘*sasa(撒撒 / 整齊)	
610	炎尭*saʧa(撒叉 / 盉)	
611	歼*sə(塞 / 硯)	
612	亞昃*səʤə(塞者 / 車)	
613	毛为*səgə(塞革 / 歲)	
614	釆哭*səgi(塞吉 / 血)	
615	釆哭艻*səgiŋgə(塞更革 / 親戚, 孝)	
616	余叐*səkə(塞克 / 貂鼠)	
617	主*sələ(塞勒 / 鐵)	
618	吞出*sĭo(子敖 / 皂)	
619	另昊*sərŭɣun(塞魯溫 / 涼)	
620	盂*si(犀 / 犀)	盂朩皃(犀兀也黑 / 犀角)(131)
621	盂夹*si-fan(西番 / 西番)	
622	盂夂*si-iŋ(西因 / 悉)	
623	盂夲*si-tən(西天 / 西天)	

624	杂友矢*tsïla-mai(賜剌埋 / 賜)	
625	片*so(左 / 左)	
626	片*so(梭 / 梭)	
627	片夕*sogia(瑣江 / 黃)	片夕利禹(瑣江申革 / 黃鼠)(132)
628	夬为叐*sokto-ho(瑣脫和 / 酧)	
629	昜夬*solgi(瑣言 / 菜)	
630	昜佟*solgo(瑣戈 / 高麗)	
631	片杲*solo(瑣羅 / 閑)	
632	片兵孟*somi-bi(瑣迷別 / 潛)	片兵孟舟叓(瑣迷別弍別 / 潛居)(133)
633	伕旡叏*songo-ru(桑戈魯 / 哭)	
634	伩甬*sori-ku(瑣里都蠻[庫] / 戰, 厫殺)	
635	禾*su(酥 / 酥)	禾雨夬夬(酥一門吉 / 酥)(134)
636	禾夛*suan(素岸 / 鷺鷥)	
637	禾叐*sudʒə(素者 / 緞)	
638	禾扎*sufa(素法 / 象)	禾扎夅臾(素法委黑 / 象牙)(135)
639	眉叐*sugu(素古 / 皮)	
640	禾臾*suha(素黑 / 柳)	禾臾(素黑出衛 / 柳翠)(136)
641	厽屛*sunmur(寸木兒 / 寸)	
642	禾叹*suŋ(素溫 / 総)	禾叹枆夂(素溫必因 / 総兵)(137)
643	半*surə(素勒 / 聰明)	
644	夭千屯*surtogo(素魯脫戈 / 皮襖)	
645	麥*susai(速撒一 / 五十)	
646	禾盂叮*suʃigai(素失該 / 鞭)	

	ʃ	
647	灵*ʃa(紗 / 紗)	
648	含少*ʃaha(沙哈 / 耳)	
649	含文申*ʃamha(沙木哈 / 暖耳)	
650	乩甾*ʃanhu(珊瑚 / 珊瑚)	
651	兄夕*ʃaŋgian(上江 / 煙)	兄夕盂屇(上江希兒厄 / 煙墩)(138)
652	兄夕*ʃaŋgian(上江 / 白)	兄夕昜夬(上江瑣吉 / 白菜)(139) 兄夕伞頍(上江塞克 / 銀鼠)(140) 兄夕主(上江塞勒 / 錫)(141)
653	仕尽*ʃaŋ-ʃu(尚書 / 尚書)	
654	仕尽*ʃauʃa-mai(少沙埋 / 征)	
655	乱友矢*ʃəla-mai(舍剌埋 / 舍)	

656	乿(夲)[仐]* ʃər(舍厄 / 泉)	
657	吴龙千* ʃibihun(失別洪 / 燕子)	
658	吴赤* ʃiksəri(失塞里 / 晚)	
659	芭亥咩* ʃi-laŋ(侍刺安 / 侍郎)	
660	夂化土* ʃilən(失勒溫 / 露)	
661	盂休犀* ʃilïhi(失里希 / 膽)	
662	夂呆夹* filohoi(失羅回 / 燒餅)	
663	戻* ʃilu(失魯 / 梨)	
664	芭米* ʃimkon(申科岸 / 海青)	
665	屄昃* ʃimŋun(深溫 / 冷)	
666	壬乏矢* ʃina-ra(申納刺 / 愁)	
667	夂亐* ʃinia(失捏 / 幼)	
668	犭禿* ʃiŋgər(申革 / 鼠)	
669	兜夷* ʃiraha(失剌哈 / 古)	
670	兜夂* ʃira-ru(失剌魯 / 襲)	
671	夬* ʃirga(失兒哈 / 獐)	
672	夹児* ʃirihə(失里黑 / 沙)	
673	瓶* ʃiri(失里 / 銅)	
674	係* ʃiʃi(失失 / 榛子)	
675	係児* ʃiʃihə(失失黑 / 褥)	
676	吴更卉* ʃiʧihəi(失亦黑 / 雀)	
677	求土* ʃiuwun(受溫 / (陰)[陽])	
678	(毛)[芭]* ʃoŋgi(雙吉 / 鼻)	
679	昼夂* ʃuɣə(舒厄 / 直)	
680	乿* ʃulmu(舒目 / 鵴)	
681	乿* ʃumigi(舒迷吉 / 深)	
682	辻* ʃunʤa(順扎 / 五)	辻华(順扎頭 / 五斗)(142) 辻月乜列(順扎必阿哈称因 / 端午)(143)
683	昼双* ʃuŋ(舒溫 / 屬)	

t

684	带甬* tada(塔答 / 礕)	
685	芧劣* tafa-buma(塔法卜麻 / 交)	
686	夋甲* taha(塔哈 / 體, 順)	
687	夭* tai(臺 / 臺)	

688	天刃*taibun(太本 / 梁)
689	天更*tai-giən(太監 / 太監)
690	天卓*taira(太乙刺 / 寺)
691	天舟*taisï(太子 / 太子)
692	帚瑪*taka(塔哈 / 且)
693	去帚叏*takura(塔苦刺 / 差, 使)
694	去帚叏艮*takura-kai(塔苦刺孩 / 差, 使)
695	甋介*taḷigian(塔里江 / 霆)
696	帚兂哭*tamagi(塔馬吉 / 霧)
697	帚屰*taŋ(塔安 / 堂)
698	有*taŋgu(湯古 / 百)
699	巴*tar(他 / 酪)
700	禾昊*tarɣun(塔溫 / 肥)
701	炎*tasha(塔思哈 / 虎)
702	(盂盂)[帚帚]艮*tata-hai(塔塔孩 / 下営)
703	帚伟叏*tati-buru(塔替卜魯 / 習學)
704	朴土*taun(套溫 / 數)
705	朴甬叏*tauda-ra(套答刺 / 還)
706	朴土叏*taun-ra(套溫刺 / 読, 罵)
707	舟亢*tə-bi(弎別 / 坐)
708	及央犀*təgdəhi(弎弎希 / 被)
709	炎光*təgirə(弎吉勒 / 徧)
710	卒本*təkər(弎厄 / 今)
711	卒圶*təktun(弎屯 / 常)
712	平屈*təmɣə(弎厄 / 駞)
713	交夆*təniho(弎你和 / 危然)
714	为夆史*təŋla-ru(謄剌魯 / 謄寫)
715	卑*təu(頭 / 斗)
716	卑北叏卉屯右*təuja-buru(頭牙卜魯 / 伝)
717	卑文*təu-mu(頭目 / 頭目)
718	劣兆*tifa(替法 / 泥)
719	伟艮斥*tihaigi(替孩吉 / 従, 随)

693	去帚叏甫凸(塔苦刺謙師 / 遣師)(144)
709	炎光汞卓(弎吉勒答失剌 / 徧覆)(145)
711	卒圶肖衤(弎屯八哈別 / 永享)(146)
716	卑北叏卉屯右(頭牙卜魯拙厄林眛 / 伝報)(147)
719	伟艮斥祊炎(替孩吉厄兀魯 / 隨即)(148)
	伟艮斥枭伇(替孩吉諸勒[諸勒勒] /

		從前(149)
720	禿*tiho(替和 / 鷄)	
721	金发*tiktan(替彈 / 度)	
722	桒甬夨*tinda-mai(聽答理 / 放)	
723	伩夂*tiŋ(替因 / 厅)	
724	禿舟*tirəku(替勒庫 / 枕)	
725	五*tobŏhon(脱卜歡 / 十五)	五日(脱卜歡一能吉 / 望)(150)
726	为氕*togo(脱戈 / 線)	
727	伩*toko(禿科 / 表)	
728	有芀*tolhin(脱與 / 夢)	
729	叏壬右*tomsun-məi(貪孫眛 / 收)	
730	桒阜*tondo(団朶 / 忠)	
731	岺朿*tonʤu-ra(団住剌 / 選)	
732	咒枙主*tonhia-sun(団下孫 / 看守)	
733	屯*towoi(脱委 / 火)	
734	邑枇*tubi(禿必 / 網)	邑枇丞车丞(禿必巴式屯 / 網常)(151)
735	为臾*tuəhə(禿榦黑 / 授)	
736	夲*tuɤə(禿厄 / 冬)	夲屯(禿厄厄林 / 冬)(152)
737	柴舟*tufən(禿番 / 鐙)	
738	羊朿*tufu(禿府 / 鐙)	
739	広夹*tugi(禿吉 / 雲)	
740	邑伏*tu-gio(突厥 / 突厥)	
741	卦刃*tuibun(退本 / 請)	
742	卦夫*tuiburan(退卜連 / 延)	卦夫炎右(退卜連兀里眛 / 延留)(153)
743	邑亥夨*tula-mai(禿剌埋 / 図)	
744	再伩*tulilə(禿里勒 / 外)	再伩伩(禿里勒捏兒𣄤 / 夷人)(154) 再伩主夲(禿里勒式厄 / 外面)(155) 再伩夹仟(禿里勒禿魯溫 / 夷)(156)
745	瓦土*tulun(禿魯溫 / 陰)	
746	乔*tuŋ(通 / 通)	
747	方*tumən(土滿 / 萬)	方乏禹(土滿塞革 / 萬壽)(157)
748	丞杰丈*tunʤa-ru(屯扎魯 / 鎮守)	
749	卟朶*tuŋ-ʤi(同知 / 同知)	
750	卟厔*tuŋɤə(桶厄 / 胸)	
751	卟夹*tuŋkən(同肯 / 鼓)	

752	反爻*tura(禿剌 / 柱)	
753	亡彔爻*turga-ra(禿魯哈剌 / 視, 覽, 望)	亡彔爻羌机圭(禿魯哈剌団下孫 / 看守)(158)
754	关仟*turɣun(禿魯溫 / 情, 綠))	关仟夬朿(禿魯溫都言 / 緣故)(159)
755	反甲*turha(禿哈 / 瘦)	
756	关件右*tuti-məi(禿替昧 / 出)	
757	庅臬*tuwəhə(禿幹黑 / 果)	
758	夰杲卅*tuwə-həi(禿幹黑 / 落)	
759	呑*ʧa(茶 / 茶)	
760	呑厓*ʧahan(察罕 / 尺)	
761	盀甲*ʧauha(鈔哈 / 武, 軍)	盀甲昦叐卅(鈔哈厄者黑 / 武職)(160)
762	夹益右*ʧəndə-məi(千弎昧 / 考)	夹益右夲札(千弎昧団住剌 / 考選)(161)
763	夹尙*ʧən-hu(千戶 / 千戶)	
764	亦关*ʧəni(車你 / 遭, 次)	
765	圩庆爻*ʧinga-ra(稱哥剌 / 受用)	
766	乱艻*ʧui(出衛 / 翠)	
767	乱夂*ʧu-iŋ(出因 / 処)	乱夂杰叒爻(出因扎撒剌 / 処治)(162)
768	乱及*ʧuŋ(出溫 / 重, 充)	乱及甬土(出溫都魯溫 / 重陽)(163)
769	伏乱荓貝*ʧurʧuwa-hai(出出瓦孩 / 照)	伏乱荓貝旡花斥(出出瓦孩革勒吉 / 照例)(164) 伏乱荓貝仸屯(出出瓦孩塔以 / 照依)(165)

u		
770	肻*ubu(兀卜 / 分)	
771	叏屖*udiɣə(兀的厄 / 野)	叏屖父(兀的厄兀里彦 / 野豬)(166) 叏屖得列(兀的厄母林 / 野馬)(167) 叏屖宧(兀的厄厄恨 / 野驢)(168) 叏屖件(兀的厄捏兒厤 / 野人)(169)
772	闬柁右*udʒəbi-məi(兀者必昧 / 敬)	
773	闬羋*udʒəi(兀者 / 重)	
774	肻*udʒu(兀住 / 頭)	肻伃頁仸右(兀住康克勒昧 / 叩頭)(170)
775	肻亥貝*udʒula-hai(兀住剌孩 / 酋長)	
776	全北*ula(兀法 / 面)	
777	中氺*uihan(委罕 / 牛)	

778	夵臾*uihə(委黑 / 齒)	
779	攴*uilə(委勒 / 事)	
780	朩臾*ujəhə(兀也黑 / 角)	
781	勺判右*ujə-məi(衛也眛 / 奪)	
782	九*ujəwun(兀也黑 / 九)	
783	土*ujəwunʤu(兀也溫住 / 九十)	
784	臾列*ukʧin(兀稱因 / 甲)	
785	秂*ula(兀剌 / 江)	
786	攵*ulɣian(兀里彥 / 豬)	
787	枀兂*ulɣuma(兀魯兀馬 / 野鷄)	
788	斗去号*ulhu-burən(兀忽卜連 / 曉諭)	
789	屯在卆*ulhuhun(兀魯忽洪 / 軟)	
790	去卆右*ulhun-məi(幹洪眛 / 包)	去卆右关盂甬夨(幹洪眛安失荅剌 / 包含)(171)
791	臾列*ulin(兀里因 / 財)	
792	枀屯*ulirin(兀里厄林 / 倫)	枀屯乬年兑(兀里厄林多羅幹薄 / 倫理)(172)
793	去弓*ulu(兀魯 / 棗)	
794	肻*umə(兀脈 / 不許)	
795	生吞帀*umiaha(兀減哈 / 虫)	
796	夫卓*umi-ra(兀迷剌 / 飮)	
797	兴立*un(武恩 / 穩)	
798	去立*urən(幹恩 / 雖然)	去立南尾(幹恩一那 / 雖是)(173)
799	店仟叐条*urǧunʤə-rə(幹溫者勒 / 喜, 歡)	
800	灻右*uri-məi(兀里眛 / 留)	灻右牟圤丈(兀里眛頭牙卜魯 / 留伝)(174)
801	毡仹*uriti(兀里替 / 北)	
802	兴千*urmə(兀魯脈 / 針)	
803	失臾*uru-hə(兀里黑 / 熟)	
804	伩伦叓*urulə-bi(兀魯勒別 / 準)	
805	交朿*uruma(兀魯麻 / 強)	交朿庢夊(兀魯麻弗塞登 / 強盛)(175)
806	枀夲*usətən(兀塞天 / 種)	
807	舟条爻*usga-buran(兀速哈卜連 / 怨)	
808	馬卆*ushun(兀速洪 / 生)	馬卆失臾(兀速洪兀魯黑 / 生熟)(176)

809	弇圡*usun(兀速溫 / 貧)	
810	杀列*uʃin(兀失因 / 田)	
811	斧𠮛夭*wadu-ra(瓦都剌 / 殺)	
812	斧赤*wasï(瓦子 / 瓦)	
813	杀臾*wəhə(斡黑 / 石)	
814	冬盂*wəʃi(斡失 / 上)	
815	冬盂丈*wəʃi-buru(斡失卜魯 / 昇)	冬盂丈伏臾(斡失卜魯脈兒黑 / 昇賞)(177)

제7절 『여진역어』 '잡자'의 여진 어휘에 대한 문제

1. 불필요한 격어미가 첨가된 단어

1) 乞*-i. 비음이 아니거나 또는 모음으로 끝나는 단어에 붙은 속격 어미

夭乞*[abuga-i] 阿卜哈以 / 하늘의(天)

垒乞*[buɣa-i] 卜阿以 / 지방의(地方)

东史乞*[fuɣə-i] 弗厄以 / 옛(旧)

岸夹乞*[gahua-i] 哈化以 / 취한(取)

2) 关*-ni 비음으로 끝나는 단어에 붙은 속격 어미

圄圡关*gurun-ni 國倫你 / 나라의(國)

釆尓关*həʧə-ni 黑車你 / 성의(城)

坐庠关*hoto-ni 和脫斡你 / 못의(池)

凪兎关*hagan-ni 罕安你 / 황제의(皇帝)

秀关*əʒən-ni 厄然你 / 주인의(主)

3) 史*-bə 여성모음과 중성모음이 끝나는 단어에 붙은 대격 어미

　　血盂史*ʤuɣə-bə 住兀伯 / 길을(道)
　　旻史*əhə-bə 厄黑伯 / 악을(惡)
　　攴史*uilə-bə 委勒伯 / 일을(事)
　　千列史*halin-bə 哈里因伯 / 조정을(朝廷)
　　半史*məʒilən-bə 脈日藍伯 / 마음을(心)
　　孛屄史*mərɣə-bə 脈魯厄伯 / 뜻을(意)
　　禸史*hərusə-bə 赫路塞伯 / 언어를(言語)
　　羋杀史*ʤoni-bə 卓你伯 / 칼끝을(鋒)
　　毛屄史*irɣə-bə 一兒厄伯 / 백성을(百姓)

4) 承*-ba 남성모음이 끝나는 단어에 붙은 대격 어미

　　丂帯承*nita-ba 逆塔巴 / 약함을(弱)
　　岙发承*tiktan-ba 替彈巴 / 제도를(度)
　　皀扎承*tubi-ba 禿必巴 / 망, 거물을(網)

5) 疣*-bo 원순광모음으로 끝나는 단어에 붙은 대격 어미

　　飛斥疣*doro-bo 多羅斡薄 / 법을(法)

6) 枭*-do 남성모음이 끝나는 단어에 붙은 여위격(與位格) 어미

　　夲枭*buɣa-do 卜阿朶 / 지면에(地面)
　　玫炙枭*fondo-do 伏灣朶 / 때에(時)
　　禸求枭*andan-do 岸丹朶 / 길거리에(沿途)

7) 斥*-gi 조격 어미

丢斥*alawa-gi 阿剌瓦吉 / 굴레로(勒)

卫斥*ərə-gi 厄勒吉 / 이로(此)

史斥*golmi-gi 戈迷吉 / ~~(寬[長])

伞斥*guri-gi 古里吉 / 옮겨서(移)

角委斥*dihər-gi 的黑黑[里]吉 / 돌아가서(帰)

件且斥*tihai-gi 替孩吉 / 쫓아서(從)

尢屌斥*dʒaʃir-gi 扎失兒吉 / 영, 우두머리로(令)

夯花斥*gələ-gi 革勒吉 / 예로(例)

夯厓斥*hərəɣə-gi 赫兒厄吉 / 등급으로(級)

8) 件*-ti 탈격 a 어미

先夷件*ʃiraha-ti 失剌哈替 / 예로부터(古)

2. 철자가 오류인 단어

여진자의 순서가 뒤바뀐 경우:

杰史*dʒabu 扎卜 / 숲(林)

杰史*dʒabu → 史杰*budʒa

여진자가 누락된 경우:

臬扰冗兌*dobi bono 朶必卜嫩 / 원숭이(猿)

臬扰冗兌*dobi bono → 臬夹扰冗兌*dorbi bono

夯*fandʒu-mai → 夯夹*fandʒu-mai

여진자가 잘못 쓰인 경우:

  屼列*ali-in 阿里庫 / 대야(盤)

  屼列*ali-in → **屼舟***ali-ku

여진자가 잘못 쓰인 경우:

  炚倄右 buhiən-məi 卜咸胅, **倄***hiən 賢元[賢] / 검다(玄)

  炚倄右*buhiən-məi → **炚倄右***buhiən-məi 卜咸胅

  倄*hiən 賢元[賢] / 검다(玄)

3. 뜻이 오류인 단어

  耒土*ʃiuwun 受溫 / 음지(陰)

  '陰' → ('태양'의) '陽'

  甫土*dulun 都魯溫 / 양지(陽)

  '태양(陽)' → '따뜻하다(暖)'

  坔斥*hoto 和脫斡 / 해자(池)

이 단어는 '못(池)'이 아니라 '성지, 해자(城池)'의 의미이다.

  秦夎*doho 朶和莫 / 나무(樹)

夎는 '나무(樹)'이므로, **秦**는 나무 이름일 것이다. '樹'만 표기된 것은 분명히 나무 이름을 나타내는 글자가 누락되었다.

  兲羊*mini 密你 / 나의(我)

이 단어는 제1인칭 명사의 속격이므로 '나의(我的)'로 해야 한다.

夫*əsə 厄塞 / 저들(這)

　　이 단어는 근칭 지시대명사의 복수형이므로 '저들(這些)'로 해야
한다.

乘盂*əbʃi 厄卜失 / ~으로서(以)
'~으로서(以)' → '~이래로(以來)'
尚灾帀*hula-ku 忽剌吉[苦] / 부르짖다(換)

　　'交換'의 '換'이 아니라 '부르다(叫)'의 '부르짖다(喚)'이다.

岁庆*iʃəgi 一車吉 / 새롭다(鮮)

　　'곱다'의 '鮮'이 아니라 '새롭다', '다시 한 번'의 의미이다. 이 단
어를 성색문에 배치한 것은 분명히 통용문에 '새롭다(新)'로 해석
하는 동일 단어로 오해했기 때문인데, 통용문에서 그 단어 해석
도 잘못 했다. 형용사 '새롭다'가 아니라 부사이다.

兙弓昃*bolgon / 卜魯溫 / 청결하다(靜)

　　'고요하다'의 '靜'이 아니라 '청결하다'의 '淨'이다. '靜'과 '淨'이
동음이기 때문에 단어 의미를 잘못 해석한데다가 동사 '움직이다
(動)' 다음에 두어 양자를 대립 쌍으로 만들었다.

岁土*bon 卜溫 / 시작하다(自)

　　'스스로(自)'가 아니라 '시작하다(始)'의 의미이다. 이 잘못된 해

석을 그대로 통용문에서 '自古'에 사용하여 **屶土先尭伩**와 같이 편성했는데, **先尭伩** 그 자체에 이미 '오래 전부터(古)'라는 의미가 있으므로, 앞에 불필요한 **屶土**를 덧붙인 것은 완전히 잘못된 것이다.

麦府夂*burwə 卜幹斡 / 돌려주다(與)

'주다(與)'는 **麦**만으로 어간 bu-를 나타내지만, **麦府夂**이라는 어간은 '돌려주다(返還)'라는 의미라서, '주다(與)'로 하는 것은 양자의 의미를 잘못 해석한 것이다.

秉*ləfu 勒付 / 곰(海豹)

'海豹'의 주음 한자는 '곰(熊)'과 동일한데, 후자는 다른 여진대자 **为**로 나타낸다. 회동관 『여진역어』에도 [ləfu]가 있으며 '熊'로 방역(傍譯)하는 것으로, '해표'의 주음이 잘못 쓰였을 가능성이 있다.

头斥*golmigi 戈迷吉 / 길다(寬)

'너그럽다'는 금나라 시대 여진어에서 청나라 시대 만주어까지 동형인 [onʧo]를 취하며, 따라서 이 주음 한자 '戈迷吉'이 가리키는 것은 그것이 아니라 '길다(長)'의 의미이다. 또한 '戈迷'로 주음하는 [golmi]만 '길다'라는 뜻을 나타내는 부분이고 후속하는 '吉'으로 주음하는 [gi]는 조격어미에 불과하다. 위의 문은 '불필요한 격어미가 첨가된 단어'에 올려놓았다.

4. 소속 문류가 잘못된 단어

日·*inəgi 一能吉 / 일(日)

천체의 '해'가 아니라 시간의 '일'이므로, '시령문(時令門)'에 넣어야 하며 '천문문'에는 적합하지 않다.

夲丹朱*onduhun 晚都洪 / 비다(空)

'비다'의 '空'이므로, '천문문'에 적합하지 않다.

朿臾*ujəhə 兀也黑 / 뿔(角)

'동물의 뿔'이라는 의미로, '모퉁이의 각'은 아니다. '방우문(方遇門)'에 적합하지 않다.

用羊*udʒəi / 兀者 / 무겁다(重)

'敬重'의 '중'이 아니라 '무겁다'이므로, '인사문'의 '공경하다(敬)'의 아래에 두지 못하며 '통용문'의 '가볍다' 아래에 두는 것이 옳다.

5. 여진어 문법에 맞지 않은 연어

『여진역어』에서 대다수 연어는 모두 편집자가 증보한 것이며, 그 일부는 어순을 보면 여진어 문법에 맞는 것이긴 하지만, 여진어의 연어 구성 규칙에는 맞지 않는다. 또 다른 대부분이 여진어 문법에서 벗어난 것들이다. 후자는 다시 2종류로 구분되는데, 첫 번째는 한어 문법에 따라 복수의 여진 단어를 억지로 부합시킨 것이며, 두 번째는 한어의 어의에 따라 여진어의 어의를 반대로 이해하여 억지로 연결시킨 것이다. 분석 결과에 의하면, 『여진역어』에 등장하는 대부분의 연어는 여진 사람의 손으로 만들어진 것이 아니라 사이관의 편집자에 의한 '위조'라 할 수밖에 없다. 이들 연어가 실린 문류에는 증보된 것이 많으며, 인사문, 통용문, 통첨(統添), 신증에 집중되어 다른 문류에도 다소, 그리고 여러 가지로 증보되었다.

1) 제1류의 연어: 여진어의 어순과 맞지 않은 것[6)]

① 한어의 어순 [V+O] → 여진어의 어순 [O+V]

半血右 角 / 巴住昧的 / 대적하다(對敵)

炎于奂关 古 / 伯亦沙埋恩 / 은혜에 보답하다(謝恩)

育龙 关列 / 八哈別埋因 / 녹을 누리다(享祿)

吏乇 乏启号 / 別厄卓斡卜連 / 위반함이 있다(有違)

吏乇 肩列吏 / 別厄塞因別 / 유익하다(有益)

吏岂 劣彤可 / 別弗脈阿木魯該 / 뒤에, 후에(在後)

式岜右 乗夲史 / 忒勒禿昧兀塞天伯 / 별종(別種)

仞圭 売彤斥 / 端的孫扎失兒吉 / 명령을 듣다(聽令)

乔友关 支史 / 召刺埋委勒伯 / 상주할 일(奏事)

仅关 早史 / 只速剌厄黑伯 / 나쁜 짓을 하다(作歹)

冇乇右 支史 / 拙厄林昧委勒伯 / 일을 보고하다(報事)

---

6) 가령 어순을 고쳤다 해도 여진어가 될 수 있는가는 의심스럽다. 회동관 『여진역어』와 대비하면 분명하듯이, '作歹'는 əhə ʤisu-가 되지는 않고 əhə ʤafa-가 된다. '作'을 ʤisu-로 표현하는 것은 분명히 한어에 견인된 억지 번역이다.

岸夬朼夬 矢卓 / 哈沙下剌者車 / 침범하는 변방(犯邊)

尚 叧苹 / 忽捏苦魯 / 친구를 부르다(呼朋)

写夬見 凡仸 / 一立受孩背勒 / 관을 설치하다(設官)

吳尤夬 乘夗 / 牙魯乖埋分厄 / 규합하다(糾合)

吳尤夬 禹立 / 牙魯乖埋革恩 / 무리를 모으다(糾衆)

去帚夊 甬芭 / 塔苦剌謙師 / 선생을 파견하다(遣師)

② 한어의 어순 [전치사+N] → 여진어 어순 [N+후치사]

夌光乘卓 / 弍吉勒答失剌 / 偏覆(어순뿐만 아니라 한어의 해석도 잘못된 것.)

並土 先夬仸 / 卜溫失剌哈替 / 自古(여진어 어순으로 고쳐도 문법에 맞지 않음.)

仸見斥 乗仸 / 替孩吉諸勒[諸勒勒] / 이전에 따르다(從前)(여진어 어순으로 고쳐도 문법에 맞지 않음.)

③ 한어의 어순 [V+N] → 여진어의 어순 [N+V]

伏氻巿見 禹花斥 / 出出瓦孩革勒吉 / 조례(照例)

伏氻巿見 戔虫 / 出出瓦孩塔以 / 의지하다(照依)

2) 제2류의 연어: 어구 성형이 여진어 문법에 맞지 않은 것

① 잉여 성분+동사

夲尚厓夬 / 背也忽如剌 / 활 겨루다(鞠弓)

其圡金夬 / 其兀伯申 / 탐구하다(求討)

①-1 동사+잉여 성분

兄犀盂攵 / 撒希西因 / 잘 알다(知悉)

② 잉여 성분+명사

   皋耒攵仈 / 朶申因勒 / 함께 끌어들이다(引類)

②-1 명사+잉여 성분

   桼甬且仟 / 岸答孩捏兒麻 / 손님(賓客)

   仺羋仟 / 黑黑厄捏兒麻 / 부인(婦人)

   夨厓仟 / *udigə niarma / 兀的厄捏兒麻 / 야인(野人)

③ 잉여 성분+부사

   夂亥甬芈丹 / 厄木剌亦宣都 / 서로(互相)

   佧且乕竝乄 / 替孩吉厄兀魯 / 곧(隨卽)

④ 잉여 성분+형용사

   扺夭耒叓秀 / 革洪約斡洪 / 명백하다(明白)

⑤ 동사의 형태가 여진어 문법에 맞지 않은 것

   屴乩乄店冬 / 阿里卜爲卜斡斡 / 급여, 나누어주다(給與)

   关呑尤兵右 / 安察別番住昧 / 추구하다(追求)

   仾尢夭夊 / 答別剌魯 / 주석하다, 관리하다(備寫)

   仍壬秀且 / 端的孫哈答孩 / 새로운 소식을 듣다(聽信)

   肯臮忢用 / 厄忒黑阿剌哈 / 승부하다(勝負)

   朴判夂乑右 / 貴也魯弗忒昧 / 되돌려 보내다(伴送)

   룩刋伞乕 / 弗里随古里吉 / 전달하다(行移)

   夭夂攵亥夊 / 剌魯木忒卜魯 / 글을 쓰다(寫成)

   庍兵尢舟叓 / 瑣迷別忒別 / 은둔해 살다(潛居)

   伞圤夨市屯右 / 頭牙卜魯拙厄林昧 / 소식을 전하다(傳報)

   卦夫氺右 / 退卜連兀里昧 / 연기하여 머물다(延留)

亡朿夭卯札圭 / 禿魯哈剌団下孫 / 지키다(看守)

車列兄犀 / 厄申撤希 / 모르다(不知)

車列关益 / 厄申殿式 / 모이지 않다(不會)

⑥ 연어의 구성이 여진어 문법에 맞지 않은 것

仐広夬 / 卜楚禿吉 / 안개(霞)

虎斥充糸发孞 / 多羅斡薄替彈巴 / 법도(法度)

肖犮围土羊 / 杜里剌國倫你 / 중국(中國)

旻史仟 / 厄黑伯捏兒麻 / 나쁜 사람(歹人)

牶羊仟 / 厄然你捏兒麻 / 주인(主人)

牶羊东 / 厄然你府 / 주보(主輔)

再仵仟 / 禿里勒捏兒麻 / 오랑캐(夷人)

五斥角屯 / 厄勒吉扎以 / 이 때문에(因此)

夯昊亭屈史 / 哈答溫脈魯厄伯 / 성의(誠意)

岜杌承夲丢 / 禿必巴式屯 / 윤리(綱常)

岸羊史甬乣斥 / 卓你伯答出吉 / 날카롭고 민첩하다(鋒銳)

再仵仟 / 禿里勒捏兒麻 / 오랑캐 사람(夷人)

再仵玉夲 / 禿里勒式厄 / 외면(外面)

再仵头仟 / 禿里勒禿魯溫 / 오랑캐의 뜻(夷情)

朵屯虎斥充 / 兀里厄林多羅斡薄 / 윤리(倫理)

3) 제3 유형의 연어: 한어의 어의에 의해 끌어 모은 것

卒列吏夷㐌 / 愛因別赤巴勒 / 반드시(務要)

妥屯夯花斥 / 塔以革勒吉 / 예에 따르다(依例)

尓朿乆卺屯右 / 召剌埋拙厄林眛 / 보고를 올리다(奏報)

角委斥妥巾 / 的黑黑[里]吉塔哈 / 귀순하다(歸順)

盂关忙屯列 / 脈[厄]兒革以哈你因 / 파는 물건(方物)

叁尽仟 / 弗只希捏兒麻 / 부하(部下)

凡斥可走 / 弗里吉該別 / 장차 명령하다(命將)

立斥甬忙 / 厄勒吉扎以 / 이 때문에(因此)

去立甬尼 / 幹恩一那 / 비록 ~일지라도(雖是)

奇苹甬尼 / 革木兒一那 / 전혀(都是)

乚杀戈斥 / 厄木你哥塞 / 일반(一般)

矢关忙耒关 / 革卜禿魯哈剌 / 명망(名望)

戈斥尚号 / 戈迷吉果卜連 / 너그럽게 용서하다(寬饒)

扣千丰更另 / 革洪約幹洪 / 명백하다(明白)

可走栄舟 / 該別禿番 / 순조롭게 나아가다(將就)

尨炎孛艮 / 晩灣半的孩 / 어떻게 태어나다(怎生)

禾艮弓玉本 / 木者革弍厄 / 당면하다(當面)

吳土兄夕 / 古溫上江 / 백옥(玉白)

尹亥矢衆走 / 哈答剌埋答魯別 / 명령에 따르다(率領)

庋弓斥庋夬天 / 哈剌魯幹哈沙剌 / 승리의 소리(捷音)

呈加房可 / 皇阿木魯該 / 황후(皇后)

札伏带天 / 延脈兒塔剌 / 잔치하다(宴犒)

寅斥朿乩 / 克安分厄 / 맞추다(勘合)

禾斥店仟艮余 / 莽吉幹溫者勒 / 즐거워하다(可嘉)

禾艮弓玉本 / 木者革弍厄 / 당면하다(當面)

朿甲另孛艮 / 南哈洪半的孩 / 안전하게 살다(安生)

札夂杰茶天 / 出因扎撒剌 / 처치하다(處治)

札及甬土 / 出溫都魯溫 / 중양절(重陽)

그 외에 일부 연어는 여진어 문법과 겉보기만으로는 유사한데, 그것이 확실하게 당시 여진 사람의 언어 실정을 반영하고 있는지

아닌지는 의문의 여지가 있다. 예를 들면,

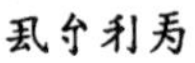 / 嫩江申革 / 청색 쥐(靑鼠)

즉, '靑+鼠'이다. 다만, 회동관 『여진역어』와 만주어에서 그 단어는 [ulhu]이다.

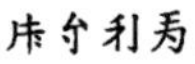 / 瑣江申革 / 누른 쥐(黃鼠)

즉, '黃+鼠'이다. 다만, 회동관 『여진역어』와 만주어에서 그 단어는 [solohi]이다.

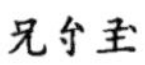 / 上江塞勒 / 주석(錫)

즉, '白+鐵'이다. 다만, 회동관 『여진역어』와 만주어에서 그 단어는 각각 [toholo], [toholon]이다.

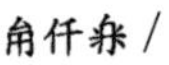 / 的溫阿揑 / 내년(來年)

즉, '來+年'이다. 다만, 회동관 『여진역어』와 만주어의 '明年'은 각각 [isu ania]와 [isun ania]이다.

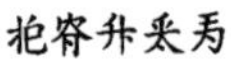 / 革揑黑塞革 / 세월이 지나다(去歲)

즉, '去+歲'이다. 다만, 회동관 『여진역어』와 만주어에서 '去年'은 각각 [duʧa ania], [dulə-kə ania]이다. 여진어의 동사 gənə-는 '가다'라는 뜻인데, 바로 dulaə-이 '지나가다'라는 뜻을 지닌다.

6. 동사의 형상에 있는 불통일성

『여진역어』에 수록된 다수의 동사에 접속하는 형태어미는 통일된 형식을 취하지 않으며 종지형, 형동사형, 부동사형 또는 동사 어간과 같은 다양한 형식으로 되어 있다. 이런 문제는 갑종본『화이역어』에도 나타나는데, 이것은 기껏해야 소수에 그치고 대부분은 동사 어간 그 자체로 표시된다. 그런데『여진역어』의 동사 형태어미를 보면, 아래와 같이 18종류에 이를 정도로 뒤섞여 있다. 뒤에 회동관『여진역어』는 그것을 이어받았다. 더 나아가, 동일한 동사 어미가 다른 표음자로 표기되는 것도『여진역어』에 속하는 특징이라 할 수 있다.

1) 동사 어간형

苏兑*tuəhə 禿斡黑 / 주다(授)

式兑*dəlhə 忒勒黑 / 이별하다(離)

炅东*ʤəfu 者弗 / 밥(食)

委店冬*burwə 卜斡斡 / 주다(與), 반환하다(返還)

关益*dəndə 殿忒 / 모이다(會)

令*inʤə 印者 / 웃다(笑)

枭夭*doʃin 朶申 / 나가다(進)

金夭*baiʃin 伯申 / 정벌하다(討), 찾다(尋)

去雨夾*takura 塔苦剌 / 어긋나다(差), 시키다(使)

凥枭杲*bodolo 卜朶羅 / 달리다(趕)

夯伃伬*gətilə 革替剌 / 얼다(凍)

龙夾*gədən 革登 / 가다(往)

角仟*diɣun 的溫 / 오다(來)

卦刃*tuibun 退本 / 청하다(請)

写刃*ilibun 一立本 / 서다(立), 세우다(豎)

卦刃*jabun 牙步 / 달리다(走)

予刃*mutabun 木塔本 / 돌다(回), 돌아오다(還)

2) 동사 현재시 어미 -bi

伩伩更*urulə-bi 兀魯勒別 / 법도(準)

3) 동사 현재시제 어미 -ra(夭, 尖, 卓) / -rə(奈, 卍)

芉秦夭*dirga-ra 的兒哈剌 / 즐긴다(樂), 쾌락(快樂), 쾌활(快活)

关盂甬夭*amʃida-ra 安失答剌 / 머금다(含)

杰茶夭*dʑasa-ra 扎撒剌 / 다스린다(治)

冼犀夭*fuihi-ra 肥希剌 / 성낸다(怒), 괴로워한다(惱)

岸癶朳夭*gaʃahia-ra 哈沙下剌 / 범한다(犯)

庆癶夭*habʃa-ra 哈沙剌 / 알린다(告)

丗甬夭*guida-ra 貴答剌 / 늦다(遲)

犮丹夭*wadu-ra 瓦都剌 / 죽인다(殺)

寸戈夭*ʃinga-ra 稱哥剌 / 받아들인다(受用)

玊乏夭*ʃina-ra 申納剌 / 시름한다(愁)

它秦夭*turga-ra 禿魯哈剌 / 본다(視), 관람한다(覽), 바라본다(望)

尙角夭*hudi-ra 忽的剌 / 노래 부른다(唱)

厓夭*huʒu-ra 忽如剌 / 몸을 기울이거나 머리를 숙인다(鞠躬)

厼乏夭*mana-ra 麻納剌 / 토양(壞)

攵仗夭*mubun-ra 木本剌 / 돕는다(裨)

光夹夭*nogi-ra 嫩吉剌 / 첨가한다(添), 더한다(加)

兄甬炙*sabda-ra 撒答剌 / 샌다(漏)

癸炙*tondʒu-ra 团住剌 / 뽑는다(選)

仔爻*dʒisu-ra 只速剌 / 만들다(作)

补甬爻*tauda-ra 套答剌 / 돌아온다(還)

补土爻*taun-ra 套溫剌 / 읽는다(讀), 꾸짖는다(罵)

甬刋卓*idʒa-ra 一乍剌 / 모인다(聚會)

汞卓*daʃi-ra 答失剌 / 덮는다(覆)

太卓*umi-ra 兀迷剌 / 마신다(飲)

为余*dədu-ra 忒杜勒 / 잔다(睡)

店仟旻余*urɣundʒə-ra 斡溫者勒 / 기쁘다(喜), 반긴다(歡)

庥秕余*əbi-rə 厄必勒 / 배부르다(飽)

兆佬余*gələ-rə 革勒勒 / 두려워한다(懼, 怕)

乜玐*i-rə 以勒 / 들어간다(入)

4) 동사 과거시 어미 -ha(丏) / -ka(用) / -hə(臾) / -ho(夭) / -ku(币)

尼弓丏*dʒalu-ha 扎魯哈 / 찼다(盈, 滿)

氺丏*gisa-ha 吉撒哈 / 부수었다(碎)

屮用*ala-ka 阿剌哈 / 패했다(敗)

兂用*gală-ka 哈勒哈 / 갰다(晴)

扗臾*əi-hə 厄一黑 / ~한 적이 없었다(不曾)

半史臾*əlbə-hə 恩伯黑 / 출산했다(出産)

仐佬臾*ələ-hə 厄勒黑 / 있었다(自在)

肓臾*ətə-hə 厄忒黑 / 이겼다(勝)

失臾*uru-hə 兀魯黑 / 익었다(熟)

朿氻夭*sokto-ho 瑣脫和 / 취했다(醉)

肖交币*hula-ku 忽剌吉[苦] / 불렀다(換[喚])

汖耎*sori-ku 瑣里都蛮[苦] / 싸웠다(戰, 廝殺)

5) 동사 원망형 어미 -hi(屌)

兄屌*sa-hi 撤希 / 알다(知)

6) 동사 명령형 어미 -sun(主)

仍主*dondi-sun 端的孫 / 들어라(聽)
兜扎主*tonhia-sun 団下孫 / 지켜라(看守)

7) 형동사 현재미래시 어미 -ru(史)

冬盂艾*wəʃibu-ru 斡失卜魯 / 오르다(昇)
虬艾*ajubu-ru 阿于卜魯 / 구하다(救)
帯伴艾*taltibu-ru 塔替卜魯 / 배우다(習學)
夋盂矢艾*kəʃigəbu-ru 克失哥卜魯 / 근심하다(悶, 憂)
攵亥艾*mutəbu-ru 木忒卜魯 / 작성하다(作成)
卑圤艾*təujabu-ru 頭牙卜魯 / 전하다(傳)
朴判史*gujə-ru 貴也魯 / 짝짓다(伴)
伍史*ʤisu-ru 只速魯 / 만들다(做)
东亏史*funia-ru 弗捏魯 / 염원하다(念)
伴臾史*gaʤa-ru 合扎魯 / 구하다(要)
先史*ʃira-ru 失剌魯 / 습격하다(襲)
为矢史*təŋla-ru 謄剌魯 / 등사하다, 베끼다(謄寫)
丞杰史*tunʤa-ru 屯扎魯 / 진을 지키다(鎭守)
艾丹史*həndu-ru 恨都魯 / 말하다(說)

天丈 *la-ru 刺魯 / 쓰다(寫)

吞舟丈 *miaku-ru 滅苦魯 / 꿇어앉다(跪)

伏气丈 *soŋgo-ru 桑戈魯 / 울다, 곡하다(哭)

齐東 *aʧidu-ru 阿赤都魯 / 움직이다(動)

8) 형동사 사역, 수동형 어미 -buran(丈) / -burən(号)

舟秦丈 *usga-buran 兀速哈卜連 / 원망하다(怨)

卦丈 *tui-buran 退卜連 / 이끌다(延)

宅店号 *ʤor-burən 卓斡卜連 / 어기다(違)

斗去号 *ulhu-burən 兀忽卜連 / 효론하다(曉論)

尚号 *go-burən 果卜連 / 너그럽다(饒)

9) 형동사 과거시 어미 -hai(见) / -həi(升)

乑见 *bandi-hai 半的孩 / 태어났다(生)

斥土灰见 *alʃumla-hai 安春溫刺孩 / 베를 짰다(織金)

伏虬斧见 *ʧurʧuwa-hai 出出瓦孩 / 비추었다(照)

甬灰见 *uʤula-hai 兀住刺孩 / 두목이었다(酋長)

寿见 *hagda-hai 哈答孩 / 믿었다(信), 성실했다(誠)

付釆朿见 *hafuʤa-hai 哈富扎孩 / 통과했다(透)

去币芟见 *takura-hai 塔苦刺孩 / 어긋났다(差), 시켰다(使)

盎盎见 *tata-hai 塔塔孩 / 하영했다(下營)

岺见 *hula-hai 虎刺孩 / 도둑질했다(賊)

写釆见 *iliʃiu-hai 一立受孩 / 베풀었다(設)

庳冬升 *burwə-həi 卜魯斡黑 / 잃어버렸다(失)

尕禾升 *buʧə-həi 卜車黑 / 죽었다(死)

卓並升*əndə-həi 恩忒黑 / 죄지었다(罰)

夯乑升*tuwə-həi 禿幹黑 / 떨어지다(落)

釆禾升*funʧə-həi 分車黑 / 나(余)

抱容升*gənə-həi 革捏黑 / 갔다(去)

其禾升*kiʧə-həi 其車黑 / 사용했다(用)

10) 형동사 어미 -sui(卅)

东卅*a-sui 阿隨 / 없다(無)

弓卅*fuli-sui 弗里隨 / 가다(行)

11) 비완료 부동사 어미 -mai(夨) / -məi(右)

尿夨*ala-mai 阿剌埋 / 같다(似)

炏于炙夨*bailʃa-mai / 伯亦沙埋 / 사례하다(謝)

矛夵夨*ʤaula-mai 召剌埋 / 진나라(秦)

长夵夨*ʤila-mai 只剌埋 / 불쌍하다(憐)

艾夵夨*ʤinla-mai 眞剌埋 / 보배(珍)

庆炙夨*habʃa-mai 哈沙里 / 고하다(告)

尹夵夨*kadala-mai 哈答剌埋 / 피리(管)

手炙夨*ʃauʃa-mai 少沙里 / 정벌하다(征)

乱夵夨*ʃəla-mai 舍剌埋 / 집, 머물다(舍)

邑夵夨*tula-mai 禿剌埋 / 그리다(圖)

尚甬炙夨*hudaʃa-mai 忽答沙埋 / 팔다(賣)

朱夨*iʃi-mai 一十埋 / 이르다(至), 도착하다(到)

吴尢夨*jarugoi-mai 牙魯乖埋 / 끌어모으다(糾)

尹夵夨*kadala-mai 哈答剌埋 / 관(管)

伏亥夨 *laula-mai 老刺埋 / 일하다(勞)

叟伇夨 *nəkulə-mai 捏苦勒埋 / 사료하다(結交)

肖夨 *odon-mai 斡端埋 / 허락하다(許)

朿亥夨 *tsïla-mai 賜刺埋 / 하사하다(賜)

喿甬夨 *tinda-mai 聽答埋 / 내쫓다(放)

半血右 *baʤu-məi 巴住眛 / 대답하다(對)

夭休右 *dauli-məi 道里眛 / 닿다(搶)

金丹右 *aiwandu-məi 愛晚都眛 / 사다(買)

圭判右 *dəjə-məi 忒也眛 / 일어나다(起)

式邑右 *dəltu-məi 忒勒禿眛 / 헤어지다, 나누다(別)

丹呉右 *dugu-məi 都古眛 / 치다(打)

恭立右 *dulən-məi 都厄恩眛 / 지나가다(過)

夭朵右 *ʤəgʤə-məi 者只眛 / 삼가다(謹)

卉屯右 *ʤorin-məi 拙厄林眛 / 갚다(報)

血禾彡右 *ʤuktə-məi 住兀忒眛 / 높다(尊)

呆右 *fanʤu-məi 埋番住(番住埋) / 묻다(問)

承右 *fudə-məi 弗忒眛 / 보내다(送)

伞右 *guri-məi 古里眛 / 옮기다(遷)

叟圭右 *tomsun-məi 貪孫眛 / 거두다(收)

关件右 *tuti-məi 禿替眛 / 나다(出)

夹益右 *ʧəndə-məi 千忒眛 / 상고하다(考)

用杞右 *uʤəbi-məi 兀者必眛 / 공경하다(敬)

为判右 *ujə-məi 衛也眛 / 빼앗다(奪)

去乇右 *ulhun-məi 斡洪眛 / 싸다(包)

氺右 *uri-məi 兀里眛 / 머물다(留)

㐹俑[俑]右 *buhiən-məi 卜咸眛 / 의심하다(疑)

隼判右 *bujə-məi 背也眛 / 사랑하다(愛)

同同右*jojo-məi 約約昧 / 굶주리다(飢)
舟爽佬右* kəŋkələ-məi 康克勒昧 / 고두하다(叩頭)
肖肯右*sahada-məi 撒[哈]答昧 / 주위를 치다(打圍)

12) 사역, 수동태 비완료 부동사 어미 -buma(劣) / -fumə(岢)

于斗劣*iri-buma 一的卜麻 / 어루만져 구하다(撫恤)
芈劣*tafa-buma 塔法卜麻 / 교류하다(交)
壳盆劣*dəgdə-buma 忒忒卜麻 / 진공하다(進貢)
更岢*bi-fuma 別弗脈 / 있다(在)

13) 분리부동사 어미 -bi(龙)

甬伞龙*duʃan-bi 都善別 / 근면하다(勤)
芺龙*ʤafa-bi 扎法別 / 사로잡다(擒, 捕)
关吞龙*amʧa-bi 安察別 / 뒤쫓다(追)
肓龙*baha-bi 八哈別 / 얻다(得, 獲)
厌龙*kala-bi 哈剌別 / 고치다(改)
南吞龙*haʧa-bi 哈察別 / 보다(見)
炏龙*da-bi 答別 / 준비하다(備)
臾龙*dalu-bi 答魯別 / 옷깃(領)
可龙*gai-bi 該別 / 장차(將)
于弓龙*ilu-bi 一魯別 / 말 타다(騎)
本吞龙*omia-bi 斡滅別 / 모이다(會)
秖龙*sabi-bi 撒必別 / 계략, 계획하다(計)
肀兵龙*somi-bi 瑣迷別 / 잠기다(潛)
舟龙*tə-bi 忒別 / 앉다(坐)

14) 분리부동사 어미 -fi(平, 米)

朩盂平*ʤaʃi-fi 扎失非 / 분부하다(吩咐)

夅米*o-fi 斡非 / 행하다(爲)

15) 사역, 수동태 분리부동사 어미 -buwi(乩)

此乩*ali-buwi 阿里卜爲 / 나누어주다(給)

兵巿乩*mita-buwi 密塔卜爲 / 물러나다(退)

16) 조건 부동사 어미 -gisa(氺)

犾氺*əi-gisa 厄一吉撒 / 불가하다(不可)

矢盂氺*ʤəʃi-gisa 者失吉撒 / 공유하다(哄誘)

17) 조건 부동사 어미 -bal(岦)

更秉岦*bitʃi-bal 別赤巴勒 / 반드시(務要)

18) 한계부동사 어미 -tala(巿炎)

伏巿炎*mər-tala 脈兒塔剌 / 호궤하다(犒)

제8절 『여진역어』 '잡자'의 주음 한자

『여진역어』의 '잡자' 주음 한자에 반영된 여진어 음운은 편집자가 사이관에 체재하는 여진 사람의 발음을 기준으로 한 것이며, 한편으로는 주음 한자가 반영된 한어의 음운은 명나라 초기의 경기(京畿) 지방의 북방 한어이다. 이런 특정한 시기·지역의 한어는 금·원 시대의 중원(中原) 아음(雅音)을 계승한 것이라고 하면서도 몇몇 방면에서는 이미 그와 분명한 이동이 나타나고 있다. 주백안(朱伯顔)의 『몽고자운(蒙古字韻)』(1308)과 주덕청(周德清)의 『중원음운(中原音韻)』(1324)은 근세 한어의 음운 형성을 대표하는 표지(標識)이며 그들에 반영된 중원 아음에서는 입성 운미가 소멸되어 입성이 양평, 상, 거성, 3종류의 성조에 배치되었다. 이런 음운 변화 발생 시기는 실제로는 북방 한어에서는 훨씬 이르다. 필자의 거란대소자와 금나라 시대 여진대자에 대한 연구 결과에 따르면, 요나라 시대의 거란인이 접촉한 북방 한어는 입성 운미에서 -k와 -t가 오래전부터 사라졌으며 -p만이 잔존하였는데, 이 -p는 금나라 시대 여진 사람이 접촉한 북방 한어에는 현저한 존재 흔적이 이미 사라진 것이 증명된다.[7] 『몽고자운』의 담(覃)·침(侵) 2운 및 『중원음운』의 감함(監咸)·염섬(廉纖)·침심(侵尋) 여러 운부에는 여전히 운미 -m이 보존되어 있어, -m의 -n과 -ŋ으로의 전화(轉化)에 대해 부분적 전화에서 완성에 이른 시기는 14~16세기 사이인 것으로 생각되는데, 여진대자에 반영된 사실에 의하면, 그러한 전화를 금나라 시대 북방 한어 방언에까지 소급할 수 있다. 그러한

---

7) 아이신기오로 울라히춘(愛親覚羅 烏拉熙春), 『거란대자연구(契丹大字硏究)』(記念金啓孮先生學術叢書之三), 東亞歷史文化硏究會, 2005, 46~47쪽; 「12~13세기의 북경음(12~13世紀の北京音)」, 『ポリグロシア(Polyglossia)』 제3권, 2000년 9월; 『여진어문자신연구(女眞語言文字新硏究)』(明善堂, 2002) 등.

생생한 음운 현상은 어떤 운서에도 기록되지 않았으나, 구체적인 연구를 해야 비로소 발견할 수 있는 것이다.

『몽고자운』의 표음 문제에 대해서는 특히 다시 한 번 살펴볼 필요가 있다. 이 책에서는 한자 발음을 파스파 자모로 표기했는데, 파스파 자모의 음가는 등운학의 수단인 성(聲)·운(韻)·등(等)·호(呼)에 의해서가 아니라 책에 실린 자모표에 따라 추정할 수 있다. 여기에 기록된 한자음은 『중원음운』과 동일한 북방 한어에 속하는 것인데, 표음이 동시대의 『중원음운』보다 한층 명확하다. 그러면서 간과할 수 없는 것은 『몽고자운』의 성운 체계에서는 몇몇 역사적 전통을 답습한 운서의 음운 부호가 북방 한어에서는 일찍부터 변화를 일으켰음에도 불구하고 남아 있다는 것이다. 예를 들면, 송나라 시대에는 전탁 성모가 이미 소실되었고 낭모(娘母)가 니모(泥母)로, 갑모(匣母)가 효모(曉母)로, 영모(影母)가 유모(喩母)로 각각 합병되었고, 원나라 시대에는 의모(疑母)가 유모(喩母)에 합병되어 미모(微母)가 m에서 ʋ로 변화되었다. 이미 발생했던 이 음운 변화는 그 모습 그대로 『몽고자운』에 반영되지 않았으며, 그것은 성모 체계에서 여전히 수온(守溫) 36자모를 유지하고 있어, 조(照)·천(穿)·상(床)·봉(奉)과 지(知)·철(徹)·징(澄)·비(非)라는 중복된 4자를 제외하면, 여전히 32개의 성모를 보유하는데, 당시 중원 아음의 성모는 일반적으로 25개를 넘지 않는다는 것이 확인된다. 이에 의해 『몽고자운』은 현실의 음운 그대로 기록한 것이 아니라, 그 음운 체계에 반영된 것은 현실의 음운 기록과 역사적 전통 요소를 혼효하여 형성된 특정의 문어 음운, 바로 그것이라는 것을 알 수 있다. 더구나 『몽고자운』의 편집 시기는 『여진역어』보다 100년 가까이 거슬러 올라가므로, 가령 동일 지역이라고 해도 음운에 변화가 일어날 수 있다. 그러한 변화가 특히 눈에 띄는 것은 m으로 끝나는 『중원음운』의 침심(侵尋)·감함(監咸)·염섬(廉纖)과 『

몽고자운』의 담(覃)·침(侵)의 몇몇 운에 있다. 『여진역어』의 주음 한자로 표기한 여진대자 음운에서는 그 절대 다수가 이미 n으로 끝나는 음절로 변화하였다. 예를 들어, '監', '見'으로 주음 **東** *giən, '玷'으로 주음한 **老** *agdian의 어미 음절, '貪'으로 주음하는 **禿** *tan '藍'으로 주음하는 **斗** *ilan 의 어미 음절, '林'으로 주음하는 **屯** *ərin의 어미 음절, '咸'으로 주음하는 **侑** *hiən, '因'으로 주음하는 **未** *im, '申'으로 주음한 **巴** *ʃim ko의 어두 음절 등이다. 이들 현상은 명나라 시대 여진어 음운을 복원할 때 『몽고자운』과 같은 역사음운학의 전통적 형식에 제약된 운서를 무비판적으로 기준으로 삼아 신봉한 것은 아님을 시사한다. 『여진역어』의 편집자 자신이 가지는 시대적, 지역적인 방언의 특징, 그러한 생생한 음운 변화는 원나라 시대에 만들어진 책인 『몽고자운』, 『중원음운』에는 반영되지 않는다. 그들 운서 양쪽에도 한계가 있으므로, 그들을 단순히 명나라 시대 초기의 북방 한어음을 이해하기 위한 절대적인 표준으로 삼으면 안 된다. 여기서 몇 가지 예를 더 열거해 보자.

1. '阿'는 『중원음운』에서는 '가과(歌戈)' 운에 속하며 [o]이다. 『몽고자운』에서는 [ʔo]이다. 그래서 '阿'에서 주음한 여진자는 **炙** *a(어두)·**少** *a(어두)·**东** *a이다.

2. '哥'는 『중원음운』에서는 '가과(歌戈)' 운에 속하며 [ko]이다. 『몽고자운』에서도 [ko]이다. 요나라 시대 북방 한어에서 '哥'의 음가가 일찍 ka → kə처럼 변화된 것은 거란대소자에 보이는 많은 인명 'X哥'의 '哥'가 **犬** *gə / **几芬** *gə와 같이 표기되는 것으로 증명된다. 『여진역어』에서도 예외 없이 '哥'에서 주음된 음절은 일률적으로 gə이다. 더구나 그 중 **厌** *gə의 글자 기원은 바로 거란대자 **犬** *gə이다.[8]

3. 『여진역어』의 모든 mu 음절은 균질하게 '木, 母, 目'으로 주음하는데,

다만, 여진어의 '水'와 '木'에 주음하는 한자만이 '沒'이 된다. 만주 퉁구스 제어에서 '樹'와 '木'은 동일한 단어여서, 『여진역어』에서도 동일한 '夬'를 사용하여 '樹'와 '木'의 쌍방을 나타낸다. '樹'의 주음 한자가 '莫'으로 됨으로써 여진어의 '木'에 주음하는 '沒'은 실로 여진어의 '樹'로 주음하는 '莫'과 음운이 같으며 mo(← *mon)임을 알 수 있다. 이로부터 한어 '沒'의 명나라 시대 초기 발음은『중원음운』과『몽고자운』에 기록된 mu가 아니라 muə라고 단정할 수 있다. 바로 이런 차이 때문에 여진어 '물(水)'의 표의자 丸을 *muə로 추정할 수 있다. muə와 mo는 이민족 사람에게는 mu와 유사하게 들리기 때문에, 『여진역어』의 편집자가 동일한 '沒'을 사용해서 muə와 mo에 주음함에 대해 '木, 母, 目'을 사용하여 mu으로 주음한 것이다.

4. 선천운(先天韻) '玄'은 합구개음(合口介音)을 띠지 않는다(倄*hiən). 倄은 금나라 시대 석각에서는 扁이고 개구자(開口字) '賢'을 표음한다. 더욱 여진어 *hühiən-həi(부지扶持)의 제2음절 hiən을 나타낸다. 그 이체가 倄이 되며, 夬와 결합된 倄夬*hiən으로 합구자(合口字) '軒'을 표음한다. 여기에서 일찍 금나라 시대에는 '玄, 軒'류의 글자에 있는 합구개음이 존재하지 않았음을 확인할 수 있다. 동일한 현상은 요나라 시대까지 소급할 수 있다. 즉, 거란소자는 동일한 형식의 卫方*hiæn을 사용하여 합구자 '玄'과 개구자 '乾'을 표음하고 거란대자 茎夬*hiæn는 합구자 '縣'과 개구자 '賢, 顯'에도 사용된다.9) 따라서 '玄', '縣'의 합구개음은 요나라 시대에서도 존재하지 않았음을 알 수 있다.

5. '密'은『중원음운』에서는 제미운(齊微韻)에 속하고 mei이다.『몽고자운』에서는 muė이다. 그래서 '密'으로 주음하는 여진자는 兵*mi이다.

---

8) 아이신기오로 울라히춘(愛親覚羅 烏拉熙春), 위의 책, 124쪽.
9) 아이신기오로 울라히춘(愛親覚羅 烏拉熙春), 위의 책, 103쪽을 보라.

이상에서 살펴본 여러 예증에 따르면, '阿, 哥, 沒, 支, 密'의 당시 실제 발음은 각각 a, ga, muɔ, hiən, mi이며, 『몽고자운』과 『중원음운』에 기록된 발음에서 동떨어진 역사적 음운 변화가 존재했음이 증명된다.

『여진역어』 '잡자'가 사용한 주음 한자는 2종류로 구분할 필요가 있으며, 한 종은 여진어에 주음한 것, 또 다른 한 종은 한어 차용어에 주음한 것이다. 이들 2종류의 주음 한자는 그 성격을 달리하고 그들이 대표하는 음역의 방향도 다르다. 오로지 여진어에 주음하는 한자는 여진어음을 추정하는 근거가 되지는 못하며, 오히려 우선 고찰해야 하는 것은 해당 여진어가 나타나는 모든 환경, 해당 여진어 음절이 위치하는 단어의 성질, 해당 여진어에 대응하는 친족 언어의 음운 구조 등이다. 비록 한어 차음어의 주음에 전용하는 한자라도 해당 여진어가 금나라 시대에서 여진 어휘를 표기한 용례의 유무를 고찰하지 않으면 안 된다. 단순히 한자 차음어를 위해 제작된 여진자는 결국 소수에 불과하다.

여진어와 한어의 음운 체계가 일치하는 것이 아니라, 서로 음역하면 그들 사이에 어긋남이 생겨나는 것은 필연적인 것이다. 특히 『여진역어』의 주음 한자 그 자체에 용자 불통일 외에 1자 다음, 1음 다자, 편의상의 표음, 어의에 억지로 부회한 주음 등 많은 문제가 존재한다. 더구나 『여진역어』의 편집자 자신이 몇몇 주음 한자에 특정한 표음 기능을 주관적으로 부여한 사실은 깊이 파고든 연구 없이는 인식하지 못하는 중요한 문제이다. 그러므로 주음 한자를 주관적이면서 기계적으로 여진자 음가를 추정하거나 여진어의 음운을 복원하거나 하기 위한 주요한 근거로 삼으면 안 된다. 이들 주음 한자는 기껏해야 하나의 참고 재료에 지나지 않으므로, 운서에 비추어 끼워 맞추는 방법으로 주음 한자의 '명초'의 음가를 하나씩 재건하는 것은 만주어 사전을 열어 여진 어휘를 그에 하나하나 무리하게 끼워 맞추는 것과 똑같다.

1. 편의상의 표음

편의적인 표음에는 다시 2종류의 방식이 포함된다. 그 첫째는 한자가 대표하는 음절에서는 여진어의 음절 구조를 적절하게 표현할 수 없으며 어쩔 수 없이 그것에 근사한 한자를 이용하여 주음하는 것이고, 둘째는 여진어의 음절을 표기하는 적절한 한자가 있으면서도 그다지 적절하지 못한 별도의 한자를 사용하여 주음하는 것이다. 후자의 경우는, 회동관『여진역어』에는 비교적 적은 것으로 보인다. 그와 대비하면 알 수 있듯이, 사이관『여진역어』의 한자 주음에 존재하는 문제보다 더 복잡하다.

1음 다자(1개 여진어 음절에 복수의 한자)의 주음과 1자 다음(1개 한자로 복수의 여진어 음절)의 주음이라는 현상을『여진역어』에서는 상당히 보편적으로 볼 수 있다. 어의에 부회하는 주음을 제외하면 주음 한자 그 자체에 통일적인 용자 규칙이 없는 것은『여진역어』의 주음 한자 체계의 혼란이 형성된 주된 원인이라고 할 수 있다.

여진어의 음운 구조와 한어의 그것 간에는 상당히 큰 차이가 있어서 한자의 음가와 주음된 여진어 음절을 등호로 결속할 수 없는 것은 상식적으로도 명확한 것이다. 양자 간에 나타나는 몇몇 음절이 구조상 서로 같거나 유사하면서 비교적 많이 편의상의 표음 수단으로 주음한 결과이다. 그래서 단순히 운서에서 도출할 수 있는 음가에만 의존해서 분석을 하는 것은 반드시 여진어의 음운 실정에서 벗어난 추정 결과를 도출하고 만다.

1) 동일 한자 또는 동음 및 음이 가까운 한자를 사용하여 다른 여
   진어의 음절에 주음한 사례

(★표를 단 글자는 한어 뜻에 부회한 것임.)

여진어 음절	사이관 『여진역어』 주음 한자	회동관 『여진역어』 주음 한자	『중원음운』, 『몽고자운』
fu	伏, 府, 附, 撫★, 弗, 富	伏, 夫★	fu
fə	弗, 夫	伏, 佛, 富	
də	忒	得, 忒	tiəi
tə		忒	
bu	卜, 步	不, 布	pu
bo	卜, 薄(격어미)	博	
bə	伯, 薄		
bai	伯, 百★, 珀★	伯	pai
boi			
miə, mia	滅		miɛ / me
fui, fai	肥	費, 非	fei / wii
fun	紛, 分	分, 風(어미)	fuen / fun
fol	分		
ful		分	
fan	番	放, 凡	fan / fan
fən		忿	
sai	塞, 賽	塞, 賽	sai / sai
sə	塞	塞	
la, ra	剌		
li	里, 立	力, 里, 利, 立	li
ri	里	力, 里	
lə, rə	勒	勒	lei / ləi
lu, ru	魯	魯	lu
lo, ro	羅	羅	lo
ran	連	藍(ran, ram, lam)	liɛn, / lèn
rən		倫	
lən	藍	冷	lam
lan		郞, 朗	

niə, nə nia	捏	捏	niɛ / ne
nəm nam	南	納木	nam
giən gian	見, 監★ 江	姜	tɕiɛn / ken
nin, niŋ	寧	寧	niŋ
ʤo ʤuə	拙, 卓 拙	拙, 灼, 卓, 着 拙	tʂɛ

2) 발음이 근사한 한자로 여진어 음절에 주음한 예

여진어 음절	『여진역어』 주음 한자	『중원음운』, 『몽고자운』
dən	登	teŋ / təŋ
tən	天	tiɛn / tʰiɛn
ʧin	稱	tʂiŋ / ʧʰiŋ
dian	玷	tiɛn / tʰem
tan, tom	貪	tiam
ʧən	千	tsiɛm / tsien
ʃən	先	siɛn / sen
soŋ	桑	saŋ
rin	林	lim
no, nio	嫩	nuen / nun
ʃoŋ	双	ʂuaŋ / ʃʰuaŋ
ʃo	朔	ʂau / zʰuaw
ʤo	卓	tʂau / ʧʰuaw
goi	乖	kaui / kʰuai
giə	解	kai / kʰɛi
gio	交	kau / kʰiaw

3) 주음 한자에 보이는 편집자의 주관적 의도

당시 동음 혹은 근사음이었던 몇 조의 주음 한자를 열거하면 그로부터 편집자가 주관적으로 규정한 용법을 발견해 낼 수 있다.

① '眛'·'梅'

'眛'와 '梅'는 둘 다 제미운(齊微韻)에 속하며, 합구개음이 『중원음운』에서는 '眛'*[muei]로 표기되는데 『몽고자운』에서는 '梅'*[muė]로 표기된다. 두 운서는 각각 독립적이고 통일된 견해를 가지지 않고, 여진어 음운을 추정하는 데 도움이 되는 방증이 되기 어렵다.

『여진역어』 화목문에 '梅'는 한어 차음어이며, 그것을 철자한 여진자는 바로 비완료 부동사 어미 여성형 右*[məi](주음 한자 '眛')이다. 여기서 '眛'와 '梅'의 발음이 당시에 완전히 동일한 것이었음을 알 수 있다. 그래서 주음 한자 '梅'를 사용하는 여진어 '蛇'의 어두 음절에서는 그에 대응하는 퉁구스 북어파 제어는 [mi:], 남어파 제어는 [mui]가 되어, 만주어 [məi]는 오히려 시대가 많이 내려와서 형성된 후대 형식이므로, 명초 여진어 형식은 [muihə]로 해야 한다.

② '安'·'岸'

[aŋ]을 표기하는 伴은 『여진역어』에서는 일률적으로 '安'으로 주음하는데, 그 '安'은 다시 [am], [al], [ɣan]의 주음으로도 사용된다. 한편, [an]을 표기하는 米의 주음에 사용하는 것은 예외 없이 '岸'이다. '安'과 '岸'은 동운이면서도 자면만으로 [aŋ], [am], [al], [ɣan]과 [an]을 구별하게 하는 것으로 『여진역어』 편집자의 의도를 확실하게 발견해 낼 수 있다. 석각에 있는 伴은 [aŋ] 운모를 포함한 한어 차용어의 대역에만 사용되고 [an] 운모에 대역하는

것은 하나도 없었다. 표로 정리하면, 다음과 같다.

차용어	금나라 시대 석각	명나라 시대 석각
堂, 唐	帯牟*taŋ	帯牟*taŋ
良	羋牟*liaŋ	
張	市牟*dʒaŋ	杰牟*dʒaŋ
康		斥牟*kaŋ
薫	甬牟*daŋ	
郎	亥牟*laŋ	
尚	呑牟*ʃaŋ, 允牟*ʃaŋ	
彰	杰牟*dʒaŋ	
長	呑牟*ʃaŋ	

위와 같이, 음운이 동일하지만 자형이 다른 한자로 다른 여진어 음절을 구별하게 하는 것은 『여진역어』 주음에서 일종의 편의상의 수단이라 할 수 있다. 어떤 운서에도 실려 있지 않아, 깊은 연구를 거쳐야 알 수 있는 것이다.

③ '必'·'別'

『여진역어』에서는 동사 어미가 된 尤와 更에 주음할 경우, 일률적으로 '別'을 사용하는데, 다른 품사로서 [bi] 음절에 주음하는 경우에는 '必'을 사용한다. 석각에 보이는 尤와 更가 모두 동사 어미·부동사 어미로 서로 통용될 수 있는 것은 양자가 문자 형식에서 정밀한 구별을 가지지 않는 것으로 증명된다. 또한 更는 동사 '있다'의 어간에도 사용되고, 그 어간의 음운은 회동관『여진역어』 및 만주 퉁구스 제어에서는 모두 bi-로 되어 상당히 일치된 형태를 나타내는 것으로, 『여진역어』가 尤와 更만 '別'로 주음한 것은 상술한 동음인 '安'과 '岸'을 다른 음절에 각각 적용시킨 것과 동일한 의도에서 발생한 것임을 알 수 있다.

2. 한어 어미에 대응되는 주음

『여진역어』에 수록된 128개의 한어 역음어(한어 역음어를 가지는 연어 및 한어 역음어를 어간으로 하는 동사도 포함)에서는 한어의 의미를 억지로 주음 한자에 반영하게 한 일이 꽤 많다. 그들은 다시 ① 여진어에 겸용하는 것, ② 여진어에 사용하지 않는 것 등 2종류로 구분된다. 후자의 여진자에는 외래어에 전용하는 것도 있는가 하면, 석각 속에서 여진어를 철자하는 데 사용하는 것도 있다.

한어의 의미에 억지로 부회한 주음은 『여진역어』 주음 한자 체계를 한층 번잡하게 한다. 1음 대 다자라는 현상이 형성된 주된 원인은 그러한 주음방식에 의한 것이라고 할 수 있다.

1) 여진어에 겸용한 주음 방식

여진자 음가	한어 의미에 부회한 주음자	여진 어휘의 주음자
天*tai	太	太, 太乙
天*dai	帶	大
东*fu	府, 撫, 輔	府, 弗
圧*han	寒	罕
盂*ʃi	食	失
卑*təu	頭	斗
肖*go	騍	果
竒*wa	瓦	瓦
南*i	驛, 椅, 夷	一, 亦
弓*lu	爐	魯
币*hau	侯	好
金*bai	伯, 百, 珀	伯
臾*giən	監	見

여진자 음가		
昼*ʃu	書	舒
芭*ʃi	侍, 史, 士, 師	師
夬*hoi	揮	回
床*tuŋ	同	同, 桶
杀*dʒi	知	只
尚*hu	戶, 琥, 瑚, 呼	忽
夹*hua	和	化
呆*lo	邏, 羅	羅
乂*mu, −m	目	木
丟*tʃa	茶	察
禾*su	酥	素
癸*ʃa	紗	沙
芑*tu	突	禿
血*dʒu	注	住
午*sai	賽	塞
床*so	梭	瑣
舟*−s, si	子	子

2) 여진어에 사용하지 않은 주음(★표를 단 것은 한어 음역 전용자)

여진자 음가	한어 의미에 부회한 주음자	여진자 음가	한어 의미에 부회한 주음자
求*giŋ	京	殳*dʒin	鎭
糸*gon	関	屏*gau	高
入*dʒəu	州	★盂*si	西, 犀
★吏*hien	縣	★癸*fan	番
★庚*dʒuan	磚	毛*mian	緬
夸*giun	君	床*so	左
★王*guŋ	公	★坐*ly	綠
★仕*ʃaŋ	尙	伐*dəi	德
★宋*hui	回	侠*gio	厥, 闕
★苟*dien	殿, 甸	九*giə	解
★乑*guŋ	宮	为*təŋ	膯

★单*ləu	樓	★写*muŋ	蒙
朵*giŋ	斤	★呈*huaŋ	皇
夈*sun	寸	乔*tuŋ	通
在*ju	御	关*ʤam	站
岙*ʤi	指	休*paŋ	胖
朿*juŋ	容	★釜 kuŋ	孔
★杂*tsi	賜		

또한 여진어의 의미를 주음 한자에 반영시킨 것도 볼 수 있다. 예를 들면,

'戎'*dorhon(오소리)의 주음 한자는 '朶兒歡'으로 하지 않고 '朶兒獾' 이다.

'囷土'*gurun(나라)의 주음 한자는 '古倫'으로 하지 않고 '國倫'이다.

3. 여진자의 음운에 합치되지 않은 주음

이와 같은 주음을 가져온 원인은 주로 ① 한자와 자형이 비슷한 데서 생긴 오류, ② 한자 발음이 비슷한 데서 생긴 오류, ③ 순서의 전도, ④ 글자의 누락, ⑤ 불필요한 글자 추가, ⑥ 어미를 잘못 쓴 것, ⑦ 어의가 근사한 여진 어휘의 존재로 인한 오류, ⑧ 여진 자의 의미에 견인된 잘못, ⑨ 기타, ⑩ 夂*iŋ의 잘못 사용한 것, ⑪ 叹*uŋ의 오용, ⑫ 牛*aŋ의 오용 등이 있다.

아래에 오자는 음영으로 표시하고 탈자는 [ ]로 표시하였다.

	틀림	바름
①	夂 / 兀黑彥 / 돼지(猪)	夂 / 兀里彥 / 돼지(猪)
	角丟乑 / 的黑黑吉 / 돌아가다(歸)	角丟乑 / 的黑里吉 / 돌아가다(歸)

	爻乎 / 莫截 / 쓸모없다(拙)		爻乎 / 莫戳 / 쓸모없다(拙)	
	尙爻帀 / 忽剌吉 / 바꾸다(換)		尙爻帀 / 忽剌苦 / 바꾸다(換)	
	秀米斥 / 吉波吉 / 뼈(骨)		秀米斥 / 吉浪吉 / 뼈(骨)	
②	丈其 / 卜勒其 / 먼지(塵)		丈其 / 卜剌其 / 먼지(塵)	
	圤刃 / 牙步 / 달리다(走)		圤刃 / 牙本 / 달리다(走)	
③	样卞 / 卜的洪 / 이르다(被)		样卞 / 的卜洪 / 이르다(被)	
	肖甬右 / 撒答昧 / 정벌하다(打圍)		肖甬右 / 撒[哈]答昧 / 정벌하다(打圍)	
④	卒米 / 木剌 / 걸상(凳)		卒米 / 木剌[岸] / 걸상(凳)	
	東化 / 諸勒 / 앞(前)		東化 / 諸勒[勒]앞(前)	
⑤	夅米 / 安班剌 / 크다(大)		夅米 / 安班 / 크다(大)	
	侑 / 賢元 / 검다(玄)		侑 / 賢 / 검다(玄)	
	去処 / 黑勒厄 / 저자(市)		去処 / 黑勒 / 저자(市)	
	夃 / 埋番住 / 묻다(問)		夃 / 番住 / 묻다(問)	
⑥	灻甬 / 瑣里都蠻 / 전쟁(戰)		灻甬 / 瑣里苦 / 전쟁(戰)	
⑦	丫 / 寧住 / 육(六)		丫 / 寧谷 / 육(六)	
⑧	甬爻 / 根剌 / 들(原)		甬爻 / 答剌 / 들(原)	
⑨	盂美 / 脈兒革 / 각, 방위(方)		盂美 / 厄兒革 / 각, 방위(方)	
	侑 / 必阿 / 하천(河)		侑 / 必剌 / 하천(河)	
	森立右 / 都厄恩昧 / 지나다(過)		森立右 / 都勒恩昧 / 지나다(過)	

	석각	『여진역어』	
		바름	틀림
⑩	其夂*kiŋ 卿	休夂*tiŋ 廳	休夂*liŋ → 体列*liŋ 麟
	夂*iŋ 瀛, 英	枛夂*biŋ 兵	夂*iŋ→列*in 引
	兵夂*miŋ 明, 洛, 名	休夂*liŋ 嶺	虬夂*ʧu-iŋ → 虬*ʧu 處
	乎夂*piŋ 平 丞夂*piŋ 平		屯夂*gui-iŋ →*gui 規
	屄夂*ʃiŋ 聖		盂夂*si-iŋ →*si 悉

	석각	『여진역어』	
		바름	틀림
	盂仅*ʤuŋ 中	乩仅*ʧuŋ 重, 充	岙仅*ʃuŋ → 岙*ʃu 屬
	东仅*puŋ 奉, 蓬, 鳳	禾仅*suŋ 總	
⑪	禾仅*suŋ 宗	屖仅*hiuŋ 匈	
	乃仅*joŋ 勇, 永		
	屖仅*hiuŋ 雄		
	尚仅*huŋ 弘		
	玊仅*liuŋ 隆		

	석각		『여진역어』	
	黨	甬伞*doŋ	勘	豖庠*kaŋ → 豖米*kan
	郎	亥伞*laŋ	藍	亥庠*laŋ → 亥米*laŋ
	尙, 長	右伞*ʧaŋ		
⑫	尙	充伞*ʃaŋ		
	良	并庠*liəŋ		
	張	赤伞, 赤伞, 赤庠*ʤaŋ		
	堂, 唐	帯庠*taŋ		
	康	舟庠*kaŋ		

4. 음절말 자음에 통일적인 주음 한자를 사용하지 않은 것

이러한 음절 어미음은 -l과 -r에 볼 수 있다.

1) 음절 어미음 -l

-l이 나타나는 경우, 『여진역어』에서는 '羅·勒·魯·里·剌' 및 n 운미의 한자를 사용하여 나타낸다.

'羅'의 예

埊耒*dolwor / 多羅斡

'勒'의 예

　于夫 *ilga / 一勒哈

　弎㲋 *dəlhə / 弎勒黑

　弎㲋右 *dəltuməi / 弎勒禿眜

　乓灰 *dalbala / 答勒巴剌

　更夷㘭 *biʧibal / 別赤巴勒

　先米 *diǧan / 的勒岸

'魯'의 예

　夃見 *gulmahai / 古魯麻孩

　禾元 *ulɣuma / 兀魯兀焉

　吧屯 *moŋgul / 蒙古魯

　屯在千 *ulhuhun / 兀魯忽洪

'里'의 예

　攵 *uliɣan / 兀黑[里]彦

　疾余升 *ʥilʥihəi / 只里只黑

'剌'의 예

　盂天 *saldai / 撒剌大

　夯甲 *gulha / 古剌哈

n 운미 한자

　屌芰 *folto mo / 分脫莫

　芘发 *halma / 罕麻

　芘禿求 *halɣandan / 罕安丹

　芈史㲋 *əlbəhə / 恩伯黑

斥土*alʃun / 安春溫

2) 음절 어미음 -r

-r이 명시되는 경우, 『여진역어』에서는 '兒·里·魯'를 사용하여 나타낸다.

'兒'의 예

存牛*narhun / 納兒洪, 存乐*nargi / 納兒吉, 更革*fundur / 粉都兒, 歪叐*orho / 斡兒和, 仐*gar / 哈兒, 炎革*mudur / 木杜兒, 夹*ʃiraga / 失兒哈, 叒*aʤir / 阿只兒, 皮*dorhon / 朵兒獾, 盃屈*hiryə / 希兒厄, 正存*fannar / 番納兒, 夌屍*sunmur / 寸木兒, 仵*niarma / 捏兒麻, 炎革*hutur / 忽禿兒, 芊彖叐*dirgara / 的兒哈剌, 伏兔*mərhə / 脈兒黑, 杲角牛*irdihun / 一兒的洪, 尒*ʤirhon / 只兒歡, 口*gorhon / 戈兒歡, 丄*durhon / 獨兒歡, 土*darhon / 答兒歡, 呆甬*mar / 麻兒, 岙中牛*irhahun / 一兒哈洪, 斉革*gəmur / 革木兒, 伏带叐*mərtala / 脈兒塔剌, 戈甬*far / 法兒, 无屈*ʤaʃir / 扎失兒, 盃羌*ərgə / 厄兒革, 可仐*gaigar / 該哈兒, 为屈*həyə / 赫兒厄, 充革*fiʒur / 非如兒

'里'의 예

亜*dorbi / 朵里必 / 狐, 角委*dihər / 的黑黑[里], 吳毛升*funirhəi / 分一里黑

'魯'의 예

夲㞷*ərdə / 厄魯忒, 皂*ʤaryu / 札魯兀, 夹手*urmə / 兀魯脈 / 針, 叟革*nəkur / 捏苦魯, 屯彖叐*turugara / 禿魯哈剌, 在叐*husur / 忽素魯, 叐平氕*surutogo / 素魯脫戈, 光仵*turyun / 禿魯溫, 孛屈*mərgə

/ 脈魯厄, **厍乄廾***burwəhəi / 卜魯斡黑.

일부의 '里'과 '魯'에 대해 음절말 자음을 표시하는지, 모음을 수반하는 음절을 표시하는지 방증이 결여된 경우, 그들을 국제음성 자모로 전사하기 위해서는 모음을 ĭ·ŭ·a로 표시한다. 예를 들면, 아래와 같다.

夹臾*ʃirĭhə / 失里黑, **另昊***sərŭɣun / 索魯溫 / 涼, **疋兎***sarĭɣian / 撒里安, **肖更***farĭgiən / 法里見 / 暗, **龍兮***talĭgian / 塔里江, **朿昊***halŭɣn / 哈魯溫, **另昊***sərŭɣun / 塞魯溫, **夯昊***dulŭɣun / 都魯溫

5. 음절 어미음을 표기하지 않은 것

음절 어미음 -g / -k에 대해 갑종본 『여진역어』가 소자 '黑'과 '克'으로 표시한 것과 달리, 『여진역어』는 그들을 일체 표기를 하지 않는다. 회동관 『여진역어』도 이를 받아들이고 있다.

受夆冉*ʤigdiŋku / 只丁庫 / 태우다(燒)
佥失*tiktan / 替彈 / 법도(法度)
奀垚*ʃiksəri / 失塞里 / 늦다(晚)
更列*ukʧin / 兀稱因 / 첫째(甲)
乑岃乇*soktoho / 瑣脫和 / 취하다(醉)
老*agdian / 阿玷 / 우뢰(雷)
肙*agda / 阿答 / 거세말(騸)
寿昊*hagdaɣun / 哈答溫 / 정성, 성의(誠)
伐盂*fakʃi / 法失 / 장인(匠)
车奚*təktun / 忒屯 / 항상(常)

矢盂朱*ʤəkʃigisa / 者失吉撒 / 공투(哄誘)

矢杀右*ʤəgʤiməi / 者只昧 / 삼가다(謹)

及央犀*təgdəhi / 忒忒希 / 이불, 옷(被)

壳峀劳*dəgdəbuma / 忒忒卜麻 / 진공하다(進貢)

그 외에 음절 어미음 –l, –r, –m을 표기하지 않는 경우도 있다. 여진대자의 표음자에 의해 음절말 자음의 존재를 증명할 수 있는 예는 아래와 같다.

'**仐**'*əl~ər

仐臾*əlʧi / 厄赤, **仐臾斥***əlhəgi / 厄黑吉, **卆仐***təkər / 忒厄,

坙仐*dər / 忒厄, **乑仐***dər / 忒厄

'**夆**'*ər

秂夆*ʃər / 舍厄

'**于**'*il~ir

尜于奂关*bailʃamai / 伯赤沙埋, **于卦劳***irdibuma / 一的卜麻,

凢于*ʤuil / 追一

'**斗**'*ul

斗去号*ulhiburən / 兀忽卜連

肴*sol

肴佼*solgo / 瑣戈, **肴哭***solgi / 瑣吉

'扂'*ur

扂仟呉枀*urɣundʒərə / 斡溫者勒, 它扂号*dʒorburən / 卓斡卜連,

乏扂冬*burwə / 卜斡斡

'杀'*tar

斥杀*faitar / 肥塔, 杀昃*tarɣun / 塔溫

'隶'*or

丰隶秀*jorhon / 約斡洪 / 明白, 恣隶*dolwor / 多羅斡

'卒'*tək

卒夲*təkər / 忒厄, 卒夭*təktun / 忒屯

　여진대자의 표음자에 따라 음절 어미음이 부가되는지 아닌지 판정하기가 어려운 경우는 다음 '松'의 사례처럼 종합적으로 판단을 내린다.

　『금사』의 '桓端' 및 회동관『여진역어』의 '換多', 그리고 만주 퉁구스 제어의 어두 음절은 획일적으로 kol~hol이다. 금나라 시대 여진어 *holdon에서 hodon으로 변하였다면 표음자 希는 그대로는 사용할 수 없게 되어, 대신에 ho 음절을 표시하는 夂과 do 음절을 나타내는 枭의 조합을 사용하며 '松'을 표음하게 될 것이다. '貴', '鵇', '驢', '束', '駝'와 같은 표음자를 사용한 단어는 모두 동일한 근거에 의해 설명할 수 있다.

　冇와 弎는 양쪽 다 표음자가 아닌, 위에서 설명했듯이 冇의 본자는 거란대자와 동형인 冇일 가능성이 있다. 弎의 본자는 역시 거란대자 枀에서 유래한 夾인데, 冇·枀 모두 어미음을 갖고 있다. 덧붙여 회동관『여진역어』및 만주 퉁구스 제어의 '夢'과 '長'은 어두 음절에 어미음을 가진다.

6. 불완전 표의자 주음에 통일 원칙이 존재하지 않은 것

『여진역어』에서는 불완전한 표의자의 주음 방식에 다른 3종류가 있다. 표의자에 표음자를 후행시킨 다음에 표의자가 표시하는 음가의 일부를 표음자가 물려받아 그 음가는 불완전한 표의자 속에 포함되지 않게 된다. 이러한 변화가 주음 한자에 표현된 것이 가장 보편적인 '글자에 따른 주음'이라고 불리는 방식이다. 예를 들면, '山'의 표의자는 **㞢***alin으로 되는데, 불완전한 표의자+표음자로 된 **㞢列**의 음운 구조는 ali-in이므로, '글자에 따른 주음'에서는 '阿里·因'이 되는 것이다.

그래서 『여진역어』에 주음 한자는 일부 불완전한 표의자를 여전히 종래의 음가로 표기하고 있다. 예를 들어, '兄'의 표음자는 **尭***ahun인데, '불완전 표음자+표음자'로 변한 **尭土**의 음가는 **尭**의 그것과 동등한, 주음 한자를 '阿渾溫' ahun-un으로 하는데, 여기의 '渾' hun에 적절한 주음 한자는 '忽' hu이고, 즉 '阿忽溫'으로 해야 한다. 또 다른 하나는 불완전 표의자에 후속하는 표음자를 주음 한자로 표기하지 않고 "글자에 따른 주음"이 아니라 단어 전체의 음운에 따라 주음을 하는 사례이다. 예를 들면, '馬'의 표의자는 **侼***murin인데, '불완전 표의자+표음자'로 변한 **侼列**의 음운 구조는 murin+in이 되어 '母林'은 표음자 **列**의 음가 in을 표기하지 않고 "글자에 따른 주음"을 한다면 '母里因'이 될 것이다.

이런 통일적 원칙이 존재하지 않는 주음 사례를 정리하면, 아래 표와 같다.

① 표의자의 음가에 따른 주음	② 불완전 표의자+표음자 단어에 따른 주음	③ 불완전 표의자+표음자 글자에 따른 주음
克土 *ahun / 阿渾溫 / 兄	囷土 *gurun / 國倫 / 國	北列 *alin / 阿里因 / 山
丈土 *əjun / 厄云溫 / 姐	得列 *murin / 母林 / 馬	余列 *uʃin / 兀失因 / 田
关土 *nəhun / 捏渾溫 / 妹	申列 *əʃin / 厄申 / 不	冬戈 *oson / 韓速灣 / 小
斥土 *alʃun / 安春溫 / 金	中米 *uihan / 委罕 / 牛	玫戈 *fon / 伏灣 / 時
屯列 *hatʃin / 哈稱因 / 節	尤米 *dilɣan / 的勒岸 / 聲	乖土 *doron / 多羅溫 / 印
更列 *ukʃin / 兀稱因 / 甲	冬米 *amban / 安班 / 大	歹土 *dəun / 斗兀溫 / 弟
凤戈 *haɣan / 罕安 / 皇帝	兩米乐 *girangi / 吉浪吉 / 骨	仐土 *usun / 兀速溫 / 貧
冬亥 *ambala / 安班剌 / 多	里去 *hadu / 哈都 / 服	千生 *haliu / 哈里兀 / 海獺
	用羊 *udʒəi / 兀者 / 重	仓羊 *həhəi / 黑黑厄 / 婦

주음 예 ①은 위에서 정리한 한정된 몇 가지밖에 없지만, ②와 ③은 『여진역어』가 따른 오히려 주된 원칙이라 할 수 있다.

이어서 이 2종류의 주음 원칙에 있어서의 구체적 표현 방식을 분석하자.

7. 글자에 따른 주음과 단어에 따른 주음과의 구별

『여진역어』는 여진 언어 문자를 학습하기 위한 교재로, 여진 어휘를 기록함과 동시에 학습자에게 여진 어휘를 철자하는 여진자의 발음을 쉽게 이해시켜 습득시키기 위해 어휘의 절대 다수를 글자에 따른 주음으로 하고 있다. 글자에 따른 주음과 단어에 따른 주음은 같은 것이 아니라, 전자는 단어의 음운 실태와 상당히 차이가 있으며 일종의 형식적인 주음 방식에 지나지 않는다. 단어의 음운 복원은 여진 문자에서의 '① 교착, ② 중합, ③ 중복, ④ 차음'이라는 4종의 표음 원칙에서 비로소 완성된다. 그 가운데 유일하게 '교착'만이 단어에 따른 주음과 큰 구분이 없으며 교착에 의해 주음하는 것은 그 단어 음운의 실태가 된다. 다른 3종은 모두 음절이나 음소의 합병을 거치고 나서 단어의 음운을 복원한다. 단어에 따른 주음의 일부는 여진자 각 자음의 결과와 엇갈린다. 이러한 경우의 여진자는 편의상의 표음 특례로 생각된다. 따라서 단어의 음운 복원에 대해 글자에 따른 주음과 단어에 따른 주음을 가려내는 일이 선결조건이다.

제9절 『여진역어』 '잡자'의 필사본

전술한 바와 같이, 여진인의 입공 상주문을 옮기는 것은 『여진역어』 편찬의 주요 목적 가운데 하나였다.

『여진역어』의 대다수 문류에는 수량이 일정하지 않은 증보 어휘가 존재한다. 이들 증보 어휘의 내용을 보면, 그 대부분이 여진 사람이 입공 활동에 관계되는, 사이관 통사가 여진 사람의 입공 상주문(내문)을 번역하거나 서사를 할 때 상용되는 단어와 연어이다. 이들 어휘의 증보는, 일부는 『여진역어』의 편찬 시기와 거의 동시에 이루어졌으며 일부는 분명히 영락조(永樂朝) 이후에 이루어졌다고 판정할 수 있다. 예를 들어, 지리문에 '번리(藩籬)'(여진 문자는 '변장邊牆'으로 함)라는 단어가 있는데, 변장의 축조는 영종 정통 7(1442)년에 시작하며 본래는 몽골의 올량합(兀良哈) 및 해서여진 등부의 남으로의 침략을 방어하기 위한 것이었다. 헌종 성화 5(1469)년에 중수한 변장은 오로지 건주여진을 목표로 하여 축성된 것으로, 요동 내지와 건주여진과의 경계선이 되고 있었다. '변장'이라는 말의 출현은 『여진역어』가 정통 연간에 이르기까지 지속적으로 증보된 것임을 말해 준다. 덧붙여, 이 증보 어휘 모두는 각 문류의 마지막에 배치될 뿐만 아니라, 그 일부는 각 문류에서 기존 어휘 사이에 끼워 넣어졌다. 이들 증보된 어휘에 대해 연구를 더한 다음에 그것을 제거하는 작업은, 『여진역어』를 편찬할 때 의거한 수본의 본래의 면목을 복원하는 데 필수불가결한 것이다.

사이관이 각 관에서 역어를 편찬할 때 공통된 수본이 만들어졌다고 생각되는데, 이것은 기껏해야 대체적인 문류 수, 문류마다의 대체적인 어휘 수 및 수록 범위를 정한 것에 불과하다. 그것은 각 문류에 수록된 어휘에 언어에 따라 상당한 차이가 보이는 것도 뒷받침이 된다. 그럼에도 불구하고 여진 문자는 당시 이미 여진 사람 전원에게 통용되는 문자가 아니었기 때문에, 『여진역어』를 편찬할 때는 분류 사전과 같은 수본이 존재했다고 상상할 수 있다. 그것이 원나라가 편집한 '13국 역어'에 포함된 『여진역어』의 전사본인지 아닌지는 아직 판정하지 못하지만, 후문의 고증에 의하면, 그럴 가능성이 매우 크다고 생각된다.

시안 비림에서 발견된 『여직자서』의 사본에 대한 연구 결과를 보면, 그것은 명나라 사이관이 편집한 『여진역어』의 '잡자'에 여러 가지 면에 걸쳐 비슷한 부분이 인정된다. 진치총(金啓琮) 선생과 필자의 고증에 따르면, 『여직자서』와 『여진역어』는 밀접한 관계가 있고, 전자는 후자의 잡자 부분이 편찬됐을 때에 모델로 삼았으며 『여직자서』의 저본은 명나라 시대 초에 이르러도 존재하였고 그 형식은 증보의 사본, 혹은 원나라 시대에 편집됐지만 현재 전하지 않는 『여진역어』(그 수본은 『여직자서』임이 틀림없는) 그 자체일 것이라고 한다. 그러한 고증은 『여진역어』의 여진자 용법에 보이는, 금나라 시대 석각과 달리 『여직자서』와 유사한 부분과 『여진역어』의 표음자에 명나라 시대 여진어보다 오래된 음운적 특징이 보이는 것으로 방증된다. 『여진역어』에 '경역(硬譯) 연어에만 나타나면서도 단어 형태로 문류에 수록되지 않았던 것이 다수 존재하는 점을 보면, 편집이 끝난 『여진역어』의 단어 수를 훨씬 상회하는 단어를 수록한 수본이 존재했다는 것을 증명할 수 있다. 만약 그렇지 않았다면, 편집할 때 그러한 '경역' 연어를 만드는 여진어 단어를 편집자가 생각해 낼 수 없기 때문이다.10)

명나라 사이관이 일련의 화이역어를 편집하는 단계에서 각종 역어를 통일적인 체제를 갖추게 한 것이 『여진역어』의 문류와 내용에 제법 영향을 미친 것임은 쉽게 생각할 수 있다.

사이관에서 편집한 『여진역어』는 잡자 부분이 19문류로 나누어져 있으며 또한 약간 통의 내문이 붙이고 있다. 입공 상주문은 애당초 일정한 서식을 답습하여 오래된 것을 버리고 새로운 것으로 바꾸었기 때문에, 현존하는 대부분은 성화 연간(1465~87) 이후의 것들이다. 명나라 정부는 입공할 때 상주문이 없으면 공납을 인정하지 않는다고 했지만, 정동 연간(1436~49) 이후, 동북 여진의 각 위소에서는 여진자를 읽을 수 있는 자가 거의 없어져서, 입공할 때 관직을 올릴 것을 요구하여 사이관 관원에게 뇌물을 바치고 상주문을 쓰게 하였다. 관원의 통역 수준은 각자 다른 데다 여진 문자 학습자의 수준이 더욱 낮았다는 것은 '내문'에 자주 보이는 한어 문법과 여진 어휘가 뒤섞인 피진 언어적 상황에서 헤아려 알 수 있다. '내문'뿐만 아니라 '잡자'에서도 여진어 문법에서 벗어난 것을 많이 볼 수 있다. '잡자'에서의 그러한 요소를 배제하고 남은 부분에 대해 연구를 더해야 원래의 수본 모습을 복원할 수 있다. 아래에서는 언어와 문자의 쌍방으로부터 고증을 하고자 한다.

---

10) 『화이역어달단관하속증(華夷譯語韃靼館下續增)』에 나타나는 수많은 '경역' 연어와 대조해 보면 명료하다. 소위 『화이역어』 병책은, 천문문에서 통용문까지의 17문류로 나누어져 있으며, 총 314개 어휘를 수록하고 있는데, 천문, 지리, 시령 3문에서 46개 어휘를 제외하면 회목문에서 통용문까지의 268개 어휘에 포함되는 연어의 대부분은 『화이역어』 갑책에 실린 단어부터 끌어 모은 것들이다. 그 가운데 몽골어 문법에 맞지 않는 것은 速卜惕克卜溫(珠子), 土失綿可卜溫(臣子), 格兒該可卜溫(妻子), 朶羅納朶兒邊勒眞(東方), 你刊孛思(一起)와 같다.

1) 『여진역어』의 주음 한자가 일부 불완전한 표의자에 주음한
   것은 『여직자서』의 표의자의 본래 음운

이 사실은 금나라 시대 석각에서 오래 전에 표음자를 단 표의
자의 음가가 아니라 분명히 『여직자서』의 표의자를 답습한 것임
을 뒷받침해 준다. 또한 여기서부터 원나라 시대에 편찬된 『여진
역어』의 일부 표의자에 여전히 표음자를 붙이지 않고 원형 그대
로 유지되고 있는 것이 있다(바로 『여진역어』 중에 보이는 **老***agdian
등과 같다)는 것이 간취된다.

『여직자서』의 표의자 예	『여진역어』의 불완전 표의자 예
兎*ahun	**兎土***ahu-un
羡*nəhün	**羡土***nəhu-un
丈*əjün	**丈土***əju-un
乣*alʧun	**乣土***alʧu-un
乜*haʧin	**乜列***haʧi-in
凧*qahan	**凧龙***ha-ɣan

2) 『여진역어』의 표음자가 표기한 것은 원나라 시대의 발음

『여진역어』에서 제법 많은 단어는 표의자에 표음자(또는 복수의
표음자)를 단 것이다. 어미에 위치하는 표음자는 때때로 치환될
수 있다. 치환이 생겨난 원인의 한 가지는 단어 발음과 문자 표기
간에 적합성이 없어졌기 때문이며, 새로운 표음자에 치환함으로
써 변화 후의 발음을 표기할 수 있도록 한 것이다. 『여직자서』나
금나라 시대 석각과 비교해 보면, 『여진역어』에는 표음자가 치환
된 사례가 제법 다량으로 있음을 알 수 있다. 표음자가 치환된 단
어가 나타내는 발음은 금나라 시대 여진어의 그것과 차이가 난다.

한편으로, 『여진역어』에는 발음에 변화가 생겨났음에도 불구하고 표음자가 치환되지 않았던 단어도 존재하며, 그들이 대표하는 바는 바로 명나라 시대 이전의 발음이다. 이러한 2종의 표음자가 병존하는 현상으로, 명나라 시대 『여진역어』의 철자 방법은 현재 전해지지 않는 원나라 시대의 그것에 유래하는 것이며, 표음자가 치환된 단어는 원나라 시대에서 이미 음운 변화에 적응하기 위해 개정된 철자 방법에 대해, 표음자가 치환되지 않은 단어는 여전히 금나라 시대 발음과 거의 동일하므로, 원형이 그대로 유지된 것으로 추측할 수 있다. 『여진역어』의 편집은 이미 명초에 내려와서 음운 변화가 여전히 계속되어 있지만 문자 사용자의 급격한 감소 등의 원인으로 표음자를 규범에 따르게 하는 작업이 늦어져서, 그 때문에 음운 변화에 맞추지 못하는 차질이 생겨 문자와 발음 사이에 나타나게 되었다. 바로 이러한 차질이 생겨나 『여진역어』의 원형, 그리고 금나라 시대 『여직자서』 → 원나라 시대 『여진역어』 → 명나라 시대 『여진역어』라는 발전 맥락을 찾아보는 것이 가능하게 된다. 몇몇 예를 열거해 보자.

금나라 시대	원나라 시대	명나라 시대
伲 →伲丢*bohol	伲丢*boɣol	伲丢*hoɣoə
里*haduhu(n)	里丢*haduhu	里丢*hadu
髙孛*əmərgə(n)	髙孛伏*əŋgəmər	髙孛伏*əŋgəmei
	坕兵*hoton	坕兵*hoto
厈*holdidon	厈兵*hodiɣon	厈厈*hodiɣo
	禿屁*irgən	禿屁*irɣə
早*təmgən	早屁*təmgən	早屁*təmɣə
釆旅*həʃən	釆旅*həʃən	釆旅*həʃə
尤未*goiji	尤未*goiji	尤未*goiju

『여진역어』에 나타나는 **去**는 『여직자서』에서는 원래 서로 자형이 다른 2개의 글자로, 하나는 **去**(금나라 시대 석각 **去**)*ur~ul, 그리고 또 다른 하나는 **去***hu~ku인데, 각각 의미도 같지 않다. **伹**는 '臣'의 표의자이며 여진어의 '臣'은 몽골어로 *boɢol(← *boɢal)에서 유래한 차용어이므로, **伹**에 붙는 **去**는 『여직자서』의 **去***ur에서 유래했음을 알 수 있다. 그런데 **伹去**의 주음 한자는 '卜斡厄'가 되어 **去**의 발음은 이미 uə로 변화했다.

叞去의 주음 한자는 '哈都'이 되어 만주어 adu(의복)에 대응되는데, **叞**은 『여직자서』에서는 '畜群'을 나타내는 표의문자이며, 그것은 몽골어족의 aduɢu(← *aguɢun)에서 유래한 차용어이면서 어두에 여전히 현대 몽골어보다 오래된 자음 h-가 붙어 있다. 따라서 **叞**에 붙는 **去**는 『여직자서』의 **去***hu에서 유래한 것임이 틀림없다. **叞去**의 주음 한자 '哈都'를 보면 어미의 음절 hu가 명나라 시대 『여진역어』가 편찬되기 전에 이미 탈락했음을 알 수 있다.

'鞍'은 『여직자서』에서는 **高孛**으로 표기하며, 표음자 **孛**이 〈대금득승타송비(大金得勝陀頌碑)〉에서는 동사 '생각하다'의 어두자가 되며(**孛去旻米**), 〈여진진사제명비〉에서는 명사 '생각'의 어두자가 되는(**孛屁**) 것으로, **孛**과 **孛**이 동음이형자인 것과 금나라 시대 여진어 '鞍'의 발음이 퉁구스 제어의 əməɣən, əməgiə:l, əməɣə, əmgun과 아주 유사한 *əmərgə(n)임을 알 수 있다. 따라서 명나라 시대 『여진역어』에 주음 한자로 표시되는 '恩革埋'*əŋgəməi는 음위 전도가 발생한 다음에 형성된 것이며, 어미 음절 mər은 명나라 시대에 들어서 məi로 변화되었다고 할 수 있다.

이상의 3가지 예를 정리하면, 금나라 시대 여진어에서 명나라 시대 여진어에 걸쳐 변화하는 도중에 위치한 형식(*boɣol, *haduhu, *əŋgəmər)은 원나라 시대에 해당하는 시대에 존재했던 것임이 틀림없다.

어미 표음자를 𡧡과 같은 단모음자로 하는 경우, 그것은 틀림없이 후에 부가하거나 치환하거나 한 것으로 판정된다. 따라서 𡧡𡧡 및 𡱸𡧡류의 원형은 𡧡𠁥(또는 𡧡𤇾)와 𡱸𠁥(또는 𡱸𤇾)와 같은 것임이 틀림없다. 다만, 𡧡는 '호리병박'의 표의자가 아니라 차음자이며, 또한 그것과 같은 것으로 𢆶𡱸이 있다. 특정 방언에는 명나라 시대 초기에 이르러도 여전히 어미 음절 gən을 𡱸로 표기하고 있어, 조금 전인 원나라 시대에는 그들 단어의 발음이 n으로 끝나는 것임을 의심할 수 없다(𠅙도 동일한 사정에 속한다).

𡧡는 금나라 시대 석각에서 𢆶*la와 결합한 𢆶𡧡*lai로 한어 '菜'를 나타내며 𢆶*la와 결합시킨 𢆶𡧡*lai에 의해 한어 '賴'를 대역한다. 그래서 𡧡가 표시하는 것은 '菜'와 '賴'의 어미 i임을 알 수 있다. 이처럼, 𡧡는 『여진역어』에서 '于'를 사용해서 주음하지만 '于'는 『중원음운』에서 어모운(魚模韻)에 속하고 y로 한다. 『몽고자운』에서는 ʔy이다. 그 외에 '于'로 주음되는 것은 𡱸𡧡(阿于馬 [鼈])과 𡱸𡱸(阿于卜魯 [救])가 있는데, 동사 '구하다'의 어근에 대응하는 퉁구스 제어는 ajiw-, ajaw-, ajawu-, ajau- 등을 취하며 '사랑하다'를 나타낸다. 여진어에서는 그 어근에 사동, 수동태 어미 bu를 붙임으로써 '구제하다'가 되는 것이다. 따라서 '阿于'으로 주음되는 음절은 aju(← *ajaw ← *ajawn)이며, aji는 아니다. 이러한 추정음을 '鼈'에 적용시켜 보면 ajuma(사이관『여진역어』) → aiwma(회동관『여진역어』) → aihuma(만주어)와 같은 확실한 음운 변화를 알아볼 수 있다. 따라서 𡱸𡧡의 음운은 명나라 시대에 goiju로 변화되긴 하지만 자면으로 표시하는 음운은 여전히 그대로였고 그것은 바로 원나라 시대 음에 틀림없다.

이상의 각 예에 관한 원나라 시대 음의 추정은 모두 주음 한자와 친족언어에 의해 방증될 수 있다.

3) 『여진역어』의 여진자는 금나라 시대 석각보다는 『여직자서』
와 유사하다.

『여진역어』	『여직자서』	『금대 석각』
呰*na	呰*na	圣*na
吥*giŋ	吥*giŋ	帛*giŋ, 朵*giŋ
老*agdian	老*agdian	老米*agdian
帚*holdo	帚*holdon	帚爰*holdon
癸*mo	癸*mon	癸爰*mon
攵*ulɣian	攵*ulgian	夂米*ulgian
氺*jara	氺*jaran	氺米*jaran
正存*fannar	正存*pannar	歪反竿*pannor
孟天*saldai	孟天*saldai	恭天*saktai
先米*dilɣan	先*dilgan	羊雨*dilɣan
卡*dujin	卡*dujin	朱*dujin
卫*gorhon	卫*gorhon	手彐*ʤuan ilan
五*toböhon	五*toböhon	手赴*ʤuan ʃunʤa

이상의 각 예는 그 철자 방식이 어미 자음의 탈락에서 나타난
'표의자의 회귀'에 속하는 帚, 癸, 氺의 3가지 예를 제외하면 나머
지 모두는 『여직자서』를 직접 계승한 것임을 보이고 있다. 특히
10자리 수사는, 〈영영사기비〉에 보이는 手一*ʤua əmu(11월)과
회동관 『여진역어』에 보이는 '莊額木別'*ʤuan əmu bia(11월)과 같
은 후기형(後期形)에 대해, 『여진역어』에서는 여전히 『여직자서』
의 乇*amʃo를 계승하고 있다는, 그러한 사실은 원나라 시대에 편
찬된 『여진역어』가 명나라 시대 초기에서도 남겨져 있었으며 나
아가서 명나라 시대 『여진역어』를 편찬할 때 수본이 된 가능성이
있음을 보여 준다.

4) 『여진역어』와 『여직자서』의 문류·어휘에 나타나는 유사성

『여직자서』의 각 문류에 열거되는 자수(字數)는 천문문(天文門), 지리문(地理門), 시령방우문(時令方隅門), 인물문(人物門), 전화문(田禾門), 차장문(車帳門), 후박(厚薄), 화목문(花木門), 과실문(果實門), 음식문(飮食門), 궁실문(宮室門), 진보문(珍寶門), 의복문(衣服門), 모발(毛髮), 서신(書信), 변색(邊塞), 일제(一齊), 영성(靈聖), 준추(俊醜), 궁경(宮京), 수목문(數目門) 등, 각 문류에서는 모두 30~40자 정도 된다. 이것은 대체로 『여직자서』를 편집할 때 규정된 각 문류의 기본적 자수이다. 신체문(身體門), 조수문(鳥獸門), 기용문(器用門), 수복(收覆), 이동(移動) 등의 문류에서 자수는 그 다른 각 문류의 배가 되는데, 그들 문류는 다시 몇몇 자류(子類)로 분류되어, 자류마다의 자수는 다른 각 문류에 넣는 기본적인 자수에 거의 상당한다.

『여직자서』에서 조목은 확실한 문류와 『여진역어』의 문류 자수를 대비해 보면, 아래 표와 같은데(*를 붙인 것은 추정 숫자) 여기서 약간의 문제가 발견된다.

문류	『여직자서』	『여진역어』
천문	38	30
지리	30	42
시령방우	32	31 / 26
인물	38	68
신체	32 / 30	30
조수	34 / 62 / 36 / 32 / 76	59
화목·과실·전화	32 / 32 / 32	31
음식	32	22
차장·기용	32 / 32 / 31 / 61	56
진보	*31	22
의복	*27	26
수목	30	30

① 『여직자서』의 천문문은 『여진역어』의 자수보다 약간 많지만 그것은 전부 천문 명사는 아니라 앞 부분에 일부 추상명사가 혼재하기 때문이다.

② 『여진역어』 지리문에서 『여직자서』보다 증가된 부분은 후자의 인물문, 궁경, 지명문 등의 문류에 포함되었다.

③ 『여진역어』 인물문에 보이는 명나라의 관직 명칭 및 주변 민족 명칭 등은 분명히 후에 첨부된 것이다.

④ 『여진역어』 조수문, 기용문의 자수는 분명히 다른 문류보다 훨씬 많다. 그것은 일련의 『화이역어』의 체제에 준하여 편집할 때에도 유지된 『여직자서』의 고유한 특징이며, 이와 같은 현상은 몽골어를 기록한 갑종본 『여진역어』에도 나타난다.

⑤ 『여직자서』의 지명문의 대부분은 금나라 시대의 로(路), 부(府), 주(州), 현(縣) 등의 지명이다. 당연하지만, 그것이 『여진역어』에는 보이지 않는다.

덧붙여, 특히 주의해야 할 것은 『여직자서』의 각 문류의 자수가 실제로 기록된 단어 수라고는 할 수 없다는 것이다. 현 시점에서 해독을 끝낸 범위에 대한 통계로는 적어도 30개 단어가 복수의 글자로 철자되고 51개의 글자가 다른 위치에 중복되어 등장하므로 그 중에도 복수 글자로 철자된 단어가 존재할 가능성을 부정할 수 없다. 더구나 그 복수 글자로 철자된 단어들 중 일부에는 그 중의 어느 글자도 중복되어 출현하지 않는 것이 있다. 가령 각 문류에서 단어 수를 대략 30개로 한다면, 그것을 초과할 경우에는 반드시 복수의 글자로 철자한 단어가 존재할 것이다.

아래에서는 『여진역어』와 『여직자서』에 기록된 단어의 각 문류에서의 분포 상황을 대비해 보자. 이 작업의 목적은 첫째로 양자의 단어 분류 방법을, 둘째로 양자의 문자 사용 상황을 해명하는 것에 있다. 앞에서 말했듯이, 단어 분류 방법에는 시대에 따른 편집자의 명물류별에 관한 인식 차이, 편집 목적에 따른 단어의 분류에 차지하는 위치 차이 등이 표현되어 있다. 대비해 본 결과는 『여진역어』의 수본, 즉 원나라 시대 『여진역어』를 복원하는 데 조금이나마 도움이 될 것이다.

우선, 분류에 따라 단어의 변천 상황을 관찰해 보자.

[천문문]

『여진역어』에서 30개 단어 가운데 『여직자서』에 보이는 것이 10개(해독된 것에 한하여 [ ]로 표시한다. 『여직자서』 이후에 부가된 어휘에는 밑줄을 친다. 이하 같음)가 있다.

[天], [霆], [日], [月], [風], [雲], [雷], 雨, 霜, 露, 斗, 星, 煙, 霞, 氷, [雹], [雪], [霧], 陰, 陽, 火, 空, 三臺, 五斗, 日出, 日落, 天陰, 天晴, 大風, 細雨

'日'은 천체의 '태양(太陽)'이 아니라 시간의 '일(日)'이다(『여직자서』의 시령방우문에 보인다). '태양'에 해당하는 단어를 '그늘(陰)'로 번역한 것은 잘못되었으며, '태양, 볕(陽)'으로 번역된 단어는 사실은 '따뜻하다'라는 의미이다. '空'은 천공의 의미가 아니라 '공허하다'를 나타나는 형용사이다(『여진역어』의 통용문에 동형어가 있다). 이상은 분명히 『여직자서』 이후에 편집 단계에서 발생한 착오이다.

『여직자서』에서는 천문류에 속하는 미해독 단어는 대충 8개밖에 없기 때문에 『여진역어』의 '雨, 霜, 露, 斗, 星, 煙, 霞, 氷'에 해당될 가능성이 있다. '火'는 『여직자서』에 지리문에 보인다. 『여진역어』의 '三臺, 五斗, 日出, 日落, 天陰, 天晴, 大風, 細雨'는 전부 뒤에 추가된 것이다.

[지리문]
『여진역어』에서 42개 단어 가운데 『여직자서』에 보이는 것이 8개 있다.

京, 國, 城, 池, 街, 市, 地, 土, [山], [河], 邦, 村, 關, 塞, [湖], [海], 林, 泉, [江], 田, [水], 石, 府, 州, 縣, 井, 路, 徑, 塵, 泥, [野], 道, [園], 牆, 灰, 炭, 沙, 堤, 邊境, 地面, 地方, 藩籬

지리문의 내용에서 보아, 재편집할 때 원래 문류가 합병되어 어휘 서열이 심하게 변동되었음이 추측된다. 지리문에서 『여직자서』와 문류를 달리하는 것으로 '京, 縣'은 『여직자서』의 지명문에, '國, 邦'은 인물문에, '城, 府, 井'은 궁실문에, '地'는 천문문에, '塞'은 변색자류에, '泉'은 조수문 금류 2에, '田'은 전화문에, '地方'은 궁경자류에 각각 보인다.

한편, '邊境'은 '塞'과, 그리고 '地面'은 '地方'과 동일한 여진어에 중복되어 배당된 한역어이며, 또 '地面'이라는 단어는 『원사』에 초음으로 보이게 되었다. 또한 '街'는 여진어 '柵'+한어인 '街'에 의한 합성어, '關'은 한어 '關口'의 음역, '徑'은 '小'+'路'의 합성어, '藩籬'는 '邊'+'牆'의 합성어이며, 이들은 모두 후에 추가된 것이다.

[시령문]
『여진역어』에서 31개 단어 가운데 『여직자서』에 보이는 것은 11개 있다.

[春], [夏], [秋], [冬], [晝], [夜], [年], [節], [時], 歲, [早], [晚], 朔, 望,

古, 今, [季], 閏, 冷, 熱, 涼, 溫, 寒, 凍, 朝, 夕, 淸明, 端午, 重陽, 去歲, 來年

'旱'와 '朝'는 동일한 [ərdə]이며 다시 인사문에서도 보이는데 이것은 '늦다'와 쌍을 이루며 '빠르다'라는 의미를 나타내는 몽골어에서 유래한 차용어이다. 이것은 아마 원나라 시대에 여진어에 유입되어 원래 오직 '朝'를 나타내는 [timari]로 바뀌었다(다만, 회동관『여진역어』및 만주어에 병존한다). '古'는『여직자서』의 천문문에 있는데 '歲, 閏, 今'은『여직자서』의 시령방우문에 포함되지 않았고, '熱, 寒'은『여직자서』의 신체문에 있는데, '冷, 涼, 溫, 凍'은 다른 문류에 있을 수도 있지만, 앞으로 해독 결과를 기다려야 한다. 그리고『여진역어』가 합성어로 나타내는 '朔·望, 淸明, 端午, 重陽, 去歲, 來年'의 대부분은 여진어 문법에 맞지 않아 한어 의미에 의해 억지로 합성시킨 것이 포함되어 있으며, 전부 후에 추가된 것으로 판단된다.

『여진역어』에서『여직자서』의 시령방우문을 사령과 방우라는 2부문으로 나누는 것은 원나라 시대부터 계승된 전통이며,『지원역어(至元譯語)』는 이미 2부분으로 분리된 형식을 취하고 있다.

[화목문]
『여진역어』의 화목문은『여직자서』의 화목문, 과실문, 전과문이 합병된 것이다. 희귀한 일이지만 3문류 외에도 보이는 단어가 있으며, '호리병박'이『여직자서』의 기용문에 있는 것이 그 한 예이다.

『여진역어』 31개 단어 가운데『여직자서』에 보이는 것은 8개 있다.

[松], [柏], 桃, 李, [桑], 楡, [杏], 梅, 梨, 棗, 柳, 樹, 草, [木], 花, 葉,
根, [栗], 苗, [枝], 果, 麦, 柴, 松子, 榛子, 核桃, 葡萄, 西瓜, 蘿卜, [胡虜],
白寀

[조수문]

『여진역어』의 조수문에는 59개의 단어 가운데『여직자서』에 보
이는 것이 38개가 있다.

虎, 駝, 馬, 獅, 象, 驢, 牛, 羊, 熊, 鹿, 犬, 豹, 兔, 狐, 獐, 鷹, 鶻, 雀,
鴨, 鷄, 猪, 魚, 鼈, 蛇, 騸馬, 豺狼, 兒馬, 騍馬, 獾, 海豹, 海獺, 鴛鴦, 鷺鷥,
鴉鶻, 麻雀, 海靑, 貂鼠, 黃鼠

『여직자서』에 이들 어휘가 배열된 순서는

獅, 駝, 馬, 驢, 牛 …… 兒馬, 騸馬, 騍馬, 猪, 犬, 象 …… 羊 …… 鹿
…… 鷄 …… 豹 …… 熊 …… 虎 …… 豺, 狐, 獺 …… 獐, 獾 …… 兔,
貂, 鼬 …… 鷹 …… 海靑, 鴉鶻 …… 鶻 …… 雀 …… 鷺鷥 …… 麻雀 …
…鴨 …… 蛇 …… 魚 …… 海豹 …… 鼈

로 되어 있다. 『여진역어』에 실려 있는 '騾, 鼠, 猿, 猴, 鵝, 虫, 麒麟,
野猪, 山羊, 野馬, 野驢, 海狗, 鴛鴦, 仙鶴, 燕子, 天鵝, 野鷄, 蟒龍, 銀
鼠, 靑鼠' 등의 단어는 『여직자서』에서 아직 해독되지 않은 것이
지만 『여직자서』 중에는 복합어가 존재하지 않으므로 『여진역어』
에 있는 '猿, 野猪, 野馬, 野驢, 海狗, 銀鼠, 靑鼠' 등의 어휘는 『여직
자서』에 실려 있다고 해도 꼭 단어형을 취하여 『여진역어』에 실
린 복합어와는 다를 것이다.
　　회동관 『여직역어』에 [uihu](청서靑鼠)가 있고, 곧 만주어에서

[ulhu](회서灰鼠)인데,『여진역어』에는 [nogian](청)+[ʃiŋgər](쥐)와 같은 복합형으로 되어 있다. 마찬가지로『여직자서』의 [solohi](황서黃鼠)도『여진역어』에서는 [sogian](황)+[ʃiŋgər](쥐)로 고쳐져 있다.『여직자서』조수문에는 해독되지 않은 글자와 잔결 부분이 많아, 이상의 어휘 중 무엇인가가 그 중에 포함된 것이 있을 수 있다. 금·명 양대에 여진 어휘의 차이는 매우 많으며, 일부 어휘의 음운 형식은 이미 변모하였다. '鷟鳥'를 예로 들면,『여직자서』에서는 퉁구스 제어에 가까운 *[kukun]인데『여진역어』에서는 만주어와 거의 같은 *[garun]이다.

『여진역어』가 '龍'을 조수문에 배치한 것과 달리『여직자서』는 천문문에 싣고 있다.

[궁실문]
『여진역어』의 궁실문에는 22개의 어휘 가운데 6개가『여직자서』궁실문에 보이는데, 그것은

殿, 樓子, 院, 寺, 門, 窓

이다.『여직자서』에서 이들 어휘를 배열하는 순서는

院 …… 殿 …… 樓子 …… 寺 …… 窓, 門

으로 되어 있다.

『여진역어』의 궁실문에서 '堂, 衙門, 廳, 臺, 觀, 閣, 簾, 梁, 柱, 磚, 瓦, 學, 館驛'의 제 단어는『여직자서』에서는 아직 해독되지 않았다.『여직자서』에 궁실문의 15개 미해독 단어에 포함되어 있을 가능성이 있다.『여진역어』에 궁실문의 제22인 단어 '館驛'은 분

명히 뒤에 덧붙인 것이며, 제10인 단어 '臺'는 몽골어에서 차용한 것이며 그들은 『여직자서』의 시기에는 아직은 여진어에 들어가지 않았다.

『여진역어』의 궁실문에서 '宮, 房, 帳房'의 소재문(所在門)류는 『여직자서』의 그것과 다르며 '宮'은 『여직자서』의 궁경자류에, '房, 帳房'은 차장문에 각각 배치되었다.

[기용문]

『여진역어』의 기용문 56개의 단어 가운데 『여직자서』 기용문에 보이는 것은 14개이며,

旗, 鞍, 鞊, 鞦, 轡, 鐙, 刀, 弓, 失, 桌, 碟, 鍋, 碗, 鍾

이다. 『여직자서』가 이들 어휘를 열거하는 순서는

鞍······ 鞊, 刀······ 鞦······ 鐙, 轡······ 旗······ 弓, 失······ 碗······ 碟······ 鍾······ 鍋······ 桌

로 되어 있다.

『여진역어』 기용문에서 '香, 炉, 扇, 筆, 甲, 槍, 凳, 床, 椅, 盤, 壺, 燈, 燭, 針, 線, 鏡, 剪, 鼓, 箸, 盒, 斤, 兩, 錢, 分, 尺, 寸, 斗, 升, 下營, 煙墩, 令牌, 奏事'의 제 단어는 『여직자서』 기용문에서 미해독의 단어에 포함되어 있을 가능성이 있다. 그 중에서 '下營' 이하 제 53~56의 단어는 뒤에 첨가된 것으로 보인다.

『여진역어』의 기용문에 있는 '書, 劍, 墨, 硯, 鞭, 盔, 車, 船, 印'의 제 단어는 『여직자서』와 배치된 문류가 다르다. '書, 印'은 『여직자서』의 서신자(書信字)류에, '劍, 鞭, 盔, 車, 船'은 차장문에, '墨,

硯'은 진보문에 각각 배치되어 있다.

[인물문]
『여진역어』의 인물문에 68개 단어 가운데 19개는 『여직자서』
인물문에 보이며,

> 人, 國, 臣, 官, 父, 母, 兄, 弟, 民, 女婿, 姐, 妹, 夫, 妻, 孩兒, 男, 女,
> 主, 奴

로 되어 있다. 『여직자서』가 그들을 배열하는 순서는

> 國 …… 人, 官 …… 民 …… 主, 奴, 臣 …… 男, 女, 夫, 妻, 父, 母 …
> … 兄, 弟, 姐, 妹 …… 女婿 …… 孩兒

이다.
『여진역어』의 인물문에 실린 대량의 관직명과 민족명 등의 단
어는 분명히 후에 덧붙인 것이며, 곧

> 君, 文官, 武職, 將軍, 公, 侯, 伯, 太監, 尙書, 侍郎, 都堂, 御史, 總兵,
> 指揮, 同知, 千戶, 百戶, 鎭撫, 韃靼, 回回, 高昌, 西番, 百夷, 緬甸, 女直,
> 西天, 高麗, 邏邏

이다.
제58의 단어 '朋友'는 몽골어에서 차용한 것으로, 『여직자서』의
그것이 계속해서 *[anda]로 되어 있어, 차용 시기가 금나라 시대
이후인 것을 알 수 있다. 그 외에 여진의 언어 습관 및 문법 구조
에 맞지 않는 몇 개 복합어와 한어 역음어도 명나라 시대에 추가

되었다고 봐야 할 것이다. 곧

　　貴人, 高祖, 賓客, 主人, 夷人, 野人, 酋長, 頭目, 賊人, 歹人, 部下

이다.

『여직자서』 인물문에 해독되지 않은 단어가 9개 있는데, 결여된 단어는 4개 있지만, 그들이 배치된 위치에서 친족 관계의 호칭에 속하는 단어로 보이며, 『여진역어』의 추가 단어에 포함될 가능성은 없다.

『여진역어』의 인물문에 있는 '皇帝, 聖人, 孫子, 公'은 『여직자서』와 배치된 문류가 다르다. '皇帝, 子孫'은 『여직자서』의 천문문에, '聖'은 영성자(靈聖字)류에, '公'은 궁경자류에 각각 배치되어 있다.

[인사문]

『여진역어』 인사문의 150개 단어 중에 『여직자서』의 이동자류에 보이는 것은 10개, 수복자류에 보이는 것은 1개, 준추자(俊醜字)류에 보이는 것은 3개, 영성자류에 보이는 것은 1개, 일제자(一齊字)류에 보이는 것은 3개이며, 곧

　　擒, 得, 樂, 改, 移, 買, 授, 動, 笑, 說, 勤, 貧, 愛, 進貢, 重, 自, 且, 怠

이다.

『여진역어』 인사문의 단어 중에서 『여직자서』의 관련 문류에 나타나는 것은 20개밖에 없지만, 나머지 130개 단어가 『여직자서』에 대응되는 단어는 여전히 해명되지 않았다. 『여직자서』에서 『여진역어』 인사문에 해당하는 부분은 대략 이동자류와 수복자류이며 『여진역어』 통용문에 해당하는 부분은 대체로 일제자류, 영성

자류, 준추자류인데, 그 중에는 『여진역어』의 문류 배치와 다른 어휘가 많이 보인다. 위에 열거한 『여진역어』 인사문의 7개 단어가 『여직자서』의 이동자류, 수복자류에 배치되지 않고 일제, 영성, 준추 등의 자류에 배치되어 있는 것이 그 예이다. 『여직자서』에서는 이들 5문류에서 석각 및 『여진역어』에 보이지 않는 글자가 가장 많아, 그 때문에 해독할 수 있는 어휘가 가장 적다. 『여진역어』 인사문의 어휘 중에서 여전히 『여직자서』에서 해독되지 않은 130개 어휘의 어두자의 절대 다수가 차자인 것을 보면, 그것들에는 원래 표의자가 있었는데 『여직자서』 이후에 복수의 표음자로 바뀌었다는 것을 알 수 있다. 따라서 『여직자서』의 미해독자 가운데는 『여진역어』 인사문 130개의 어휘가 포함되어 있을 가능성이 매우 크다.

『여진역어』 인사문의 '聽, 賞'은 『여직자서』에서는 다른 문류에 속하며, '聽'은 『여직자서』의 신체문에 있고 '賞(錄)'은 서신자류에 있다.

『여진역어』 인사문의 제131, 132, 134, 136, 138, 139, 141, 149 등의 복합어에는 여진어 문법에 맞지 않은 부분이 많아, 분명히 사이관원이 동의의 한어로 창작한 것이다.

[신체문]
『여진역어』의 30개 어휘 중, 『여직자서』 신체문에는 다음 13개가 보인다.

身, 口, 齒, 脣, 鼻, 手, 脚, 腸, 肚, 項, 力, 氣, 肥

『여직자서』에서 이들 어휘를 배열한 순서는

口 …… 手, 脚 …… 項 …… 力 …… 氣 …… 身 …… 肚 …… 唇, 齒
…… 鼻 …… 肥 …… 腸

로 되어 있다.

『여진역어』 신체문의 '面, 頭, 眼, 耳, 舌, 眉, 胸, 背, 心, 骨, 肉, 血, 皮, 瞻, 瘦' 등의 어휘는 『여직자서』에서는 아직도 해독되지 않았다. 『여직자서』 신체문의 허두가 빠진 8개 글자에는, 혹은 '面, 頭, 眼, 耳, 舌, 眉' 등의 어휘가 포함되어 있는데, 나머지는 미해독 15자에 포함되었을 가능성이 있다.

『여진역어』 신체문의 '毛髮'이라는 단어는 『여직자서』 모발자류에 배치되어 있다.

[음식문]

『여진역어』 음식문에 있는 22개 어휘 중에서 『여직자서』 음식문에 보이는 것은 3개가 있으며 '酒, 茶, 醋'이다. 『여직자서』에서 배열순서는 '酒 …… 茶 …… 醋'로 되어 있다.

『여진역어』 음식문의 '肉, 飯, 菜, 油, 鹽, 醬, 米, 面, 酥(油), 食, 飢, 飽, 妙面, 生熱, 燒餠, 奶子' 등의 어휘는 『여직자서』에서는 아직 해독되지 않았다. 『여직자서』 음식문에서 미해독 글자는 23개, 누락된 글자는 3개인데, 위에 든 이들 어휘는 그 중에 포함되어 있을 가능성이 있다.

『여진역어』 음식문의 '果, 飮, 苗'는 『여직자서』에서는 다른 문류에 배치되어 있으며, '果'는 『여직자서』의 과실문에, '苗'는 전과문에, '飮'은 『여직자서』의 이동자류에 각각 보인다.

[의복문]

『여진역어』의 의복문에서 26개 어휘 가운데 『여직자서』 의복문에 보이는 것은 6개가 있으며 '表, 里, 梳子, 裙, 襖, 皮襖'이다.『여직자서』의복문에서 배열순서는 '梳子, 皮襖 …… 裙 …… 表, 里, 襖'로 되어 있다.

『여진역어』의복문의 '帶, 靴, 帽, 環, 枕頭, 衣服, 褲, 鞋, 被, 褥, 布, 絹, 紗, 羅, 緞, 織金, 膝襴, 暖耳' 등의 어휘는『여직자서』의복문에서는 아직 해독되지 않았다.『여직자서』의복문에 미해독자는 10개 있고 누락된 글자는 9개 있다. 위에서 열거한 어휘는, 혹은 그 중에 포함되어 있을 수도 있다.

『여진역어』의복문의 '冠'은『여직자서』서신자류에 배치되어 있다.

[진보문]

『여진역어』진보문의 22개 어휘 중 8개는『여직자서』진보문에서 보이는데 '金, 銀, 珠, 銅, 鐵, 財, 琥珀, 珊瑚'이다.『여직자서』가 이들 어휘를 배열하는 순서는 '金, 銀 …… 靑銅 …… 鐵 …… 珍珠 …… 琥珀, 珊瑚 …… 貨財'로 되어 있다.

『여진역어』진보문의 '玉, 寶, 錢, 錫, 躪, 物, 象牙, 犀角, 瑪瑙, 赤玉, 阿膠' 등의 어휘는『여직자서』진보문에서는 아직 해독되지 않았다. 그 가운데 '錫, 躪, 象牙, 犀角, 赤玉'은 복합어인데,『여직자서』에는 복합어가 없다. '錫'을 예로 들면, 회동관『여진역어』는 여전히 toholo(만주어 toholon)로 되어 있는데,『여진역어』진보문에서는 이미 ʃəŋgian(白)+sələ(鐵)로 되어 있다. 그 외에 '物'이라는 단어는 여진어, 만주어 모두 '節'과 동음이어서『여진역어』에서도 동일하게 표기되어 있다. 그러면서『여직자서』진보문(다른 문류도 포함)에는 시령방우문에 있는 '節'의 표의자와 동형 글자가 존재하지 않으며, 따라서 '物'이라는 단어는『여직자서』에 실려 있지 않음을 알 수 있다.

『여진역어』진보문의 '璽, 人蔘'은『여직자서』에서는 다른 부문류에 배치되어 있으며, '璽'는『여직자서』의 서신자류에, '人蔘'은 과실문에 각각 보인다.

[방우문]

『여진역어』방우문의 26개 어휘 가운데『여직자서』시령방우문에 보이는 것은 14개 있으며, '東, 西, 南, 北, 上, 下, 左, 右, 前, 後, 明, 暗'이다.『여직자서』가 이들 어휘를 배열하는 순서는 '東, 西, 南, 北 …… 明, 暗, 上, 下 …… 左, 右, 橫, 竪 …… 前, 後'로 되어 있다.

『여진역어』방우문의 '內, 外, 角, 斜, 直, 從前, 在後, 外面' 등의 어휘는『여직자서』에서는 아직 해독되지 않았다. 그 가운데 '從前, 在後, 外面'은 여진어 문법에 맞지 않은, 창작된 것이며, '角'도 동물의 '角'을 '모서리'의 '角'과 혼동하고 착오해서 방우문에 넣은 것이다.『여직자서』시령방우문에는 미해독 글자가 3개 있는데, 음운에서 보면 '內, 外, 斜, 直'에 근사한 것은 1개도 없다.

『여진역어』방우문에서 '傍'의 동근어는『여직자서』에서 수복자류에 보이며, '中'은 영성자류에 보이며, '正'은 일제자류에, '邊'은 변색자류에 각각 보인다.

[성색문]

『여직자서』에는 성색문이 없다. 20개 단어 중, 단지 '光'과 '色'만이 각각 천문문과 서신자류에 보인다.

『여진역어』성색문에 제14~20의 단어(天靑, 雪白, 鴨綠, 桃紅, 柳翠, 玉白, 金黃)는 모두 복합어이지만,『여직자서』에는 복합어가 없다. 복합어가 아닌 것도 표음자를 조합하여 표시하고 있으며, 이러한 단어는『여직자서』이후에 추가된 것들이다.

[수목문]

『여진역어』 수목문의 30개 단어는 전부 『여직자서』 수목문에 보인다.

[통용문]

『여진역어』 통용문의 94개 단어 중에서 『여직자서』의 이동자류에는 '落, 知曉, 快樂', 수복자류에는 '得', 후박자(厚薄字)류에는 '厚, 薄', 영성자류에는 '好, 重, 虛', 준추자류에는 '醜, 俊', 인물문에는 '老', 일제자류에는 '須臾, 一齊, 自'가 보인다.

『여직자서』에서는 대략 『여진역어』의 통용문, 인사문에 대응 어휘가 있는 5개의 문류(일제, 영성, 수복, 준추, 이동)에 수록된 글자는 석각 및 『여진역어』에 보이는 것이 가장 적다. 그 때문에 해독할 수 있는 어휘 수도 극히 적다. 『여진역어』 통용문에 수록된 어휘 대부분이 복수의 표음자로 조합되어 있는 것으로 보면, 『여직자서』 이후 표음자의 합병이 통용문과 인사문에 수록된 허사 및 동사의 일부에 집중되어 있었다는 것을 알 수 있다.

『여진역어』 통용문에도 여진 문법에 맞지 않는, 분명히 추가된 어휘가 많이 있다. 예를 들면, '怎生, 因比, 雖是, 寬饒, 明白, 將就, 享祿, 名望, 法度, 當面, 誠意, 可嘉, 鞠躬, 叩頭, 自古, 都是, 一般'과 같다.

『여진역어』에서 속첨(續添), 신증(新增)의 두 문류는 모두 명나라 시대에 증보된 것이므로 여기서 행할 대비 연구의 범위에서 제외해 둔다.

제3장

영영사기비 永寧寺記碑

제1절 비석의 건조 경위

〈영영사기비(永寧寺記碑)〉(영락 11[1413]년 입석)는 〈노아간도사영영사기비(奴兒干都司永寧寺記碑)〉라고도 칭한다. 이 비는 원래 러시아 영내 흑룡강 하류 유역의 동안에 있는 특림(特林: 북위 51° 41′, 동경 138° 31′)에 세워져 있었는데, 후에 블라디보스토크에 옮겨졌다.[1] 현재 러시아 연방 블라디보스토크 시의 연해 지방 국립 아

---

1) 토리이 류조(鳥居龍藏), 「인류학 및 인종학에서 본 북동아시아(人類学及人種学上より見たる北東亜細亜」, 『鳥居龍藏全集』 제8권, 朝日新聞社, 소화 51년, 제1장 '6. 우라지오 박물관'에 "그리고 여전히 석인석수(石人石獸)와 같은 것도 역시 니콜스크(Nikol'sk) 부근에서 가져와 박물관 정원에 진열하고 있다. 그리고 영영사 비문 2기, 즉 영락 년간의 것과 선덕 년간의 것이 함께 나란히 서 있다. 또 그 비석 옆에 있었던 곳의 벽돌탑에 사용한 무늬가 있는 벽돌도 거기에 나란히 있

르세니예프(Arsenyev) 종합 박물관에 진열되어 있다. 〈중건영영사기비〉(선화 8[1443]년 입석)는 동 박물관의 분관인 국제전시센터의 앞뜰에 설치되어 있다.2)

특림은 명나라 시대에 설치된 노아간 도사아서(都司衙署)가 소재하던 곳이다. 요나라 시대에는 동경도(東京道), 금나라 시대에는 상경도(上京道)에 속했는데 원나라 시대에는 동정원수부(東征元帥府)에 예속되었으며, 처음으로 노아가(弩兒哥) 혹은 노아간(奴兒干)의 명칭3)을 찾아볼 수 있다. 명나라 성조 영락 7년(1409), 이곳에 노아간 도사를 설립하여 그 아래에 위(衛) 184개소, 소(所) 20개소를 두고 현지의 소수민족 추장을 도독(都督)·도지휘(道指揮)·천백호(千百戶)·진무(鎭撫) 등의 직에 임명하고 인신을 주어 옛 습속에 따라 각각 속부를 통괄하며 정기적으로 조공을 올리도록 하였다.4)

명나라 정부는 현지의 소수 민족 관리(官吏)와 주민에게 하사하고 이들을 위로하기 위해 환관 적실합(赤失哈)을 전후 7차례5)에 걸쳐 현지에 파견하였다. 명나라 성조 영락 11(1413)년에 현지에

다. 그래서 영영사 비문을 보려면 그 박물관에 올 수밖에 다른 방법은 없어서, 이들은 어떻게든 여기에 와서 봐야 하는 것이다."라고 나온다.

2) 나카무라 가주유키(中村和之), 야마다 마코토(山田誠), 가와무라 오사무(川村乃), 하크 이사오(泊功), 「석비 복원에 의한 중세 아이누 민족의 생활사연구(石碑の復元による中世アイヌ民族の生活史の研究)」, 기반적연구개발육성사업(공동연구보조금) 연구성과보고서.

3) 『원문류(元文類)』권41, 『경세대전(經世大典)』序錄, 政典, 征伐 / 招捕의 '遼陽骨嵬' 항에 지원 10년 정동초토사 匣塔剌의 정에 弩兒哥地가 보인다. 또 『元典章』新集 '刑法' 항에 노아간은 원나라 시대에 중죄인을 유형시키는 장소라고 한다. 弩兒哥는 곧 奴兒干이다.

4) 명나라 진순 등 「환우통지(寰宇通知)」권116 〈여직〉 항에 "奴兒干都司永樂七年置"라는 기술이 있다.

5) 적실합(赤失哈)이 노아간을 찾아간 횟수에 대해서는 10번과 7번의 2가지 이설이 있다. 여기에서는 영락 연간의 5번과 선덕 연간의 2번이라는 7번 설을 채택하기로 한다.

영영사를 짓고, 그곳 설립에 대한 경위와 통치 의도를 기록한 〈영영사기비〉는 한문, 몽골문, 여진문 3가지를 대조한 석비이다. 명나라 선종 선덕 8년(1433)에 현지 주민들이 파괴한 영영사를 재건하고 다시 한문만으로 된 〈중건영영사기비〉를 건립하였다. 〈영영사기비〉와 〈중건영영사기비〉의 내용은 모두 환관인 적실합을 비롯하여 명나라 군대가 노아간과 동해 고이(苦夷, 庫頁島) 등을 초무한 사실이다.

이 2기의 비석은 19세기 말까지 계속 특림의 절벽 위에 우뚝 서 있었으며 현지 원주민들로부터 "본디 그대로 신비하고 기이함이(靈異)를 써 있다."라고 해서 숭배를 받았다.

비문의 기술 내용은 명나라의 동북아시아를 지배하고 당시 극동의 주변에 살던 만주 퉁구스인과 파레오=아시아인의 활동 역사를 연구하는 데에 제1급 사료라고 할 만한 가치를 가지고 있다. 명나라에 아이누 민족의 조공 교역에 대한 기술도 볼 수 있어 산단(山丹) 교역과 북 실크로드에 대한 연구에서는 꼭 언급되어 왔다. 특히 여진 문자가 새겨진 〈영영사기비〉는 금나라 시대 애종(哀宗) 정원 원(1224)년 이후에 나타난 유일한 여진 문자 석각으로, 여진학에 있어서의 의의가 크다고 하지 않을 수 없다.

제2절 비석의 발견과 관련된 기술

비석 발견 및 관련 조사에 관해서는 17세기 중엽 이후에 러시아인, 중국인, 일본인의 기록에 보인다.

러시아인의 발견 경위에 관해 A. R. 아르테메프의 저술6)에 의

---

6) A. R. 아르테메프, 기쿠치 도시히코(菊池俊彦)·나카무라 가주유키(中村和之) 감

거하여 간단하게 요약하면, 아래와 같다. 1675~78년에 외교 사절로 중국에 체재해 본 적이 있는 N. G. 스퍼패리가 1678년에 쓴 수고가 그 선구이다. 그 중에 "우리 코작(Cossack) 병사는 내가 부임하기 전까지 20년 동안 아무르강 유역과 하구에서 중국인과 싸웠는데, 그들이 말하기에는 아무르강 하구에서 2일간 배로 거슬러 올라간 곳에 마치 사람의 손으로 깎아낸 듯이 보이는 험한 벼랑이 있으며 거기에서 21feet 정도 되는 높은 곳에, 중국에서 만든 종(鍾) 한 개와 중국 문자가 새겨진 3개의 비석을 발견하였다는 것이었다. 현지인들이 코작 병사에게 한 이야기에 의하면, 그 옛날 바다에서 아무르강을 거슬러 그곳을 순행하던 중국 황제가 기념으로 비석과 종을 건립했다고 한다."는 것이다. 그 수고본은 1910년에 들어 처음으로 카잔에서 출판되었는데, 1692년에 네덜란드인 N. 비첸이 간행한 『북타루타리아와 동타루타리아』(암스테르담) 제2권에서 이미 그 일부를 인용한 것에 따르면, 일찍이 이 비석의 존재는 유럽에 알려졌다. 1850년 7월에 러시아 군인인 G. I. 니벨스코이 대위가 배를 타고 특림을 방문했을 때 『니벨스코이가 발견한 고대 석주도(石柱圖)』로서 비석을 기술하였으며 동시베리아 총독 N. N. 무라비요프는 그해 11월 27일부로 황제 니코라이 1세 앞으로 보낸 보고서에 그 내용이 붙어 있다. 1854년에 현지를 방문한 러시아인 극동 연구자 G. M. 펠미킨이 처음으로 비석과 그 주변 유적을 상세하게 조사하여 그들 그림을 묘사하여 남겼다. 그는 특림 절벽 위에서 높이 1.42m 돌에 문자가 새겨진 동형의 비석 2좌를 발견하였다. 1856~57년에 아무르강 하류 지역을 방문한 미술학자 E. E. 메이어의 편지에는 "동형의 기둥인지

수, 가키무치 아토(垣內あと) 역, 『노아간 영영사 유적과 비문(ヌルガン(奴兒干)永寧寺遺跡と碑文): 15세기의 동북 아시아와 아이누민족(15世紀の東北アジアとアイヌ民族)』, 北海道大學出版會, 2008.

비석 주춧돌이 보이며"라는 기술이 있다. 같은 1850년대에 미국인 P. M. 콜린스가 아무르강 유역을 방문하여 비석과 사원의 유적에 대해 상세한 기술을 남겼다. 1873년에 특림 유적을 조사했던 것은 C. N. 파노프와 크스튈이었다. 1875~76년에 사진작가인 라닌이 특림의 단애와 비석을 촬영하였다.

중국인으로서 최초로 비석의 존재에 관해 언급한 것은 순치 16(1659)년~강희 20(1681)년에 영고탑(寧古塔: 중국 흑룡강성 연안현)에 유배되었던 오조건(吳兆騫: 한사漢槎, 1631~84)이다. 그의 시 「송아좌령봉사흑근(送阿左領奉使黑斤)」에 "曲棧荒林紛積阻 剝落殘碑昧今古"라는 기술이 있으며, 덧붙여 각주에는 "老羌屢侵掠黑斤 非牙哈諸種 寧古塔歲出大師救之 康熙三年(1664) 五月 大將軍巴公乘 大雪襲破之于烏龍江 自是邊患稍息"이 있다. 파공은 곧 파해(巴海)이다. 파해가 출정하며 보낸 시 「송파삼령(送巴參領)」에도 "跡荒靑海外 驛斷雪山西 上將銘功處 殘碑待爾題"(『추가집秋茄集』 권2)라고 있는데, 2곳의 잔비가 모두 영영사기비를 가리키고 있다. 그래서 늦어도 강희 3(1664)년에는 영영사기비의 존재를 중국인들이 이미 알고 있었다.

그 다음은 강희 연간의 양빈(楊賓, 1650~1720)이다. 그의 저서 『유변기략(柳邊紀略)』에

己巳年 人傳飛牙喀一碑 本屬漢文而譯滿 不能錄大要. 其地爲二崗國. 十年敎養之後 立此碑版. 後書東唐國鎭守滿種山 將軍馬元亮. 又有都指揮同知官名.

라는 문장이 있다. 기사년은 강희 28(1689)년에 해당된다. 비아객(飛牙喀)은 오조건의 시에 보이는 비아합(非牙哈)이며, 곧 비문에 기록된 '길렬미(吉列迷)'이다. 이강국(二崗國)은 비문에 기록된 '노

아간국'에 대응하는 그다지 적절하지 않은 역음이다.

또한 건융 원(1736)년에 편집된 『성경통지(盛京通志)』 권15 〈해변고성(海邊古城)〉에 "城東北三千余里 在混同江東南入海處 城外有元時石碑 路遠莫考其詳(성동 3천여 리 혼동강 동남 바다 입구 성 밖에 원나라 시대의 비석이 있는데 길이 멀어 상세히 기술하지 못한다)."라는 기록이 있다. 고성(古城)이란 노아간도사 소재지의 유적일 것이다. 비의 배면에 몽골 문자가 새겨져 있는 것으로 인해 원나라의 비로 잘못 알았던 것 같다. 건융 가경 연간에 2차례에 걸쳐 편수된 『대청일통지(大淸一統志)』에는 양쪽에 "殿山 在寧古塔城東北二千七百二十里 上有二碑(전산 영고탑이 있는 성의 동북 2,720리에 비가 2개 있다)."라고 기재되어 있다.

비문의 내용과 연대가 본격적으로 소개된 것은 광서 11년(1885)에 조정걸(曹廷傑: 이경彝卿)이 비석의 소재지를 방문했을 때부터이다. 그 전에 그는 이미 『동북변방집요(東北邊防輯要)』에 흑룡강 하류 지역에 "碑額曰永寧寺"라고 쓰인, 비석이 있다는 것을 언급한 뒤에 "今三姓人貿易東海者多知之 亦多見之. 惟王守禮 守智兄弟親至碑所 思拓其文 因被俄夷禁阻未果. 故其弟守信能爲余述其詳云(3성인 무역을 하는 동해인을 많은 사람들이 알고 있었으며 또한 자주 보았다. 유왕이 수찰했을 때 수지守智 형제가 직접 비가 있는 곳을 방문했으며 그 비문을 탁본할 것을 생각하고 피아 오랑캐들의 접근을 금지시켰다. 그의 아우 수신이 그 사실을 나에게 상세하게 말해 주었다)."이라고 기술하고 있다. 이렇게 해서 보면, 1885년 이전에 비석 소재지까지 답사한 중국 상인들도 있었다는 것이다. 조정걸에 의해 비석의 연대가 명나라 시대에 속하고 그 내용은 명나라가 노아간 지방을 경영한 상황을 기술한 것임을 처음으로 밝혔다. 그가 저술한 『서백이동편기요(西伯利東偏紀要)』(광서 11[1885]년) 제64~65조에,

一, 查廟爾上二百五十余里, 混同江東岸特林地方, 有石躓壁立江邊, 形若城闕, 高十余丈, 上有明碑二, 一刻勅建永寧寺記, 一刻宣德六年重建永寧寺記, 皆述太監亦失哈征服奴兒干海及海中苦夷事. 論者咸謂明之東北邊塞, 尽于鐵嶺開原, 今以二碑證之, 其說殊不足處. 謹將二碑各塌呈一分, 咨.

一, 查勅建永寧寺碑陰有二體字碑文, 其碑兩旁有四體字碑文. 惟唵嘛呢叭嚩吽六字漢文可識, 余五體俱不能辨.

라는 기록이 있으며, 또한 『동삼성여지도설(東三省輿地圖說)』(광서 24[1898]년)의 〈특림비설지일(特林碑說之一)〉에

按『通志』載, 寧古塔東北二千七百二十里殿山, 又稱殿山嘴, 上有二碑. 楊賓『柳邊紀略』載, 康熙庚午, 與俄羅斯分界, 固山額眞巴海等分三道至威伊克阿林, 一從亨烏喇入, 一從格林必拉入, 一從北海繞入, 遂立碑于山上, 碑刻滿洲·俄羅斯·喀爾喀文. 今特林二碑, 一刻'永寧寺記'一刻'宣德六年重建永寧寺記'皆述明太監亦失哈征服奴兒干海及東海苦夷事. 其小碑之陰有二體字, 兩旁又各有四體字, 或卽巴海等分界時所刻也.

라고 기술되어 있다.

비석의 탁본을 최초로 채택한 것도 조정걸이다. 『고혈도지략(庫頁島志略)』(엽葉11하~12하)에 인용된 감약초(甘藥樵)의 '명노아간영영사이비발(明奴兒干永寧寺二碑跋)'에 따르면, "一呈希侯, 一呈樞府, 一呈總督, 一自藏. 余二本爲喇嘛持去呈俄政府, 海內無第五本. 蓋彝卿自述如此."라는 것인데, 희후(希侯)·추부(樞府)·총독(總督)이란 각각 당시의 길림 장군 희원(希元)·군기처와, 이전에 호남순무였던 오대징(吳大澂)을 가리킨다.

조정걸이 가지고 온 탁본을 바탕으로 『길림통지』(광서 17[1891]

년 각본)의 금석지에 최초로 석문이 공표되었다.

일본 탐험가 마미야 린조(間宮林藏)가 문화(文化) 6(1809)년 7월 2일에 아무르강을 내려갔을 때 선상에서 비석을 멀리서 바라보고, 그의 저서『동달지방기행(東韃地方紀行)』을 남겨 그 관경을 상세히 묘사하였다.

1891년, 2개의 비석은 러시아인에 의해 배로 블라디보스토크에 옮겨졌다. 그 후에 일본의 시라토리 쿠라키치(白鳥庫吉)(1909)와 우메하라 수에지(梅原末治)(1930)에 의해 비문 채탁(採拓)이 두 차례 실시되었다.

| 영영사기석 양탁본 | 영영사기비 음탁본 | 비측 탁본 |

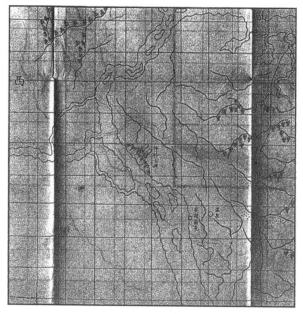

조정걸 제작 〈묘이도〉

제3절 비석 문자의 성격

〈영영사기비〉는 대리석으로, 높이 106cm, 폭 49cm, 비측 폭은 좌 24cm, 우 26cm이다.[7] 비석 좌측의 머릿부분에 3군데 요면이 있고 우측 아랫부분에 주먹만큼의 파손이 있는데 운반할 때 받은 손상으로 보인다.[8]

비면의 윗부분에 '영영사기' 4자가 우측에서 좌측으로 횡서로

---

7) A. R. 아르테메프, 위의 책.

8) 홍목(洪牧), 「영영비신고(永寧寺碑新考)」, 『黑龍江省集郵學術文選 2006~2007』, 黑龍江人民出版社, 2007.

새겨져 있고, 비면에 새겨진 한문은 30행이며 각 행은 62자로 되어 있다. 제6, 7, 12행은 글자가, 제11, 15행은 1자가 대두되어 있다. 제20행부터 30행에 보이는 관직의 성명은 정문보다 19자 내려가 있고, 글자 크기도 약간 작다. 비음 면에 횡제로 '노아간영영사'에 해당하는 몽골문 4자가 좌에서 우로 새겨져 있으며, 비음의 몽골문과 여진문은 각각 15행을 차지하고 있다. 몽골문은 좌에서 우로, 여진문은 우에서 좌로 쓰여 있다. 4체 문자인 '육자진언(六字眞言)'은 비의 좌우 양측에서 동일하다.

여진문과 몽골문은 비음의 한 면을 차지하고 있고, 비문의 제액은 몽골문뿐이며 여진문은 없다.

제액:

nurgel	juŋ	niŋ	sum-e
노아간	영	영	사

비석 양측에 새겨져 있는 '육자진언'[9]은 2행으로 나누어져, 매 행은 상하 2단으로 나누어진다. 우측 상단은 한문으로, 우측 하단

---

9) 영영사기비 비측 외에 선덕 연간의 사원지에서 발견된 석판에도 육자진언이 한 자로 새겨져 있는데 비석의 '嘛'를 '彌'로 한다. '연화 위의 보주' 등 다수의 해석이 있다. 관음보살의 자비를 표현한 진언이어서 '관음육자'라고도 불리며 그것을 외면 악행을 관음보살이 막아 준다는 것인데, 돌·동경(銅鏡)·건축물 외에 특히 전경륜(轉經輪: 티베트어로 'Mani Kor-lo'라고 부름)의 안쪽과 바깥쪽에도 육자진언이 새겨져 있으며, 신앙되고 있다. 그러나 거란시대의 정각식(亭閣式) 전경륜(즉, 'Mani Sot-kol'이라 부름)에 그것이 찾아내지 못하며, 묘지(墓誌)의 발을 쓴 글이 대신하고 있다는 것은 흥미롭다.
여진대자로 표기된 그 육자진언은 pad와 hum의 어미음이 붙지 않는 것이 특징 중 하나이다. 그것은 여진대자에 pad와 hum과 같은 음절을 표기하는 방법이 없는 데다 복수의 글자를 조합하여 표기하는 것을 회피하였기 때문이다.

은 몽골문으로, 좌측 상단은 장문(藏文)으로, 좌측 하단은 여진문
으로 되어 있다.

한문:　　唵　　嘛　　呢　　叭　　嚩　　吽

몽골문:

장문:

여진문:　关　　兀　　杀　　矛　　兵　　尚

　비음의 몽골문과 여진문은 비면의 한문보다 훨씬 간략하여, 축
어적으로 대역한 것이 아니다. 더구나 언어 표현에 대해 약간 변
동도 보인다. 그러면서도 여진문과 몽골문이 기본적으로 일치하
고 있기 때문에 같은 원고에 기초한 것이 아닐까 생각된다. 몽골
문에만 새겨진 비음의 액제에서 보면 여진문의 역문은 몽골문의
그것을 참조한 것이 아닌가 하고 추측될 수도 있지만, 맨 마지막
줄의 몽골문 "아로불화(阿魯不花)가 번역하였다."라는 표현에 대해
여진문에는 "여진문을 쓴 사람은 요동의 여진인 강안(康安)이다."
라고 있으며, '여진문을 번역한 사람'과 같이 표기되어 있지 않는
것을 보아, 역시 여진 쪽이 원본이었다고 생각된다. 문 중의 몇
가지 표현에서도 한문과 대비해 보면 같은 결론이 도출된다. 예
를 들면, ① 한문의 "先是, 巳建觀音堂于其上, 今造寺塑佛"라는 구
절은 여진문으로도 거의 그대로 표현하고 있는 데 반해 몽골문으
로는 "관음당 바깥에 절을 건립하여"라고 되어 있고, ② 한문의
'九夷八蠻'은 여진문에서는 거의 직역되어 있는데 몽골문으로는
"沙陀(回回) …… 몽골"와 같이 의역을 하고 있다. ③ 한문 "依土立
興衛所"는 분명히 노아간도사 만호아문萬戶衙門 설치를 가리키는

것으로, 여진문으로는 "만호 아문을 설립하게 하여"라는 표현을 취한 데 반해 몽골문으로는 "만의 아문을 설립하게 하여"로 되어 있어, '만호'의 의미를 전혀 이해하지 못하고 있음을 알 수 있다. 요컨대, 형추(邢樞)가 선택한 한문을 수본으로 약사한 문장이 먼저 여진어로 번역할 때 사용되었고 몽골어 번역문은 여진어의 것을 기초로 하여 썼다고 생각된다.

제4절 여진대자와 비문의 연구사

비문 연구에 대해서는 각국의 학자들에 의한 많은 저작이 있으며 그 내용도 가지각색이다.[10]

여진대자의 비문에 관한 소개와 연구에는 그루베(W. Grube)의

---

10) 주된 것들을 여기서 소개해 본다.

內藤湖南, 「노아간 영영사 2비 보충 고찰(奴兒干永寧寺二碑補考)」, 『東北文化硏究』 2-2~5, 1929.6.

中村和之, 「노아간 영영사비문 탐색(奴兒干永寧寺碑文をめぐって)」, 『彷書月刊』 9-5, 1993.3.

矢島睿・右代啓視・山田悟郎, 「영영사에 대하여(永寧寺について)」, 1993년도 「北の歷史・文化交流硏究事業」, 中間報告, 『北海島考古學』 30, 1994.3.

齊藤利男・佐々木肇, 「러시아 연방 내에 노아간 도사・영영사적 가운데 영영사비・중건영영사비 조사보고(ロシア連邦內での奴兒干都司・永寧寺跡および永寧寺碑・重建永寧寺碑, 調査報告)」, 『靑森縣史硏究』 第5號, 靑森縣史編纂室, 2000.11.

덧붙여, A. R. 아르테메프의 『ヌルガン(奴兒干)永寧寺遺跡と碑文: 15世紀の東北アジアとアイヌ民族』에서는 다음 것들을 들고 있다.

L. 리게티 「특림의 여진어 비문: 呪文唵呢叭彌吽」, 『헝가리 과학 아카데미 동양학 기요』 제12권, 부다페스트, 1961, 5~25쪽.

V. P. 바실리예프, 「아무르강 하구 부근의 특림 벽 위에 있는 유적으로 발견된 비문에 대한 각서」, 『과학 아카데미 상트페테르부르크 통보』 제4권, 1896.

P. 포포프, 「특림의 유적에 대하여」, 『러시아 고고협회 동방지부 기요』 제16권 제1책, 이르쿠츠크, 1905.

「Vorläufige Mitteilung über die bei Nikolajeusk am Amur aufgefundenen Jucen Inschriften」(Berlin, 1897)과 라복성(羅福成)의 「明奴兒干永寧寺記碑女眞圖書圖釋」(『만주학보』 제5기, 1937년 12월)과 안마 야이치로(安馬弥一郎)의 『여진문 금석지고(女眞文金石志稿)』(京都碧文堂, 1943) 및 오사다 나츠키(長田夏樹)의 「노아간 영영사기비의 몽고여진석고(奴兒干永寧寺記碑蒙古女眞石稿)」(『石浜純太郎古稀紀念論叢』, 1958년 11월, 關西大學 文學部 東洋史研究室 石濱先生古稀紀念會 編) 등이 있다.

여진대자 비문의 해독을 획기적으로 발전시킨 것은 진광평(金光平)·진치총(金啓孮)의 『여진어 문자 연구』에 실린, 〈영영사기비〉의 해석이다. 실제로는 그 서적의 원고는 1940년 경에 이미 완성되었는데, 1964년이 되어서야 처음으로 『내몽골대학학보』 특집호라는 모습으로 요청을 받아 1980년 문물출판사에서 출판되었다.

필자가 본 장에서 기술하는 고증과 해석은 진치총 소장 탁본 사진 및 쿄토대학 소장 탁본에 의거하며, 진광평·진치총의 『여진어 문자 연구』의 기록물을 참고하였다. 이 기록물은 〈영영사기비〉의 여진문에 관한 최신의 전면적인 석문을 단 것으로, 해독한 단어 수는 지금까지 가장 많은 231개, 기록한 여진대자의 글자 수도 지금까지 가장 많은 676개에 달한다.

〈중건영영사기비〉의 비문은 한자만으로 되어 있는데, 〈영영사기비〉는 비면에 한문, 비음에 몽골문과 여진문이 새겨져 있고, 게다가 비의 양측에 한문, 몽골, 장(藏), 여진 사체(四體) 문자의 '육자진언'이 각각 새겨져 있다. 본 장에서는 비음과 비측의 여진문을 중심으로 해독을 하는 것이지만, 대비 연구를 위해 보존 상태가 여진문보다 상당히 좋지 않은 몽골문에 대응하는 부분을 여진문의 각 행에 나란히 둔다. 국제음성자모로 전사한 몽골문은 종민암(鐘民岩)·나삼백(那森柏)·진치총(金啓孮) 공저인 『현대 노아간영영사기비 교석』(『고고학보』, 1975년 2기)을 주로 참조했다.

〈영영사기비〉역석(진광핑·진치총, 『여진어 문자 연구』, 문물출판사, 1980)

제5절 여진대자 비문의 언어적 배경

본 비문은 금나라 시대 이후에 발견된 유일한 여진대자 석각이다. 금나라 시대 석각과 비교하면, 글자체와 철자에서 음운 표기에 이르기까지 여러 가지 면에서 이동이 현저하다. 그것이 시대적, 방언적으로 일어난 음운 변화가 문자에 반영되었다는 것은 말할 필요도 없다. 철자 차이에서부터 발음의 변화가 종종 발견된다. 동시대에 있었어도 철자가 달랐음은 방언적 차이가 존재했음을 의미한다.

본 비문에 기록한 여진어는 여진대자의 서사자(書寫者) "요동 여진 강안" 자신이 사용하고 있었던 일종의 여진 방언에 틀림없다. 여기서는 잠정적으로 '요동 여진어'라 부르기로 한다. 시간적으로 말하자면 사이관『여진역어』보다 내려가고, 방언적으로 말하자면 사이관『여진역어』와 회동관『여진역어』양쪽과 또 다른 차이점이 보이며, 특히 후자에 나타나는 해서여진 방언과의 차이가 크다.

1. 음운상 특징

요동 여진어에서 음운상의 큰 특징은 어미(또는 어간말)에서의 자음 내지 음절의 보편적 탈락에 있다. 그것은 거란어를 중세 몽골어와 비교하여 얻을 수 있는 특징과 유사하다고 생각된다. 이러한 현상은 회동관『여진역어』및 퉁구스 남어파에 속하는 우데헤어에도 흔히 볼 수 있다. 음운상의 변이가 문자에 반영된 '표의자로의 회귀'라고 불리는 현상이 나타나며, 그 수는 사이관『여진역어』의 것을 웃돈다. 이러한 현상이 발생한 언어적 배경에는 어미에 위치하는 음운이 변화하거나 탈락하기도 한 데 있다('표의자의 치환'과 '표음자 축약'에도 '표의자로의 회귀'와 유사한 현상이 포함되어 있으며, 역시 〈영영사기비〉에 가장 많이 보인다).

'표의자로의 회귀'란, 'I 표의자→II 표의자+표음자→III 표의자'라는 변화 과정을 가리킨다. III 단계의 표의자는 겉보기에는 I 단계의 표의자와 같은 것으로 보이는데, 사실상 이미 근본적인 변화가 일어난 것으로 인해 III 단계의 표의자와 I 단계의 표의자는 각자 표시하는 음운에 확연한 차이가 생겨났다. 이것은 I 단계 표의자가 대표하는 것은 단어 전체의 음절이지만, II 단계의 '표의자+표음자'로 이행한 뒤에 표의자는 이미 단어 전체가 아니라 어두 음절(또는 제2음절도 포함한)만의 음운을 대표하며, 후속 표음자가 어미 자음의 음운만을 표시하는 경우, 원래 표의자의 II 단계에서의 음가는 어미 자음을 제거한 부분의 음가가 된다. II 단계에서 나아가 III 단계로 이행하면, 후속의 표음자가 그 존재 가치를 잃어서 탈락되고 I 단계에서의 표의자와 완전히 동일한 형식으로 회귀한다. 이러한 겉보기만의 동형에는 실로 음운 변화의 역사적 과정이 잠재하고 있으며, 따라서 III 단계를 옛날 서사 방식의 보존이나 원시 표의자의 답습으로 간주할 수 없다. 『여직자서』, 금나라 시대 석각, 『여진역어』의 비교로 증명되듯이, '표의자로의 회귀'라는 현상이 출현한 것은 II 단계에서의 표음자에 대표되는 음운(어미 자음 또는 어미 음절)이 탈락되거나 변화되거나 한 까닭으로 인해 표음자 자체의 존재 가치가 상실됐기 때문이다. '표의자로의 회귀'는 음운 변화가 문자 상에 표현된 것이며 그러한 변화 후의 음운 구조를 명확히 나타내기 위해 문자가 언어에 접근한 결과이기도 하다. 그래서 '표의자로의 회귀'와 '표음자의 치환'에는 동공이곡(同工異曲)의 효과가 있으며, 양자 다 발음을 적절하게 표현하는 것을 공통적인 목적으로 한 것이라 할 수 있다.

아래 표는 금나라 시대 석각과 명나라 시대 『여진역어』를 비교

한 경우, 〈영영사기비〉가 대응하는 단어에 '표의자로의 회귀'가
인정되는 사례들이다.

I 표의자	II 표의자＋표음자	III 표의자	
『여직자서』	금나라 시대 석각·『여진역어』	〈영영사기비〉	『여진역어』
芰*mon	芰夌*mon		芰*mo
求*jaran	求米*jaran		求*jara
肖*itəgə	肖任*itəğə	肖*itə	
先*ʃiraga	先夌*ʃiraga, 先夌*ʃiraha	先*ʃira	
承*hahai	承兇* hahai	承*haha	
仓*həhəi	仓坒*həhəi	仓* həhə	
帝*holdon	帝夌*holdon		帝*holdo
屑*sajin	屑米*sajin, 屑列*sajin	屑*sai	
乔*aʧin	乔列*aʧin	乔*aʧi	乔*aʧi

III 단계에서 일부 표의자에 대해서는 『여직자서』에 나타나지
않았어도 II 단계에서 보이는 용법 및 III 단계에서의 '회귀' 형식
에서부터 추측해 보면 I 단계에 해당되는 최초의 표의자를 추정
할 수 있다. 예를 들면, 아래와 같다.

(표의자)	II 표의자＋표음자	III 표의자	
	금나라 시대 석각·『여진역어』	〈영영사기비〉	『여진역어』
屮*ʤon	屮夌*ʤon	屮*ʤo	
庋*kalan	庋米*kalan	庋*kala	庋*kala
荅*pərgi	荅辰*pərgi		荅*fəʤi
夅*amban	夅米*amban	夅*amba	
冬*oson	冬夌*oson	冬*oso	

원래 표의자를 가지지 않는 단어에도 음운 변화로 인해 유사적
인 '표의자로의 회귀'가 보인다.

가차자	Ⅱ 가차자+표음자	표의자
	금나라 시대 석각·『여진역어』	〈영영사기비〉
光*ono	友光*ono, 光芨*onon	光*ono
斉*gəmu(r)	斉苹*gəmur	斉*gəmu
扣*gə	扣古*gən	扣*gə
为*duli	为夂*duliŋ	为*duli

위에 든 사례에 대해서는 '표의자로의 회귀'가 되는 부분을 〈영영사기비〉에 볼 수 있다. 상술한 바와 같이 어미(또는 어간말)에서의 자음 내지 음절의 보편적 탈락은 이 비문에서 음운상의 큰 특징이며 문자에 반영되는 수효는 같은 시대의 『여진역어』보다 많다.

'표의자 치환'도 '표의자로의 회귀'와 동일한 의의를 지닌 표현 형식이다. 치환된 글자가 표시하는 음운은 원래 표의자의 그것과 비교해 보면 음절 구조에서의 이동이 보이며, 치환의 목적은 문자를 단어의 발음 변화에 적응시키는 데에 있다. 예를 들면, 아래와 같다.

최초의 표음자	표의자+표음자	최초의 표의자에 회귀되지 않은 표음자
玟*pon	玟夅*pon	朿*fo
夛*tuhə	夛朵*tuwə	羔*tu

〈영영사기비〉에서 보여 주는 요동 여진어 '새기다'는 어간말 -n 자음이 탈락된 fo인데, 최초의 표의자 玟에 회귀하지 않고 '자두'를 나타내는 표음자 朿로 치환되어 그 어두 음절만을 꺼내어 '새기다'의 어간음절을 표기하고 있다. 이러한 현상은 광의의 '표의자로의 회귀'라고 할 수 있다.

〈영영사기비〉에서 보여 주는 요동 여진어 '돌아가다'는 어간의 음운 형식 tu가 울치(Ulchsky)·오롯코(Orokko)·나나이(Nanai) 제어와 서로 비슷한데, 〈대금득승타송비(大金得勝陀頌碑)〉의 关臾*tuhə 및 『여진역어』에서 보이는 방언과 다르고, 발음 변화에 따라 关로 대치시킨 것이다.

'표의자로의 회귀'와 동일한 의의를 지니는 또 다른 표현 형식은 '표음자 축감'이다. '축감'이란, II 단계에서의 표의자에 2개의 표음자를 부가한 다음에 부가된 2번째의 표음자로 가리켜진 어미(또는 어간 말)의 음운에 변화가 발생하여, 문자에 그러한 변화를 표시하기 위해 그 2번째 표음자가 먼저 축감된 것이다. 예를 들어, 다음과 같다.

Ⅰ 표의자	Ⅱ 표의자+표음자 ①+표음자 ②	Ⅲ 표의자+표의자 ①
太*tairan	太卓米*tairan	太卓*taira
凥*ʤalan	凥友米*ʤalan	凥友*ʤalan
伕*mərhər	伕臾竿*mərhər	伕臾*mərhər

'표음자 치환'도 철자와 발음 사이에 생겨난 차이를 극복하기 위한 방법 중의 하나이다. 음운 변동은 여진어에서는 종종 어미와 어간말에 나타나므로 그 자리에 위치하는 표음자가 빈번히 치환된다. 예를 들면, 아래와 같다.

Ⅰ 표의자	Ⅱ 표의자+표음자 ①	Ⅲ 표의자+표의자 ②
売*dəgən	売关*dəgən	売盆*dəgən
飛*doron	飛土*doron	飛乕*doro
去*saldai	舌天*saldai	杀天*saktai

'老'라는 단어는 금나라 시대에서는 去*saldai와 杀天*saktai라는 2가지 발음을 가지기 때문에 각각 다른 철자를 사용한다. 〈영

영사기비〉의 이것은 『여진역어』와 동일한 saldai이어서 철자도 동일하게 **呑夭**로 한다. **恭夭**와 같은, 어미뿐만 아니라 어두의 음운마저 변화가 일어남으로써 표의자까지 변경을 일으키는 사례는 〈영영사기비〉와 『여진역어』에서도 볼 수 있다. 예를 들면, 아래와 같다.

Ⅰ 표의자	Ⅱ 표의자＋표음자	Ⅲ 표의자＋표의자
侁*pamaga	**侁屮***pamağa	**我莽***falia
兒*ʃiğun		**耒上***ʃiuwun

侁는 '부락, 나라邦'의 표의자로, 『여직자서』에 보인다. 금나라 시대 석각에서는 **侁屮**, 『여진역어』에서는 **侁屮**처럼 철자한다. 양쪽 다 표의자에 표음자를 후속시키는 형식인데, 〈영영사기비〉만은 **我莽**와 같은 표음자를 조합하는 표기를 취한다. 그것은 비문을 서사한 사람이 원래 철자를 잊은 것이 아니라, 자신들의 요동 방언에서 'pamaga → famağa → *falia'라는 음운 변화가 일어났기 때문에 그것을 베껴 쓰는 데 표음자를 고친 것이다.

兒는 '태양'의 표음자로, 『여직자서』와 금나라 시대 석각에서 볼 수 있다. 〈영영사기비〉는 그것을 습용하여, 음운적으로는 변함없이 ʃiğun이 되는 듯한데, 『여진역어』는 둘째 음절 u 모음의 영향으로 첫 음절에서 'ʃi → ʃiu'와 같은 변용이 일어나서 문자 면에서 '**兒 → 耒上**'로 변경되었다.

본래 표의자를 가지지 않는 단어도 음운 변화로 인해 유사적인 '표의자 치환'이 보인다.

I 표의자+표음자 ①	II 표의자+표음자 ②	
금나라 시대 석각	〈영영사기비〉	『여진역어』
	並矢*dəgən	並秀*dəgə
㓵反*oron	㓖兖*oro	
佟두*goron 佟㐌*goro	佟㸒*goron	佟㐌*goro
㪤甲*ʃauha	㪤尺*ʃauhai	*ʃauha
	角甲*diha, 角尺*dihai	
㡜光*saiʃa	㡜朱*saiso	㡜㐌*saiʃu
夅食*pərgi	舟茶*fədʑi-	舟茶, 夅*fədʑi-
抱受夂*gəgiən	伊臾*gəŋgiən	伊臾*gəŋgiən
㧑우*tətü̈ö	兂去舟*ətuku	厄乇*ətuhun
	丰毛*jorin-	同㘈*jojo-
	㐅剎㧾*təjərə	㐅光*təgirə

並矢(높다)는 『여진역어』에서는 어미 u자음의 탈락 때문에 다
른 철자로 並秀를 취하게 되었다. 금나라 시대 석각의 㓵反(路)에
서 〈영영사기비〉의 㓖兖(興地)까지의 변경도 같은 원인에 바탕을
둔다.

佟㸒(멀다)는 금나라 시대 석각에서 이미 佟두와 佟㐌의 2가지
철자가 있는데, 후자가 보여 주는 것은 어미 n 자음 탈락이며, 그
것은 일찍이 금나라 시대의 어떤 방언에 나타나 『여진역어』에서
같은 철자를 취하였다. 〈영영사기비〉에서의 佟㸒의 철자는 원래
'회화나무(槐樹)'를 가리키는데 다른 철자를 사용하여 동음인 '멀
다'와 구별을 짓는 것이다. 여기서, 요동 여진어 '槐樹'의 발음은
이미 금나라 시대와 차이가 생겨 goro로 바뀌었다고 추측할 수
있다.

㪤尺(軍)는 금나라 시대 석각과 『여진역어』 양쪽에서 㪤甲와 같
이 철자되었다. 명사 어미에 위치하는 모음이 복모음화되는 것은

〈영영사기비〉의 특징 중 하나이긴 하지만, 어미 음절을 나타내는 표음자는 尺로 바꿔 썼다. 이러한 음운 변화가 발전하는 도중에 있었음은 角尺와 角申와 같은 병존형으로부터 짐작할 수 있다. 또한 그 외에 禹尺*imahai가 있는데, 여진문에는 같은 단어가 보이지 않지만 만주어 imata는 그에 대한 대응어가 된다.

肙床(좋다)와 『여진역어』의 肙尽는 금나라 시대 석각의 肙兇에 대응되는 것인데, 둘째 음절의 음운이 달라서 각각 다른 표음자를 후속시키는 형식이 된다.

舟余(아래下)는 금나라 시대 석각에서 쥭食와 같이 철자되는데, 〈영영사기비〉에서는 음운 변화로 인해 철자법이 전반적으로 변경되었다. 『여진역어』에서는 舟余와 쥭의 병용을 확인할 수 있지만, 후자가 나타내는 음운은 이제는 금나라 시대의 pərgi가 아니라 fədʒi이다.

〈영영사기비〉의 伜와 『여진역어』의 倅는 서로 이체자가 되며 둘 다 금나라 시대에 보이지 않는 표음자로 양자를 철자한 단어 '밝다'는 동음이다. 금나라 시대 석각에 抱朶夊로 표기되듯이 첫 음절 종성에 있는 ŋ은 명나라 시대에 들어가서 2차적으로 발생한 것이다.

그 외 关休*tuli- / 再*tuli-와 店昊旵夗*urğundʒə-rə / 店仟旵余 *urğundʒə-rə처럼, 음운에서 변동이 일어나지 않으면서도 다른 표음자로 철자하는 단어도 〈영영사기비〉와 『여진역어』의 대비로 확인된다.

어두모음 내지 음절의 탈락은 여진어와 친족 언어와의 비교로 확인되는 음운 변화이다. 〈영영사기비〉에 나타나는 盃里*ʃiha는 그러한 사례가 되며, 회동관 『여진역어』의 aʃa 및 만주어 aʃiha·aʃihan과 대응하는 단어인데, 어두의 a 모음만은 탈락하였다. 유사한 사례는,

a 모음 탈락: huri(사이관『여진역어』/ ahuri『금사』〈금국어해金國語解〉)
u 모음 탈락: jəgĩ(솔론어), jəğin(예벤키어),

        jəji(우데헤어) / ujəwun(〈영영사기비〉·사이관『여진역어』),

        ujun(회동관『여진역어』·만주어),

        jə : (우데헤어) / ujə hə(사이관『여진역어』),

        uihə(회동관『여진역어』·만주어)
i 모음 탈락: təğə:(예벤키어), təğə(예벤어) / itəğə(사이관『여진역어』),

        itə(회동관『여진역어』)

와 같이 살펴볼 수 있다.

음위 전도라는 현상도 친족언어와 방언에 보편적으로 존재한다. 〈영영사기비〉에 보이는 夜府伐*kəkəŋlə-가 그러한 예이다. 어근의 음운 형식에 대해『여진역어』와 친족 제어의 동어는 모두 kəŋkə-처럼 배열되며, 〈영영사기비〉에만 음위 전도가 일어났다고 생각된다. 그것으로 인해 문자 철자도 그 음운 변화에 맞추어서 府夜伐 → 夜府伐로 배열하게 되었다.

유사한 사례를 들어 보면, *nogor(『금사』) / *norgo(금나라 시대 석각), *əmərgən(『여직자서』) / *əŋgəmei(사이관『여진역어』), *ongonso (금나라 시대 석각) / oŋgoʃon(만주어)와 같다.

2. 어휘상 특징

다음으로, 요동 여진어에서의 어휘상 특징을 분석해 보자.

干一*ʤua əmu(11).

여진어의 10자리의 수사가 거란어에서 유래한다는 것은 상술한 바와 같다. 11에서 19까지의 수사는 '10' 더하기 기수사라는 만

주어와 같은, 늦은 시기의 형식(만주어에서는 15 및 11월과 12월의
경우에 사용하는 11과 12만 변이하지 않았다)을 취하지 않고 거란어
의 서수사 어간 더하기 10자리를 나타내는 어미와 같이 1개의 단
어로 조립시킨다.

그래서 문자 상에서는 각각 1개의 표의자로 표기하는 것이 금
나라 초기의 『여진역어』에서 명나라 초기의 『여진역어』에 걸쳐
일관적으로 사용되었다.

그러나 방언 변이의 여러 차이가 원인이 되어 일찍이 금나라
시대 말엽에는 벌써 만주어와 같은 만기형('15'의 표현은 만주어보
다 더 진행되었다)이 출현하였다.

고유형		변이형	
『여직자서』	『여진역어』		
乇	乇	羊一乑〈영영사〉 ʤuan əmu*(bia)『회동관』	11
小	小		12
口	口	羊云(日)『진사비』	13
七	丄		14
圡	圡	羊糺(日)『진사비』	15
之	厶		16
土	圡		17
屶	劳		18
叉	乇		19

二羊匸*ʤua ʤua ʤuə(22).

20부터 90까지의 여진어에도 동일한 변이가 출현되었다. 그러
나 비변이형의 공존(叉糺*orin ʃunʤa)으로 요동 여진어에는 전형기
에 있는 구어의 불안정성이 보인다.

고유형		변이형	
『여직자서』	『여진역어』		
ᠵ	ᠵ	二千二(日)〈영영사〉	20
ᠰ	ᠰ		30
ᠴ	ᠴ		40
ᠯ	ᠯ		50
ᠹ	ᠹ		60
ᠮ	ᠮ		70
ᠶ	ᠶ		80
ᠴ	ᠴ		90

위 표에서 보여 주듯이, 명나라 시대 여진어에서 만주어보다 이른 시기에 변이가 선행하는 것은 〈영영사기비〉 및 회동관『여진역어』에서 볼 수 있다. 더구나 그러한 변이의 징조는 금나라 말기까지 거슬러 올라간다.

冬*oso(작다).

여진의 고유한 어휘로, 금나라 시대 여진어 *oson을 계승하면서 어미 음운을 감소시키고 amba(크다)의 대어가 되었다. 그것으로 수식받는 명사로는 '성城, 관官, 도道' 등을 들 수 있다. 그런데 회동관『여진역어』에서는 *oso가 '적다'의 뜻으로 바뀌고, 또 다른 *aʃa가 '작다'의 뜻을 담당하게 되며 그것으로 수식받는 명사로는 '비雨, 강河, 돼지豚' 등이 보인다. *aʃa는 〈영영사기비〉의 **盂罪***ʃiha에 해당하며 그 본뜻은 '어리다'이다. 또한 만주어에 이르러서는 '작다'의 뜻을 담당하는 것은 거의 여진어에는 보이지 않는 adʒigə가 독점하고, *oso의 흔적을 간직하는 osohon의 사용은 상당히 좁은 범위에 한정되며, 더구나 연어 구성의 기능은 완전히 상실되고 말았다.

肯本*itə-l(백성民[복수])과 禿厄*irgən(백성).

전자는 금나라 초기의 여진어에 이미 나타나, 퉁구스 북어파에 속하는 예벤키어와 예벤어에만 동원어가 발견된다.

후자는 〈영영사기비〉와 사이관 『여진역어』에 처음 보이는데, 몽골어에서 유래된 차용어이다. 그런데 만주어에서는 고유어인 전자가 사라지고 외래어인 후자에 의해 '백성'의 의미를 갖게 된다. 여기부터 원나라와 명나라 시대의 여진 사람이 몽골 문화를 수용한 결과, 외래의 몽골 어휘가 고유한 어휘에 침입하여 일정 기간의 병용을 거쳐 결국 고유 어휘를 대신하게 된 것을 알 수 있다. 〈영영사기비〉는 바로 이러한 역사적 상황을 반영하고 있으며, 그것은 마치 예전의 옛 몽골어가 돌궐어의 영향을 받아 다량의 고대 몽골 고유어를 상실한 것11)과 똑같다.

3. 문법상 특징

요동 여진어의 또 다른 하나의 특징은 모음조화의 흐트러짐에 따른 문법어미 감소이다.

금나라 시대 석각 및 『여진역어』에 보이는 부동사 어미 矢*-mai / 右*-məi는 동사 어간의 성별에 따라 모음조화를 이루는데, 〈영영사기비〉에서는 -məi를 나타내는 右만이 보이고 -mai를 나타내는 矢가 하나도 나타나지 않아, 동사 어간과 어미 사이에 이전에는 존재하던 모음조화가 이 어미에서 처음으로 소실되었음을 짐

---

11) 거란어 연구의 진전으로 대량의 거란어 어휘가 해독된 것은 몽골어족의 고대 모습을 복원하는 데 높은 가치를 가진다. 거란어에는 수많은 옛 어휘가 보존되어 있으며 qaʤu(철, 쇠; 鐵)는 그 중 하나로 꼽힌다. 몽골 제어는 대략 돌궐어 유래인 temur로 전용하게 되고, 다르푸르어에만 qaʤu의 흔적인 kaso:가 보존되어 있지만, 조어 기능은 이미 상실하였다. 이에 반해 거란어는 qaʤu를 어근으로 하는 단어군을 지닌다.

작할 수 있다. 실제로는 금나라 시대 석각의 -mai / -məi도 어근과의 모음조화에 의한 구분은 이미 엄격하게는 이루어지지 않았었는데, 『여진역어』는 그것을 계승하면서 글자 면에서는 **矢**과 **右**의 병존을 유지하였다. 회동관 『여진역어』에서는 -mai / -məi에 해당되는 부동사 어미를 1개인 -mə로 나타내며 음운 면에서는 만주어와 완전히 같은 형식이 되었다.

금나라 시대 석각에서 볼 수 있는 여위격(與位格) 어미에는 쌍을 이루는 2가지 형식이 있다. 위치를 가리키는 **枈***-do / **半**(枈)*-dö와 대상을 가리키는 **攵***lu / **攴*** dulu가 그것인데, 후자는 『여진역어』에 이미 보이지 않고, 모음조화에 지배받는 *-do / *-dö는 바

부동사 어미 矢*-mai / 右*-məi

〈영영사기비〉	『여진역어』			
	여성·중성	남성	남성·중성	여성·외래 어간
更右	支侷右	金币右	糸友矢	更佧矢
乗右	库判右	半盂右	朱矢	乱友矢
长友右	乇判右	矢休右	长友矢	乂友矢
亿右	式岜右	屏右	奂甬矢	炏友矢
庠史右	犻吴右	冇毛右	尚甬奂矢	岜友矢
朱右	赤圡右	奂右	尚矢	乖友矢
炎府佬右	矢杀右	同同右	夻友矢	
冏杀右	盂禾系右	甫甬右	庚奂矢	
店昊旻右	卯右	叏壬右	手奂矢	
	秉右		杲矢	
	府炎佬右		吴光矢	
	冏枇右		炏亍奂矢	
	关佧右			
	夹岀右			
	为判右			
	去千右			
	炎右			

꿰어서 **桌***-do / **丹***-du와 같이 표기되어 있다. 〈영영사기비〉는
『여진역어』와 마찬가지로 *-do / *-du를 취하는데, -du를 금나라
시대 석각의 **羋**로 표기한다(덧붙여, **羋**는 『여진역어』에 보이지 않는다.
丹는 〈영영사기비〉에서는 방위사 어미로 사용된다). 그럼에도 불구하고
여위격 어미에서의 모음조화에 대한 사용 구분은 〈영영사기비〉에
서는 이미 이완 상태를 띠고 있었으며, **羋**가 붙는 **奎***buǧa, **羍癸尺**
*bandibu hai, **我弄***falia, **角甲***diha, **丕***abug a, **伴***niarma, **芮***sai
에서 볼 수 있다. 이렇게 보면, 격어미의 모음조화에 따른 사용
구분의 소실은 아마 동시에 발생한 것이 아니라, 여위격 어미가
선행한 것이며, 대격 어미와 〈영영사기비〉만에 보이는 탈격 b 어
미의 모음조화에 따른 사용 구분은 아직 확연하게 흐트러지지 않
았다. 회동관 『여진역어』에서는 -do / -du에 해당하는 격어미가
모조리 -də로 바뀌어, 이것 또한 만주어와 동일하게 된다.

금나라 시대 석각에서 볼 수 있는 대격 어미는 **系***-ba / **仸**
*-wa / **丈***-bə / **兊***-bo로 4가지나 있고, 각각 비자음으로 끝나

여위격 어미 **桌***-do / **羋***-du, **桌***-do / **丹***-du		
	〈영영사기비〉	『여진역어』
桌	**民亥***dʒala **飛***ania	**奎***buǧa **玫亥***fon **雨求***andan
羋	**奎***buǧa	**雨芈***isuən
丹	**杀氏***uʃir **羍癸尺***bandibuhai **我弄***falia **半***muʒilen **角甲***diha **丕***abuga **反丈丈***nurgən **伴***niarma **芮***sai **盂美***ərgə **伏***bithə	

는 남성 어간·비비자음으로 끝나는 남성 어간·여성 어간·광원순 모음 어간을 접속 조건으로 하여 사용하는 것으로 구별한다. 『여진역어』에 대격 어미가 붙는 단어 말미에 대해서는 비자음의 유무라는 접속 조건은 이미 전제하지 않아, 따라서 금나라 시대의 비비자음으로 끝나는 단어에 붙는 남성 대격 어미 *屎*는 소실하고 *孞**-ba / *史**-bə / *兎**-bo의 3가지가 남겨졌다. 〈영영사기비〉에서는 더 나아가 *兎*도 사라져서(*刟兎**oro에 붙는 대격 어미가 가대되는 *兎*가 아니라 *孞*인 것으로부터 증명할 수 있다.) *孞*와 *史*의 대립에 남성·여성이라는 요소만이 잔존하였다. 회동관 『여진역어』의 대격 어미는 만주어와 동일한 -ba이었다고 생각되는데, 해당 부분은 모두 그것을 생략시킨 형태가 사용되고 있다.

대격 어미 孞*-ba / 史*-ba / 兎*-bo		
	〈영영사기비〉	『여진역어』
孞	刟兎*oro 炙厈*uihan 厌*adai	佥癶*tiktan 岜枇*tubi
史	毛厈*irgən 臾孞*ulin 肖夲*itəl 炙史*buru 夭丕夊*tai-piŋ 帯斥*taŋ	支*uilə 异*əhə 千列*halin 半*məʒilən 孛厊*mərgə 布*hərusə 鼎夲*usətən 屵羊*ʤoni 血岙*ʤugu
兎		兖斥*doro

대격 어미 생략은 구절이나 문맥이 분명할 경우에 한정되며, 〈영영사기비〉에는 몇 곳이나 보인다(□로 표시한다). 예를 들어,

제1행　天卓 [夯] 伝右

　　　　更南 乒臾 [史] 写夫

제2행　伏臾 [史] 充父劣

제3행　本臾 [史] 受更

제6행　癸支 [夯] 写凸

제8행　旡布益 [夯] 比凡

　　　　癸支 [夯] 写凸

제10행　天卓 [夯] 夭尭

제11행　天卓 [夯] 伝右

　　　　爽 [夯] 夭尭

제12행　平壬 [史] 受史

제13행　矢变釆 [史] 圧伕斗 夭尺

　　　　血乱 伕 [史] 夭尺

이 있다.

〈영영사기비〉에만 보이는, 탈격 b 어미의 모음조화에 지배받는 2가지 유형은 아직도 정연하게 흐트러지지 않았다. 표시하면, 아래와 같다.

탈격 a 어미 伊*ti		탈격 b 어미	
『여진역어』	〈영영사기비〉	남성형卓犀*dohi	여성형丹犀*duhi
先癸*ʃiraha	尚彔*holo	先*ʃira	尺夯*haisi

탈격 b 어미의 2가지 유형은 〈영영사기비〉에만 나타나는데 『여진역어』에는 탈격 a 어미 伊 외에 또한 몽골어의 탈격 어미 eʧe에 유래하는 史釆가 보이며, '비교'라는 문법적 의미를 나타낸 것이다(東史釆 '比先'으로 쓴다). 몽골어의 eʧe 그 자체에도 그와 같은 문

법적 의미가 있는데, 그와 대립되는 남성형 aʃʃa에 대응하는 것은 『여진역어』에 나타나지 않는다. 그리고 요동 여진어의 탈격 b 어미의 2가지 유형이 비교의 뜻을 지니는지 아닌지는 〈영영사기비〉만으로 추정할 수 없다.

〈영영사기비〉에서 조격 어미로 확인되는 것은 6곳에 있으며, 그중의 5곳은 금나라 시대 석각과 일치하는 乐*gi인데, 1곳만은 米*ni이다. 米*ni(비음으로 끝나는 단어에 접속)는 它*i(모음으로 끝나는 단어에 접속)와 더불어 주로 속격을 나타내는데, 조격을 나타내는 米는 〈영영사기비〉에서 처음 보인다. 속격 어미를 조격으로 사용하는 사례는 퉁구스 제어에는 보이지 않고 만주어에만 유사한 용법이 보인다. 그러나 금나라 시대 석각에서는 조격을 나타내는 모든 경우에 乐*gi만을 볼 수 있으며 그것은 퉁구스 제어의 ʤi에 대응되는 것이다. 명나라 시대에 들어가면 〈영영사기비〉의 속격·조격 기능을 겸비한 米와 『여진역어』의 속격·조격 기능을 겸비한 它(조격으로서의 용례는 呉它伏虬兑見에 보인다)의 예가 1개씩 등장하며, 속격이면서 조격을 나타내는 격어미의 문법적 기능이 확장이 상당히 늦게 출현하고, 그 중에는 방언적 요소를 포함했을 가능성이 있음을 알 수 있다. 퉁구스 남어파에서는 속격·공동격 모두 같은 ʤi를 사용하는 데 비해 북어파의 공동격에는 −gili: / −gali / −lgoli가 나타난다. 여진어에는 공동격이 존재하지 않지만 '同'이라는 단어에는 *əmʤi(사이관 『여진역어』) / *əmdə(동회관 『여진역어』) / *əmgi~əmdə(만주어)와 같은 대응관계가 있다. 이러한 대응은 ʤi와 gi 사이에 무엇인가의 관련성이 있는 것을 시사해 주는 것일 수도 있다.

仸屏·呆屏처럼, 屏와 동일한 형용사적 기능을 다하는 방위사 어미는 〈영영사기비〉에서만 볼 수 있다. 혹은 그것은 요동 여진어에만 속하는 특징일 것이다. 남성형 夾屏은 이론상 존재할 뿐이며 현 시점에서 여진문 자료에는 여전히 보이지 않는다. 방위사의 어미를 표로 정리하면, 아래와 같다.

명사 겸 부가적 방위사 어미				형용사적 방위사 어미			
夯 *la	伇 *lə	弓 *lu	杲 *lo	犀 *hi	夯犀 *lahi	伇犀 *ləhi	杲犀 *lohi
为夯	耳伇	承房	皁杲	会犀		厇犀伇犀	傻发杲犀
丆夯	奋余伇	发叐弓		关休犀			
乄夯	柬伇	朵代弓					
	更伇						
	厇伇						

제6절 여진대자 비문의 서사書寫상의 특징

〈영영사기비〉와 『여직자서』와 일치하는 글자 예:

『여직자서』의 자체	『여진역어』의 자체	〈영영사기비〉의 자체
丞	丕	丞
刈	刈	刈
尺	見	尺
乘	乘	乘
飛	飛	飛
盂	盂	盂
庍	庍	庍
冬	本	冬
无	旡	旡

〈영영사기비〉에만 이형으로 나타나는 것:

『여직자서』의 자체	『여진역어』의 자체	〈영영사기비〉의 자체
丞	丞	丞
仞	仞	仞
叓	叓	叓
佟	佟	佟
抱	抱	抱
益	益	益

〈영영사기비〉에 특유한 자체:

血 茁 조

몇 곳에서 글자가 누락되어 있다. 행 순서로 배열해 놓으면,

제1행 天兵 (→ 天兵夂)

제2행 奎佟戔忟 (→ 奎佟戔忟屁休斥)

제3행 角昃 (→ 角昃丈)

제6행 杲杲 (→ 杲米杲)

제9행 本 (→ 本皀)

　　　 乔 (→ 乔丈)

　　　 毛舟 (→ 毛去舟)

제12행 朱 (→ 朱帯夊)

이상, 8곳이나 있다. 그 외에도 제3행의 **写** 아래에도 동사 어미
가 있을 터이다. 이렇듯 많은 착오는 명나라의 지배력을 변경 지
역까지 미친다는 취지를 적은 비문 자체의 엄격함에 참으로 걸맞
지 않는다. 한자 비문의 '찬자장(鑽字匠), 각공(刻工)'이 한인인 나
태안(羅泰安)인 것으로 보아, 여진 문자를 모르는 한인이 비문을
아무렇게나 완성시킨 것으로 생각하지 않을 수가 없다.

제7절 비문에 보이는 '길렬미吉列迷'와 '제종야인諸種野人'

명나라의 엄종간(嚴從簡) 『수성주자록(殊城周咨錄)』 권25의 〈건주여 직〉 항에, 영락 원(1403)년에 행인 형추(邢枢)가 지현(知縣) 장빈(張 斌)과 노아간으로 가서 길렬미 제부를 선무하자 해서여직, 야인여 직의 제 추장들이 다 내부하였다는 기술이 있다. '길렬미'는 『금 사』나 『원사』에 '길리미(吉里迷)', '걸렬미(乞列迷)'12)로 되어 있다. 『길 림통지』에 의하면, 그것은 『금사』의 '첩렬멸(帖列滅)', 『거란국지』 의 '아리미(阿里眉)'이다. 청나라 시대에 이르러, 그 명칭은 '비아객 (費雅喀), 비아합(費雅哈), 비아합(非牙哈)' 등으로 되었는데, 러시아 인이 길랴크(Gily ak, 복수형은 Gilyaki)라고 칭하는 것은, 코삭 병사 가 부근의 토착인에게 그 명칭을 듣고 잘못 전한 것이다. 모두 자 칭이 아니라 타칭이며, 특림에 거주하는 이는 Nixbung, 흑룡강에 거주하는 이는 Nibux, 사할린에 거주하는 이는 Nibyx이라고 각각 자칭하고 있다(모두 '사람'이라는 뜻. 러시아어에서 복수형은 Nivkhi).13) 아이누(즉, 〈영영사기비〉 제9행에 있는 舟南)는 그들을 Sum erenkuru 이라고 부르며, 시라토리 쿠라키치(白鳥庫吉)가 해석하는 바에 따 르면, 그 말은 Samoro-un-guru의 소리가 바뀐 것으로, '곁에 있는 사람'이라는 뜻이라고 한다.14)

---

12) 『금사』 권24 〈지리지〉에 "今之壤地封疆, 東極吉里迷兀的改諸野人之境"이라는 기 술이 있다. 『원사』 권5 세조 2 至元元年 11月에 "辛巳, 征骨嵬. 先是, 吉里迷內附, 言其國東骨嵬, 亦里于兩部, 藏來侵疆, 故往征之", 권6 세조 3 至元年 2년에 "三月癸 酉, 骨嵬國人襲殺吉里迷部兵, 剌以官粟及弓給之", 권8 세조 5 至元 12년 2월에 "命 開元宣撫司賑吉里迷新附饑民", 권44 순제 7 至正 15年 8월에 "立吾者野人乞列迷等 處諸軍萬戶府于哈兒分之地"라고 적혀 있다.

13) L. von Schrenck, *Reisen und Forschungen im Amur-Lande*, 제3책 부록; W. Grube, *Giljakischens Wörterverzeic hniss*(토리이 류조(鳥居龍藏), 「奴兒干都司考」, 『鳥居龍 藏 전집』 제6권에서).

14) 시라토리 쿠라키치(白鳥庫吉), 「肅慎考」, 『시라토리 쿠라키치 전집』 제4권·『塞

여진대자 비문의 제3행에 "북동 노아간의 부락에서 돈보(지명 또는 부락 이름)의 길렬미 야인은 천하가 태평하게 된다고 듣고 인 사하러 갈 생각이었지만, 길이 멀어서 이루지 못하였다."에 대응 시킨 한자 비문 제4행에 "惟東北奴兒干國 道在三譯之表, 其民日告 列迷及諸野人雜居焉. 皆聞風慕化, 未能自至."라고 적혀 있다.

여진대자와 몽골문은 같은 giləmi를 표시하며, 당시의 발음을 그 대로 서사한 것으로 보인다. 근현대 아무르강 하류 구역의 나나이 인이 길랴크를 가리켜서 gillemi라고 부르는 것으로부터도 giləmi~ gillemi가 역시 일종의 타칭임을 알 수 있다. 다만, 어두 음절 말의 [-l]이 2차적으로 형성된 것인지 아닌지는 분명하지 않다.

길렬미는 예부터 고이(苦夷, 아이누), 역리우(亦里于), 트린(觲因) 등과 서로 이웃하여 거주했는데 아이누어와 만주 퉁구스 제어도 계통을 달리하는 고유한 언어, 니부히어를 가진다. 오호츠크 문화 담당자였다는 설도 있다. 길렬미는 현재 대부분은 러시아 영내에 살지만 제2차 세계대전 전에, 일본 영토이었던 남 사할린에 거주 하면서 일본 국적을 가졌기 때문에 일본 패전 후에 홋카이도(北海 道, 아바시리網走시 등)로 강제 송환된 사람들과 이주한 사람들도 있 다. 그들의 전통적인 거주 지역은 러시아연방 하바롭스크 주 아 무르강 하류 구역에서 사할린 주 사할린 도 북부에 걸친 지역이 다. 제정 러시아 시대의 통계에서는 1897년에 4,649명, 1911년에 는 4,182명이었다.15) 최근 러시아가 공표한 주민명부에 따르면, 1996년 시점에서 영영사비가 있었던 틸촌(구 노아간)에 사는 니브 히인은 불과 4명뿐이라고 한다.16)

外民族史硏究』상, 이와나미(岩波)서점, 1970.

15) Aziatskaya Rossiya(토리이 류조, 「奴兒干都司考」, 『토리이 류조 전집』제6권에 서), 1914.

16) S. V 배레즈니츠키, 『아무르강 하류 지역의 민적사와 정신문화: 전통과 현대

『금사』권24 〈지리지〉상에 "金之壤地封疆, 東極吉里迷兀的改諸野人之境"라는 기술이 있다. '우디거(兀的改)'는『원문류(元文類)』권41의 '兀的哥' 및 『조선왕조실록』에 자주 보이는 '兀狄哈'에 해당하며, 모두 여진대자 비문에서 udigən의 다른 시대에서의 역음이다. 한자 비문의 '야인'에 관련된 표현에 "其民曰吉列迷及諸種野人雜居焉"라고 있는 것으로, '야인'이란, 여진과 동일한 퉁구스 계통에 속하는 복수의 민족을 포함하는 그들을 가리킨다. 19~20세기 러시아 극동 지방의 민족 분포를 보면, 옛날에 '야인'이라 불린 집단은 아무르강 하류역 및 우수리강 유역의 나나이, 시호테알린 산맥을 중심으로 한 연해 지방 및 하바롭스크 지방에서의 우데헤, 암군강 유역 및 우데리호 주변의 네기달, 아무르강 하류 지역의 울치, 아무르강 하구 이남의 마미야(間宮) 해협에 인접한 해안선에 있는 오로치와 같은 여러 민족이었다고 생각된다 (니브히는 암군강 하류 지역인 사할린에 위치한다). 이들 민족의 인구는 1979년의 소련 통계에 따르면, 나나이 15,000명, 울치 2,600명, 우데헤 1,600명, 오로치 1,200명, 네기달 500명, 니브호 4,400명이었다.17) 이들 민족을 언어적으로 보면, 네기달을 제외한 모두가 퉁구스 남어파에 분류된다. 금나라 시대 석각에 반영되는 여진어가 많은 면에서 이전부터 퉁구스 북어파에서 떨어져 남어파에 접근하면서도 독자적인 특징을 지니듯이 보이는 것은 〈영영사기비〉에도 알 수 있다. 명나라가 비문에 일부러 여진대자를 새긴 것은 그들 민족 집단을 문화적으로 '여진' 가운데에서 가장 개화가 늦어진 '야인여진'으로 취급하면서도 언어적으로 광의의 '여진어'

(1992년, 1995년의 민족학 조사)』, 러시아 과학아카데미 극동지부 극동 제민족역사학, 고고학, 민족학 연구소보관문서, 장서1, 목록2, No. 403(A. R. 아르테메프, 『ヌルガン(奴兒干)永寧寺遺跡と碑文: 15世紀の東北アジアとアイヌ民族』에서).

17)『ロシア極東諸民族と文化』, 北海道開拓記念館, 1994.

에 귀속시킨 것이며, 아울러 당시의 동북아시아에서 여진 문자 사용이 융성했음을 나타내고 있다.

그렇다면 여진대자 비문의 서사자인 '요동 여진인 강안'이 쓴 요동 여진어와 퉁구스 남어파 제어 사이에는 얼마만큼 유사성과 차이가 존재하였는가? 비문에 보이는 여진어를 예로 들어 살펴보자.

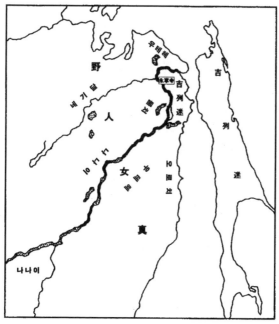

길렬미와 제종야인 분포도

1. 퉁구스 남어파 제어와의 대응어가 있는 예(수사는 거의 동원이라서 모두 생략한다)[18]

*[adi](등等) / Oroc. adiba / Ud. adin / Ul. xadù / Na. xadorsù★[19]

*[ai](무엇) / Oroc. awaʤi, awaːsi / Ul. xajaʤï-, xawasï. waːï / Orok. xawasaï. xawwaduː. xamaʧa / Na. xawaŋkï, xaosï, xaï★

*[ajin](없다) / Ud. anʧi

*[alawa](칙령勅) / Ud. alausi- / Ul. alauʹsï- / Orok. alauʹ-, alauʹsï- / Na. alï-★

*[ali-](부여하다) / Oroc. ali- / Ud. ali- / Ul. aluʹː- / Orok. alï- / Na. alï-★

*[alin](산) / Ud. aka / Na. ala★

*[alʧun](금金) / Ud. aisi / Ul. aïsï(n-) / Orok. ajsï(n-) / Na. aïsï

*[amba](크다) / Oroc. Ud. amba / Ul. Orok. amba(n-) / Na. ambǎ★

*[ania](년年) / Oroc. Ud. Ul. ania / Orok. amaniï / Na. ajŋanï

*[baitaga](물품) / Oroc. baita / Ud. baita / Ul. bajta / Orok. baïta / Na. bajta, bajtaku★

*[baha](얻은) / Oroc. Ul. Orok. baː- / Ud. bʹa-★

*[bandi-](살다) / Ul. baldï- / Oroc. baːgdi- / Ud. bagdi- / Orok. Na. baʤï-

*[bi-](있다) / Ud. Ul. Orok. Na. bi / neg. Oroc. biː-

*[biǎa](달月) / Oroc. bæː / Ud. beæ / Ul. Orok. beː / Na. bia

*[bithə](글자) / Oroc. bitigə / Ul. bitxə / Orok. biʧixə / Na. biʧxə

---

18) 대응어에 사용하는 약어: Oroc.(오로치), Ud.(우데헤), Ul.(울치), Orok.(오로코), Na.(나나이). 인용어 출처는 진지총(金啓鯮)·울라희춘(烏拉熙春) 편저, 『여진어 만주 퉁구스 제어 비교 사전(女眞語滿洲通古斯諸語比較辭典)』, 明善堂, 2003이다.

19) '★'을 단 퉁구스 남어파 제어는 의미 면에서 약간 차이가 있다.

*[bolo](가을) / Oroc. ud. Ul. Orok. Na. bolo

*[bu-](부여하다) / Oroc. Ud. Ul. Orok. Na. buː-

*[buǧa](지방) / Oroc. baː~bua~buwa / Ud. bua / Ul. baː~bua / Orok. boːNa. ba

*[daʃi-](덮다) / Oroc. dasi- / Ul. daso- / Orok. dasi-, dassi- / Na. dasi

*[dəgən](높다) / Ud. dilə, dinu / Ul. duilə, duisi / Orok.duwweːlə / Na. duwuj, dduwujʤimə, dujlə★

*[də-](오르다) / Oroc.dəili-~dəjli-~dəːli- / Ud. diəli- / Ul. Na. dəgdə- / Orok. dəgdə★

*[diʤə-](~로 향하여 가다) / Ul. ʤiʤu- / Na. ʤiʤu-★

*[diraməi](두껍다) / Oroc. dijami / Ud. deæmi / Ul. dirami / Orok. Na. ʤirami

*[dondi-](듣다) / Oroc. doːgdiː- / Ud. doro(n-) / Orok. doro(n-) / Na. doro

*[doro](안표) / Oroc. doro(n-) / Ul. doro(n-) / Orok. doro(n) / Na. doro

*[duligən](중앙) / Oroc. dulin / Ud. duleæ / ul. dulin / Na. dolga, doli

*[ʤala](세대) / Oroc. Ud. ʤalan(n-) / Ul. ʤala(n-) / Orok. doro(n-) / Na. doro★

*[ʤuktə-](제사 지내다) / Ul. ʤəwunʤi / Orok. ʤəwuniʤi. Na. ʤog★

*[ʤuləgən](이전의前) / Oroc. ʤulidumə / Ud. ʤuliəuxə / Ul. ʤuli~ ʤulu / Orok. duldə, duli / Na. ʤuliə

*[əʒən](주인主) / Oroc. əʤə(n-) / Ud. əʤə(n-) / Ul. əʤə(n-) / Orok. ədə(n-) / Na. əʤə

*[əigən](~하지 않아 있다) / Oroc. əsin, əʧin, atan / Ud. əhini, əsini, atan / Ul. -asi-, -əso- / Orok. əsiw~əsu / Na. -aʧi-, -əʧi-

*[ələhə](평안) / Oroc. Ul. Orok. ələ / Ud. ələ / Na. ələ:

*[ədʒəhə](관직) / Oroc. Ud. ədʒə- / Ul. ədʒə-, ədʒəwən-, ədʒəktu / Orok. ədəmu- / Na. ədʒə-, ədʒəsu★

*[əʒən](군주) / Oroc. ədʒə(n-) / Ud. ədʒə(n-) / Ul. ədi(n-) / Orok. ədə(n-) / Na. ədʒə

*[ələhə](평안) / Oroc. Ul. Orok. Ud. ələ / Na. ələ:★

*[ərgə](방면, 방위) / Ud. ə:

*[ərin](때時) / Oroc. əru:(n) / Ud. ə:li(n-) / Ul. əru(n-) / Orok. əri (n-)~əru(n-) / Na. ə:r

*[ətuku](의복) / Ul. tətu, tətuj, tətuə / Orok. tətu~tətugə~tətukka~ tətuə / Na. tətuə

*[fədʒilə](아래로) / Oroc. xəggilə / Ud. xəgiələ / Ul. pədʒilə / Orok. pədʒdʒe:lə / Na. pəgila

*[fərilə](서쪽) / Ul. pərxi(n-) / Na. pərxi

*[folu](새기다銘) / Na. polkoli-, pələ-★

*[gə-](가다) / Orok. ŋənnə-~ŋənə- / Na. ənə★

*[gəbu](이름) / Orok. gəbbi / Ud. gəgbi / Ul. Orok. Na. gəbu

*[gəsə](마찬가지로) / Oroc. Ul. Na. gəsə / Ud. gəhiə / Orok. gəsu:★

*[goiji](없도록 하다 / ~지 않도록 하다) / Oroc. kowak / Ul. kəwə~ kəuə / Orok. kəkku / Na. kəwkə★

*[goron](멀다) / Ul. Orok. Na. goro / Oroc. Ud. go:

*[gurun](나라) / Ul. guru(n-) / Orok. guru(n-) / Na. guru★

*[hafan](관청) / Na. xafa(n-)

*[hağan](칸, 황제) / Na. ka

*[haha](남자) / Oroc. xaxa:jaduri xaxa / Orok. xaxa / na. xaxa★

*[haisu](좌측) / Na. xasukta

*[haʧin](물품) / Oroc. xaʧi~xaʧin / Ud. xasi / Ul. xaʧi(n-) / Orok.

· xatʃi(n-) / Na. xatʃi★

*[holo](골) / Ul. xoːdi / Na. xoːl★

*[husun](힘) / Ud. kuhi / Ul. Orok. kusu(n-) / Na. kusu

*[ili-](일어서다) / Oroc. ili- / Ud. ili-~iligi- / Ul. ili- / Orok. ili-~
ili- / Na. ili-~iligo-

*[imahai](완전하다) / Na. ima(n-)★

*[ənəŋgi](날) / Oroc. inəŋi / Ud. inəŋi~nəŋi / Ul. inəŋni / Orok.
inəŋ~inəŋgi / Na. ini

*[irgən](백성民) / Na. irgə~★

*[iʃi-](이르다) / Oroc. ork. isi / Ul. isiː-

*[itʃəgi](새로이) / Orok. sitəunʤi

*[kala-](고치다, 다시 ~) / Ul. Orok. Na. kala-

*[kəkəŋlə-](배례하다) / Ud. xəŋki- / Ul. kəŋkələ-

*[məŋgun](은銀) / Ul. Orok. məŋgu(n-) / Na. məŋgu

*[niarma](사람) / Oroc. Ul. nʼəŋnʼə / Orok. nəŋnə~nʼəŋnʼeː / Na.
niəŋniə

*[niəniən](봄) / Oroc. Ul. nʼəŋnʼə / Orok. nəŋnə~nʼəŋnʼeː / Na.
niəŋniə

*[nusuru](적당하다) / na. niəŋniə★

*[o-](~가 되다) / Ud. o-~oː- / Ul.o- / Orok. o-si- / Na. o-

*[omolo](손자) / Oroc. omolæː~omoliː / Ud. omolo

*[ono](왜) / Oroc. oːn-do / Ud. ono / Ul. xoːn~xoːni / Orok. xoːni /
Na. xoːnʼ~xoːnʼa~xoːnʼi

*[sa-](알다) / Oroc. Ud. Ul. Orok. Na. saː-

*[salda](노인) / Oroc. sagdi / Ud. sagdi / Ul. sagdi / Orok. sagda, sagdaj
/ Na. sagʤi

*[ʃimŋun](춥다) / Oroc. iŋinʼisi~iŋənʼisi, iŋənʼæ~iŋənʼi /

Ud. iŋinihi / Orok. siŋguːn- / Na. iŋni, siŋmuː

*[ʃira](옛) / Oroc. sija- / Ud. seæ- / Ul. Orok. Na. sira-★

*[ʃiun](태양) / Oroc. səu(n-) / Ud. suː(n-) / Ul. siu(n-)~su(n-) / Orok. sʃu(n-) / Na. siu

*[taha-](따르다) / Oroc. daxala-, daxau-, daxuli- / Ul. daxala-, daxau- / Orok. daxuri- / Na. daxa

*[tar](그) / Oroc. tiː, təi / Ud. təi, təji / Ul. ti, tij / Orok. taːri

*[tə-](앉다, 타다) / Oroc. Ud. Ul. Orok. Na. təː-

*[təjərə](~지만, ~라도) / Na. tə★

*[tuğə](겨울) / Ud. Ul. tuə / Orok. tuwə / Na. tuə

*[tu-](귀결하다) / Oroc. tugbu- / Ul. Orok. Na. tuː-★

*[tulihi](밖의) / Oroc. tuliə(n) / Na. tuliə

*[ʧauhai](군軍) / Oroc. ʧauxa / Ud. ʧawaha~ʧauha / Ul. Orok. ʧaixa / Na. ʧaoxa

*[ʧəni](번, 회) / Ul. ʤərgi / Na. ʤərgi

*[uʤi-](기르다) / Oroc. iggi- / Ud. igisi- / Ul. uʤiʧu- / Orok. Na. uʤi-

*[ulhan](생령) / Ul. uju(n-) / Orok. uju(n-), ujugu / Na. uju

*[uitau](그들, 그렇게) / Ud. uti, utinti-ni★

*[uŋgi-](파견하다) / Oroc. uŋi-, uŋigi- / Ul. ujʤu- / Orok. ujdu- / Na. ujgu, uŋgurə-★

*[urğun](기쁨) / urğunʤə- / Orok. uruʧi, urulʤini-

*[wəhə](돌) / Oroc. uwə~uə / Ud. wə~uə / Ul. xurə(n-) / Orok. xurə / Na. xurə★

2. 퉁구스 남어파 제어와의 대응어가 없는 예

퉁구스 남어파 제어와의 대응어가 없는 예로는 ① 금나라 시대 여진어와 대응되는 것, ② 만주어와 대응되는 것, ③ 명나라 시대 여진어에만 보이는 것 등과 같이 대략 3종류로 분류된다.

① *abuga(하늘天), *atʃi-(동요하다), *buru(또), *dihai(배舟), *dolgo-(흥분되다), *ʤisu-(만들다), *ʤo-(그리워하다), *ʤui(아이), *falia(부락), *funtʃərin(나머지), *gəmu(모두), *gəŋgiən(밝다), *həhə(여자), *itə-l(백성), *iʃəgi(새로이), *la-(만들다), *mədərin(바다), *mərhə(상賞), *məʒilən(마음), *nuru(늘), *oso(작다), *sai(좋다), *sə-(말하다), *taira(절, 사찰), *tasa(조정朝廷), *tək(지금), *uriti(북쪽), *udigən(들), *usui(~하지 않았다)

금나라 시대 여진어와 대응하는 것들 중에서 *dolgo-, *itə-l, *məha, *tək과 같이 퉁구스 북어파에만 동원어가 존재하는 것이 주목할 만하다.

② *atʃ-(동요하다), *ʤila-(귀여워하다), *ʤisu-(제조하다), *ʤobə-(방해하다), *əltʃi(사자使者), *əitə(일절의), *jorin-(굶주리다), *təjərə(~에도 불구하고), *ʃiha(젊다, 소년), *ulin(재화財貨)

③ *dəhdə-(~할 수 있다), *ja'ə(~에 의해, ~에 따라서), *tikhun(가깝다), *tikə-ləhi(가까이의), *uʃir(은택恩澤), *ʤuə ʤuə(이십)

명나라 시대 여진어에만 보이는 것들 중에는 *dəndə-만이 『여진역어』에 실려 있다.

이상의 비교로 명나라 시대 여진어와 퉁구스 남어파의 친족 관계가 깊은 것이 인지된다. 따라서 이러한 '제종야인'에 명나라 정부의 지배력을 선전하기 위해서는 여진대자 비문을 새기는 것이 가장 현저한 효과가 있었다고 생각된다.

제8절 여진대자·몽골자 비문의 복원

〈영영사기비〉의 여진대자는 해서(楷書)로, 자체는 정방체를 띠며, 글자 간의 거리는 제법 벌어져 있어서 각 행의 글자 위치는 일정적이어서, 기록하지 못했던 자수를 정확히 추정하는 데 도움이 된다.

비문의 제1, 2, 3, 5, 6, 8, 9, 10행은 모두 2자 대두(擡頭)했다.

제 1 행	60자.	기록 54자.	제 9 행	60자.	기록 58자.
제 2 행	34자.	기록 33자.	제10행	60자.	
제 3 행	60자.	기록 57자.	제11행	58자.	
제 4 행	38자.	기록 37자.	제12행	58자.	기록 55자.
제 5 행	24자.		제13행	17자.	기록 16자.
제 6 행	60자.		제14행	180자.	
제 7 행	46자.		제15행	41자.	기록 40자.
제 8 행	60자.		총 계	694자.	기록 676자.

〈영영사기비〉의 몽골문은 위구르식 몽골 문자로 서사되어 있

으며 철자에 있어서 현대 몽골문과 서로 다른 몇 가지 특징이 확인되는 것은 일찍이 관련 연구자에 의해 이미 지적된 바이지만, 여기에서는 아래 5가지 점을 다시 정리해 두기로 한다.[20]

① ↑(어중형 ㅠ, 어미형 ↲)과 ↑(어중형 ㅠ, 어미형 ↲)에서 자형상의 구별을 하지 않고 모두 ↑ 1가지로 표기되어 있다.
② ㅋ에 의해 2개 자음 ʤ, ʧ를 겸하여 표기한다.
③ 어두에서는 ʕ는 2개 자음 j, ʤ를 겸하여 표기한다.
④ 어두에서는 ✓는 2개 자음 n, s를 겸하여 표기한다.
⑤ 몇 가지 단어들은 모음을 나타낼 수 없어 위구르 문자의 서사체를 그대로 유지하고 있다. 예를 들면, ㅍ째, ㅁ째, ㅍ째ㄱ와 같다.
비문의 제1, 2, 3, 5, 6, 10행은 모두 하나의 단어 정도의 간격으로 대두한다.

20) 여기서 사용한 몽골 문자의 글꼴은 타카하시 마리요(高橋まり代) 씨가 재단법인 일본과학협회에서 평성12(2000)년. 사사가와(笹川) 과학연구 조성(12-005)을 받아 작성한 것이며, http://mariyot.ld.infoseek.co.jp에서 무상 배포하고 있는 것이다.

여진대자 비문

1. 天吳凩兏釆柔厈厂史史釆盉芈昋米口禾卓侁右吏甬阜臾矛圭仍臾丞並史吏右伊臾邓亰
矛乗右关並史 口厌右仟口方夾庒矛凬釜右口口口厈可

2. 凩兏釆釆氏芈方肖夲夲臾厈夲受尺芈�'厈仳芈为店昊昃兙俀炱昋犀仸口受甲夊

3. 凩兏甬吏丞饯毐釆仸釆丞兂厈坙茶庘仚尚兂口凢舟口甬尺尚昋仵齑伕写方圉土釆仵伕
臾兂夊为甬昃�ంâ'口芈扎伕氶厌史史釆戉芬芈皁发

4. 庬饯厈仸吳臾庒丞饯舟釆仸禾丞夂史仍龙臾府仸右扡柬炱剕兙盉俀岌饯朵右关並
蒀忞口

5. 凩兏釆釆厈斗亦釆夲臾受吏氏庒史齐夲臾厈舟苗甲厗釆

6. 夲釆半芈氏庒釆夲臾甲委为昜尺扗史昋昋九釆柋反剕杀甬盉刃厌一盉盉尺伕乆扎夲
甬甲芈舟幽厌史史釆盉芈受吏丼â'饯庚叐写幽凮釆伕

7. 夊育伕芴盉饯肖夲夲臾育昊仵厌益丞芈兙釆並卅厌府兏俀丈店昊兙兙右柔甲屯
伕受甲毐府仸右扡犗朵

8. 凩兏帯荼为史朵米夲釆兙臾兏厈兂圭舟兂盄盉肞伕剕厈夲昋盉芈方尚庚丈写幽齑
史兄尺氏庒史犀釆兙受剕昋釆昋千齑夲屯反剕釆甬

9. 盉刃厌釆受吏朵丼釆反史史芈朵帯炱愿屯关休犀舟甬反丞仓伕芈兂舟金帯芈兙刃史
此芴呑史盉盄夂夲育夲店昊兙盉甲口口养伕反芈刃

10. 凩兏釆釆土厈土扗委乜刃釆甬厈禾卓臾龙盉饯肖夲史厛昊丈扗史受芈屯芈丈扗史育蒀
芈釆犀釆臾昋米昋千一齑孔屯反史史釆戺仸金亦夲釆

11. 尺夲盄芠芈邑此刃夲昋尺並史臾右庆益拼厈柔史柔釆帯伕史庚吏禾卓侁右夾夊龙
俀岌兂仵饯伕府仸右齑釆戺伕釆件店昊夲臾兏龙皁犀

12. 卓口芈朵帯炱氏庒史长炱右圉荼史口口口厌府芈兏戉昋饯氏炱皁朵受甲龙孚壬受史
史尤釆厈史右龙关並史厈吏仴写幽卅方乔皁厈史朵厗

13. 天吳夂昋米昋千一齑九月亠千亠日写口

14. 厌刃釆甬盉刃齑圭甬剕釆昋朵吏兙釆昋甬刃氏

15. 口丼荼夊臾金尚反吏史丼齑夊尺伕饯朵焏釆庒伎芈夊尺吏屯盄焏伎夊尺伕釒坐夊
釆盄焏府昋氏

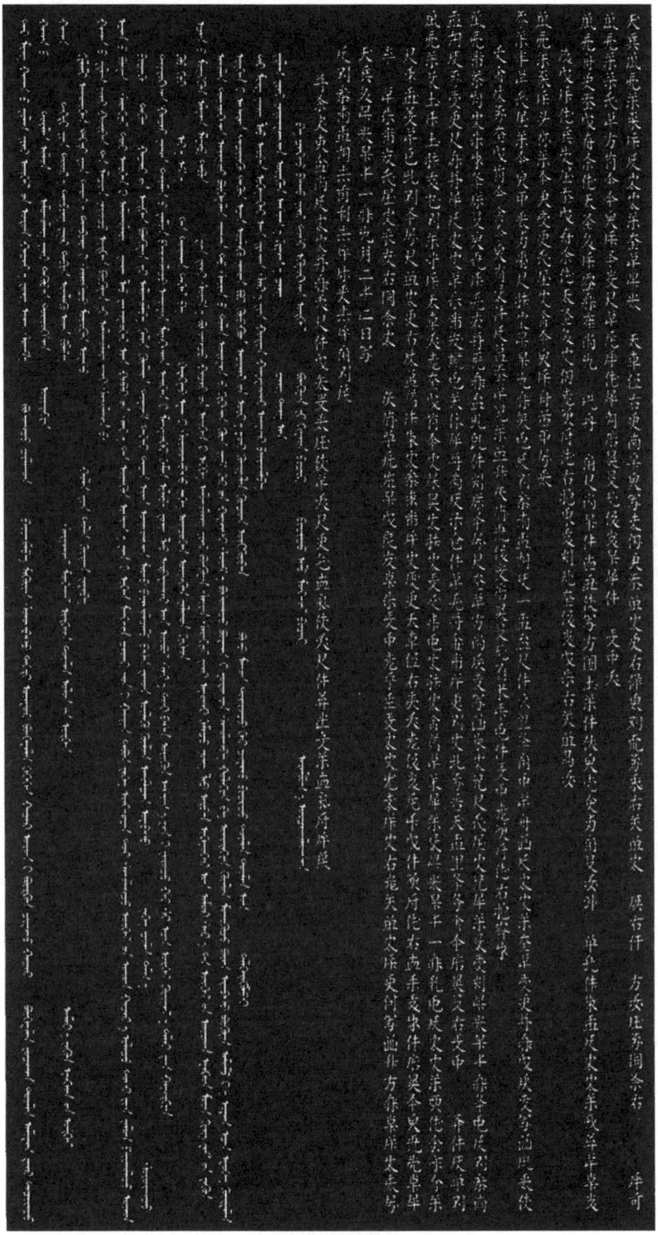

비음 복원도

제9절 여진대자 비문의 역문

1. 大明可汗勅于奴兒干地方建永寧寺, 立碑. 聞天高而明故能覆地, 地厚而重故能養萬物.

2. 可汗之恩澤致萬民安樂, 近者悅而遠者服.

3. 可汗御于, 天下太平五十年矣. 九夷八蕃梯航畢達, 萬國之人爲賞賚, 進貢而來者不勝枚擧. 東北奴兒干部落棟

4. 孛之吉列迷野人聞天下太平而欲去叩排, 惟因路遠而未能至.

5. 可汗勅三次遣使, 期人民皆安居樂業.

6. 君心猶以爲人民安樂未臻至善. 永樂九年春, 遣內官亦失哈等一千官軍乘巨船二十五艘至奴兒干地方設立都司衙門. 官吏

7. 皆和順, 地方之民皆得安樂. 每人皆如日昇天般歡悅. 百余人賓服晋謁,

8. 一至可汗朝廷中, 便獲賜大官職, 印信, 衣服, 布鈔. 按土著地方設立萬戶衙門, 遣之使統率舊部人民. 永樂十年冬, 遣內官亦

9. 失哈等自海西直抵奴兒干海外之苦夷等處賜男婦衣服器用財物. 老少大小咸安悅歸服, 無一人梗化不率者.

10. 以可汗之金銀諸物重新建寺, 俾地方之民不寒不飢, 皆歸于善. 永樂十一年秋, 奴兒干之西, 滿涇站之

11. 左有山高而挺秀, 改舊有之觀音堂, 建寺塑佛, 遠近之人叩拜祈禱, 人咸安樂. 自古

12. 至今, 未有如□□般珍恤群黎者. 至子孫之世, 豈能不臣服効力而持異意哉! 立銘以垂萬年之思.

13. 大明永樂十一年九月廿二日立.

14. 內官亦失哈, 吉答哈, 張童兒, 張定安.

15. □都指揮, 千百戶, 奴兒干都司創建者之名載于漢文. 女眞文書寫者: 遼東女眞康安.

제10절 한자 비문의 녹문錄文

碑額 永寧寺記

1. 勅修奴兒干永寧寺記

2. 伏聞天之德高明, 故能覆幬. 地之德博厚, 故能持載. 聖人之德神聖, 故能悅近而服遠, 博施而済衆. 洪惟我

3. 朝統一以來, 天下太平五十年矣. 九夷八蠻, 梯山航海, 駢肩接踵稽顙於

4. 闕廷之下者, 民莫枚挙. 惟東北奴兒干國, 道在三訳之表, 其民曰吉迷及諸種野人雜居焉. 皆聞風慕化, 未能自至. 況其地不生五穀, 不産布帛, 畜養惟狗. 或野

5. 人養{駕}□運□□□物, 或以捕魚為業, 食肉而衣皮, 好弓矢. 諸般衣食之艱, 不勝為言. 是以

6. 皇帝勅使三至其國, 招安撫慰, □□安矣.

7. 聖心以民安未善, 永樂九年春, 特遣內官亦失哈等, 率官軍一千余人, 巨船二十五艘, 復至其國, 開設奴兒干都司. 昔遼金疇民安故業, 皆相慶曰, □□今日復見而

8. 服矣. 逐上□朝□□都司, 而余人

9. 上授以官爵印信, 賜以衣服, {賞}以布鈔, 大賚而還. 依土立興衛所, 收集旧部人民, 使之自相統屬. 十年冬,

10. 天子復命內官亦失哈等載至其國.自海西抵奴兒干及海外苦夷諸民, 賜男婦以衣服器用, 給以穀米, 宴以酒饌, 皆踴躍歡忻, 無一人梗化不率者.

11. 上{復以}金銀等物{為}択地而建寺, 柔化斯民, 使之敬順.

12. 太祖以聖□為相之{瑞}. 十一年秋, 卜奴兒干西, 有站滿涇, 站之左, 山高而秀麗. 先是, 已建觀音堂于其上, 今造寺塑仏, 形勢優雅, 粲然可観. 國之老幼, 遠近済済争趨

13. □□高□□□□□威靈, 永無厲疫而安寧矣. 既而曰, 亙古以來, 未聞若斯.

14. 聖朝

15. 天□民之□□□上忻下至, 吾子子孫孫, 世世臣服, 永無異意矣. 以斯観之, 万方之外, 率土之民, 不飢不寒, 歡忻感戴難矣. 堯舜之治, 天{率蒸民}, 不過九洲之內, 今我

16. □□□□□□□□□, 蠻夷戎狄, 不假兵威, 莫不朝貢內屬. 中庸曰, 天之所覆, 地之所載, 日月所照, 霜露所墜, 凡有血氣者, 莫不尊親, 故曰配天. 正謂我

17. {朝盛}德無極, 至誠無息, 与天同体. 斯無尚也, 無盛也. 故為文以記, 庶万年不朽云爾.

18. 永樂十一年九月廿二日立

19. 欽差內官 亦失哈 {成}□勝 張定安 鎮國將軍都指揮同知 張旺

20. 撫総正千戶 王迷失帖 王木哈里 玄城衛指揮 失禿魯苦 弟禿花 妻叭㦗

21. 指揮 哈徹里 □藍 王謹 弗提衛指揮簽事 禿称哈 母小彥 男弗提衛千戶 納蘭

22. 千戶 吳者因帖木兒 寧誠 馬兀良哈 朱誠 王五十六 □□ 黃武 王□君 □□□……

23. 百戶 高中 劉官永奴 孫□ □得試奴 李政 劉賽因不花 傅同 王□里帖木 韓□ 張甫 金衛 □原 高遷 葉勝 □□……

24. 趙鎖古奴 王官音保 王阿哈納 崔源 里三 □□□ □{栻} 康速合 阿卜哈 哈赤白 李道安 □道 闍威□ 総旗 李速右

25. 所鎮撫 王溥 戴得賢 宋不花 王速不哈 李海赤 高歹都 李均美 都事 席□ 醫士 陳恭 郭奴 □総吏 黃顕 費□

26. 監造 千戶金双頂 撰碑記 行人銅臺邢枢 書丹 寧憲 書蒙古字 阿魯不花 書女真字 康安 鑽字匠 羅泰安

27. 來降快活城安樂州千戶 王兒卜 木荅兀 卜里阿衛鎮撫阿可里 阿

刺卜 百戸 阿刺帖木 □納 所鎭撫 賽因塔 把禿不花 付里住 火羅孫

28. 自在州千戸 □刺□ 哈弗□的 阿里哥出 百戸 滿禿□ 木匠作頭 石
不哥兒 金卯白 揭英 粧塑匠 方善慶 宋福 漆匠 李八回……

29. □匠 □□ 黃三兒 史信郎 燒磚瓦窯匠 総旗熊閨 軍人張豬弟 泥水
匠 王六十 張察罕帖木

30. 奴兒(干)都司都指揮同知 康旺 都指揮簽事 王肇舟 佟答刺哈 経歷
劉興 吏 劉妙勝

제11절 여진대자 비문의 고증과 해석

비액: 𖿁 𖾐 𖾑 𖾒

nurgel juŋ niŋ süm-e
노아간 영 영 사

제1행

𖾓 𖾔 𖾕 𖾖 𖾗 𖾘 𖾙 𖾚 𖾛 𖾜 𖾝 □ 𖾞

daimi haǧan ni alawa gi nurgən ni buǧa du i-juŋ □ taira
대명 가한 의 칙명에 의하여 노아간의 지방 에 영 (영) 사

𖾟 𖾠 𖾡 𖾢 𖾣 𖾤 𖾥 𖾦 𖾧 𖾨

dai miŋ qaɢan-u dʒrlɢ-ijar nurgel-ün orun ɢadʒar-a juŋ niŋ süm-e …
대 명 가한 의 칙명에 의하여 노아간의 지방 에 영 영 사

𖾩 𖾪 𖾫 𖾬 𖾭 𖾮 𖾯 𖾰

dʒisuməi bii wəhə iliburan donditʃi abuga dəgən biməi gəŋgiən

만들고　비　석　세우다　들으면　하늘　높다　또　밝다

bosuGadʒu ʧilaɢun　baliɢulba meküjin sonusbasu tŋri öndür bögetele egegen
만들고　돌　세웠다　엎드려　들으면　하늘　높다　또　밝다

翔兎　秀　乘右　关並丈　□　庚右　仟□　方　亥庄　秀　用余右　□□□舟
oro　ba daʃiməi dəndəru　□　diramai　□ tumən uihan ba udʒiməi □□ ai
여지　를 덮을 수 있는　(땅) 두꺼운 (넓은) 만　생령　을 기르고　~ㄹ꼬

Gadʒar orun-i　bürkün ʧidaqu Gadʒar…bögetele dʒudʒaɢan tümen amitan-ijar tedʒ
여지를 덮을 수 있는 땅　또　두꺼운　만　생령　으로　기ㅌ

[한자 비문] 伏聞天之德高明, 故能覆幬. 地之德博厚, 故能持載.

天兵

天兵夂로 해야 하며 '대명'의 음역. 비문이 여기에서 夂자를 누락한 것은 제13행을 참조하면 확인할 수 있다.

天兵凪兎

'대명가한'은 명나라 제3대 황제인 성조 영락제(1402~24년 재위)를 가리킨다. 영락제는 자신이 중용한 환관을 각지에 파견하였다. 남해 원정의 정화(鄭和)가 가장 유명한데, 그 외에 서번(西蕃)에 후현(侯顯)을, 서성(西城)에 이달(李達)을, 오이라트에 해동(海童)을 각각 보낸 것 등이 알려져 있다. 아무르강 하류 지역에 파견된 역실합(亦失哈)도 그 중 한 사람이다. 역실합의 원정은 정화(鄭和)에 비

하면 규모가 작고 그다지 알려지지 않았다. 그러나 이것이 동북아시아사에 끼친 영향은 간과할 수 없을 것이다.

夬犬犬

한자 비문은 '奴兒干'으로 하고 몽골문은 [nurgel]로 한다. 표음에 잘 맞지 않는다. 『원사』 권59 〈지리지 2〉 '합란부수달달등로조(合蘭府水達達等路條)'에 "有俊禽曰海東靑, 由海外飛來. 至奴兒干, 土人羅之, 以爲土貢."이라는 기술이 있으며, 노아간이라는 이름은 여기에 처음으로 나온다. 『원문류(元文類)』 권41 〈경세대전서록(經世大典序錄)〉, 〈정전(政典)〉, 〈정벌항(征伐項)〉 하의 '초포지요양골외(招捕之遼陽骨嵬)'에는 노아간을 '弩兒哥'로 기록하였다. 〈영영사기비〉에는 夬犬犬에 속격 어미 羔*[ni]가 붙어 있으며, 어미의 접속 조건에 따르면 夬犬犬의 음운은 [nurugən]으로 해야 한다. 犬의 동사 어미로서의 음가가 [ru]이고 夬犬에 대응하는 것이 한문의 '奴兒'와 몽골문의 [nur]인 것으로, 犬가 여기서 음절 종결음 [-r]을 나타내는 것임을 알 수 있다. 여진대자로 표기하는 [nurugən]은 몽골문의 그것과는 어미 자음 부분을 달리하고 있는데, 후자는 모음조화가 없는 것으로, 역시 여진대자가 나타내는 어형이 원형에 가깝다고 생각된다. 원나라 시대 '노아가(弩兒哥)'나 명나라 시대 '노아간(奴兒干)'의 의미에 만주 퉁구스어의 '주먹拳'으로 해석될 경우가 있으며, 노아간의 지형이 마치 움켜쥔 주먹과 같은 모양을 닮았다는 것으로부터 이름이 지어졌다는 설이 있다.[21]

그런데 '주먹拳'이라는 단어는 지금까지의 여진 문자에는 나타나지 않았지만, 만주 퉁구스 제어에서는 예벤키어에 [nidurga](←

---

21) 시라토리 쿠라키치(白鳥庫吉), 「奴兒干と山粗ごえ」, 『시라토리 쿠라키치 전집』 제5권 塞外民族史硏究 하, 이와나미(岩波)서점, 1970.

Mo.), 솔론어에 [norgiá~nojgá], 오로치어에 [nugga], 울치어에 [n'ugʤa], 만주어에 [nuʤan]으로 되어 있으며, 모두 남성모음을 포함하고 있어 [nurgən]과는 맞지 않는다. 따라서 그 본뜻에 대해서는 재고해야 할 것이다.

노아간(奴兒干)은 원래 국명이고, 그 국민은 길렬미(吉列迷)라 불렸으며, 고이(苦夷) 제종 야인과 잡거하고 있었다. 명나라 태조 홍무 연간, 사자를 파견하고 그 나라에 가게 한 듯한데, 통하지 못하였다. 명나라 성조 영락 9년(1413), 다시 내관인 역실합(亦失哈) 등을 파견하고 그 나라에 가서 노아간 도사(都司)를 만들고 조유하여 제 부를 거두어서 서로 통속(統屬)하게 하였다. 〈영영사기비〉는 그 경위를 기술하고 있다.

呆米□夭卓

呆米을 사용하여 '영영사(永寧寺)'의 '永'자를 음역한다. 금나라 시대 석각에서는 叐叹와 같이, 다른 표음자를 사용한다. 외래어 음역에 정해진 표음자가 고정되어 있지 않는 것은 거란대소자에도 흔히 찾아볼 수 있다. 『여진역어』의 내문이 米만을 사용하여 '水'의 음역에 가져오는 것으로, 그 음가는 [juŋ]일 것이다. 〈영영사기비〉는 米 앞에 또한 성모를 나타내는 呆를 더하였는데, 그러한 음역 형식은 일찍부터 거란소자에 보인다. '약藥'을 예로 들면, 거란소자는 그것을 丙芍*[i-jau-u] → [jau]와 같이 철자하여 丙는 바로 芍에 포함되는 음절두자음 j-를 중복하는 것이다. 그런데 呆가 여진어를 철자하는 데 [ir]이 됨에 대해 외래어를 음역하는 데 [i]가 된다는 2가지 음가를 가지는 듯한 표음자는 금나라 시대 석각에서 몇몇 볼 수 있다. 呆米의 다음 글자는 닳았지만, '寧'을 음역하는 글자에 해당될 터이다. 다만, 『여진역어』의 내문에서는 '寧'은 2개의 여진대자 羊夂에 의해 음역되어('札眞衛野人頭目寧加'의

'寧'을 보라.) 1개 글자가 아니다.

禾車은 여진어에서 '절寺'이다. 〈조선 경원군 여진국서비(朝鮮慶源郡女眞國書碑)〉는 **禾車米**처럼 철자했다. 금나라 시대 여진어의 '절寺'은 아직 어미 자음 -n을 유지하고 있었는데, 명나라 시대에 들어갔을 때 이미 탈락하였고 그 때문에 **米**의 유무에 의한 철자 차이가 출현하게 되었다. 여진어 [taira](←[tairan])는 분명히 일본어 [tera]나 조선어 [ter]과 동원 관계가 있는 것으로 보인다.

更南呆负

南은 〈영영사기비〉 제9행에서는 '고이(苦夷)'에서 '夷'의 음역에도 사용하므로 그 음가는 i가 돼야 한다. **更南**은 한어 '碑'의 음역(한어의 '碑'와 같으며 거란 대소자로 철자된 경우 음운은 Pi이다.)이며 아래에 '石'을 나타내는 **呆负**를 붙이면 음역+의역의 연속이 되어 '碑'를 대역한다. 위구르식 몽골문 『추봉서녕왕흔도비(追封西寧王忻都碑)』(원 지정 22[1362]년)에서는 한어 '碑'도 역시 bii와 같은 형식으로 음역하고 있다. '碑'는 지운개구(支韻開口) 3등자에 속하며 수와 당 이후의 음가는 birk 되어 복모음화된 변화가 상당히 시대가 내린다는 것은 그 碑(영락 11[1413]년)에서의 음가가 여전히 원나라 시대의 그것과 동일하다는 것으로 알 수가 있다. 청나라 순치 15년(1658)의 『요양라마분비(遼陽喇嘛墳碑)』에서의 '碑'는 이미 [bəi]가 되었다. 여진 민족은 원래 비문이나 석각을 가지지 않아, 금나라 시대 여진대자는 음역+의역인 '각석(刻石)'을 사용해서 '碑'의 의의를 나타내고 있었다. 덧붙여, 〈영영사기비〉의 몽골문도 [ʧilaɢun](돌)으로 그것을 대역했다. 이처럼 고유어휘에 있는 '石'에서 여기에도 없는 '卑'의 의미를 나타내는 것은 일찍 10세기의 거란인의 묘지에서 발견되었다.

仍夬

夬은 조건 부동사 어미이다. 仍夬은 만주어 [donʤi-ʧi]에 상당한다.

倅夬

倅(『여진역어』는 倖으로 한다)은 명나라 시대에만 보인다. 금나라 시대에서는 倅夬 대신에 抯丸 또는 抯呎夊과 같이 철자하며, 어두 음절은 음절 어미음을 띠지 않는 [gə]이다.

㸿兂

이 2글자는 둘 다 분명하지가 않고, 잔존한 필획으로부터 추측하면 㸿兂에 가깝지 않을까 생각된다. 이 단어에 대응하는 몽골문은 [gadʒar orun]이다. 어두자는 㑞의 이체로, 금나라 시대 석각의 '路'는 형을 '㑞反'으로 하고 음을 [oron]으로 하며 몽골어 [oran]에 유래한다. 다음 글자는 약간 수가 『여직자서』에만 보이는데, 아직도 음가가 불명확하다. 여기에서는 㑞 다음에 놓이는 것으로, 㑞反와 동일한 단어를 표시할 터인데, 제2음절의 음운에 변화가 일어났기 때문에 反가 兂으로 대치된 것이다(이것으로부터 兂의 음가를 [o]로 추정할 수 있다). 㑞反은 금나라 시대의 행정 단위 '路'에 대역되므로 㸿兂의 본뜻은 '輿地'라고 생각된다.

关畄夊

어간인 关畄은 '할 수 있다, 가능하다'라는 뜻으로, 夊은 현재미래시형 동사 어미이다. 그에 대응하는 몽골문 ʧidaqu도 현재미래시형 동사 어미가 붙은 형식이다. 몽골문에서 qu는 남성어미로, 여성어미이면 kü로 된다. 여진문 夊에는 모음조화에 지배받는 이체형이 없다.

屛右

어두의 글자를 1937년 라복성(羅福成)은 屎로 서사하고 1958년 오사다 나츠키(長田夏樹, 이하 '오사다'라 칭함)는 更로 하였다. 오히려 1937년 라복성이 보다 근사하다고 생각된다. 지금 다시 탁본을 대조시켜 보면 그 해당 글자는 틀림없이 屛이다. 그것은 '두껍다'의 처음 표의자인 屛의 이체이며, 『여진역어』는 그것을 표음자가 붙은 屛右의 형식으로 쓴다. 바로 〈영영사기비〉와 일치한다. 이 단어 위에 있는 글자는 '땅地'를 나타내는 표의자일 것이며, '땅地'는 여진문에서는 표의자 丵로 표시되지만 『대금득승타송비(大金得勝陀頌碑)』에서는 표음자 乇로 한다. 이 글자는 이미 닳아서 丵와 乇 중 어느 쪽인지 판단할 방도가 없다.

仟□

仟□에 대응하는 몽골문도 바로 잔결된 부분이기 때문에 한자비문에 "地之德博厚, 枯能持載"라고 기술된 것으로 보아, 仟□는 '搏'에 해당할 수가 있다. '搏'은 여기서 '관광(寬廣)'이라는 뜻을 지니고, 회동관 『여진역어』에 '寬'이라는 단어가 있으며 한자 표기는 '窩撮(와찰)'로 하는데, 만주어 '寬'은 [ontʃo]로 한다. 仟은 비어두인 경우는 [gun]([ğun]) 음절을 나타내는 것으로, 어두인 경우로는 [un] 음절을 나타낼 가능성이 있다.

夾庄

이 2글자를 1937년 라복성은 夾庠로 하고 1958년 오사다는 夾□로 사서한다. 만주어는 '살았던'을 [wəihun]으로 하고, 여진어, 만주어 둘 다 형용사와 명사를 서로 적용할 수 있어서 여기에서는 '생령(生靈)'을 나타낸다. 夾庄 다음 글자가 뚜렷하지 않은데, 문맥에 따라 务인 것으로 추정할 수 있다.

用朵右

어근인 用朵는 '기르다'라는 뜻이고 右은 비완료 부동사어미 여성형이다. 이 3글자에 대해 라복성(羅福成)은 肖朵夾로 서사했는데, 탁본과 대조하면 用朵右로 해야 할 것이다. 만주어 '기르다'는 [udʒi-]이며 用朵가 철자하는 음운과 합치한다. 用朵는 또한 〈영영사기비〉의 제12행에서 볼 수 있으며, 2곳의 대응되는 몽골문 어간은 모두 [tedʒije]라서 用朵가 틀림없다는 것을 알 수 있다.

句

어기종조사(語氣終助詞)이다. 만주어 [kai]에 해당된다.

제2행

凩乭 羊 杀氏斧 方 肖本 本皀 乐 峷叐尺 羊乇庌伩犀 为
hağan ni uʃir du tumən itəl əlhə gi bandibuhai du tikələhi dəigi
가한 의 은택 으로 만 민 평안에 의해 생활하게 한 것으로 근처의 사

ᠬᠠᠭᠠᠨ ᠤ … ᠲᠦᠮᠡᠨ ᠤᠯᠤᠰ … … ᠠᠮᠤᠭᠤᠯᠠᠩ ᠢᠵᠠᠷ ᠲᠡᠭᠦᠪᠡᠨ ᠲᠦᠷᠦᠭᠰᠡᠨ … ᠣᠵᠢᠷᠠᠬᠢᠨ … …
qaɢan-u … tümen ulus … … amuɢul[a]ŋ–ijar tegüben törügsen … ojirakin … …
가한 의 만 민 평안 에 의해 그렇게 생활한 근처의

庌昗旻九 伩夋杲犀 仹 □ 叐甶炗
urğundʒərə goronlohi niarma □ tahara
기뻐하거나   먼 곳의 사람   따르기도 하다

[한자 비문] 聖人之德神聖, 故能悦近而服遠, 博施而濟衆

杀乇

이 단어는 만주어 '촉촉하다'를 나타내는 어근 [usihi-]와 관련
이 있을 가능성이 있다. 여기에서는 그 뜻을 '은택(恩澤)'으로 추정
한다. 肌乇杀杀乇은 곧 '황은(皇恩)'이다. 〈여진진사제명비〉에서
'은방(恩榜)'의 뜻은 또 다른 철자 炎休로 표현한다.

屰

여위격 어미이다. 여기에서는 원인이나 근거를 나타낸다.

肯夲

肯은 『여직자서』에서는 '백성民'을 나타내는 표의자이다. 『여진
역어』에서는 肯任*[itəǧə]와 같은 표의자가 붙은 형식으로 표시된
다. 〈영영사기비〉의 肯夲*[itəl]은 회동관 『여진역어』에서의
*[itə]('백성'. 한자 표기는 '亦弍'으로 한다)와 마찬가지로 [ǧə] 음절이
이미 탈락된 데다가 복수어미를 첨가하는 형식이다.

肯任*[itəǧə]는 예벤키어 [təǧə:]('백성), 예벤어 [təǧə]('백성, 씨족)
에 대응되는 것으로, [təǧə:]와 [təǧə]에서는 어두 [i]가 이미 탈락
된 것을 알 수 있다. 肯夲*[itəl]은 음운상에서 보면 예벤키어
[təǧə:l]('씨족)에 가까우며 동원관계가 암시된다. 肯夲*[itəl]에 대
응하는 몽골문에서 보면, 제2행은 [ulus], 제7행과 제10행은
[irgen]으로 하지만, 제5행, 제6행, 제12행에서 몽골어에 유래하는
氏屄*[irgən]이 대응되는 것은 모두 몽골문의 [irgen]('백성)이다. 이
것으로 보면 만주 퉁구스 고유어에 속하는 肯夲*[itəl]과 외래어
인 氏屄*[irgen]은 어의상 약간의 차이가 존재한다. 몽골어 [ulus]
를 『원조비사(元朝秘史)』는 '백성'(§202, [mongkholzhĭn ulus] '達達百
姓')이라 번역하고, 현대 몽골어는 '사람들'이라고 번역하고, 〈영
영사기비〉에서는 여전히 여진문 圉土*[gurun]('나라)에 대응한다.

여진어 [itəğəl]과 예벤키어 [təğə:l]는 둘 다 복수형이며, '어근+ 복수어미 [-l]'으로 이루어진다. 肖舟는 제2행에서는 '萬民', 제7 행, 제10행에서는 '지방의 백성'(제7행이 한자 비문인 '疇民'에, 제10 행이 한자 비문의 '斯民'에 각각 대응된다)이며, 따라서 肖舟이 복수 의 함의를 지닌다는 것도 증명될 수 있다. 肖舟이 肖任의 복수형 인 것은 바로 예벤키어 [təğə:](백성)와 [təğə:l](씨족)의 경우와 같 다. 夭屁*[irgən]을 『원조비사』에는 irge~irgen(亦^兒格·亦^兒堅)으로 되어 있다. 핀란드의 언어학자인 람스테트는 이 단어를 '왁시걸거 리다'나 '모이다'의 의미를 가진 ir-라는 동사 어근에서 나온 명사 형으로 간주한다(Ramstedt, Kalmückisches Wörterbuch. p. 209). 『원 조비사』의 용례에서는 타타르, 이르겐이나 몽골 이르겐, 나이만 이르겐이라고 하는, 부족 내지는 씨족집단을 가리키는 것으로 사 용되었다.

羋关尺

尺은 남성 과거시제 형동사 어미이다. 그에 대응하는 몽골문 [-gsen]은 여성형의 그 어미이다. 하나 더, 제8행에서 尺에 대응하 는 몽골문은 [-gsen]의 복수형 [-gsed]으로 돼 있는데, 여진어는 시제를 표시하는 동사 어미에 모음조화에 따른 사용 구분이 있긴 하지만 수효에 따른 사용 구분은 없다.

厄甬伧犀

厄은 금나라 시대에서는 원래 '계(鷄)'의 표음자이며 그 음가는 [tiko]가 된다. 여기에서는 표음자로서 사용되어 [tik]이라는 음절 을 나타낸다. 厄甬伧은 명사 겸 부사적 방위사 '가까이'이며 동일 한 어근의 형용사 厄余은 〈영영사기비〉에서 제11행에 보인다. 伧犀은 명사 겸 부사적 방위사 어미 [-lə]에다가 다시 형용사적 방위사 어미 [-hi]를 첨가하여 이루어진 형태이다. 또 다른 광원 순모음 방위사에 접속되는 [-lohi](역시 [-lo]에다가 [-hi]를 붙여서 만들어진 형식)는 이 행에서도 보이고 뫄뮤으로 한다. 厄庍仸犀에 대응되는 몽골문은 [ajira](가깝다)에 형용사적 방위사 어미 [-kin] (현대 몽골어의 [-ki])을 첨가한 [ojirakin](가까이의)이라는 형식으로 표현하고 있다.

庌昊炅玘

어근 庌昊炅은 '기쁘다'라는 뜻이며 만주어 [urgundʒə]에 해당된다. 玘는(『여진역어』에서 또는 夅로 한다.) 여성 현재미래시형 동사 어미이고 아래 문장의 夎甶에 붙는 夅는 남성 현재미래시형 동사 어미이다.

제3행

凪兂	舟更	丕	弋	舟茶伩	天丞久	庍	壼	乑	夲尙
hağan	tabi	abuga	i	fədʒilə	taipiŋ	gi	susai	ania	oho
가한	앉다	하늘	의	아래	태평에	의해	오십	세가	되었다

ᠬᠠᠭᠠᠨ	…… ᠲᠩᠷᠢᠵᠢᠨ ᠳᠣᠣᠷᠠ	ᠲᠠᠢᠪᠢᠩᠵᠢᠶᠠᠷ	ᠲᠠᠪᠢᠨ	ᠦᠯᠡᠭᠦ	ᠣᠳ	ᠪᠣᠢᠪᠠ ……
qagan	…… tŋri-jin dour-a	taibinŋ-ijar	tabin	ülegü	od	boiba ……
가한	하늘의 아래	태평에 의해	오십	여	세가	되었다

九	□	庀	舟□角尺	尙杲	伩	血盂	伏写	方	圃土	羋	仠
ujəwun	dʒakun	fan	dihai	holo	ti	dʒugu	bithə	ili	tumən	gurun	ni	niarma
구九	(이夷)	팔八	번蕃	선船	골짜기에서	표	문	세워	만	국	의 사람

ᠰᠠᠷᠲᠠᠭᠤᠯ …… ᠮᠣᠩᠭᠤᠯ ᠢᠷᠭᠡᠳ   ᠲᠦᠮᠡᠨ ᠤᠯᠤᠰ-ᠤᠨ ᠢᠷᠭᠡᠨ …… ……

sartaɢul …… moŋɢul irged   tümen ulus-un irgen …… ……

사타沙陀(회회) 몽골 백성들   만   국의   백성

伏㒼 売爻㔡 角㞢 㞁朴□ 㞼 乩仸 東盂 庂史史 羊 我芉 羋 㘇㡰

mərhə dəgdənbuma didʒə uitau ai uriti dʒuləʃi nurgən ni   falia du don-

상賞   바치게 하여 가다 그들   북   동   노아간 의 부락 에서 돈보

ᠤᠮᠠᠷ-ᠠ ᠵᠡᠭᠦᠨ ᠡᠲᠡᠭᠡᠳ-ᠦᠨ ᠨᠤᠷᠭᠡᠯ …… ……

umar-a dʒegün eteged-ün nurgel …… ……

북   동   쪽   의 노아간

[한자 비문] 洪惟我朝統一以來, 天下太平五十年矣. 九夷八蛮, 梯山航海, 駢肩接踵, 稽顙于瀾廷之下者, 民莫枚擧. 惟東北奴兒干國, 道在三譯之表

舟㸵仸

어근 舟㸵가 나타내는 음운은 명나라 시대 여진어의 그것이며, '아래'를 가리킨다. 금나라 시대 여진어에서는 㑱㐱를 사용하여 동원 어근의 음운을 표시하므로 명나라 시대의 그것과 다르다. 仸는 방위사 어미이다.

天㞻夂

한자 '태평(太平)'의 음역이다. 몽골문은 [taibiŋ]으로 하고 만주어는 [taifin]으로 한다.

车尚

尚는 광원순모음과 조화하는 과거시 동사 어미이다.

九□凡舟

'九(夷)八蕃'의 음역(한자 비문은 '九夷八蛮'으로 한다)으로, 그 중에서 필적이 가장 뚜렷이 보이는 것은 凡이며, 九과 舟는 자형으로부터 추측될 수 있는 것들이다. '夷'에 해당하는 여진대자와 舟 다음에 나오는 여진대자는 양쪽 다 어렴풋이 보여서, 읽어 내기가 불가능하다. 舟는 금나라 시대 석각에서는 [pər] 음절을 나타내는데, 『여진역어』에서 그에 해당되는 한자 표기는 '番'인 것으로, [fan] 음절을 나타내게 될 터이다(덧붙여, 『여진역어』에서 '西蕃'의 '蕃'은 금나라 시대 석각에 보이지 않는 옷으로 표시된다).

한자 비문 "구이팔만九夷八蠻"은 몽골문에서는 "…… sartaɢul …… moŋɢul irged"와 같이 의역되고 있다. [sartaɢul]은 곧 갑종본 『화이역어』에서 '철아탑온(撒兒塔溫)'(회회回回)이며, 『원조비사』 §152의 '철설아탑올륜(撒舌兒塔兀侖)'이 그와 동일어의 속격형으로 '회회(回回, 적的)'이라 읽는데, 『원사』에 보이는 '사타(沙陀)'는 그 음역형이다. 『여진역어』에도 '回回'라는 단어가 보이며, 宋宋로 하고 있고, 한어 그대로의 음역이다.

角尺尚杲伒

角尺는 곧 만주어 [dʒaha]이며 '도선(刀船)'이라는 뜻이다. 『금사』 권135 〈금국어해〉에 "沙忽帶, 舟也."라고 있으며 그것은 또 다른 만주어 [dʒahudai]에 해당된다. 尚杲은 곧 만주어 [holo]이며 '산골짜기'라는 뜻이다. 『금사』 권24 〈지리지〉에 있는 "火魯火瞳謀克"에서 '火魯'는 그 단어의 음역 바로 그것이다. 伒은 탈격 a 어미이다. 角尺尚杲伒은 한문 비석의 "梯山航海"에 해당되어, 직역하면

'수륙 양쪽에서'가 된다.

血丑伏写

다음 2글자는 뚜렷하지 않고, 写는 여기에서는 동사가 되어야 하는데, 어미가 없다. 누락되었을 수도 있다. 아울러, '상주서를 제출하다'라는 뜻일 것이다.

夾朴

만주 퉁구스 제어가 '그쪽', '그러한', '이들' 등의 뜻을 나타내는 어근 [uta]와 관련이 있을 것이다. 그것이 지시하는 "만곡의 백성이 상을 바치게 해 오다."라는 문장이 한자 비문의 "九夷八蠻, 梯山航海, 駢肩接踵, 稽顙于闕廷之下者, 民莫枚擧."에 대응하는 것으로, 夾朴은 '그것들', 혹은 '그러한'과 같은 뜻을 지니는 것으로 생각된다.

乑炙废

지명에 있는 부락이라고 생각된다. 해당 지역에 거주하는 사람들은 길렬미(吉列迷)로, 乑炙废는 그 한정어 '돈보의 길렬미'의 의미이다.

제4행

废	弋	乑伄夭	史庈	盃	弋舟杀伄	天盃夊	史	伃龙	夐庍伄右
-bo	i	giləmi	udigən	abuga	i fadʒilə	taipiŋ	bə	dondibi	kəkəŋləməi
의		길렬미	야인	하늘	의 아래	태평	을	들어	고두하여

ᡳᠯᠠ ᠠᠯ gilemi üdigen tɡri–jin dour–a taibiŋ–i sonustʃu mörgün

길렬미 야인 하늘 아래 태평을 들어 고두하여

扢東 夋剕剢 奎 侫戔 戈朱右 关並 馬夾□ gəduru təjərə buğa goron i iʃiməi dəndə usui

가려고 하였는데 지방 멀어서 이르지 못하였다

odusu ··· qolai–jin tu[l]a kürün jadaba

가자 먼 곳이기 때문에 이르지 못하였다

[한자 비문] 其民曰吉列迷及諸種野人雜居焉. 皆聞風慕化, 未能自至.

乐伀兵戋屄

乐伀兵은 바로 한자 비문에서 '길렬미(吉列迷)'이다.

戋屄은 몽골문 [üdigen](야인)에 해당된다. 戋은 『여직자서』에서는 '들(野)'을 나타내는 표의자인데, 〈영영사기비〉와 『여진역어』는 둘 다 그에 표의자 屄를 부가하고 있다. 그 표의자의 음가에 대해 『여진역어』에서 주음 한자는 음절미 [n] 자음을 달지 않는 형식이지만, 〈영영사기비〉에서 그것을 사용하는 乑屄에 붙는 속격 어미는 오로지 비자음으로 끝나는 단어에 쓰는 兰이기 때문에, 당시의 요동 여진어에서 戋屄과 乑屄의 어미가 여전히 [n] 자음을 띠고 있었다는 것을 알 수 있다. 여진어 [udigən] 그 자체가 '야인'이라는 의미를 나타나므로, 『여진역어』에서 [udigən]에다가 다시 [niarma](사람)을 후속시켜서 '야인'으로 하는 표현은 한문에 견인돼 두찬한 것이라고 할 수밖에 없다.

戎斤佢右

이 단어는 『여진역어』의 본문에 빈번히 등장하며, 모두 戎斤佢右 *[kəŋkə lə-məi]로 하고 『여진역어』 통용문 86에 수록된 어형과 동일하다. 회동관 『여진역어』와 만주어 양쪽 다 [həŋkilə-]로 하며, 퉁구스 제어의 형식도 첫 음절에 모두 다 음절미 [n] 자음을 띠는 형식임에도 불구하고 단지 〈영영사기비〉에만 그 단어를 구성하는 형식이 보이는 것이 독특하다. 그 단어는 제11행에도 보이기 때문에, 어두 2글자 위치가 오류로 인해 바뀐 것이 아니라 방언으로 음위 전도가 일어난 것으로 생각된다. 음위 전도하는 현상은 자음 또는 모음에서 흔히 볼 수 있는데, 음절 전체에 걸쳐 일어나는 사례는 많지 않으면서 역시 금·명나라 양대의 여진어에서 찾아낼 수 있는 '안(鞍)': *[əmərgən](금) → *[əngəmər](명)와 같다.

抱東

어간 抱는 '가다'라는 뜻이다. 금나라 시대 여진어는 그것을 抱古로 하고 명나라 시대에서는 어두 음절 말의 자음이 이미 탈락됐기 때문에 抱만으로 표시한다. 東*[duru]는 동사 형성 접미사 [-du]와 형동사 어미 [-ru]가 합체된 것이며, 그에 대응하는 몽골문도 어간에 원망형 동사 어미 [-su]가 첨가된 형식이다.

亥判刜

후치사이다. 『여진역어』 속첨 6의 亥光*[təgirə]와 동일어이며 만주어 [təilə]에 대응한다. 여진어 [təjərə]는 '~에도 불구하고, ~더라도'라는 뜻을 나타낸다.

侫炎戈

대응되는 몽골문은 [qolai-jin tula]('멀다'+속격 어미+원인 후치사)이며, '먼 곳이기 때문에'라는 뜻이다.

여기서부터 侅夈戈 아래에 원인후치사 尽休斥*[ʤaligi](이것은 금나라 시대 석각의 철자 방법이고, 『여진역어』에서는 甬它*[ʤa-i]로 한다)가 누락된 것으로 생각된다. 그래서 斥伩乒史屋丕戈舟杀伩 天丕夊史仭光亥庂伩右扡束亥刔忒奎侅夈戈朱右关歯舃夈라는 한 문장은 "길렬미 야인은 천하가 태평하게 된다고 들어서 인사하러 찾아가려고 했는데, 길이 멀어서 이루어지지 못하였다."라고 번역될 수 있다. 또한, 侅夈는 비음으로 끝나는 단어여서 후속하는 戈보다는 关일 것이며, 제11행에 나타나는 戹华戈에도 역시 동일한 근거로 戹华关로 되어야 할 것이다.

舃夈
과거사 부정 조동사이다.

제5행

旡乖 关	乑	斥	头	夽关	夲臾	丞更	氏屋 史	夼	夲臾 斥
haɢan ni	alawa	gi	ilan	ʧəni	əlʧi	uŋgibi	irgən bə	gəmu	əlhə gi
가한 의	칙명으로	세	번	사자	파견하다		백성 을	모두	편안하게

qaɢan-u dʒɪlɢ-ijar gurban-ta elʧin dʒarudʒu irgen bügüde-ji amuɢul[a]ŋ-ijar
가한 의 칙명으로 세 번 사자 파견하여 백성 모두 를 편안하게

舟岀 甲屌 夈
təbu olu sə
살게 하도록

saᴄulᴄan ba…

살게 하고

[한자 비문] 是以皇帝勅使三至其國, 招安撫慰, □□安矣

亦羊

'회(回)'나 '번(度)'을 나타낸다. 만주어는 동량사(動量詞) 어미 [(ŋ)gəri]로 그것을 표시하는데, 예를 들어, [əmgəri](1회, 한 번), [ʤuwəŋgəri](2회, 두 번), [ilaŋgəri](3회, 세 번), [duiŋgəri](4회, 네 번), [sunʤaŋgəri](5회, 다섯 번), [niŋguŋgəri](6회, 여섯 번), [nadaŋgəri](7회, 일곱 번), [ʤakuŋgəri](8회, 여덟 번), [ujuŋgəri](9회, 아홉 번), [ʤuwaŋgəri](10회, 열 번)와 같이 된다.

委吏

어근 委는 문맥 및 대응되는 몽골문을 보아 '파견하다'라고 해석된다. 委吏는 〈영영사기비〉에서는 총 3번 출현하는데, 이 행 및 제9행에 대응되는 몽골문에는 모두 [ʤaruʤu](보내다, 차견하다)라고 있어, 제6행에 대응되는 몽골문은 [ileʤü](보내다, 파견하다)로 한다. 委는 『여진역어』에 보이지 않아 그 음가가 분명하지 않은데, '파견하다'는 퉁구스 제어에서 음운형식이 일치하지 않고, 예벤키어, 네기달어 [uŋ-], 오로치어 [uɲi-], 울치어 [ujʤu-], 오롯코어 [ujdu-], 나나이어 [ujgu-]와 같다. 당분간은 만주어를 기반으로 추정해 둔다.

舟呇

呇는, 제6행에서 血가 나타내는 문법적 의미와 마찬가지로 동

사 사역태 어미이다. 이 행에서 **舟齿**와 제6행의 '**舟坉**'에 대응되
는 몽골문도 모두 [saɢu](앉다)에 사역태 어미 [lɢa]를 첨가하는 형
식이다. **齿**와 **坉**는 〈영영사기비〉에만 보이며 둘 다 **南**(여성 사역태
겸 수동태 어미)의 이체이다.

甬屌

어근 **甬**은 '이루다'를 나타내며 만주어 [o-]에 해당된다. **甬屌**는
금나라 시대 석각에서 **乕杲**으로 적혔다. 어미와 어간 사이의 모음
조화에서 말하자면 **乕杲** 쪽이 보다 적합한 것은 말할 필요도 없다.
"**屈乑¥乑乐半乑乑夬夨更夬厔更夲半乑乑舟齿甬屌乑**"라는 한
문장은 "가한이 세 번에 걸쳐 사자를 파견하여 인민을 모두 안온
하게 살 수 있도록 한다."라고 번역될 수 있다.

제6행

乑 乑半 羊氏厔乑 夲夬 甬乑劣禹尺 拃史 杲杲 九 彔
əʒən ni muʒilən du irgən ni əlhə o səbuma imahai əigən ilo ujəwun ania
군주 의 미음 의 백성 의 편안하게 하려다 완전하지 못해 영락 구 년

edʒen-ü boɢda … sedgil-dür irgen-i amuɢul[a]ŋ … juŋ lau jisüdüger on
군주 의 신성한 마음 에 백성 을 편안 영 락 제 구 년

乑 屯 反刃柔 雨盂冄 反 一 五盆尺 什 夂 弎
niəniən ərin nuimgon iʃika adi əmu miŋgan ʧauhai niarma orin ʃundʒa
춘 계 네관 역실합 등 일 천 군 인 이십 오

qabur-un sar-a-da unigon iʃiq-a-tan-i nigen minɢan ʧerig-üd-i qorin tabun
춘 의 월 에 내관 역실합 등을 일 천 병들 을 이십 오

amba diha du təbu nurɡən ni buɢa du uŋɡibi dusï i hafan
큰 배 에 태우고 노아간 의 지방 에 파견하는 군사 의 아문

jake oŋɡuʧa-dur saɢulɢadʒu nurgel-ün orun ɢadʒar-a iledʒü dusi-jin jamun
큰 배 에 태우고 노아간 의 지방 에 파견하여 군사 의 아문

ilibu bəisə bithə-
새워서 벼슬들 사리

bajiɢuldʒu nojad
새워서 벼슬들

[한자 비문] 聖心以民安而未善, 永樂九年春, 特遣內官亦失哈等, 率官
軍一千余人, 巨船二十五艘, 復至其國, 開設奴兒干都司

半

'심(心)'을 가리킨다. 『여진역어』에서는 米으로 하는데 '心'의 표
의자가 아니다. 〈영영사기비〉와 『여진역어』('米'으로 한다.)는 그
글자로 '心'을 나타내는 것으로 차음자인 것을 알 수 있다. 회동관

『여진역어』에서 '心'에 대한 한자 표음은 '목일륵(木日勒)'이며 어미 [n]이 존재하지 않는다. 여기에서는 사이관 표음에 따른다.

甬呆劣

甬은 '이루다'의 어간자이다. 呆은 '말하다'를 나타낸다. 劣은 '사역·수동태 어미＋비완료 부동사 어미'의 합체 표음자이다. 동사 어근에만 붙는 [səbu-]는 사역(使役) 어기(語氣)를 나타내는 명령형이다.

禹尺捗史

禹尺은 만주어 [imata](모두, 전부)에 해당되며, 몽골어 [imaɢta](항상, 늘)와 동원관계를 가진다. 여기에서는 '완전한, 정돈된'이라는 뜻이다. 후속하는 捗史은 '부정 조동사 어근 [əi]＋여성 형동어미 [-gən]'이다. 禹尺捗史이란 곧 '불완전'이라는 뜻이 된다.

呆呆

呆米呆로 해야 하며 '영락'(명나라 성조의 연호[1403~24년])의 음역이다. 더하여 〈영영사기비〉에서 제8, 10, 13행에 보인다. 중원(中原) 완조의 연호가 여진문 석각에 등장하는 것은 '영락'이 처음이다. 이때까지의 연호는 모두 여진어로 철자하는 금 왕조의 연호이다. 『여진역어』에서 내문에 그와 동일한 음역식 명나라 연호가 몇 가지 나왔는데, 夬休(정돈正統), 永天(경태景泰), 夲史(천순天順), 更夂夬(성화成化), 夲糸(홍치弘治), 夬伐(정덕正德)와 같다.

厌邜糸

한어 '내관'의 음역이다. 금나라 시대 석각에서 '내(內)'의 음역인 厌氶*[nui]와 철자가 약간 다르며 厌邜에는 불필요한 어미음

[n]이 부가되어 있다. **柔**은 제11행에서 또한 '관음(觀音)'에서 '觀'의 음역으로 사용된다. '官', '觀'은 환환운합구(桓歡韻合口) 1등에 속하며 원나라 시대에서는 그 운모가 [uɔn]이 된다.

몽골문은 [gon]을 사용하며, 그 운모가 명초에 이르러서도 아직 [uan]으로 바뀌지 않았다는 것을 알 수 있다. 따라서 여진대자 **柔**의 음가를 [gon]으로 해야 할 것이다. 그 글자는 비문 외에 여진어를 철자하는 데 사용되기 때문에, 추정음은 여진어에 존재 가능한 음운에 합치한다.

甬盂刃

2통의 한자 비문 양쪽에서 볼 수 있는 인명 '역실합(亦失哈)'의 음역이다. 이 이름에서 보면 한인이 아니라 여진 사람인 것은 명백한데, 어간 [iʃi-]('이르다'라는 뜻)에 전용하는 표의자 **朱**를 사용하지 않고 2개의 표음자 **甬盂**로 철자된다. 요녕(遼寧, 랴오닝) 안산(鞍山)에서 출토된 『최원묘지(崔源墓誌)』의 묘주에 대해 "先德元年, 同太監亦信下奴兒干等處招論, 進指揮僉事"라는 기술이 있으며, 최원이라는 이름은 이 한자 비문 제24행에 보이는 것으로, 묘지의 역신(亦信)은 역실합의 다른 번역임이 틀림없다.

여진인 환관(宦官) 역실합을 임용함으로써 명나라는 '야인여진'이라 불리는 아무르강 하류 구역의 주민들을 원활하게 지배하는 것을 도모하였다. 이슬람교 신도인 정화(鄭和)를 이슬람교 신도가 많이 거주하는 동남아시아·남아시아의 바다 세계로 파견한 것과 동일한 의도를 읽어낼 수 있다.

盂厾

'군(軍)'이라는 단어는 금나라 시대 석각 및 『여진역어』에서 모두 **盂甲**로 하는데, **盂厾**가 표시하는 음운은 명나라 시대 요동 여진어에 따른 것이다.

角甲

'선(船)'이라는 단어는 제3행에서는 角尺로 한다. 어미 음절인
[ha] → [hai]는 명나라 시대 요동 여진어의 특징 중 하나이다.

舟舟

한어 '都司'의 음역이다. 다만, 한어 지사운(支思韻)인 '司'를 본
디 舟*[sï]로 음역하는 것은 금나라 시대 석각에서 증명될 수 있
다. 舟은 금나라 시대 말에 나타나 '資'의 음역으로 사용된다. 그
래서 '司'의 음역에는 금나라 시대 석각과 일치될 수 있는 舟*[sï]
를 사용해야 할 것이다. 이 단어는 제15행에서 다시 볼 수 있으며
철자가 똑같다. 제8행의 舟은 또한 '子'의 음역에 해당된다.

자형이 비슷한 또 다른 글자로 舟가 있는데, 제9행에서 한자 제
미운(齊微韻)인 '西'를 음역하는 것으로, 비문 사서자가 舟에 부여
하는 『여진역어』에서 舟*[si]와 동일하게 되어 舟에 부여하는 음
가는 『여진역어』의 舟*[sï]와 같게 되지 않을까 생각된다. 舟은 여
진 고유한 음절 어미음 [s] 및 한어 지사운인 '思, 司, 辭, 慈, 子'에
대한 음역으로 겸용됨에 비추어 생각하면, 그 음가는 [sï]에 틀림
없다. 그렇기 때문에 〈영영사기비〉에서 그것을 舟*[si]의 대신으
로 사용하며 '西'를 음역할 수가 있는 것이다.

외래어의 특유한 음운을 표시하기 위해 만들어 낸 일부 전용
표음자가 사용 과정에서 혼용되는 것은 일찍이 거란대소자에 보
인다. 여기에서는 한자 지사운과 제미운에 사용하는 관계 표음자
를 표에 정리하여 비교해 보자.

비교 결과를 보면, 여진대자 舟은 처음에는 [dzï]·[tsï]·[sï] 음역
전반을 담당했는데, 대략 금나라 시대 말쯤에 외래어 음을 세분

화하기 위해 **余**을 만들고 이것을 오로지 [dzï]의 음역으로 사용하여 원래의 **余**에는 [tsï]·[sï]의 음역만을 담당하게 하였다. 그러나 후세 사용에서는 거란 문자에 보이는 듯한 혼동을 결코 면할 수 없었다.

厌支

한어 '衙門'을 대역한 것이다. 그에 대응되는 만주어 [hafan]은 '벼슬官'이라는 뜻이다. 회동관 『여진역어』에서의 '아문'에 대한 주음 한자는 '哈發'이 되어 어미 [n] 자음의 탈락을 보여 준다.

写血

写은 동사 '서다(立)'의 어간자이고, **血**은 동사 사역태 어미이다.

使夬

使夬는 후의 만주어 [bithəʃi](필첩식)와 동일어가 된다. 주로 등사와 번역 등을 담당하는 저급 관리의 종류, 즉 '吏'이다.

운	글자 예	여진대자			거란대자	거란소자
		금나라 시대	영영사	역어		
지사	자子	余*sï	余*sï	余*sï	子*dzï	伞谷*dzï, 中谷*sï, 世*sï
	자資	余*dzï			子*dzï, 冈*sï	伞谷*dzï
	자柴					
	사辭	余*sï				
	자慈	余*sï			冈*sï	
	사賜			余*tsï		
	자刺					世*sï, 中谷*sï
	사思	余*sï				
	사司	余*sï	余*sï		冈*sï	世*sï
제미	서西		余*si	盂*si	冈*si	中谷*si
	서犀			盂*si	冈*si	

제7행

夹 杀 夊 芬 奎 弋 肯夲 夵夲臾 肯 叐 仸 叐益 歪 岸

-ʃi gəmu nuʃiba buğa i ital gəmu əlhə baha səmə niaruma nuru abuga du

모두 솔직하고 지방 의 백성 모두 평안 얻었다 고 사람 마다 하늘 에

ᠪᡳᡨᡠᡤᡝ ᠲᡝᡤᡠ ᠭᠠᡷᠠᡵ ᠨᡳ ᠪᡳᡵᡤᡝᠨ ᠪᡠᡤᡠᡩᡝ ᠵᡳ ᠠᠮᡠᡤᡠᠯᠪᠠ ᠺᡝᠮᡝᠨ ᠺᡠᠮᡠᡩ ᡨᡠᡨᡠᠮ ᡨᠣᡵᡳ ᡩᠠᡨᠢᠠ

bitʃig- ⋯ tegü ⋯ ɢaʤar-un irgen bügüde-ji amuɢulba kemen kümüd tutum tŋri datʃa

사훗   지방의   백성 모두를 안심시켰다 고 사람들 마다 하늘 에서

見 羊 並丹 矢庌 乑伀夊 店昗叐玖 肯 釆乕屯 仸 夾甲龙

ʃiɢun ni dahai gəsə dolgora urğundʒərə taŋgu funtʃərin niarma tahabi

태양 이 뜬 듯이 흥분되거나 기뻐하거나 하는 백 여 명나라 따라서

ᠨᠠᡵᠠᠨ ᡠᡵᡤᡠᡤᠰᠠᠨ ᠮᡝᡨᡠ ᠪᠠᠵᠠᠰᡠᠯᡨᠢᠠᠮᡠ ᠪᠠᠰᠠ ᡷᠠᡤᡠᠨ ᡠᠯᡝᡤᡠ ᠺᡠᠮᡠᠨ ᠠᡤᡠᠯᡷᠠᠨ

naran urɢuɢsan metü bajasultʃamu basa dʒaɢun ülegü kümün aɢuldʒan

태양 뜬 듯이 서로 기뻐하다 또 백 여 명나라 알현하러

夝庌仸右 抛容朱

kəkəŋləməi gənəgisa

고두하여   가면

ᡨᠣᡩᠪᠠᠰᡠ

odbasu ⋯

가면

[한자 비문] 昔遼金疇民安故業, 皆相慶曰, □□今日復見而服矣. 遂上

□朝□□□都司

皮夯

형용사 '의좋다, 온건하다'라는 뜻이다. 금나라 시대 장종의 연호 '태화(泰和)'는 곧 동근어 **皮夯㞷***[nuʃibahai]이다. **皮夯**에 대응되는 몽골문은 [tegü-]이며, 그 어미 부분이 결여되어 있지만 현대 몽골어 [tegülder](완전한, 완벽한)에 해당되는 형용사일 것이다.

甫

甫은 동사 '얻다'의 과거사 형식이다.

乏

어기조사이다. '라고'의 기능과 유사하다. 〈영영사기비〉에서는 몽골문 [kem en]이나 [kemeʤü]에 대응되는데, 여진문은 독체자(獨體字)로 표시함으로써 무활용변화인 어기조사를 나타낸다.

庆益

후치사이다. 『여진역어』에서는 **庆益**로 하며, '每'로 번역한다. 만주어에서 대응어가 [nurhū-](줄짓다)이다.

盅升

盅은 '높다'의 어근자이다. 여기에서는 동사로 전용하며, '뜨다'를 나타낸다. **升**은 여성 과거시 형용사 어미이다.

秉伋

어근 **秉伋**은 '흥분되다'를 나타내며 어미 **交**(제2행에서는 이 어미를 또는 **矢**로도 한다. 『여진역어』에서도 2글자 병용이 보인다)은 남성 현재미래시 동사 어미이다. 乔侊은 광원순모음을 지니는 어간인데, 어미에는 모음조화에 지배받는 만주어 [-ro]가 출현하지 않았다.

抱容朱

어간 抱容은 '가다'를 나타낸다. 朱은 조건 부동사 어미이며 몽골어에서 조건 부동사 어미 [-basu] / [-basü]에 대응된다. 이 행에서는 抱容朱에 대응하는 몽골문 [od-](가다)에 붙는 것이 남성형 [-basu]이고, 제11행의 朱에 대응하는 것이 여성형 [-basü]이다. [-basu] / [-basü]는 현대 몽골어에서 흔히 [-bal]로 대치된다.

〈영영사기비〉에서는 동사 어미 朱가 몇 번 나타나며 모두 동일하게 동사가 지시하는 동작 발생에 의해 다음 행동의 발생을 일으키는 것을 나타낸다. 동사 어미로서의 朱는 『여진역어』에도 2곳이 나타나며,

林朱*[əi-gisa](不可 [인사문 135])

矢盉朱*[dʒəkʃi-gisa](哄誘 [속첨 20])

라고 있고, 또한 『여진역어』에서 朱에 대한 해석이 있는데,

朱*[gisa](呵 [신증 38])

라는 것이 있다. 이러한 해석에 의하면, 朱을 일종의 감탄사로 오해할 우려가 있다. 실제로 여기에 있는 '呵'는 원나라 시대 공독문체(公牘文體: 어휘를 한어, 문법을 몽골어로 만든 문체)에서 흔히 볼 수 있는 가정(假定) 어기(語氣)를 나타내는 '呵'와 일치하는 것으로, 가정 조건 조동사 [bögesü]에 해당한다. 예를 들어, 아래와 같다.

① 後頭拿住呵, 便敎拿住的人要者(다음에 압수했으면, 압수한 자에게
　줄 것이다.) (『通世條格』권8 / 儀制 / 器物飾金).

② 這般宣諭了呵, 別了的人每要罪過者(이러한 선유를 한 이상, 위반
　자가 생기면 그 죄를 물어야 한다.) (『勅修百丈淸規』).

'呵'는 ①에서 가정 조건을 나타내고 ②에서는 선행하는 동작
발생으로 인해 다음 동작의 발생을 일으키는 것을 나타낸다.

따라서 『여진역어』에서 朱의 해석으로의 '呵'는 원나라 시대 공
독문체인 '呵'가 가지는 문법적 의미를 답습하는 것이며, 감탄사
가 아니라고 생각된다.

朱는 금나라 시대 석각에서도 볼 수 있으며, 조건 부동사 어미
[-gisa]이다. 그것은 분명히 중세 몽골어의 조건 부동사 어미 [-ɢasu]
/ [-gesü]와 동원관계에 있다. 여진어 [-gisa]는 만주어에 이르면,
소멸되어 어떤 조건을 나타내더라도 동일하게 -ʧi로 실현된다.
이 [-ʧi]는 여진어 丞*[ʃi]와 동원이라고 생각되는데, 또 다른 여
진어 店*[bal]은 몽골어에 유래하는 것이겠으나, 아직 『원조비사』
에는 보이지 않는다. 그리고 吏吏店*[biʃibal]에만 사용된다. 이
어미의 변이형은 만주어의 [biʃibə]에서 볼 수 있다.

제8행

㒵乑	帯茶	为史	朱朱	冬	岽㒭臾瓶乑	乇去舟	㒭朿盆	此凡
hağan	tasa	duligən	iʃigisa	amba	ədʒəhə doro	ətuku	bosïʧau	alibuwi
가한	조정朝廷	중앙	이르면	대	관직 인신印信	의복	포초布鈔	받고

··· jake t͡ʃola tmɢ-a ····· sojurqadʒu

큰 칭호 인신 내리시고

niarma jə'ə bandiluhai buǧa du tumən hu hafan ilibu dʒuləgən sahai

사람에 따라 태어난 지방 에 만 호 아문 세우며 전에 알게 된

törügsen ɢadʒar-taɢan tümen-ü jamun bajiɢuldʒu urida medegsed

태어난 땅 에 만 의 아문 세우게 하며 전에 관리한

irgən bə sahini səmə uŋgijə juŋlo dʒua ania tuǧə ərin

백성 을 알게 하려고 파견한 영락 십 년 동 계

irgen-i medetügei kemen ilebe jun lau arbaduɢar on öbülsar-a-dur basa

백성 을 관리하라 고 파견한 영락 제 십 년 동 월 에 다시

nuingon i-

내관 역亦

nuigon iʃiq-a

내관 역실합亦失哈

[한자 비문] 而余人上授以官服爵印信, 賜以衣服, 賞以布鈔, 大賚而還. 依土立興衛所, 收集舊部人民, 使之自相統屬. 十年冬, 天子復命內官亦失哈等載至其國

帯苶

〈여진진사제명비〉 제3행에서 '조신(朝臣)'이라고 번역될 수 있는 것이 있는데, 帯苶风丞가 된다. 따라서 帯苶의 본뜻인 '政'에 유래되는 파생어는 '조정(朝廷)'이 된다.

肖丈

어근 肖은 '중앙'을 나타낸다. 丈은 방위 명사 겸 형용사 어미이며, 회동관 『여진역어』에서 방위 어미 [-gə]에 해당된다.

庥夂兔

'관직'이라는 뜻이다. 『여진역어』에서 '武職'의 '職'은 庥夂并로 하는데, 어간 庥夂의 본뜻은 '기억하다'이므로 이것부터 파생된 명사로는 만주어에서는 [ədʒəku](지사知事, 주사主事)가 있다.

乕庥

여진어에서 '印'은 '예법, 습관'을 나타내는 doron과 동음인데, 『대금득승타송비』에서는 乕庥을 사용해서 '예, 법'을 나타내며, 어미인 [n] 자음이 이미 탈락되었음이 추측될 수 있다. 『여진역어』의 '印'은 乕土처럼 철자되었으며, 어미 [n] 자음이 계속 존재하였음을 증명할 수 있다.

无去舟

'의복'이라는 뜻이다. 去은 금나라 시대 석각에서는 [ku]~[hu]

음절을 나타냈는데, 『여진역어』에서는 [hu]~[hə] 및 어두 [u] 모음을 나타낸다. 그러한 복수의 음운 형식으로 실현되는 것은 단어 발음에 변화가 일어났기 때문이다. 발음이 변했는데 그에 따라서 철자를 개정하지 않아, 같은 표음자에 다른 음운이 발생한 것이다. 〈영영사기비〉에서 '의복'이라는 단어는 제9행에서는 兎舟처럼 철자되었다. 어근인 兎은 명나라 시대에서 [ətu]라고 발음하므로, 이 행에서 兎去舟의 去이 [hu] 음절을 나타낼 가능성은 없다. 이것이 맡은 역할은 兎에 포함되는 제2음절인 [u] 모음을 중복하는 것뿐이다.

兎休盉

兎休은 한자 '布子'의 음역이고 盉은 한자 '鈔'의 음역이며 합해서 '布鈔'가 된다.

"岚兎币苶为史朱宋夅脒旻臾乑斥兎去舟兎休盉此兑"라는 문장을 직역하면 '가한의 조정에 이르면 대관직·인신·의복·포초를 받는다.'가 되며, 그에 대응되는 한자 비문은 "上授以官服爵印信, 賜以衣服, [賞]以布鈔"가 된다.

此兑

어근 此은 '주다'를 나타낸다. 兑은 '사역·수동태 어미＋완료 부동사 어미'의 합체 표의자이다. 만주 퉁구스 제어에서는 많은 경우에 [ali-] / [al-]로 '받다'를 나타내는데, '주다'는 그에 상응된 사역태로 나타낸다. 예를 들어, 만주어 [ali-](받다) / [alibu-](주다)와 같다. 『여진역어』에는 此兑*[alibuwi]가 있고 '給'의 뜻인데, 만주어에서와 동일하다. 그러나 금나라 시대 석각에 보이는 여진어에서의 뜻은 그와 정반대로, 此耒을 '주다'로 하고 此房을 '받다'로 한다. 〈영영사기비〉에서 제8행에도 此兑가 있으며 '받다'라는 뜻

이지만, 〈영영사기비〉의 제9행에서 **北夯***[ali-ba]가 바로 '주었다'
에 해당된다. 『금사』〈국어해〉에 "以物與人已然曰阿里白"이라는
기술이 있는데, '아리백(阿里白)'이 바로 석각의 **北夯***[ali-ba]에 틀
림없다.

籾㕚

籾㕚은 후치사일 것이며 '~에 의하여, ~를 따라서'와 같은 뜻을
나타낸다.

여진문의 **"夅屍閃夅辛方尚庚夌写血枈史冗閃禿歴史冗犀羔㝵叐籾"**
라는 문장은 한자 비문에서 "依土立興衛所, 收集舊部人民, 使之自
相統屬"에 해당된다.

方尚

'만호'의 의역+음역이다. **方**은 여진어에서 '萬'이고 **尚**은 한어
에서 '戶'의 음역이다.

冗犀羔㝵

어근 **冗**의 본뜻은 '알다'인데, 여기에서는 그것에서 변하여 '관
리하다, 통할하다'가 된다. 곧, 명과 청의 관직을 지칭하는 '지부
(知府), 지현(知縣)'의 '知'에 해당된다.

犀羔은 동사 명령형 어미로 만주어의 동사 명령형 어미 [-kini]
와 똑같은 문법적 의미를 지닌다. 어기조사 **㝵**은 **犀羔**에 붙음으로
써 분석형 제3인칭 명령형을 구성한다. **冗犀羔㝵**에 대응하는 몽
골문 [nede -tügei kemen]도 그와 동일하게 동사 어간 [mede]에 제
3인칭 명령형 어미 [tügei]와 [kemen]을 덧붙이고 있다.

委刹

어간 委은 '파견하다'라는 뜻이고, 刹은 과거시 동사 어미이다.
이 어미는 광원순모음 어간에 붙는 舟과 동일한 종류에 속한다.
모음조화를 실마리로 추측하면, 더하여 남성어간에 부가되는
[-ja]가 존재해야 하는데, 현존하는 여진문 자료에는 아직도 출현
하지 않았다.

제9행

盂用 庆 夯 委吏　　尺朵 丹犀庆史史 芉 朱带攴 尿屯 关休犀 舟南 庆
ʃika adi ba uŋgibi   haisi duhi nurgən du iʃitala mədərin tulihi   ku'i adi
실합 등 을 파견하는 서해 에서 노아간 에 이르기까지 해 외의 고이 등

ᠷᠠᠨ ᠊ᠢ ᠊ᠵᠠᠷᠤᠵᡠ ᠴᠠᠶᠢ ᠊ᠰᠢ ᠊ᠡᡨᠴᡝ ᠊ᠨᠤᠷᠭᠡᠯ ᠊ᠺᠦᠷᠲᠡᠯᡝ ᠊ᠳᠠᠯᠠᠶᠢ ᠊ᠵᠢᠨ ᠊ᠭᠠᠳᠠᠷᠺᠢᠨ ᠊ᠺᠦᠦ ᠊ᠭᠢᠢ
tan-i dʒarudʒu qai si etʃe nurgel kürtele   dalai-jin ɢadarkin küü gii……
등 을 파견하며 해 서 에서 노아간 이르기까지 바다 의   밖의   고이

示　仓　仟　芉　旡舟　金带岸更지　史　北夯　舌夭　盂呈　冬
haha həhə niarma du ətuku baitaga   ulin bə   aliba   saldai   ʃiha amba
남 녀 인 에게 의복 물품 재화 를 주셨다 노인 젊은이 대

ᠡᠷ᠊ᡝ ᠡᠮ᠊ᡝ ᠊ᡩᠠ ᠊ᠲᠣᠷᠭᠠᠨ ᠊ᡩᡝᠭᡝᠯ ᠊ᠪᠠ ᠊ᠺᠠᠷᡝᠭᠲᠦ ᠊ᡝᠷ᠊ᡳ ᠊ᠰᠣᠵᠤᠷᠬᠠᠪᠠᠰᠤ ᠊ᠵᡝᡴᡝ ᠊ᠥᡨᠴᠦᠺᡝᠨ ᠊ᠥᡨᡝᠭᡡᠰ
er-e em-e…da torɡan degel ba…karegtü er-i sojurqabasu jeke ötʃüken ötegüs
남 녀 에게 단자 의복 및 필요한 물품을 주시면 대 소 노인

夛	肴	夲	店昊昗右	歨申□□	夯		件	庋 单刈
oso	gəmu	əl-	urğundʒə-məi	taha	aʧi	niarma	adi	ajin
소	모두	편안	기뻐하고	따르고		동요(하는)	사람 등	없다

dʒalagus kiged ·· ···

젊은이   및

[한자 비문] 自海西抵奴兒干及海外苦夷諸民, 賜男婦以衣服器用, 給
以穀米, 宴以酒饌, 皆踴躍歡忻, 無一人梗化不率者

夯

금나라 시대에서는 비자음(鼻子音)으로 끝나는 단어에 붙는 남
성 대격 어미였는데, 명나라 시대 여진어의 대격 어미가 부가되
는 단어의 어미에 대해서는 비자음 유무라는 접속 조건이 이미
존재하지 않아, 따라서 금나라 시대에서 비자음으로 끝나는 단어
에 붙는 남성 대격 어미 身은 소멸되어 夯와 史의 대립에 남성·여
성이라는 요소만이 잔존되었다(또 다른 광원순모음 어간에 붙는 대
격 어미는 『여진역어』만에 보인다).

尺夼廾犀

尺夼는 한어 '해서'의 음역이다. 이전에 '해서'라는 이름을 한명
이 아니라 여진어 방언의 한어 음역이라는 설이 있었지만,22) 그
것은 몽골문 [qai si](해서)에 대응되어 둘 다 한어 음역이며 여진
어는 아니다. 〈영영사기비〉에서 철자하는 방법은 『여진역어』내

---

22) 시라토리 쿠라키치(白鳥庫吉), 위의 책.

문의 **斥盉**와 다른데, 모두 [hai si], 즉 한어 '海西' 발음 그대로를
서사하는 것이다.

屵屖은 여성 탈격 [b] 어미이다. **斥舟屵屖**는 곧 '서해에서부터'
가 된다. 몽골문에서는 [qai si] 다음에 여성 탈격 어미 [eʧe]가 첨
가된다.

朱峀亥

峀亥은 한계 부동사 어미이다. 금나라 시대 석각에서는 **甬亥**
*[dala]와 **友杲***[tolo]의 병용이 보인다. 『여진역어』에서는 **峀灸**
*[tala]와 같이 표기된다.

夙屯

夙은 『여직자서』에서 **庚**로 표기되며 '바다'를 나타내는 표의자
이다. 〈영영사기비〉와 『여진역어』에서는 표음자를 후속시켜서
夙屯가 된다. 『여진역어』의 주음 한자가 '맥특액림(脈忒厄林)'이
되는 것으로, 명나라 시대에서 발음이 mədərin이 된다는 것을 알
수 있다.

『금사』 권135 '금국어해' 〈물상〉 '특린(忒鄰), 해야(海也)'에 따르
면, 명나라 시대 발음은 금나라 시대 발음인 [tərin]과 차이가 생
겼다. 명나라 시대에서 노아간도사 〈영영사기비〉 건립의 지명은
'틈림(特林)'이라고 칭하였고, 여진어 [tərin]에 음운이 가깝지만,
사실은 그 이름은 길럴미어(Gilyaks)의 [tir-bahà]에 유래하며, [tir]
은 '벼랑'이라는 뜻을 지니고 [bahà]는 '바위'라는 뜻을 지닌다. 특
림은 흑룡강에서 동안에 위치하여 석탄암으로 구성되는 구릉이
다. '벼랑바위(崖岩)'라는 이름의 유래는 그 지형에 연관된 것이다.
암군강 하구에 거주하는 네기달인은 그 강의 앞쪽 물가에 있는
구릉을 tirin이라고 칭하는데,[23] 그것이 한문 사서에 기술된 음역

'특림'의 직접적인 출처가 될 것이다.

关休犀

어간 关休은 방위사 '外'이다. 『여진역어』에서는 丯로 쓰이며, 회동관 『여진역어』에서는 [tulu](주음 한자는 '독로禿魯')로 한다. 犀는 형용사적 방위사 어미이므로 몽골문의 형용사적 방위사 어미 [-kin](현대 몽골어에서 ki-)에 해당된다. 关休犀는 곧 '외측의'이다. 『여진역어』에 보이는 쯇犀*[fədʑi-hi]는 같은 어미가 달린 방위사 이다.

舟甬

[kuʼi]는 곧 한자 비문에 보이는 '苦夷'이다.

고이(苦夷)란 『원사』 등, 원나라 시대 사료에 보이는 '골외(骨嵬)' 및 『황청직공도(皇淸職貢圖)』(『길림통사』 권102)의 '고야(庫野)', 조정 결(曹廷傑)의 『중아도설(中俄圖說)』(『길림통지』 권102)의 '고엽(庫葉)', 위원(魏源)의 「개국용흥기(開國龍興記)」(『성무기聖武記』 권1)의 '고엽(庫頁)'과 마찬가지로, 아이누를 가리키는 것이다.

다시 소급하여 당대에 사할린을 '유귀(流鬼)'라 칭한 것은, 시라토리(白鳥庫吉)의 해석에 따르면, 길랴크어 Laər-Kuye(La강의 고이苦夷)의 음약을 말한다고 한다.[24)]

[kuʼi]라는 이름은 아이누가 근린 민족인 아이누에 대한 호칭이

---

23) 토리이 류조(鳥居龍藏), 「奴兒干都司考」, 『鳥居龍藏 전집』 제6권, 아사히(朝日)신 문사, 1976.

24) 시라토리 쿠라키치(白鳥庫吉), 「唐時代の樺太島について」, 앞의 책, 1970. 다만, 사할린에서의 고고학적 연구에 의거하여 13세기 중엽 전에 아이누가 거기에 거 주하였다는 흔적을 보여 주는 자료가 아직 발견되지 않은 것으로 '유귀'를 아이 누라고 비정할 수 없어서 길랴크로 보는 설이 있다. 키쿠치 토시히코(菊地俊彦), 『北東アジア古代文化の研究』, 北海道大學圖書刊行會, 1995.

아니라 그들의 자칭이다. 비문에 아이누에 대한 언급이 있다는
것은 명나라의 조공무역망 안에 아이누가 포함되어 있었다는 것
을 말해 준다.

金带斧

'물품'이다. 만주어 [baitalan](일용품)과 동원어가 된다.

叓刃

'재화'이다. 회동관 『여진역어』에서는 [uli](주음 한자는 '올력兀力')
로 하고 만주어에서는 [ulin](재화)으로 한다.

兆乔

어간 兆은 '주다'를 나타내고, 乔은 과거시 동사 어미이다. 『금
사』 권135 '금국어해' 〈인사〉에 "以物與人已然曰阿里白"라는 기술이
있는데, '아리백(阿里白)'은 바로 **兆乔***[ali-ba]의 음역에 해당된다.
"尺朱丹犀厌史史羊朱帯炗臌屯美犀舟南厌示仓件羊禿舟金带斧
叓刃史兆乔"라는 문장을 직역하면 '해서에서 노아간 해외에 이르
는 고이 등 남녀에게 의복·물품·재화를 받았다.'가 된다.

舌天

『여진역어』에서 '**盁天**'이며 '老'를 뜻한다.

盉里

'노약(老若)'의 '若'을 가리킨다. 만주어는 '어리다'를 [aʃiha]로
하며, 회동관 『여진역어』에서는 '유소(幼少)'를 [aʃa](주음 한자는
'아사阿沙')로 한다. 여기서부터 〈영영사기비〉에서 [ʃiha]는 어두 [a]
모음이 탈락된 형식인 것을 알 수 있다.

安

安 아래에 寧자가 누락되었다. 安寧은 '안녕하다, 평안'이다.

委申□□

委申의 다음 2글자가 닳았지만, 어미를 나타내는 글자에 해당
될 것이다.

养

养은 동사 '동요하다'의 어간 글자이며 다음 伴(사람)에 대한 수
식어가 되므로 어미자가 누락되었을 수도 있다.

제10행

凰禿 羔 苂土　斥土抹夌 屯刋 羔屮斥 天卓 夭走 奎 戈 肖安 史
haǧan ni məŋgun alʧun əitə　haʧin ni iʧʃəgi　taira labi buǧa i　itəl　bə
가한　의　은　금　일절의 물품으로 새로운 절 만들고 지방 의 백성　을

ᠠᡝᢧᠠᠨ ᠊ᠥ᠂ ᠊᠂᠊᠂ ᠊᠂᠊᠂᠊ ᠊᠂ ᠊᠂ ᠊᠂ ᠊᠂
edʒen-ü möŋgün altan eldeb tabun⋯tan-i jar süm-e bosuƔadʒu Ɣadʒar-un irgen-i
군주 의　은　금　다양한　등으로 의해 절　건립히여 지방 의 백성　을

尿炅犮　抹史委夊 丰屯犮　抹史 畲庿 芉 羔犀羔　爱
ʃimŋunburu əigən buru jorinburu　əigən gəmu sai du tuhini　səmə
춥게 하지 않는　또 굶주리게 하지 않는 모두 선善 으로 돌아가게 하려고

엔ke amuɢulaŋ-ijar büɡüde sajin sedgil-ijer atuɢai kemedӡü

엔ke amuɢulaŋ-ijar büɡüde sajin sedgil-ijer atuɢai kemedӡü
안녕 평안 에 의해 모두 선 심 으로 있거라 고 하여

juŋlo dӡua əmu ania bolo ərin nurɡən ni fərilə momɡiŋdӡam ni
영락 십 일 년 추 계 노아간 의 서쪽 만경참 의

juŋ lau arban niɡedüɡer on namur sar-a-da nurɡel-ün örüne eteɡed mön ɡiŋ dӡam-un
영락 제 십일 년 추 월 에 노아간 의 서 방 滿涇 站 의

[한자 비문] 上復以金銀等物爲擇地而建寺, 柔化斯民, 使之敬順, 太祖
以聖□爲相之瑞. 十一年秋, 卜奴兒干西, 有站滿涇

扶亥
'일절의'라는 뜻이다. 만주어 [əitən]에 상당한다.

屯 지
屯 지가 대응하는 만주어 본뜻은 '종류'이지만, 여기에서 여진
어로는 '물품'이라고 해석해야 한다.

羊
羊는 비음으로 끝나는 단어에 접속하는 속격 어미지만, 여기에
서는 조격으로 기능한다.

□□□□□

어간 □□은 '춥다'를 나타낸다.

회동관 『여진역어』에서는 [ʃimŋu](주음 한자는 '실목올失木兀')으로 한다. □은 '사역·수동태 어미＋형동사 어미'의 합체 표의자이다. □□□는 곧 '춥게 하다'이며, 아래에 부정 조동사 □□을 첨가하면 '춥지 않게 하다'로 된다.

□□□□□

어간은 '굶주리다'를 나타낸다. 『여진역어』가 기록하는 동의 어간 □□*[jojo-]와는 음운상 약간 다르다. 대응하는 만주어는 [juju-](굶주리다)와 [jojo-](궁핍하다)이다.

□□□□

어근 □은 '떨어지다, 쓰러지다'를 본뜻으로 하지만, 여기에서는 변해서 '돌아가다'로 한다.

이 어근을 〈대금득승타송비〉는 □□로 하고 『여진역어』는 □□로 한다. 퉁구스 제어에서 〈영영사기비〉 [tu-d] 음운 형식에 가까운 것으로는 울치어, 나나이어의 [tuː-](구르다, 내리다), 오롯코어 [tuː-](타락하다, 쓰러지다)가 있다. 그러나 만주어 [tuhə-](쓰러지다, 떨어지다)는 〈대금득승타송비〉의 그것과 유사하다. 이로부터 명나라 시대 요동 여진어의 특징 중 하나를 알 수 있다.

□□는 동사 명령형 어미이며 만주어 동사 명령형 어미 [-kini]와 문법적 의미를 공유한다.

어기조사 □는 □□ 아래에 부가됨으로써 분석형 제3인칭 명령형을 구성한다. □□□□에 대응하는 몽골문 [atuɢai kemeʤü]도 동사 어근 [a]에 제3인칭 명령형 어미 [tuɢai]를 붙인 데다 [kemeʤü]를 후속시켜 구성된 것이다.

金咏今

한자 비문에 보이는 '滿涇站'에 해당되며 『경세대전(經世大典)』의 '말말길참(末末吉站)'(현재 러시아령 암군강 하구에 있는 만기타성)에 만들어졌다. 거기에는 원나라와 명나라 시대에 구참(狗站)이 설치되어 있었으며 그 최종점은 만경(滿涇)이었다. 『명실록』영락 10년 10월 정묘조에 "요동 경외의 만경 등 45참을 둔다."라고 있으며, 그것은 원나라 시대에 요동등처행중서성(遼東等處行中書省)이 말로손(末魯孫)에서 말말길(末末吉)로 가는 길에 설치한 15곳이 되는 구참을 부활시켜 합쳐서 45첨을 만든 것이다. 『요동지』에 따르면, 명나라 시대에 노아간으로 가기 위해서는 서해위에 소재하는 저실복참(底失卜站: 중국 흑룡강성 쌍성시의 남쪽, 송화둔대반참자고성松花屯大半站子古城)이 출발점이 되었다. 이통(伊通)강을 따라서 송화강으로 나가서 30참을 지나면 약걸참(藥乞站: 하바로프스크)에 이르렀다. 여기는 구참 기점이다. 여기서부터 제22참에서 노아간에 도착한다. 노아간의 뒤쪽에는 다시 흑륵리참(黑勒里站)·만경참의 2곳이 있으며 그 종점이라고 한다. 만경참은 암군 하구에 위치하며, 당시의 교통은 하류 쪽으로 갈 필요는 없었으므로 이 하류 지대는 길렬미의 분포 지역이었다.[25]

제11행

尺禾 盂美 芊巳 此지 푸房尺 　 並岌 叓右 　 攴益 肙庄 朱叓
haisu ərgə　du　tar　alin bandiluhai　dəgən　bimə i　nusuru　saiso dʒuləgən
좌　방　에　그　산　성장하는 것　높다　그리고　어울리는　좋은　이전의

---

25) 토리이 류조(鳥居龍藏), 「奴兒干都司考」, 앞의 책.

〔Jurchen script line 1〕

dʒegün aɢula törügsen öndür bögetele dʒoqis-tu sajin-u tula uridan-u kigsen

왼쪽 산 성정한 것 높다 그리고 어울리는 좋을 우해 이전의 만든

秦耒帇屵史庋更天車伝右　夹天尨伎烡

gon-im taŋ ba kalabi taira dʒisuməi burka labi　goron

관음 당 을 고치다 절 세우고 불상 만들고 멀리

〔Jurchen script line 3〕

gön jim ger-ün ɢadaɢʃi süm-e bosuɢadʒu burqan-i dʒoruʃin saɢulɢaba qolakin ba

관 음 당 의 밖에 잘 세우고 불상 을 만들고 앉힌 멀리의 및

厇乎　戈件　夒府伐右　血禾麦朱　件　庌昊夲皃羪　尭皐犀

tikhun i niarma kəkəŋləməi dʒuktəgisa niarma urğun əlhə doro ʃira dohi

가까이 의 사람 고두하며 모시면 사람 기뻐하고 평안이 될 것이다 옛날부터

〔Jurchen script line 5〕

ojirakin kümün mörgüdʒü bujan eribesü bügüde amumu-dʒ-a erten etʃe

가까이의 사람 고두하며 복 기원하면 모두 평안이 될 것이다 옛날 부터

[한자 비문] 站之左, 山高而秀麗. 先是, 已建觀音堂于其上, 今造寺塑佛, 形式優雅, 粲然可觀. 國之老　幼, 遠近濟濟爭趣, □□高□□□□□威靈, 永無厲疫而安寧矣

尺禾

'左'이다. 회동관『여진역어』에서는 [hasu](주음 한자는 '합속哈速')로 한다. 만주어에서 '左'는 [hashū]이며, 동근어에는 [hasutai](왼손

잡이)가 있다.

伏益

〈영영사기비〉에서 제7행 伏哥*[nuʃiba]와 동근어이며 '적당하다, 적합하다'라는 뜻이다. 伏益肩는 만경참(滿涇站) 왼쪽에 있는 산의 지세가 사찰 건조에 '알맞다'는 것을 의미한다.

肩床

어근 肩는 '좋다'라는 뜻이다.

『대금득승타송비』에 동사 肩光更更(인사하다)가 보이는데, 肩床는 肩光에 유래하는 것이며, 『여진역어』에서는 肩届로 나타난다.

柔耒帯斗

한어 '觀音堂'의 음역이다. '이전의 관음당을 고쳐서 절을 만들며'는 한자 비문에서 "先是, 已建觀音堂于其上, 今造寺塑佛"의 한 구절에 해당된다. 영락 11(1413)년 이전의 언제 지어졌는지는 분명하지 않지만, 원나라 시대에서 노아간에 동정원부(東征元府)가 설치되었을 때 불교를 현지에 포교하는 정책의 일환으로 건립되었을 수도 있다. 고고학적 발견에 의하면, 아무르강 유역으로 불교가 유입된 것은 대략 10~11세기경이다.[26]

庋更

어간 庋는 '고치다'가 된다. 이 어근은 〈조선경원군여진국서비〉

---

26) V. E. 메드베데프, 『ウスリー島の中世の遺跡』, 노보시비르스크, 1982, 100쪽. 『紀元前1000年末~2000年紀初頭のアムール川流域(女眞時代)』, 노보시비르스크(A. R. 아르테메프, 『ヌルガン(奴兒干)永寧寺遺跡と碑文: 15世紀の東北アジアとアイヌ民族』에서).

에 皮米로 되어 있으며, 금나라 시대 여진어 어근 끝에는 아직 [n] 자음을 띠고 있었는데, 명나라 시대에서는 이미 탈락되었음이 확인된다.

夭龙

어간 夭는 '하다, 만들다'는 것을 의미하며 '기술하다'라는 뜻도 있다. 여기에서는 '소상(塑像)을 만들다'라는 의미를 나타낸다. [la-]는 곧 만주어 [ara-]이다.

血禾夌朩

어간 血禾夌는 〈여진진사제명비〉에서는 '뜻(志)'을 나타내고, 『여진역어』에서는 '존대(尊)'를 나타낸다. 여기에서는 몽골문 [bujan eribesü](복을 기원하면)에 대응하며, '받들어 모시다'라는 뜻이 있다. 만주어 [ʤuktə-](신을 받들어 모시다)에 해당한다. 朩는 조건 부동사 어미이다.

乖

추량 어기를 담는 감탄사이다. 만주어 [dərə](~일까)에 해당한다.

先桌犀

先는 『여직자서』에서는 '古'의 표의자이다. 『여직자서』에서는 표음자를 아래에 붙인 先夷로 한다.

桌犀는 남성 탈격 [b] 어미이다. 몽골문 [erten]은 여성어이므로, 아래에 붙인 탈격 어미는 여성형인 [eʧe]가 된다.

제12행

卒□ 羊 朱帯亥 氏𡉏 史 長亥右 用朵史 　□□ 灰庁 单 　𠇳

tək　du　iʃitala　irgən　bə　dʒilaməi　udʒiru　　　　gəsə　ai　dʒui

금일　에　이르기까지　백성　을　애지중지하고　기르다　　　듯이　무엇　아이

edüge kürtele irgen-i asaran tedʒijekü tegün etʃe ülegü jaɢun bui köbegüd

금일에 이르기까지 백성을 애지중지하고 기르는 것 그보다 외에 무엇이 있겠는가 아이들

左杲 戈 𡉏亥 阜　朱　乏甲老　孚圭　乏史　史　尤𡗉　岸史右

omolo i　dʒala　do　iʃi　tahabi　husun　buru　bə　goiji　dʒobəməi

손자　의　세대　에　이르기(까지)　따라서　힘을　다하는　것을　하지　않고　방해하며

atʃinar-un　üj-e-dür　kürtele　kütʃün　ögküiben ······ busu　maɢun　törüdʒü

손자들의　세대에　이르기까지　힘　다하다　하지　않고　악행　일어나

尨 关𠦄史　斥 吏伺　写皿卅方　𣲚 阜　岸𢦏　夨屌

ono dəndəru　gi　biha　ilibuhəi tumən　ania　do　dʒoburu　folu

어찌　할 수 있겠는가 세운　만　년　에　그리게 하는　명銘

ker tʃidaqu bitʃidʒü tümen tümen on ······ delgeregüibei

어찌　할 수 있겠는가 서사하고　만　만　년　널리　전하였다

[한자 비문] 旣而曰, 亘古以來, 未聞若斯. 聖朝天□民之□□□上忻下
至, 吾子子孫孫, 世世臣服, 永無異意矣. ······27) 故爲文以記, 庶萬年
不朽云爾

卒□

卒는 부사 겸 명사형 '지금, 현재'이다. 다음 글자는 이미 닳았으며, 남은 후반 부분은 朱처럼 보인다. 卒□羊朱帒夊는 '지금 □에 이르기까지'인데, 『대금득승타송비』에서의 卒羋朱甬夊와 거의 동일하다.

秂夊右

어간 秂夊은 '애지중지하다, 사랑하다'라는 뜻이다. 『여진역어』에서는 그 아래에 붙는 것은 비완료 부동사 어미 남성형인 夊인데 〈영영사기비〉에서는 여성형 右가 첨가되어 있다. 그러한 어간 모음과의 조화가 결여된 어미의 사례는 금나라 시대 석각에서도 산견된다.

咠茶夂

어간 咠茶는 '기르다, 부양하다'라는 뜻이고 夂는 현재미래시형 동사 어미이다. 몽골문 [tedʒije]에 붙는 것은 그 어미의 여성형 [kü]이다.

尼夊

'世, 代'와 같은 뜻을 지닌다. 금나라 시대 석각의 尼米과 『여진역어』의 尼夊米는 모두 어미 [n] 자음을 띠는 형식이며, 〈영영사기비〉의 철자에 따르면 어미 [n] 자음이 이미 탈락된 것을 증명할

---

27) "여기에 해당하는 한자 비문의 "以斯觀之, 率土之民, 不飢不寒, 歡忻感載難矣. 堯舜之治, 大(率烝民)不過 九洲之內. 今我□□□□□□□□□□□□□, 蠻夷戎狄, 不假兵威, 莫不朝貢內屬. 中庸曰 天之所覆, 地之所載, 日月所照, 霜露所墜, 凡有血氣者, 莫不尊親, 故曰配天, 正謂我(朝盛)德無極, 至誠無息, 與天同體, 斯無同體, 斯無尙也, 無誠也."의 일반은 여진역어 몽골역어에는 생략되어 있다."

수 있다. 어미 [n] 자음의 탈락은 〈영영사기비〉에 기록된 요동 여진어의 커다란 특징이라고 할 수 있으며, 이 특징은 회동관『여진역어』에도 두루 반영되고 있다.

朱

'이르다'의 어근이다. 대응되는 몽골문이 한계 부사 동사 어미 [-trle]를 띠는 것으로, 朱 아래에 누락된 글자가 있을 것이며, 그것은 帒亥임이 틀림없다.

乎丢委史

乎丢는 '힘'이라는 뜻이다. 委는 동사 '주다'의 어간자이며 史는 현재미래시형 동사 어미이다. 乎丢委史는 합해서 '힘을 다하다'가 된다. 그에 대응하는 몽골문은 [küʧün ögküiben]이다.『여진역어』에 委史의 동근사인 委店冬가 있으며 '與(주다)'로 한역되어 있지만, 그것은 委史과 잘못하여 가져온 것이어서, '돌려보내다'의 의미이다.

尤末

부정 후치사이다. 금나라 시대 발음은 [goiji]인데,『여진역어』에서는 이미 [goiju]와 같은 음운 변화가 일어났다. 〈영영사기비〉에서는 음운 변화를 나타내는 실마리가 없어서 당분간 [goiji]로 추정해 두겠다. 금나라 시대 석각에서 속격 어미 또는 명사에 붙는 것을 접속 조건으로 하는 것은 몽골문 [busu]와 동일한데, 〈영영사기비〉에서는 대격 어미에 붙는 용법이 처음으로 발견된다. 아니면 史 아래에 누락된 형동사가 있는 것이 아닐까?

羊史右

어근 光史는 '방해하다'라는 뜻이 된다. 만주어 [-ʃ-]eǯubəʃə-](뒤에서 험담하다)에 해당된다.

光史

어근 光는 '그리다'라는 뜻이 된다. 만주어 [ǯon-](상상하며 얘기하다)에 해당된다. 금나라 시대 석각은 光亥인데, 명나라 시대에서는 어근 음절인 어미음 [u]가 탈락되었기 때문에 표기상으로는 亥가 생략되었다. 史는 '사역·수동태 어미＋형동사 어미'를 나타내는 합체 표음자이다.

朱房

어근 朱는 '새기다'라는 뜻이다. 금나라 시대 석각에서 政朱인 것은 어미 [n] 자음을 띠는 형식인데, 〈영영사기비〉의 철자는 어미 [n] 자음이 이미 탈락된 것을 나타낸다. 朱房는 만주어 [folon](명銘)에 해당한다.

제13행

天兵亥 呆光呆 牛 一 永　九月　二 牛 二 日　罕 □
daimiŋ　juŋlo　ǯua əmu ania ujəwun　biğa　ǯuə ǯua ǯuə inəŋgi ili-
대명나라 영락 십 일 년 구 월 이 십 이 일 세웠다

dai miŋ juŋ lau arban nigedüger on jisün sar-a-jin qorin qojaduɤar ödür bajiɤulba
대 명나라 영 락　제 십일　년 구 월 의　제 이십이　일 세웠다

[한자 비문] 永樂十一年九月廿二日立

ㄴ千

『여직자서』나 금나라 시대 석각 및 『여진역어』에서 '이십'은 모두 ㅊ이며, 이는 곧 만주어 [orin]인데, 〈영영사기비〉만은 ㅊ钍(이십오)와 ㄴ千ㄴ日(이십이 일)과 같은 2가지 표기를 사용하고 있다. 이로부터 ㅊ에서 ㄴ千로의 변화가 처음 날짜에서 발생한 것을 추측할 수 있다. 방증으로는 회동관 『여진역어』에 '십일월'을 *[amʃo bia]로 하지 않고 '장액목별(莊額木別)'*[ʤuan əmu bia]로 하고 '십이월'을 '졸아환별(拙兒歡別)'*[ʤorhon bia]로 된 것을 들 수 있다.

写□

写 아래에 역시 한 글자가 닳아 있는데, 동사 어미임에 틀림없다.

제14행

旡刃彔 甬盂用 杰甬利　杰斥朿叏 杰斥角刃戾

nuingon   iʃika   ʤadaʃin   ʤaŋtuŋˈər   ʤaŋdinga

내관　역실합　길답합吉荅哈 장동아張童兒 장정안張定安

dʒɪrlɢ-ijar dʒaruɢdaɢsan nuigon iʃiq-a gidaq-a dʒaŋ … dʒaŋ diŋ an

칙勅에 의해 파견된　내관　역실합 길답합吉荅哈 장張 장張 정定 안安

[한자 비문] 欽差內官 亦失哈, 成□勝, 張童兒, 張定安

罘甬用

'역실합(亦失哈)'과 '장동아(張童兒)' 사이에 놓인 다른 내관 1명

의 이름이다. 제1자와 제3자는 약간 어렴풋하며 예전부터 **朮甬利**
가 아닐까라고 여겨져 왔다. 제1자의 상반부는 **双***gi 또는 **尹***gi
와 같이 보이지만, 하반부에 잔존해 있는 필획으로 인해 **双**로 해
둔다. **双甬**으로 복원된 음운은, 마치 몽골문자의 gidag-a와 닮아
있다. 따라서 제3자는 **利**가 아니라 닮아서 자획이 망가진 **甬**로
단정할 수 있다. **双甬甬** *gidaka에 대응하는 내관의 이름은, 한자
비문에도 확실치 않지만, '(成)□勝'으로 읽을 수 있다. 『조선왕조
실록』 세종 30년 8월에 "內官昌盛, 張童兒, 張定嘗 一同奉命往東
北"이라고 하는 것으로부터, '(成)□勝'은 결국 '昌盛'이라는 것으
로, 이 한자풍의 이름에 대응하는 gidaka(吉答哈)는 자민족의 본명
이라는 것을 알 수 있다. 한자풍의 이름의 한자 비문에, 본명을
여진 몽골 비문에 각각에 나누어서 기록한 특징은 거란인의 묘지
에서도 많이 발견되고 있다.

제15행

□**丹茶史   夫金尚   反戈实 丹体 天尺   仵 弋 矢癸米   压**
dudʒihoi   tʃənbaihu   nurgən   dusï   lahai   niarma   i   gəbusə   han
도지휘   천백호   노아간   도사   만든   사람   의   이름[복수]   한漢

ᠪ ᠵᠧᠩᠴᡠ ᠪᠠᡳᠴᡠᡳᠵᠠᡵ ᠳᡠᠰᡳ ᠡᡤᡡᡩᡡᡤᠰᡝᠨ ᠨᡠᡵᡤᡝᠯ⋯⋯ ᠪᡡᡤᡡᡩᡝᠵᡳ ᡴᡳᡨᠠᡩ
ba tʃəŋqu baiqu-ijar dusi egüdügsen nurgel ······ bügüde-ji kitad
및   천호   백호에 의해   도사   창건한   노아간   모두   를   한漢

伏   羊 天尺 更乇 血尗   伏   天尺 仵莽出攵 釆 血尗 斤屮民
bithə   du   lahai   biɡa   dʒuʃa   bithə   lahai   niarma liaoduŋ ni dʒuʃə kaŋɡə
문장   에   쓰여 있는   여진   문   쓴   사람   요동   의   여진   강안康安

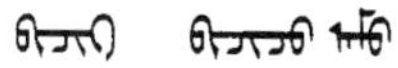

ᢐ�³ᠵᠠᡝ   ᢐᡳᠵᠵᠠᡝ ᠊ᡳᡦ
bitʃig … bitʃidʒü amu
문장   쓰여 있다

ᡶᢛᡳᠢᠠᡟ ᢐᡳᠵᠠᡝ   ᡥᠵᡳᠲᡲᠠᡟ ᠂ ᡢᡷᠵᠵᡣᠠᡳᠲᡲᠠᡟ
moŋul bitʃig …… arambuq-a ortʃiɢuluɢsan
몽골 문   아로불화阿魯不花   번역한

[한자 비문] 書蒙古字, 阿魯不花. 書女眞字, 康安

    庄

    庄*[han], '漢'의 음역이다. 사이관『여진역어』의 인물문에서는 '한인(漢人)'은 없지만, 회동관『여진역어』의 인물문에서는 '한인(漢人)'을 '니합날마(泥哈捏麻)'라고 하였다. '니합(泥哈)'은 분명히 만주 퉁구스 제어에 보이는 [nikan](만주어), [nʼiŋka](오로치어·울치어), [niŋka](우데헤어), [nʼïŋkā](나나이어), [nïkan](네기달어), [nixā](솔론어)에 대응하는 단어이다. 그 어원을 찾아보면, 금나라 시대 여진 사람이 한인(韓人)을 '남가(南家)'라고 부른 것에까지 소급된다. 그러나 후금국 시대 여진 사람이 [nikan]을 명나라에도 사용했음에 비해 명나라 영내에 속하는 요동 여진 사람이 그것을 사용하지 않고 그 대신에 음역인 庄*[han]을 사용한 것으로, 당시 [nikan]이라는 단어에 한인(漢人)을 헐뜯는 의미가 포함되어 있었지 않을까 생각된다.

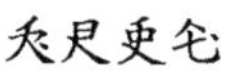

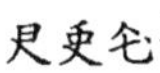

    ᡮ ᡲ ᡭ ᡜ
    ᡲᡭᡜ는 동사지속상이다.

血夬

'여진'이다. 『여진역어』에서는 夷黍*[ʤuʃən]인데, 〈영영사기비〉의 철자 방법으로는 어미 [n] 자음이 표현되어 있지 않다.

斤岸民

한자 비문에 "書女眞字康安"이라는 기술이 있으며 斤岸民는 '강안(康安)'의 대역이다. 강안(康安)이라는 인물은 명나라 선덕 8(1433)년에 세워진 〈중건영영사기비〉에도 보이며, "通事 百戶康安"라고 있는 것으로, 그때부터 20년 후에 통역에 종사하는 데다 백호라는 직에도 종사한, 여진자에 정통한 인재인데, 『명사』에 아무 기록도 남아 있지 않아 아쉽다.

民는 兎*[ga]의 이체자이다. 정체인 尼가 비문에서 民처럼 기술된 것과 대조한다면, 그 이체자인 것을 알 수 있다.

血夬伎夭昆仹莽並爻羔血夬斤岸民는 곧 '여진문을 쓴 자는 요동여진 강안'이다. 몽골문에는 이 문장이 없고, 그에 대응되는 부분에 "몽골문은……阿魯不花가 번역하였다."이다.

제12절 여진대자·몽골자 비문 어휘 총록

1. 여진대자 비문 어휘

[a]

조*abuga (영 1, 3, 4, 7) 하늘天

反*adi (영 6, 9) ~ 등

毕*ai (영 3, 12) 무엇

毕쥔*ajin (영 9) 없다

禾*alawa (영 1, 5) 칙勅

此禾*aliba (영 9) 준, 부여한

此凡*alibuwi (영 8) 받아들이며, 주어지며

此치*alin (영 11) 산

斥土*alʧun (영 10) 금

癸*am 『비측碑側』 암唵

癸兆米禾兵尚*am ma ni ba mi hu 『비측』 암마니팔唵嘛呢叭嘓吽

夆*amba (영 6, 8, 9) 크다

乑*ania (영 3, 6, 8, 10, 12, 13) 연

养*aʧi- (영 9) 동요하다

[b]

禾*ba (영 1, 9) 남성 대격 어미

禾*ba 『비측』 叭

癸兆米禾兵尚*am ma ni ba mi hu 『비측』 암마니팔唵嘛呢叭嘓吽

金帯斤*baha (영 9) 물품

肖*baha (영 7) 얻은

乑奘尺*bandibuhai (영 2) 생활하게 한

乑屌尺*bandiluhai (영 8, 11) 태어난, 성장한

叏*bə (영 4, 5, 8, 9, 10, 11, 12) 여성 대격 어미

凧釆*bəisə (영 6) 벼슬, 관[복수]

月*biǧa (영 13) 달, 월

叓屯*biǧə (영 15) 있었던, 있었다(지속상 조동사)

叓付*biha (영 12) ~일 것인가, ~일까

叓右*biməi (영 1, 11) ~ 있으며, ~하며(접속사)

叓南*bii (영 1) 비碑

叓南余臾*bii wəhə (영 1) 비석碑石

伩*bithə (영 15) 글자, 문장

伩仌*bithəʃi (영 6~7) 벼슬아치吏

孔屯*bolo ərin (영 10) 가을秋季

禿冇盆*bosï ʧau (영 8) 포초布鈔

夲*buǧa (영 1, 4, 5, 6, 7, 10) 지방

夹*burka (영 11) 불타, 석가

夌叐*buru (영 10) 또, 다시

夌叏*buru (영 12) 주다, 부여하다

孚主夌叏*busun buru (영 12) 힘을 다하다

[d]

乗右*daʃiməi (영 1) 덮개, 덮어서

天兵*dai mi (영 1) 대명大明

天兵夂*dai miŋ (영 13) 대명大明

並叏*dəgən (영 1, 11) 높다

売仌劧*dəgdənbuma (영 3) 바치게 하여, 헌상하게 하여

並升*dəhəi (영 7) 뜬, 어른

关並叏*dəndəru (영 1, 12) 할 수 있다

关並馬丞*dəndə usui (영 4) 할 수 없었다

身*dəigi (영 2) 선비, 사士

角夅*diʤə- (영 3) 가다

角尺*dihai (영 3) 주舟

角甲*diha (영 6) 주舟

戻右*diraməi (영 1) 두껍다

枽*do (영 12) 남성 여위격 어미

枽㞷*dohi (영 11) 남성 탈격 b 어미

飛佭炇*dolgora (영 7) 흥분되다

朵炎庋 *donbo (영 3~4) 돈보(지명 또는 부락 이름)

仍尤 *dondibi (영 4) 들으며

仍夬 *donditʃi (영 1) 들면, 듣더니

兆 *doro (영 11) (감탄사)

兆庆 *doro (영 8) 인신印信

羋 *du (영 1, 2, 3, 6, 7, 8, 9, 10, 11, 12, 15) 여성 여위격 어미

丹杀夬 *du dʒi hoi (영 15) 도지휘

丹犀 *duhi (영 9) 여성 탈격 b 어미

为史 *duligən (영 8) 중앙

丹龠 *du sï (영 6, 15) 도사

[dʒ]

朩甬利 *dʒa da ʃin (영 14) 찰답신扎答申(인명)

凡 *dʒakun (영 3) 팔八

氐友 *dʒala (영 12) 대世, 세代

令 *dʒam (영 10) 참站

朩斥怺夬 *dʒaŋ tuŋ ər (영 14) 장동아張童兒(인명)

朩斥角汋氏 *dʒaŋ din ga (영 14) 장정안張定安(인명)

杀夬 *dʒi hoi (영 15) 지휘

长友右 *dʒilaməi (영 12) 자애, 사랑

伍右 *dʒisuməi (영 1, 11) 만들며, 지으며

犀尖 *dʒoburu (영 12) 그리게 하다, 그리워하게 하다

犀史右 *dʒobəməi (영 12) 방해하며

血盂伏 *dʒugu bithə (영 3) 표문

血釆炱朱 *dʒuktəgisa (영 11) 신으로 받들어 모시면, 제사 지내면

兆 *dʒui (영 12) 아이

朱史 *dʒuləgən (영 8, 11) 전의, 원래의

東丕*ʤuləʃi (영 3) 동쪽

血求*ʤuʃə (영 15) 여진

血求伏*ʤuʃə bithə (영 15) 여진자

半*ʤua (영 8, 10, 13) 10

半秌*ʤua ania (영 8) 10년

半一秌*ʤua əmu ania (영 10, 13) 11년

匸*ʤuə (영 13) 2

匸半匸日*ʤuə ʤuə ʤuə inəŋgi (영 13) 22일

[ə]

岽彔臮*əʤəhə (영 8) 관직

夲彔*əlhə (영 2, 5, 6, 7, 11) 평안

夲(彔)*əlhə (영 9) 평안

夲夬*əlʧi (영 5) 사자使者

一*əmu (영 6) 1

一丕*əmu miŋgan (영 6) 일천一千

丕美*ərgə (영 11) ~쪽, 방위

屯*ərin (영 6, 8, 10) 계季

夽*əʒən (영 6) 군주

无舟*ətuku (영 9) 의복

无左舟*ətuku (영 8) 의복

拚史*əigən (영 6, 10) ~지 않다(부정 조동사)

拚亥*əitə (영 10) 일절의

[f]

我芇*falia (영 3) 부락

舟朵化*fəʤila (영 3, 4) 아래에

舟 *fən (영 3) 번蕃

耎化 *fərilə (영 10) 서쪽

夫屌 *folu (영 12) 명銘

禿手屯 *futihə (영 7) 나머지

[g]

可 *gai (영 1) 감탄사

夨癸禾 *gəbusə (영 15) 성씨[복수]

扡東 *gəduru (영 4) 가다

斋 *gəmu (영 5, 7, 9, 10) 모두

扡脊朿 *gənəgisa (영 7) 가면

佯更 *gəŋgiən (영 1) 밝다

矢帘 *gəsə (영 7, 12) ~처럼, 듯이(후치사. 속격 어미 또는 체사에 붙음)

斥 *gi (영 1, 2, 3, 5, 12) 조격 어미

斥化兵 *giləmi (영 4) 길렬미

桼 *gon (영 6, 8, 14) 官, (영 11) 관觀

桼耒帯斥 *gon im taŋ (영 11) 관음당

佞炎 *goron (영 4, 11) 멀다

佞炎厇牛戈 *goron tikhun-i (영 11) 멀고 가까운

佞炎杲犀 *goronlohi (영 2) 멀리의(형용사적 방위사)

尤杢 *goiji (영 12) 없애고, 잃어서(부정 후치사. 대격 어미에 붙음.)

囝土 *gurun (영 3) 나라, 국國

[h]

庚支 *hafan (영 6, 8) 아문

瓜兒 *hağan (영 1, 2, 3, 5, 8) 가한可汗

承 *haha (영 9) 남자

圧*han (영 15) 한漢

圧伏*han bithə (영 15) 한자

屯刋*hatʃin (영 10) 물품

尺夯*hai si (영 9) 해서

尺夯丹犀*hai si duhi (영 9) 해서에서

尺禾*haisu (영 11) 좌, 왼쪽

仓*həhə (영 9) 여자

犀*hi (영 9) 형용사적 방위사 어미

犀羊*hini (영 8, 10) 동사 명령형 어미

尚果*holo (영 3) 골짜기

尚*hu (영 8) 문짝

尚*hu 『비측』 훔吽

癸允羊彔兵尚*am ma ni ba mi hu 『비측』 암마니팔唵嘛呢叭嘛吽

乎圭*husun (영 12) 힘

乎圭乏丈 (영 12) 힘을 다하다

[i]

戈*i (영 3, 4, 6, 7, 10, 11, 12, 15) 속격 어미(비비자음非鼻子音 또는 모음
으로 끝나는 단어에 붙음.)

斗*ilan (영 5) 3

斗尓羊*ilan-tʃəni (영 5) 3회, 세 번

写*ili- (영 3) 띠다?

写□*ili-? (영 13) 서다

写岦*ilibu (영 6, 8) 지으며

写岦升*ilibuhəi (영 12) 지었다

写丈*iliburan (영 1) 짓다

甬尺*imahai (영 6) 완전한, 정돈된

禹尺非史*imahai əigən (영 6) 불완전한

日*inəŋgi (영 13) 일, 날

长屈*irgən (영 5, 6, 8, 12) 백성

南盂用*iʃika (영 6, 8, 9, 14) 역실합亦失哈(인명)

朱*iʃi (영 12) 이르다

朱米*iʃigisa (영 12) 이르면

朱右*iʃiməi (영 4) 이르며

朱市亥*iʃitala (영 2, 7, 10) 이르기까지, 이를 때까지

肖本*itəl (영 2, 7, 10) 백성[복수]

羊乐*iʃəgi (영 10) 새로이, 새롭게

[j]

判乐*jə'ə (영 8) ~에 의하여, ~에 따라(후치사, 명사에 붙음.)

丰屯戈*jorinburu (영 10) 굶주리게 하다

丰屯戈非史*jorinburu əigən (영 10) 굶주리게 하지 않다

呆呆*j[juŋ] lo (영 6) 영락(명나라 성조 연호)

呆米呆*juŋ lo (영 8, 10, 13) 영락

呆米□天卓*juŋ [niŋ] taira (영 1) 영영사

[k]

庆更*kalabi (영 11) 고치다

斤卆民*kaŋga (영 15) 강안康安(인명)

夐斤化右*kəkəŋləməi (영 4, 7, 11) 고두하며

舟南*ku'i (영 9) 고이苦夷(민족명)

[l]

去去*labi (영 10, 11) 만들다, 하다

炙艮*lahai (영 15) 만들었다, 기술하였다

炙艮吏乇*lahai bigə (영 15) 쓰여 있다, 기술되어 있다

弃𣥂攵*liao duŋ (영 15) 요동

仛犀*lahi (영 2) 형용사적 방위사 여성형 어미

旱犀*lohi (영 2) 형용사적 방위사 남성형 어미(광원순 모음 어간에 접속한다)

[m]

朮*ma 『비측』 마嘛

关朮杀务兵尚*am ma ni ba mi hu 『비측』 암마니팔唵嘛呢叭𠺗吽

㒸乇*mədərin (영 9) 바다

攵土*məŋgun (영 10) 은銀

伕卑*mərhə (영 3) 상賞

兵*mi 『비측』 𠺗

关朮杀务兵尚*am ma ni ba mi hu 『비측』 암마니팔唵嘛呢叭𠺗吽

玉*miŋgan (영 6) 천千

衾朿兮*mom giŋ ʤam (영 10) 만경참滿涇站

半*muʒilən (영 6) 마음

[n]

杀*ni (영 1, 2, 3, 5, 6, 7, 15) 속격 어미(비자음鼻子音으로 끝나는 단어에 붙음) (영 10) 조격 어미

杀*ni 『비측』 니呢

关朮杀务兵尚*am ma ni ba mi hu 『비측』 암마니팔唵嘛呢叭𠺗吽

仵*niarma (영 2, 3, 6, 7, 8, 9, 11, 15) 사람

仵反盅*niarma-nuru (영 7) 사람마다

朶屯 *niəniən ərin (영 6) 춘계

厌益 *nuru (영 7) 매每(후치사. 체사에 붙음)

厌丈丈 *nurgən (영 1, 3, 6, 9, 10) 노아간奴兒干

厌丈丈丹朵 *nurgən do sï (영 15) 노아간奴兒干 도사都司

攴禿 *nuʃiba (영 7) 구순하다, 온건하다

攴益 *nusuru (영 11) 적당한

厌지 *nuin (영 6, 8, 14) 내內

厌지朵 *nuingon (영 6, 8, 14) 내관

[o]

甲 *o (영 6) ~이 / 가 되어라

夲尚 *oho (영 3) ~이 / 가 된, 이루어진

甲房 *olu (영 5) 되는 대로 하다

左杲 *omolo (영 12) 손자

光 *ono (영 12) 어떻게, 어찌, 왜

ㅊ *orin (영 6) 20

ㅊ玌 *orin ʃundʒa (영 6) 25

쩨㞟 *oro (영 1) 지역, 땅

多 *oso (영 9) 작다

[s]

兄尺 *sahai (영 8) 알게 되었다(알았다), 통할한

兄犀羊 *sahini (영 8) 알게 되도록(알도록), 통할하도록

兄犀羊叐 *sahini səmə (영 8) 알게 되도록이라고, 통할하도록이라고

呑夭 *saldai (영 9) 노인

肖 *sai (영 10) 선善

肖床 *saiso (영 11) 좋다

关*sə (영 5) 말하다

关劣*səbuma (영 6) 말하게 하다, 말을 시키다

戻*səmə (영 7, 8, 10) ~라고(어기조사)

舟*sï (영 6, 15) 사詞

坙*susai (영 3) 50

[ʃ]

盂罡*ʃiha (영 9) 젊은이

尿昊攴*ʃimŋunburu (영 10) 춥게 하다

尿昊攴拂史*ʃimŋunburu əigən (영 10) 춥지 않게 않다

先*ʃira (영 11) 古, 옛

先臬罕*ʃira-dohi (영 11) 예부터

兒*ʃiǧun (영 7) 태양, 해

辻*ʃundʑa (영 6) 5

[t]

关甬 □□*taha-? (영 9) 복종하다, 따르다

关甬龙*tahabi (영 7, 12) 복종하며, 따르며

关甬夬*tahara (영 2) 복종하다, 따르다(현재미래시형 동사)

有*taŋgu (영 7) 100

㠯*tar (영 11) 그

帯茶*tasa (영 8) 조정朝廷

夭丞久*tai piŋ (영 3, 4) 태평

夭卓*taira (영 1, 10, 11) 절, 사찰

舟更*tabi (영 3) 앉다

舟血*təbu (영 6) 태우며

舟岦*təbu (영 5) 살게 하며, 거주하게 하며

亥判死*təjərə (영 4) ~지만, ~이라도(후치사. 동사 어미 -ru에 붙음)

夲*tək (영 12) 지금, 현재

伕*ti (영 3) 탈격 어미

乇伞伅犀*tikə-ləhi (영 2) 가까이의, 근처의(형용사적 방위사)

乇仟*tikhun (영 11) 가깝다

夅乇*tuğa ərin (영 8) 동계冬季

关犀关*tuhini (영 10) 돌아가도록

关犀关叐*tuhini səmə (영 10) 돌아가도록이라고

关休犀*tuli-hi (영 9) 밖의(형용사적 방위사)

方*tumən (영 1, 3, 8) 만萬

方乖*tumən aina (영 12) 만년

方尚*tumən hu (영 8) 만호

[ʧ]

岳*ʧau (영 8) 초鈔

岳尺*ʧauhai (영 6) 군軍

岳尺件*ʧauhai niarma (영 6) 군인

夬金尚*ʧən bai hu (영 15) 천백호

亦关*ʧəni (영 5) 회, 번

[u]

失圧*udigən (영 4) 야, 야인

用杀右*uʤiməi (영 1) 기르며

用杀丈*uʤiru (영 12) 기르다, 부양하다

九*ujəwun (영 3, 6) 9

九乖*ujəwun ania (영 6) 9년

九月*ujəwun biğa (영 13) 9월

九□凡舟 *ujəwun ? ʤakun fən (영 3) 구九(이夷) 팔번八蕃

更孜 *ulin (영 9) 재화財貨

歨更 *uŋgibi (영 5, 6, 9) 파견하다, 보내다

歨刹 *uŋgija (영 8) 파견하였다, 보냈다

店昃 *urǧun (영 11) 기쁨

店昃兵右 *urǧunʤəməi (영 9) 기뻐하며

店昃兵払 *urǧunʤərə (영 2, 7) 기쁘다

札伃 *uriti (영 3) 북쪽

鸟夆 *usui (영 4) ~지 않았다, ~지 않고 있다(과거시 부정 조동사)

兲毛 *uʃir (영 2) 은택恩澤

夆厓 *uihan (영 1) 생령

夆扑 *uitau (영 3) 그들, 그러한

[w]

우臾 *wəhə (영 1) 돌, 석石

2. 몽골자 비문 어휘

[a]

ᠬᠠᠭᠤᠯᠠ aɢula (영 11) 산

ᠬᠠᠭᠤᠯᠵᠠᠨ aɢulʤan (영 7) 면회하며

ᠠᠯᠲᠠᠨ altan (영 10) 금

ᠠᠮᠢᠲᠠᠨ amitan (영 1) 생령

ᠠᠮᠤᠮᠤᠵᠠ amumu-ʤ-a (영 11) 만족할 것이다, 안심할 것이다

ᠠᠮᠤᠭᠤᠯᠠᠩ amuɢul[a]ŋ (영 2, 5, 6), ᠠᠮᠤᠭᠤᠯᠠᠩ amuɢulaŋ (영 10) 평안, 안녕

ᠠᠮᠤᠭᠤᠯᠪᠠ amuɢulba (영 7) 만족한, 안심한

ᠡᠷ᠊ arambuq-a (영 15) 아로부화阿魯不花 [인명]

ᠡᠷ᠊ arban (영 10, 13) 10

ᠡᠷ᠊ ᠊᠊᠊ (영 13) 11번째

ᠡᠷ᠊ arbaduɢar (영 8) 10번째

ᠡᠷ᠊ asaran (영 12) 애지중지하며, 사랑하며

ᠡᠷ᠊ ᠊᠊᠊ (영 12) 애지중지하며 기르다

ᠡᠷ᠊ atuɢai (영 10) 있거라, 있으리라

ᠡᠷ᠊ atʃinar (영 12) 선자 [복수]

[b]

ᠪᠠ ba (영 9, 11, 15) ~와 / 과, 및

ᠪᠠ baiqu (영 15) 백호

ᠪᠠ bajasultʃamu (영 7) 서로 기뻐하다

ᠪᠠ bajiɢulba (영 1) 세웠다

ᠪᠠ bajiɢuldʒu (영 6) 세우며, 지으며

ᠪᠠ basa (영 7, 8) 또, 다시

ᠪᠠ bitʃidʒü (영 12, 15) 쓰다, 기술하다

ᠪᠠ ᠊᠊᠊ (영 15) 쓰여 있다

ᠪᠠ bitʃig (영 15) 문장, 글자

ᠪᠠ boɢda (영 6) 신성神聖한

ᠪᠠ bolba (영 3) ~가 되었다, 이루어졌다

ᠪᠠ bosuɢadʒu (영 1) 만들며, 세우며

ᠪᠠ bui (영 12) 있다

ᠪᠠ bujan (영 11) 복福, 선善

ᠪᠠ burqan (영 11) 불타, 석가

ᠪᠠ busu (영 12) ~이 / 가 아니다, ~이 / 가 아님

ᠪᠠ bögetele (영 1, 11) 동시에, 게다가

ᡠᠨᡠᡩᡝ bügüde (영 5, 7, 10, 11, 15) 모두, 전체

ᡠᠨᡠᠨ bürkün (영 1) 덮으며

ᡠᠨᡠᠨ ᠵᠣᠯᠣ (영 1) 덮을 수 있다

[d]

ᡩᠠ da (영 6, 9, 10) 여위격 어미

ᡩᠠᡳ dai (영 1, 13) 대大

ᡩᠠᡳ ᠮᡳᠩ (영 1, 13) 대명

ᡩᠠᠯᠠᡳ dalai (영 8) 바다

ᡩᠠᠯᠠᡳ ᡵᠠᡳ ᡤᠠᡵᡠᠨ (영 8) 해외의

ᡩᠠᡨᠠ datʃa (영 7) 탈격 어미

ᡩᡝᡤᡝᠯ degel (영 9) 의복

ᡩᡝᠯᡤᡝᡵᡝᡤᡠᠯᠪᡝᡳ delgeregülbei (영 12) 널리 알렸다, 전파하였다

ᡩᠣᡠᡵᠠ dour-a (영 3, 4) 아래에, 밑에

ᡩᡠᡵ dur (영 6, 8), ᡩᡠᡵ dur(영 12) 여위격 어미

ᡩᡠᠰᡳ dusi (영 6, 15) 도사都司

ᡩᡠᠰᡳ ᡵᠠᡳ ᠮᡠᠨ (영 6) 도사아문都司衙門

[ʤ]

ᡷᠠᡤᡠᠨ ʤaɢun (영 7) 100

ᡷᠠᠯᠠᡤᡠᠰ ʤalaɢus (영 9) 젊은이

ᡷᠠᠩ ᡩᡳᠩ ᠠᠨ ʤaŋ diŋ an (영 14) 장정안張定安 [인명]

ᡷᡵᠯᡤ ʤrlɢ (영 1, 5, 14) 칙勅

ᡷᠠᡵᡠʤᡠ ʤaruʤu (영 5, 8) 파견하며, 보내며

ᡷᠠᡵᡠᡤᡩᠠᡤᠰᠠᠨ ʤaruɢdaɢsan (영 14) 파견되었다

ᡷᡝᡤᡠᠨ ʤegün (영 3) 동쪽 (영 10) 좌측

ᡷᡝᡤᡠᠨ ᡮᠠᠯᠠ (영 3) 동방

ᠴᡂᠨ d͡ʒoqis-tu (영 11) 어울리다, 걸맞다

ᠴᡂᠷᡅᠨ d͡ʒoruʃin (영 11) 만들며

ᠴᡎᠴᠠᠨ d͡ʒud͡ʒaɢan (영 1) 두껍다

[e]

ᡁᠷ ed (영 9) 물품

ᡁᡑᡤᡳ edüge (영 11) 지금, 당금

ᡁᠴᠨ ed͡ʒen (영 6, 10) 군주

ᡁᡎᠴᠠᠨ egüdügsen (영 15) 창건하였다

ᡁᠯᡑᡦ eldeb (영 10) 다양한, 여러 가지

ᡁᠯᡃᠨ elʧin (영 5) 사자使者

ᡁᠮᠨ em-e (영 9) 여자

ᡁᠩᡴᡤ eŋke (영 10) 평온한, 안온한

ᡁᠩᡴᡤ ᡁᠯᡳᠨ (영 10) 안녕, 평안

ᡁᠷᡤ er-e (영 9) 남자

ᡁᠷᡳᡦᠰᡟ eribesü (영 11) 요구하면, 원하면

ᡁᠷᡐᡤᠨ erten (영 11) 옛

ᡁᠴᡤ eʧe (영 8, 11, 12) 탈격 어미

[g]

ᡎᠠᠳᠠᠴᠠ ɢadaɢʃi (영 11) 밖으로

ᡎᠠᠳᠠᠷᡴᡳᠨ ɢadarkin (영 8) 밖의

ᡎᠠᠴᠠᠷ ɢad͡ʒar (영 1, 7, 8, 10) 땅

ᡎᠠᠴᠠᠷ ᡁᠴᠠᠷ (영 1) 여지輿地

ᡎᠠᠴᠠᠷ ᡳᠨ ᡳᠷᡤᠨ (영 10) 지방의 백성

ᡎᠠᠴᠠᠷ-ᠠ ɢad͡ʒar-a (영 1, 6) 지방에

ᡎᡤᡤᡤᠨ gegegen (영 1) 밝다

ᡤᡳᡩᠠ gidaq-a (영 14) 길답합�荅哈(인명)

ᡤᡳᠯᡝᠮᡳ gilemi (영 4) 길렬미

ᡤᡳᠯᡝᠮᡳ ᠶᠠᡳᠨ (영 4) 길렬미 야인

ᡤᡠᠷᠪᠠᠨ ɢurban (영 5) 3

ᡤᡠᠷᠪᠠᠨ ᠠ (영 5) 3번

ᡤᠣᠨ ᠵᡳᠮ ᡤᡝᠷ gön jim ger (영 11) 관음당

[i]

ᡳ i (영 1, 4) 대격 어미(자음으로 끝나는 단어에 붙음.)

ᡳᠵᠠᠷ ijar / ijer (영 1, 2, 3, 5, 10, 14, 15) 조격 어미

ᡳᠯᡝᠪᡝ ilebe (영 8) 파견하였다

ᡳᠯᡝᡷᡳ iledʒü (영 6) 파견하며

ᡳᠷᡤᡝᠨ irgen (영 3, 5, 6, 7, 8, 10, 12) 백성

ᡳᠷᡤᡝᡩ irged (영 3) 백성 [복수]

ᡳᠰᡳᠴ iʃiq-a (영 6, 8, 14) 역실합亦失哈

ᡳᠰᡳᠴ ᠠ (영 6, 8) 역실합亦失哈 등

[j]

ᠵᠠᡩᠠᠪᠠ jadaba (영 4) ~지 못하였다, ~ㄹ 수 없었다

ᠵᠠᡤᡠᠨ jaɢun (영 12) 무엇

ᠵᠠᠮᡠᠨ jamun (영 6, 8) 아문衙門

ᠵᡝᠺᡝ jeke (영 6, 7, 9) 크다

ᠵᡝᠺᡝ ᠵᠠᡥᠠ (영 6) 큰 배

ᠵᡝᠺᡝ ᠴᠣᠯᠠ (영 7) 큰 칭호

ᠵᡝᠺᡝ ᠠᠵᡳᠭᡝ (영 9) 대소

ᠵᡳ ji (영 5, 7, 15) 대격 어미(모음으로 끝나는 단어에 붙음)

ᠵᡳᠨ jin (영 3, 4, 6, 8, 13) 속격 어미(모음으로 끝나는 단어에 붙음)

ᡳᠷᡳᠨ jisün (영 13) 9

ᡳᠷᡳᠷᡳ jisüdüger (영 6) 9번째

ᠵᡠᠩ juŋ (영액永額, 1, 6, 8, 10, 13) 영永

ᠵᡠᠩ ᠯᠣᡴ (영 6, 8, 10, 13) 영락永樂 [명나라 성조 연호]

ᠵᡠᠩ ᠵᡳᠩ ᠰᠠ (영액, 1) 영영사

[k]

ᠺᡝᠮᡝᠵᡳ kemedʒü (영 10) ~라고 하며

ᠺᡝᠮᡝᠨ kemen (영 7, 8) ~라고

ᠺᡝᠷ ker (영 12) 어떻게, 왜

ᠺᡝᠷᡝᡤᡳ keregtü (영 9) 필요한

ᠺᡳᡤᡝᡝᡩ kiged (영 9) 및

ᠺᡳᡤᠰᡝᠨ kigsen (영 11) 만든

ᠺᡳᡨᠠᡩ kitad (영 15) 한인漢人

ᠺᡳᡨᠠᡩ ᠪᡳᠴᡳᡤ (영 15) 한문

ᠺᠥᠪᡝᡤᡳᡩ köbegüd (영 12) 아이[복수]

ᠺᡳᠮᡳᡩ kümüd (영 12) 사람[복수]

ᠺᡳᠮᡳᠨ kümün (영 7, 11) 사람

ᠺᡳᠷᡨᡝᠯᡝ kürtele (영 8), ᠺᡳᠷᡨᡝᠯᡝ kürtele (영 11, 12) 이르기까지, 이를 때까지

ᠺᡳᠷᡳᠨ kürün (영 4) 이르며

ᠺᡳᠷᡳᠨ ᠴᡳᠭᡳ (영 4) 이르지 못하였다

ᠺᡳᠵᡳᠨ küʧün (영 12) 힘

ᠺᡳᠵᡳᠨ ᠪᡳᠷᡳᠺᡳᠨ (영 12) 힘을 다하다

ᠺᡳ ᡴᡳ küü gii (영 9) 고이苦夷

[q]

ᠴᠠᠪᡳᠷ qabur (영 6) 봄

ᡥᡠᠨ ᠨ ᡥᡠᠨ (영 6) 봄달, 춘월

ᠬᠠᡤᠠᠨ qaɢan (영 1, 2, 3, 5) 가한可汗

ᠬᠠᡳ ᠰᡳ qai si (영 8) 해서

ᠬᠣᠯᠠ qola (영 4) 멀다

ᠬᠣᠯᠠᡴᡳᠨ qolakin (영 11) 멀리의, 먼 곳의

ᠬᠣᠯᠠᡴᡳᠨ ᠪᡳ ᡨᠠᠬᠠᡴᡳᠨ (영 11) 멀리와 가까이의, 먼 곳과 근처의

ᠬᠣᡵᡳᠨ qorin (영 6, 13) 20

ᠬᠣᡵᡳᠨ ᠠᠪᠠ (영 6) 25

ᠬᠣᡵᡳᠨ ᠬᠣᠵᠠᡩᠤᡤᠠᠷ (영 13) 제22

ᠬᠣᠵᠠᡩᠤᡤᠠᠷ qojaduɢar (영 13) 2번째

[l]

ᠯᠠᡠ lau (영 6, 8, 10, 13) 낙樂

[m]

ᠮᠠᡤᡠᠨ maɢun (영 12) 나쁘다

ᠮᠡᡩᡝᡤᠰᡝᡩ medegsed (영 8) 관리하였다

ᠮᡝᡩᡝᡨᡡᡤᡝᡳ medetügei (영 8) 관리하라

ᠮᡝᡴᡡᠵᡳᠨ meküjin (영 1) 몸을 숙이며, 허리를 굽히며

ᠮᡝᡴᡡᠵᡳᠨ ᠯᠠᠪᠠ (영 1) 엎드려 들면

ᠮᡝᡨᡡ metü (영 7) ~와 / 과 같이, ~처럼

ᠮᡳᠩ miŋ (영 1, 13) 명明

ᠮᡳᠩᡤᠠᠨ miŋɢan (영 6) 1,000

ᠮᠣᠩᡤᡠᠯ moŋɢul (영 3, 15) 몽골

ᠮᠣᠩᡤᡠᠯ ᠪᡳᠴᡳᡤ (영 15) 몽골 문자

ᠮᠣᠨ ᡤᡳᠩ ᠵᠠᠮ mön giŋ ʤam (영 10) 만경참滿涇站

ᠮᠣᠩᡤᡡᠨ möŋgün (영 10) 은銀

ᠮᠥᠷᠭᠦᠵᠦ mörgüʤü (영 11) 고두하며

ᠮᠥᠷᠭᠦᠨ mörgün (영 4) 고두하여

[n]

ᠨᠠᠮᠤᠷ namur (영 10) 가을

ᠨᠠᠮᠤᠷ ᠰᠠᠷᠠ (영 10) 가을달, 추월

ᠨᠠᠷᠠᠨ naran (영 7) 태양, 해

ᠨᠢᠭᠡᠨ nigen (영 6) 1

ᠨᠢᠭᠡᠨ ᠮᠢᠩᠭᠠᠨ (영 6) 일천—千

ᠨᠢᠩ niŋ (영액, 1) 영寧

ᠨᠢᠵᠠᠳ nijad (영 6) 관官[복수]

ᠨᠢᠵᠠᠳ ᠤᠯᠤᠰ (영 6~7) 관리

ᠨᠤᠢᠭᠤᠨ nuigon (영 6, 8, 14) 내관

ᠨᠤᠷᠭᠡᠯ nurgel (영액, 1, 3, 6, 8, 10, 15) 노아간奴兒干

[o]

ᠣᠳ od (영 3) 해年[복수]

ᠣᠳᠪᠠᠰᠤ odbasu (영 7) 가면

ᠣᠳᠰᠤ odsu (영 7) 가자

ᠣᠵᠢᠷᠠᠺᠢᠨ ojirakin (영 2, 11) 가까이의, 근처의

ᠣᠨ on (영 6, 8, 10, 12, 13) 연年

ᠣᠩᠭᠤᠴᠠ oŋɢuʧa (영 6) 선船

ᠣᠷᠴᠢᠭᠤᠯᠤᠭᠰᠠᠨ orʧiɢuluɢsan (영 15) 번역하였다

ᠣᠷᠤᠨ orun (영 1, 6) 지방

ᠣᠷᠤᠨ ᠳᠤᠷ (영 1, 6) 지방에

ᠥᠪᠥᠯ öbül (영 8) 겨울

ᠥᠪᠥᠯ ᠰᠠᠷᠠ (영 8) 겨울달, 동월

ᡆᡩᡠᡵ ödür (영 13) 일, 날

ᡆᡤᡣᡡᡳᠪᡝᠨ ögküiben (영 12) 주다, 부여하다

ᡆᠨᡩᡠᡵ öndür (영 1) 높다

ᡆᡵᡠᠨᡝ örüne (영 10) 서쪽

ᡆᡵᡠᠨᡝ ᡨᡝᡳᠯ (영 10) 서방

ᡆᡨᡝᡤᡡᠰ ötegüs (영 9) 노인

ᡆᡨᡝᡤᡡᠰ ᠨᡳᠮᠠ (영 9) 노약老若

ᡆᡨᡠᡴᡝᠨ öʧüken (영 9) 작다

[s]

ᠰᠠᡤᡠᠯᡤᠠᠪᠠ saᴳulᴳaba (영 11) 앉혔다

ᠰᠠᡤᡠᠯᡤᠠᡯᡠ saᴳulᴳaʤu (영 6) 태우며

ᠰᠠᡤᡠᠯᡤᠠᠨ saᴳulᴳan (영 5) 살게 하며, 거주하게 하며

ᠰᠠᠵᡳᠨ sajin (영 10, 11) 좋다

ᠰᠠᡵᠠ sar-a (영 6, 8, 10, 13) 달, 월

ᠰᠠᡵᡨᠠᡤᡠᠯ sartaᴳul (영 3) 사타沙陀(회회)

ᠰᡝᡩᡤᡳᠯ sedgil (영 6, 10) 마음

ᠰᠠᠵᡠᡵᠴᠠᠪᠠᠰᡠ sajurqabasu (영 9) 받으면('받다'의 겸사말), 내리시면

ᠰᠠᠵᡠᡵᠴᠠᡯᡠ sajurqaʤu (영 7) 받으며('받다'의 겸사말), 내리시며

ᠰᠣᠨᡠᠰᠪᠠᠰᡠ sonusbasu (영 1) 들면

ᠰᠣᠨᡠᠰᡱᡠ sonusʧu (영 4) 들어서

ᠰᡠᠮᡝ süm-e (영액, 1, 10, 11) 절, 사찰

[t]

ᡨᠠᠪᡳᠨ tabin (영 3) 50

ᡨᠠᠪᡠᠨ tabun (영 6) 5

ᡨᠠᡤᠠᠨ taᴳan (영 8) 여위격 어미

ᠣᠷᠢᠨ taibiŋ (영 3, 4) 태평太平

ᠣᠵᠷᠵᠣᠣ tedʒijedʒü (영 1) 기르며, 부양하며

ᠣᠵᠷᠷᠣ tedʒijekü (영 12) 기르는 것, 부양하는 것

ᠣᠷᠠᠷ tegüben (영 2) 그렇게, 그런 식으로

ᠣᠷᠠ tegün (영 12) 그

ᠣᠹᠷᠵ tmɢ-a (영 7) 인신印信

ᠣᠷᠺ tŋri (영 1, 3, 4) 하늘

ᠣᠷᠺ ᠷᠠ ᠣᠣᠺᠵ (영 3, 4) 천하天下

ᠣᠣᠵᠷᠠ torɢan (영 9) 단자緞子

ᠣᠷᠠ tula (영 4, 11) ~ 때문에, ~에 의하여

ᠣᠣᠷᠠ tutum (영 7) ~마다에

ᠣᠣᠵᠷᠠᠷᠠ törügsen (영 2, 8, 11) 생활하였다, 성정하였다

ᠣᠣᠵᠷᠵᠣᠣ törüdʒü (영 12) 생겨나며, 일어나며

ᠣᠣᠷᠷᠠ tümen (영 1, 2, 3, 8, 12) 만

ᠣᠣᠷᠷᠠ ᠲᠷᠷᠷᠠ (영 1) 만물

ᠣᠣᠷᠷᠠ ᠲᠣᠷᠠ (영 2) 만민

ᠣᠣᠷᠷᠠ ᠲᠣᠷᠠ ᠠᠷ ᠲᠷᠷᠷᠠ (영 3) 만국의 백성

ᠣᠣᠷᠷᠠ ᠥ ᠷᠷᠷᠠ (영 8) 만호아문

ᠣᠣᠷᠷᠠ ᠣᠣᠷᠷᠠ ᠲᠣᠷᠠ (영 12) 만만년

[ʧ]

ᠵᠷᠷᠥ ʧeŋ 벼 (영 15) 천호

ᠵᠷᠷᠺᠣᠣ ʧerig-üd (영 6) 병사들

ᠵᠷᠷᠥᠥ ʧidaqu (영 1, 12) ~ㄹ 수 있다

ᠵᠷᠷᠷᠠ ʧilaɢun (영 1) 돌, 석石

ᠵᠷᠷᠠ ʧola (영 7) 칭호

[u]

ᠣ u / ü (영 1, 2, 5, 6, 8, 10, 11) 속격 어미(n 자음으로 끝나는 단어에 붙음)

ᠣᠮᠠᡵᠠ umar-a (영 3) 북쪽

ᠣᠮᠠᡵᠠ ᠵᡠᠨ ᡨᠠᡴᠠ (영 3) 북동방

ᠤᠨ un / ün (영 1, 3, 6, 7, 10, 11, 12) 속격 어미(n 자음 외의 자음으로 끝나는 단어에 붙음)

ᠤᡵᡤᡠᡤᠰᠠᠨ urGuGsan (영 7) 떴다, 올랐다

ᠤᡵᡳᡩᠠ urida (영 8) 전에, 이전에

ᠤᡵᡳᡩᠠᠨ ᠣ uridan-u (영 11) 전의, 이전의

ᠤᡩᡳᡤᡝᠨ üdigen (영 4) 야인

ᠦᠵᡝ üj-e (영 12) 세대

ᠦᠯᡝᡤᡦ ülegü (영 3, 7, 12) 나머지, 남은 것

명왕신덕明王愼德, 사이함빈四夷咸賓

왕세정(王世貞, 1526~90)의 『엄주산인사부고(弇州山人四部稿)』(1577
년경 성서) 권168의 〈설도(說都) 완위여편십삼(宛委余編十三)〉에 "甲
成, 余從典屬國所, 以旅獒全文, 合象胥九而書之. 今錄明王愼德四夷
咸賓八字, 以見同文之盛云爾"라고 있으며, '西天, 女眞, 韃靼, 高昌,
回回, 西番, 百夷, 緬甸, 八百'의 순서로[1] 각자 문자에 의한 '明王愼

---

1) (역주) 구국(九國)의 변천과 명칭: 구소련의 언어학자인 M. B. Bopoбbeв는 『삼
국유사』 권3의 '황룡사구층탑'의 기록을 근거하여 여진의 독립민족 형성 시기를
6세기 중엽으로 추정하고 있다. 신라 선덕여왕 14(64/5)년에 완공된 황용사구층
탑에 건립 취지에는 '일본(日本), 중화(中華), 오월(吳越), 탁라(托羅), 응유(鷹游),
말갈(靺鞨), 단국(丹國), 여적(女狄), 예맥(濊貊)'의 구국의 불교정토라는 동아시아
의 평화주의의 이념을 담고 있는 황용사구층탑은 성덕왕 14(645)년에 건립하여
고려 고종 25(1238)년에 전화로 인해 소실되었다. 그런데 당시의 '구국'으로 '오

德, 四夷咸賓'의 역문을 달고 있다.

'여진'의 왼쪽에 **伴夏 余 厄更丰 戈卡 再仸 倆 秂甬昃**와 같이 8조 14개의 여진대자가 기록되고 있다. 동서 권132 〈문부(文部) 묵적발하(墨跡跋下)〉에서 '외국서여오권(外國書旅獒卷)'에 여진자에 대한 유서(由緒)를 기재하며, "余於燕中邂逅王太常汝文, 談諸譯人多精於其國書者, 乃以旅獒明王慎德至所賓惟賢則邇人安百六十五字令書之, 得九紙, 爲西天, 女眞, 韃靼, 高昌, 回回, 西番, 百夷, 緬甸, 八百媳婦. 大約多類籀草, 而西天獨雄整, 女眞有楷法而小繁複, 不知其爲陳王谷神所製否也."라고 있다. '갑술(甲戌)'은 만력 2(1574)년에 해당된다.

또한 명나라 만력 간에 제묵가(製墨家)인 방우로(方于魯, 1541~1608)의 『만씨묵보(萬氏墨譜)』(민씨미음당萬氏美蔭堂 간본은 만력 16[1588]년경 간행) 권1 〈國寶 越裳重譯〉에서도 동일한 14자가 2행으로 나누어져 묵정도안(墨錠圖案) 중앙에 장식되어 있다.

월', '여적', '단국'의 이름이 들어 있는 것을 근거로 하여 여진의 독립민족 형성시기를 6세기 중엽으로 추정할 수 있을지는 의문이다. '오월'은 10세기경인 중국 5대 시기에 건국된 지방 정권으로 북송에 의해 멸망된 나라이며 '단국'은 926년에 출현하였으며 '여진'도 요나라의 건국에 참여한 부족 단위였다고 볼 수 있다. 오히려 '발해'의 건국이 '황룡사구층탑'이 건조된 직후인 698년이었으나 구국에서 누락된 점이 의심스럽다. 따라서 M. B. Bopo6beB가 주장하는 여진의 독립국가 형성기를 6세기 중엽으로 추정하는 것은 더 신중한 관찰이 필요하다. 일연이 쓴 『삼국유사』는 고려시대인 자료일 뿐만 아니라 단국(丹國)의 건립 연대 추정에 견해 차이가 있기 때문에 여진의 독립민족 형성 시기에 대해서도 이견이 있을 수 있다. 다만 신라의 승려인 안홍의 『해동안홍기』에 9국의 명칭이 차이가 난다. 이 기록에도 이미 '여진'이라는 기록이 나타나기 때문에 여진 부족의 국가 형성은 예상보다 더 이른 시기일 가능성이 있다.

우리나라 사서에는 '여직'보다 '여진'이 더 많이 나타나는데, 한국 자료에서는 모두 '女直'으로 나타나는 사실도 중요한 근거가 될 것이다. 앞으로 '구국소서팔자'가 중국으로부터 조선에 전파된 경로와 경위에 대해서는 좀 더 정밀한 연구가 필요할 것이다. 이상규(2012) 참조.

양자에 기록된 여진대자는 동일한 출처에 의한 것으로 생각되는데, 『엄주산인사부고』를 서사한 것은 『만씨목보』의 그것보다 정확하게 만들어졌다. 후자에서는 耒와 侑, 2글자의 왼쪽 아래에 불필요한 점이 첨가되어 있으며, 且자 왼쪽에 또한 불필요한 '장식'이 첨가되어 있다.

문법에서 보면, 역시 『여진역어』에 보이는 듯한 한문 문법과 여진 어휘가 섞여 있는 피진언어에 속한다. 다시 말하자면, 여진어에서 나온 것이 아니라 한인 문사가 날조한 것에 불과하다.

다만, 주목해야 하는 것은 厄更耒라는 단어인데, 그것은 『여진역어』에 수록되지 않았으며 서사한 출처가 『여진역어』 외에 존재했을 터라는 것은 흥미롭다.

伟叓 余 旡叓丰 伐卡 冄伦 備 豸甬見

gəngiən oŋ tiktʃi-jo dəi dujin tuli-lə hiən andahai

明 王 慎 德 四 夷 咸 賓

('명왕明王'은 『서書』〈주관周官〉에서 각주에 '성제聖帝'라고 적혀 있음)

결어

    나의 여진 역사에 대한 탐구는 거란사와 같이 언어문자를 기반으로 하여 시작되었다. 그러나 명나라 편찬인 『여진역어』에는 한어 대역이 있어도 상당히 많은 어휘와 문자의 음과 뜻이 틀려서 정확하게 복원될 수 없는 것이므로, 우선 여진 문자 자료에 대한 전반적 고찰을 도모해야 했다. 미쓰비시(三菱) 재단 인문과학연구 조성에서 두 번 연속으로 채택된 덕분에, 기존에 발견된 여진대자를 모두 디지털화할 수 있었으며 그것과 해독이 이루어진 거란대자와의 비교 연구에 노력하였다. 여진대자의 전산화는 필자가 처음으로 실현한 것이며, 여진학 연구 선학들이 육필로 여진 문자를 연구하였던 상황을 일변하게 하여 문자의 음운, 나아가 어휘 구조에 관한 시대마다의 변화를 확연하게 읽어낼 수 있게 되었고, 지금까지의 미해독으로 남아 있던 여러 가지 미흡한 점과 유루(遺漏)를 보충하는 역할을 해 주고 있다. 2006년부터 2년간에 주로 명나라 시대 여진대자 자료를 중심으로 한 해독 성과를 정리하고 한문 사료 기술과의 대비를 통해 명나라 시대에서의 여진 사람의 가장 새로운 실상을 복원해 냈다. 이 책에서 구축한 여진대자 자료에 바탕을 둔, 명나라 시대 여진 사람의 역사는 현재 성행하고 있는 동북아시아 중세에 관한 연구에 새로운 지견(知見)을 제공하고 한층 더 발전될 연구가 가능하게 되었다.

여진사 연구에서 오랫동안 새로운 창구가 열리지 못하였던 원인 중 하나가 자민족 문자 자료가 잇달아 계속 출현되는 추세에 있는 거란사와 달리, 어쩔 수 없이 한문 사료에만 의존할 수밖에 없었기 때문이라는 것이다. 1960년대에 진광핑(金光平)·진치총(金啓孫)의 「여진 문자의 사학에 대한 공헌」(『여진어언문자연구』 제7장, 내몽골대학학보 특집호, 문물출판사, 1964. 1980년 수록)에서 이미 지적하였듯이, 금나라 시대 여진대자 비문의 독해 성과가 『금사』에 없는 맹안(猛安)·모극(謀克)과 여진 성씨, 금나라 시대 말엽 여진문 과거의 내용 및 불교의 동북 각 맹안·모극에서의 유포 등에 대한 해명에 크게 이바지하였다. 필자는 그 끝자락에 붙어서 1986년에 몽골국에서 발견된 『몽고구봉석벽여진대자석각(蒙古九峰石壁女眞大字石刻)』을 해독하여 금 장종 명창 7(1196)년에 우승상(右丞相) 완안양(完顔襄)이 제명을 따라 군대를 끌어 북출패(北尤孛)를 토벌할 때의 진군 루트와 알리찰(斡里札) 강에 남은 적군을 섬멸한 사실을 밝혔다. 1994년에 중국 흑룡강성 금상경(金上京) 유적에서 출토한 『금상경여진대자권학비(金上京女眞大字勸學碑)』를 해독하며—그 해독 결과는 "文字之道, 夙夜匪懈"이다—금 세종 시대에 여진부학(女眞府學)이 창립된 결과, 상경에서 여진 문자 교육이 한창 융성하였다는 것을 확인하였다. 2009년에 중국 내몽골 자치구에서 출토한 『여진대자석함명문(女眞大字石函銘文)』—종래의 여진대자 석각과 달리, 석함 전벽에 새겨진 것―을 해독하여 이것이 『금사』 끝 부분의 희리찰랄(希里札剌) 모극패근(謀克孛董) 일족의 석함 묘인 것을 해명하였다.

2012년 원나라 시대에 제작된 오체문자합벽의 동비(銅碑)에서 6개의 여진 대자도 이루어진 〈야순비(夜巡碑)〉를 독해했는데 여진 사람이 원나라 1대때 자민족 문자를 지속적으로 사용하고 있었음을 증명해 주었을 뿐만 아니라, 여진 대자가 공무 집행에 사용된 사실이 〈야순비(夜巡碑)〉에 나타남으로써 원나라 조정이 그것을 위구르식 몽골 문자·파스파 문자·한자·아라비아 문자와 마찬가지로 공용문자로 인정하고 있었다는 것을 증명해 주었다.

명나라 시대 여진 사람에 대해서는 한문 자료에만 한정된 선학들의 연구는 막대한 성과를 거두었지만, 여진 문자 자료를 이용할 때는 반드시 충분한 성과를 얻을 수가 없었다. 영락 11(1413)년에 건립된 〈영영사기비〉는 사상 유일한 한자·몽골 문자와의 삼체합벽 비문으로 당시의 요동 여진어에서의 음운·문법 등의 특징 해명에 상당한 도움이 되는 것이며, 더구나 명나라 성립 이후, 반세기 가까이 동안 요동에서 흑룡강 하류 구역에 걸치는 광대한 지역에 사용되고 있었던 여진 문자의 융성을 짐작하게 하는 것이고, 여진 문자에 의해 전달된 여진 문화를 명나라 시대 여진사와 동북아시아사의 관련성을 의식하면서 탐구하면 지금까지 밝히지 못했던 성과를 올리는 것이 가능하게 된다.

〈영영사기비〉에는 8~9곳이나 글자가 누락되어 있고 『여진역어』에는 오기·오식과 한어 문법과 여진 어휘가 혼재된 피진 언어적 상황이 빈번하다. 그것들은 모두 여진어를 모르는 한인의 소위로 인한 것인데, 전자가 단순히 찬자장(鑽字匠)의 개인적 행위에 불과한 것임에 반해, 후자는 바로 명나라 정통 연간(1436~49) 이후에 건주·해서에서의 여진 문자 사용의 쇠퇴를 말해 주는 것이다. 한편, 조선 사료에는 명나라 성화 18(1482)년에 이르러도 여전히 여진자 '서계(書契)'가 조선에 도착하였다는 기사가 보이며, 명나라 시대에서 여진 문자 사용의 전통은 100년 이상 이어졌을 가능성이 있다. 명나라 시대 여진 문자 자료의 재발견이 더더욱 기대되는 바이다.

각필할 때 필자의 여진학과 거란학 연구를 높이 평가하고 큰 지지를 해 주신 미쓰비시 재단에 깊이 감사 말씀을 드린다. 이 책의 출판을 흔쾌히 승락해 주신 교토대학학술출판회에도 진심으로 감사의 말씀을 표한다. 이전 저서인 『거란문묘지에서 본 요사』에 이어, 존경스러운 스승이자 좋은 친구인 요시모토 미치마사(吉本道雅) 교토대학 교수님께는 역사학 입장에서 유익한 조언들을 받았다. 아울러 감사를 전한다.

愛新覺羅 鳥拉熙春

오사카 불여재(不輿斎)에서

참고문헌

A. R. 아르테메프, 菊池俊彦·中村和之 감수, 垣內あと 역, 『ヌルガン(奴兒干)永寧寺遺跡と碑文: 15世紀の東北アジアとアイヌ民族』, 北海道大學出版會, 2008.

Georg Nioradze, *Der Schamanismus bei den Sibirischen Volkern*, Strecker und schroder in stuttgart, 1925.

L. 리게티 「특림의 여진어 비문: 呪文唵呢叭彌 咋」, 『헝가리 과학 아카데미 동양학 기요』 제12권, 부다페스트, 1961.

L. von Schrenck, *Reisen und Forschungen im Amur-Lande*, 제3책 부록; W. Grube, *Giljakischens Wörterverzeic hniss*(토리이 류조(鳥居龍藏), 「奴兒干都司考」, 『鳥居龍藏 전집』 제6권.

Menges, K.H., 「Tungusen und Ljao」, Wiesbaden, 1968.

N.G. 아르쩨미예바 지음, 정석배 옮김, 『연해주 여진의 주거 건축』, 학연문화사, 2011.

P. 포포프, 「특림의 유적에 대하여」, 『러시아 고고협회 동방지부 기요』 제16권 제1책, 이르쿠츠크, 1905.

S. V 배레즈니츠키, 『아무르강 하류 지역의 민적사와 정신문화: 전통과 현대(1992년, 1995년의 민족학 조사)』, 러시아 과학아카데미 극

동지부 극동 제민족역사학, 고고학, 민족학 연구소보관문서, 장
서1, 목록2, No. 403(A. R. 아르테메프, 『ヌルガン(奴兒干)永寧寺
遺跡と碑文: 15世紀の東北アジアとアイヌ民族』에서).

V. E. 메드베데프, 『ウスリー島の中世の遺跡』, 노보시비르스크, 1982

V. P. 바실리예프, 「아무르강 하구 부근의 특림 벽 위에 있는 유적으로
발견된 비문에 대한 각서」, 『과학 아카데미 상트페테르부르크
통보』 제4권, 1896.

구범진, 『이문역주』 세창출판사, 2012.

_____, 『청나라, 키메라의 제국』, 민음사, 2012

菊池俊彦, 『북동아시아 고대 문화의 연구』, 북해도대학도서관회, 1995.

金啓孮, 『막남집(漠南集)』, 내몽골대학교출판사, 1991.

_____, 『매원집(梅園集)』, 할빈출판사, 2003.

_____, 『북경 교구의 만족』, 내몽골대학교출판사, 1989.

_____, 『女真文字講義』, 內蒙古大學研究生教材, 1978.

_____, 『女真文辭典』, 文物出版社, 1984.

_____, 『청대 몽골 사찰기(淸代蒙古史札記)』, 내몽골인민출판사, 2002.

_____, 『침수집(沈水集)』, 내몽골대학교출판사, 1992.

_____, 『현대 몽골사』, 대학 강의 교재, 1959.

金光平·金啓孮, 『여진어 문자 연구』, 문물출판사, 1980.

金光平·金啓孮·吉本道雅·鳥拉熙春, 『애신각라 씨 삼대 알타이학 논집』,
명선당, 2002.

金光平·金啓孮·鳥拉熙春, 『愛新覺羅 三代 滿學論文』, 원방출판사, 1996.

金啓孮·鳥拉熙春, 『여진문 대사전』, 명선당, 2003.

_____, 「女真語和滿洲語關係淺議」, 『民族語文』 1984年 第1期,
中國社會科學院民族研究所, 1994.2.

_____, 『女真文大辭典』, 明善堂, 2003.

_____, 『女真語 滿洲通古斯諸語比較辭典』, 明善堂, 2003.

金光平·金啓孮, 『女真語言文字硏究』, 文物出版社, 1980.

김육불, 『김육불의 동북 통사』(하), 동북아역사재단, 2007

김주원, 『조선왕조실록의 여진족』, 서울대학교출판부, 2007

_____, 『조선왕조실록의 여진족 족명과 인명』, 서울대학교출판부, 2007.

김한규, 『요동사』, 문학과지성사, 2004

나카무라 가주유키(中村和之), 야마다 마코토(山田誠), 가와무라 오사무(川村乃), 하크 이사오(泊功), 「석비 복원에 의한 중세 아이누 민족의 생활사연구(石碑の復元による中世アイヌ民族の生活史の硏究)」, 기반적연구개발육성사업(공동연구보조금) 연구성과 보고서.

內藤湖南, 「노아간 영영사 2비 보충 고찰(奴兒干永寧寺二碑補考)」, 『東北文化硏究』 2-2~5, 1929. 6.

中村和之, 「노아간 영영사비문 탐색(奴兒干永寧寺碑文をめぐって)」, 『彷書月刊』 9-5, 1993. 3.

樊凡, 「영대 여진족의 무역 관계망 및 사회 효응」, 『북방문물』, 2000년 제1기, 73~76쪽.

白翠琴, 「명대 전기 몽골과 여진 관계 약술」, 『중국몽골사학회 논문 선집』, 중국몽골사학회, 내몽골인민출판사, 1983.

북해도개척기념관, 『러시아 극동 제 민족의 역사와 문화』, 북해도개척기념관, 개척 촌문화진흥회, 1994.

謝肇華, 「浪孛爾罕事件과 여진, 만주 민족 정신적 각취」, 『金啓孮 선생 서거 세주 기념 논문집』, 동아역사문화연구회, 2005, 165~172쪽.

서병국, 「범찰의 건주좌위 연구」, 『백산학보』, 1972

시라토리 구라키치(白鳥庫吉), 「奴兒干と山靼ごえ」, 『시라토리 쿠라키치 전집』 제5권 塞外民族史硏究 하, 이와나미(岩波)서점, 1970.

_____, 「塞外民族史硏究 上」, 『白鳥庫吉全集』, 제

4권, 암파서점, 1970.

_____, 「塞外民族史研究 下」, 『白鳥庫吉全集』 제5
권, 암파서점, 1976.

_____, 「肅愼考」, 『시라토리 쿠라키치 전집』 제4
권·『塞外民族史研究』 상, 이와나미(岩波)서점, 1970.

矢島睿·右代啓視·山田悟郎, 「영영사에 대하여(永寧寺について)」, 1993년
도 「北の歴史·文化交流研究事業」, 中間報告, 『北海島考古學』 30,
1994.3.

愛新覺羅 烏拉熙春, 「古文字研究与古文字研究成果的引用」, 『愛新覺羅氏三
代阿爾泰學論集』, 明善堂, 2002.4.

_____, 「女真大字石刻縱考前編」, 『白川靜紀念東洋文字文化研
究所紀要』 第1號, 2007.2.

_____, 「女真文字的製字方法及相關問題」, 『愛新覺羅氏三代阿
爾泰學論集』, 明善堂, 2002.4.

_____, 「女真文的兩個動詞詞尾字」, 『金啓孮先生逝世周年紀念
文集』, 東亞歷史文化研究會了, 2005.4.

_____, 「女真語動詞的時何体」, *Proceedings of the 4th
International Altaistic Conference*, The Altaic Society of Korea,
2000.10.

_____, 「女真語名詞的格与數」, 『立命館言語文化研究』 12卷2
號, 2000.9.

_____, 「女真語無二次長元音考」, *ALTAI HAKPO* Vol. 8,
Seoul National University, 1998.12.

_____, 「女真語的節首輔音-r」, 『金啓孮先生逝世周年紀念文集
』, 東亞歷史文化研究會, 2005.4.

_____, 「女真語第一音節母音的研究」, 『立命館文學』 546호,
1996.7.

───────────, 「明代女真語的輔音系統」, 『立命館言語文化研究』13卷 1號, 2001.6.

───────────, 「明代女真語的元音系統」, 『立命館言語好文化研究』14 卷 1號, 2002.6.

───────────, 「蒙古九峰石壁石刻×"札兀惕 忽里"」, 『立命館文學』 595號, 2006.7.

───────────, 「碑文, 『語』女真字非大小字混合考: 紀念女真大字創製 880周年」, *ALTAI HAKPO* Vol. 9, Seoul National University, 1997.7.

───────────, 「西安碑林『女真文字書』新考」, 『碑林集刊』第5卷, 西安 碑林博物館, 1998.8.

───────────, 「意者文字向表音文字演變的過程」, 『愛新覺羅氏三代阿 爾泰學論集』, 明善堂, 2002.4.

───────────, 「再論女真語無二次長元音」, *ALTAI HAKPO* Vol. 11, Seoul National University, 2002.7.

───────────, 「從女真語道滿洲語」, 『滿族文化』, 台灣滿族協會, 縱13 期, 1990.2.

───────────, 「從名詞格後綴, 複數後綴的異同看滿洲語与女真語的關 係」, 『滿語研究』, 2006年 第2期.

───────────, 「黑水城發見得女真大字殘頁」, 綜合地球環境研究所居 延研究報告書, 井上充幸·加藤雄三·森谷一樹 編, 『地域史論業: 黑 河流域2000年的點描』, 松香堂, 2007.4.

───────────, 「흑수성 발견의 여진대자 잔항」, 정상충행·가등웅 삼·삼곡일수 편, 『오란츠 지역사 논총: 흑하 유역 2000년 점묘』, 송향당, 2007, 81~92쪽.

───────────, 「『女真文字書』的年代及底本」, 『立命館言語文化研究』 13卷 2號, 2001.9.

_____, 「『女眞文字書』的復元」, 『碑林集刊』第七卷, 西安碑林博物館, 2001.6.

_____, 『女眞文字書』的体例及其与『女眞譯語』之關係」, 『碑林集刊』第8卷, 西安碑林博物館, 2002.9.

_____, 「『朝鮮北靑女眞石刻』新稿」, 『立命館文學』 561號, 1999.9.

_____, 『여진어언문자 신연구』, 명선당, 2002.

_____, 『奧屯良弼詩時刻』新稿」, 『愛新覺羅氏三代阿爾泰學論集』, 明善堂, 2002.4.

연변조선족자치주 박물관, 「용정현조동명대여진인묘적발굴(龍井縣朝東明代女眞人墓的發掘)」, 『박물관연구』, 1986년 제2기.

이상규, 「명왕신덕사이함빈의 대역 여진어 분석」, 『언어과학연구』63, 언어과학회, 2012.

李善洪, 「맹아첩목아와 조선 관계 약술」, 『사학집간』, 1999년 제3기, 10~15쪽.

이시다 미키노스케(石田幹之助), 「여진어 연구의 신자료(女眞語硏究の新資料)」『桑原博士還曆記念東洋史論叢』, 弘文堂書房, 1931

張永江·葉雪冬, 「시론 여허부의 족속과 역사 분기 문제」, 『내몽골대학학보』, 1996년 제2기, 28~36쪽.

齊藤利男·佐々木肇, 「러시아 연방 내에 노아간 도사·영영사적 가운데 영영사비·중건영영사비 조사보고(ロシア連邦内での奴兒干都司·永寧寺跡および永寧寺碑·重建永寧寺碑, 調査報告)」, 『靑森縣史硏究』第5號, 靑森縣史編纂室, 2000.11.

鳥居龍藏, 『鳥居龍藏全集』 제6권, 조일신문사, 1976.

_____, 『鳥居龍藏全集』 제8권, 조일신문사, 1976.

刁書仁, 「살이허의 전전후 후금과 조선의 관계에 대해」, 『청사연구』,

2001년 제4기, 43~50쪽.

_____, 「원말 명초 조선 반도의 여진족과 명과 조선의 관계」, 『사학집간』, 1999년 제3기, 65~69쪽.

增井寬也, 「명대의 야인여진과 해서여진」, 『대환여자단기대학기요』 Vol. 36, 1996, 55~66쪽; Vol. 37, 1997, 37~49쪽.

增井寬也, 「명말의 해서여진과 칙서제」, 『입명관문학』 579호, 2003, 37~74쪽.

진치총(金啓孮), 「애신각라 성씨의 의문(愛新覺羅姓氏之謎)」, 『三上次男博士喜壽記念論文集·歷史編』, 平凡社, 1985.

_____, 「합라화관성(哈喇和冠姓)」, 『북경성 구역의 만족(北京城區的滿族)』, 遼寧民族出版社, 1998.

키쿠치 토시히코(菊地俊彦), 『北東アジア古代文化の硏究』, 北海道大學圖書刊行會, 1995.

토리이 류조(島居龍藏), 「인류학 및 인종학에서 본 북동아시아(人類学及人種学上より見たる北東亜細亜」, 『島居龍藏全集』 제8권, 朝日新聞社, 소화 51년

_____, 「奴兒干都司考」, 『鳥居龍藏 전집』 제6권, 아사히(朝日)신문사, 1976.

河內良弘, 「조선국의 여진통사」, 『동방학』 99권, 2000, 1~15쪽.

_____, 『명대 여진사의 연구』, 동붕사, 1992.

_____, 「동범찰과 건주좌위(童凡察と建州左衛)」, 『조선학보』, 1973

홍목(洪牧), 「영영비신고(永寧寺碑新考)」, 『黑龍江省集郵學術文選 2006~2007』, 黑龍江人民出版社, 2007.

"Manchuria from the Fall of the Yuan to the Rise of the Manchu State(1368~1636)", 『立命館文學』 601號, 2007.8.

「金上京女眞大字石刻考」, 『東亞文史論業』, 2008年 第2號, 2008.12.

〈서북피아양계만리일람지도(西北彼我兩界萬里一覽地圖)〉, 국립중앙도

서관, 보물 제1537-1호

『ロシア極東諸民族と文化』, 北海道開拓記念館, 1994.

『愛新覺羅烏拉熙春女眞契丹學硏究』, 松香堂, 2009.

『第37回三菱財團人文科學硏究助成硏究成果報告書女眞大字的電子化에 대한 契丹大字의 比較硏究』, 2007.7.

지은이

• 愛新覺羅 烏拉熙春(Aisin Gioro Ulhichun)

리쓰메이칸(立命館) 아시아태평양대학 교수.
교토대학 유아시아문화연구센터 연구원. 중국 중앙민족대학 박사.
『여진 문자서연구』(2001, 풍아사), 『여진언어문자신연구』(2002, 명선당), 『거란언어문자연구』(2004, 동아
역사문화연구회) 등 거란, 여진, 만주 제 민족의 언어문화와 역사 관련 저서와 논문.
chieko2806@gmail.com

옮긴이

• 이상규(李相揆)

경북대학교 교수.
전 국립국어원장.
중국 해양대학교 고문교수, 동경대학교 대학원 객원교수 역임.
「훈민정음에 나타나는 사성 권점 분석」 외 논문과 『방언의 미학』(2007, 살림), 『둥지 밖의 언어』(2008,
생각의나무), 『한글 고문서 연구』(2011, 도서출판 경진, 2012년 대한민국학술원 우수학술도서), 『한글
고목과 배자』(2013, 도서출판 경진), 『여진어와 문자』(2014), 『한글 고문서를 통해 본 조선 사람들의 삶』
(2014) 외 다수의 저서.
sglee@knu.ac.kr

• 다키구치 게이코(瀧口惠子)

계명문화대학교 조교수.
일본 돗쿄(獨協)대학 경제학부 졸업. 경북대학교 대학원 국어학 석·박사.
『일본의 컴퓨터 언어지리학』(2012, 도서출판 경진), 「한국어 인칭접미사 '꾼'에 대한 일본어 대응어 양상」
(2013, 한국문학언어학회) 외 다수의 논문.
takiguchikay@gmail.com

명나라 시대 여진인

: 『여진역어』에서 『영영사기비』까지

ⓒ 이상규, 2014

1판 1쇄 인쇄__2014년 10월 10일
1판 1쇄 발행__2014년 10월 20일

지은이__愛新覺羅 烏拉熙春(Aisin Gioro Ulhichun)
옮긴이__이상규·다키구치 게이코
펴낸이__양정섭
펴낸곳__경진출판
　　　　등록__제2010-000004호
　　　　블로그__http://kyungjinmunhwa.tistory.com
　　　　이메일__mykorea01@naver.com

공급처__(주)글로벌콘텐츠출판그룹
　　　　대표__홍정표
　　　　편집__김다솜 노경민 김현열　디자인__김미미　기획·마케팅__이용기　경영지원__안선영
　　　　주소__서울특별시 강동구 천중로 196 정일빌딩 401호
　　　　전화__02-488-3280　팩스__02-488-3281
　　　　홈페이지__http://www.gcbook.co.kr

값 24,000원
ISBN 978-89-5996-416-1 93790